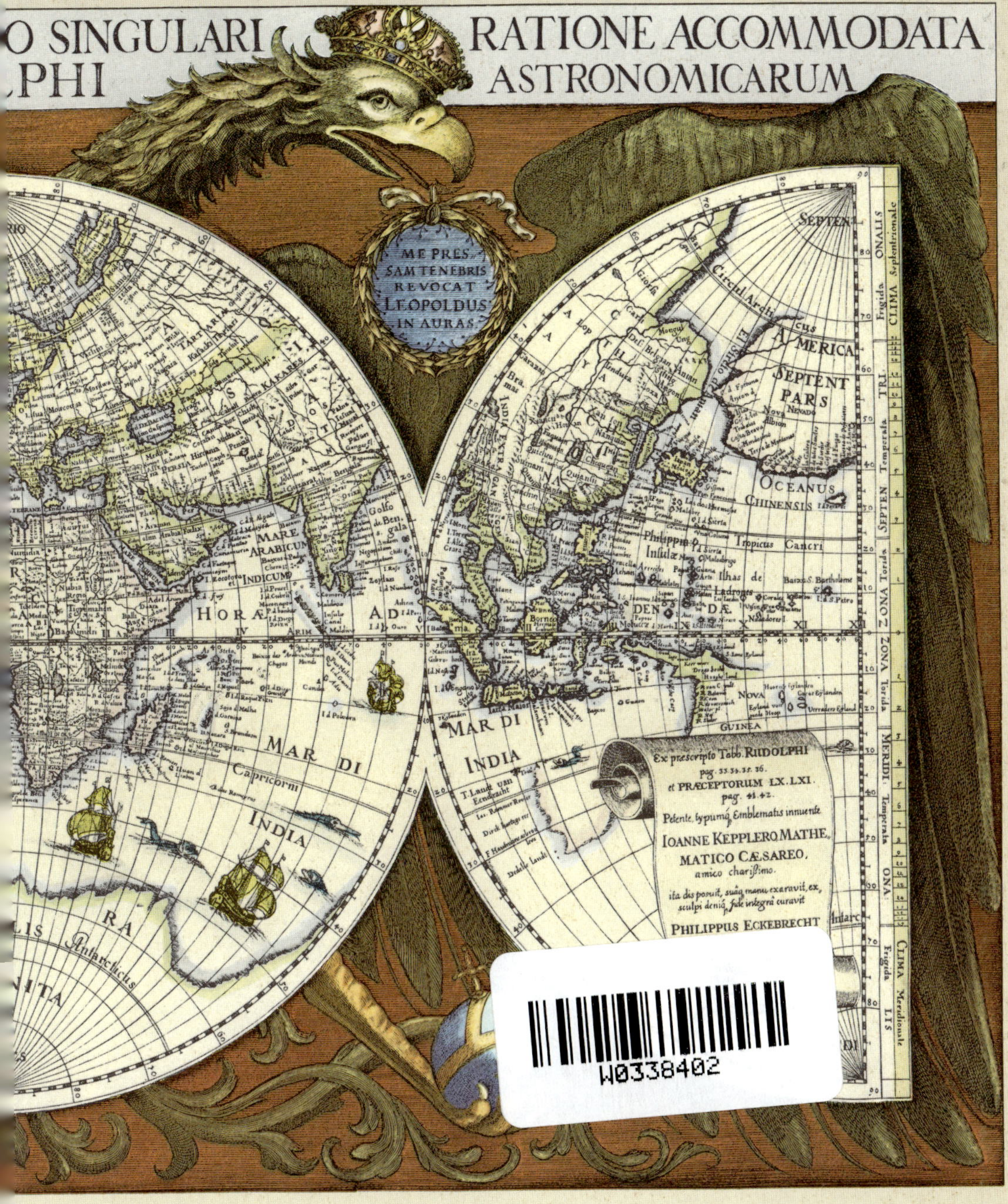
O SINGULARI
RATIONE ACCOMMODATA
PHI
ASTRONOMICARUM
ME PRES SAM TENEBRIS REVOCAT LEOPOLDUS IN AURAS
AMERICA
SEPTENT PARS
OCEANUS CHINENSIS
Tropicus Cancri
MARE ARABICUM
MAR DI INDIA
Capricorni
Ex præscripto Tabb. RUDOLPHI
pag. 33.34.35.36.
et PRÆCEPTORUM LX. LXI.
pag. 41.42.
Petente, typumq Emblematis innuente
IOANNE KEPPLERO MATHE MATICO CÆSAREO,
amico charissimo.
ita disposuit, suaq manu exaravit, ex sculpi deniq fide integrâ curavit
PHILIPPUS ECKEBRECHT

ZEITEN UND MENSCHEN

Neue Ausgabe B / Niedersachsen

Herausgegeben von
Erich Goerlitz und Joachim Immisch

Band 3

Das Werden der modernen Welt

Von der Französischen Revolution
bis zum Ende des Ersten Weltkrieges

Bearbeitet von Erich Goerlitz

Verlag Ferdinand Schöningh

Schroedel Schulbuchverlag

Die vorliegende Neue Ausgabe B führt das von Robert Hermann Tenbrock begründete „Geschichtliche Unterrichtswerk" fort, das seit 1965 unter dem Titel „Zeiten und Menschen" erschienen ist (herausgegeben von Robert Hermann Tenbrock und Kurt Kluxen).

Auf dem Einband: **Barrikadenkampf in Berlin, 18. März 1848.** (Zeitgenössische Lithographie)

Im vorderen Einbanddeckel: **Neue Weltkarte von Johannes Kepler (1571–1630).** Der habsburgische Kaiser Rudolph II., König von Böhmen (1576–1612), hatte im Jahre 1600 den Mathematiker J. Kepler an seinen Prager Hof berufen. Dort begann der Wissenschaftler mit der Zusammenstellung astronomischer Tabellen, die 1627 in Ulm als „Tabulae Rudolphinae" veröffentlicht wurden. Mit Hilfe dieser Tabellen und als Anhang zu ihnen vollendete Kepler 1630, kurz vor seinem Tode, eine neue Weltkarte, die jedoch erst 1660 gedruckt wurde.

Im hinteren Einbanddeckel: **Briefmarken** mit historischen Motiven

Bildmaterial stellten zur Verfügung: Archiv Gerstenberg, Frankfurt/Main; Archiv für Kunst und Geschichte, Berlin; Bayerische Nationalbibliothek, München; Bilderdienst Preußischer Kulturbesitz, Staatsbibliothek Berlin; Billedgallerie, Bergen; Deutsches Museum, München; Deutsches Spielkartenmuseum, Bielefeld; Flemmings Dia, Hamburg; Galerie du Jeu de Paume, Paris; Giraudon, Paris; Historia-Photo, Bad Sachsa; Historisches Museum, Frankfurt/Main; Krupp AG, Essen; Library of Congress, Washington; Louvre, Paris; Museo del Prado, Madrid; Nationalgalerie, Berlin; Österreichische Nationalbibliothek, Wien; Sammlung Dr. Werb, Paderborn; Schloß Nassau; Staatsarchiv Hamburg; Städelsches Kunstinstitut, Frankfurt/Main; Süddeutscher Verlag, München; Ullstein-Bilderdienst, Berlin; USIS, Bad Godesberg; Verwaltung der staatlichen Schlösser und Gärten, Berlin; Verlagsarchiv Schöningh, Paderborn .

Druck 5 4 3 2 1 85 86 87 88 89

ISBN 3-506-**34209**-6 (Schöningh) ISBN 3-507-**34209**-X (Schroedel)

INHALT

Zu diesem Buch:

Dieser Band wird Euch ein Jahr lang durch Euren Geschichtsunterricht begleiten. Mit seiner Hilfe werdet Ihr in die Vergangenheit eindringen und den Gang der Geschichte nachvollziehen.

Vielleicht wird Euch anfangs die Aufteilung des Buches ungewohnt vorkommen. Daher findet Ihr hier einige Hinweise, die Euch beim Umgang mit ihm helfen sollen.

Linke Seiten und rechte Seiten haben verschiedene Funktionen und sehen daher auch verschieden aus:

Linke Seiten: Auf den linken Seiten findet Ihr in größerer Schrift die zusammenhängende *Darstellung* des Ablaufes der Geschichte. Ihr schlagt also immer die nächste linke Seite auf, wenn Ihr die Geschichtserzählung zusammenhängend lesen wollt.

Von dieser Regel gibt es nur wenige Ausnahmen, die Ihr leicht erkennen werdet: In einigen Fällen läuft der Text der Darstellung auch auf einer rechten Seite weiter. Dafür sind technische Gründe verantwortlich. Ihr könnt den Text durch seine Schrift leicht vom Rest dieser Seiten unterscheiden.

Rechte Seiten: Auf den rechten Seiten habt Ihr *Materialien* vor Euch, mit denen Ihr Euer Wissen in eigener Arbeit vertiefen könnt. Dies sind vor allem geschichtliche Quellen verschiedener Art, aber auch Schaubilder, tabellarische Übersichten usw. Diese Materialien sind der Darstellung auf den linken Seiten zugeordnet. Die Quellen sind durch kleinere Schrift, zweispaltigen Satz und Unterlegung mit gelber Farbe hervorgehoben.

An die Arbeitsmaterialien, zu denen übrigens auch viele der Abbildungen zählen, schließen sich fortlaufend numerierte Fragen und Aufgaben an.

Am Ende jedes Kapitels findet Ihr, ebenfalls auf einer rechten Seite, einen Abschnitt „Zum Wiederholen und Nachschlagen“. Er enthält eine knappe Zusammenfassung mit den wichtigsten Begriffen.

Wichtige Jahreszahlen werden besonders hervorgehoben. Sie stehen neben dem Text am Seitenrand.

Wichtige neue Begriffe sind im Text durch *Kursivdruck* kenntlich gemacht. Sie werden alle im Anhang des Bandes kurz erklärt.

Die Revolution

Die Unterdrückung des Dritten Standes durch König, hohe Geistlichkeit und Adel (1. und 2. Stand) Die Unterdrücker weisen ihre Privilegien vor: „Lehnspflicht, Treue und Huldigung, die dem Oberherrn gebühren!“ ruft der König. Der Bischof winkt mit Inquisition, Zehntem und Kirchengut, der Adlige klammert sich an die Parlamente, die Versammlungen der Großen des Königreichs Frankreich. (Satirisches Flugblatt, 1789)

1. Erkläre das Flugblatt, indem du die Personen beschreibst und den Sinn der ihnen zugeordneten Inschriften erläuterst.

in Frankreich

„Das Erwachen des Dritten Standes." (Zeitgenössisches Flugblatt)

2. Wer ist in den beiden Figuren dargestellt? Was geschieht im Hintergrund?

Aus einer Flugschrift vom Dezember 1788:

„Was zahlen sie denn (die Privilegierten)? Ungefähr den zwanzigsten Teil ihrer Einkünfte, den sie leicht ihrem Überfluß entnehmen, während der Dritte Stand, überlastet, ausgemergelt, etwa den dritten Teil seines Einkommens zahlt und meist gezwungen ist, ihn seiner Lebensnotdurft zu entreißen."

(Paul Hartig [Hrsg.], Die französische Revolution. Stuttgart o. J., S. 13)

Emblem mit Parolen der Republik

3. Übersetze die Begriffe auf diesem Sinnbild und überlege, welche Gedanken aus der Aufklärung hinter ihnen stehen.

Der Sieg des Dritten Standes

Frankreich vor der Revolution

Seit dem Ende der Regierungszeit Ludwigs XIV. krankte Frankreich an den zerrütteten Staatsfinanzen. Die Unterstützung des amerikanischen Kampfes um die Unabhängigkeit wurde dem feudalen *ancien régime,* der alten absolutistischen Herrschaft in Frankreich, auf doppelte Weise gefährlich: Der Geldmangel steigerte sich zum *Staatsbankrott* und die Gedanken von Freiheit und Gleichheit fanden immer mehr Anhänger. Die merkantilistische Wirtschaft hatte zwar das Bürgertum reicher gemacht, doch der absolutistische Staat gab ihm keine politischen Rechte. Die wirtschaftliche Lage der einzelnen Schichten des Dritten Standes war unterschiedlich. Gleich aber war die politische Lage der reichen Kaufleute, der meist erträglich lebenden Handwerker, der ärmlichen Unterschicht der Hauptstadt und der Bauern: Der Dritte Stand, die Masse der Franzosen, war politisch einflußlos.
Unter König Ludwig XVI., der 1774 auf den Thron kam, versuchte die Regierung wiederholt Finanzreformen, die alle am Widerstand des Ersten und Zweiten Standes scheiterten, die ihre Privilegien behalten wollten. Unter den Gebildeten aller drei Stände bewogen die Gedanken der Aufklärung viele zur Kritik am ancien régime. Trotz dieser gemeinsamen Kritik an der alten Ordnung war die Kluft zwischen den Privilegierten und dem Dritten Stand unüberbrückbar. Man war sich einig über die Notwendigkeit von Reformen, uneinig über ihren Inhalt; der schwache König war unfähig, irgendwelche Maßnahmen zu ergreifen. Die Krise näherte sich dem Höhepunkt, als der Winter 1788/89 außergewöhnlich streng wurde, eine vorausgegangene Mißernte den Brotpreis hochtrieb und Manufakturarbeiter arbeitslos wurden. Der Brotpreis verschlang über die Hälfte, zeitweise bis zu 80% des Familieneinkommens der einfachen Leute in der Stadt! Viele mußten hungern. Die Kritik der meisten richtete sich aber nicht gegen den König, sondern gegen seine Minister und Helfer. Von Änderungen, *Reformen* erhoffte man alles. An *Revolution,* Umsturz dachten nur wenige.

Die Abgeordneten des Dritten Standes erklären sich zur Nationalversammlung

Nach langem Zögern berief Ludwig XVI. die französischen Generalstände auf den 1. Mai 1789 ein, um mit ihrer Hilfe die notwendigen Reformen durchzuführen. Die Vertreter der drei Stände waren seit 1614 nicht mehr zusammengetreten. Daß sie jetzt wieder gerufen wurden, war ein Eingeständnis der politischen Ohnmacht der Regierung und des Staatsbankrotts.

Wahlberechtigt war jeder männliche Franzose, sofern er 25 Jahre alt und in den Steuerlisten registriert war. Dies bedeutete in Paris, daß etwa jeder zehnte Erwachsene wählen durfte. Die Angehörigen der drei Stände wählten ihre Vertreter gesondert. Obwohl das Wahlrecht keinen weiteren Beschränkungen unterlag, spielte örtlich der Einfluß mächtiger Persönlichkeiten eine Rolle. Die meisten Angehörigen des Dritten Standes, vor allem die Bauern, waren Analphabeten. So wurden als Abgeordnete des Dritten Standes fast ausschließlich gebildete und angesehene Männer des höheren Bürgertums gewählt. Auch manche Adlige und Geistliche stellten sich dem Dritten Stand, zu dem etwa 98% der Franzosen zählten, als Kandidaten zur Verfügung. Früher hatte jeder Stand die gleiche Abgeordnetenzahl gewählt. Zögernd gestand der König jetzt dem Dritten Stand die doppelte Zahl zu, so daß die beiden ersten Stände von je dreihundert, der dritte von sechshundert Abgeordneten vertreten werden sollten. Ziellosigkeit und Halbheit der Regierungspolitik zeigten sich jedoch darin, daß an der getrennten Abstimmung nach Ständen festgehalten werden sollte, jeder Stand also nur eine Stimme hatte. So konnten die beiden ersten Stände den dritten jederzeit überstimmen, ganz gleich, wie viele Abgeordnete er zählte. Vor und während der Wahlen wurden zahllose Flugschriften verbreitet, in denen immer wieder gefordert wurde, nicht nach Ständen, sondern nach Köpfen abzustimmen. Das hätte den Sieg der Reform bedeutet, denn als am 5. Mai 1789 die Generalstände zusammentraten, waren auch unter den Abgeordneten der beiden ersten Stände zahlreiche Anhänger der Reformen. Da die Regierung nach dem

▷ 6

1788 wurden in Paris viele Flugschriften verbreitet. In einer heißt es:

„Steht auf gegen den Klerus, den Adel, ... die miteinander verschworen sind; duldet nicht, daß ungefähr 600 000 Menschen vierundzwanzig Millionen das Gesetz aufzwingen! ... Völker, denkt an die Lasten, die ihr tragt! Schaut euch um nach den Palästen, den Schlössern, die gebaut sind mit eurem Schweiß und euren Tränen ... Vergleicht eure Lage mit der dieser Prälaten, dieser Pfründeninhaber, dieser Großen ... Sie nennen euch Kanaillen (Gesindel, Schufte)! Laßt sie erkennen, daß die Kanaille die ist, die auf eure Kosten lebt und sich mästet an eurer Arbeit!"

(Paul Hartig [Hrsg.], a. a. O., S. 11)

Am 27. April 1784 besuchte der französische Hof die Aufführung des Lustspiels „Der tolle Tag" von Beaumarchais. Darin sagt der Diener Figaro über seinen Herrn, einen spanischen Grafen:

„Glauben Sie, weil Sie ein großer Herr sind, wären Sie auch ein großer Geist? Adel, Reichtum, Rang und Würden machen Sie so hochmütig? Was haben Sie denn geleistet, all das zu verdienen? Sie haben sich die Mühe gegeben, geboren zu werden, weiter nichts. Im übrigen sind Sie ein ganz gewöhnlicher Mensch. Während ich, zum Donnerwetter, verloren im dunkelsten Gewühl der Menge, mehr Fleiß und Verstand aufwenden muß, mich emporzuarbeiten, um nackt existieren zu können, als die gesamte Regierung Spaniens nicht in hundert Jahren verbraucht hat."

(Beaumarchais, Der tolle Tag, hrsg. v. Jürgen Petersen. Frankfurt/M., Berlin 1965, S. 114, übers. v. Josef Kainz)

Zwei Jahre später wurde in Wien eine Oper aufgeführt, die nach diesem Lustspiel komponiert wurde: „Die Hochzeit des Figaro" von Wolfgang Amadeus Mozart.

1. Versuche zu erklären, weshalb dieses Lustspiel am französischen Königshof aufgeführt werden konnte?

In einer Rede vor Beratern des Königs sagte 1787 Finanzminister Calonne:

„Was bleibt, um den furchtbaren Fehlbetrag zu decken und das ersehnte Gleichgewicht im Staatshaushalt wieder herzustellen? ...
Die Mißbräuche! Die Mißbräuche, die heute zum allgemeinen Wohl beseitigt werden sollen, sind die, die am stärksten auffallen, die am stärksten geschützt werden und die am tiefsten wurzeln und am weitesten verästelt sind. Es sind die Mißbräuche, die auf der arbeitenden und erwerbenden Klasse lasten: die Mißbräuche der Geldprivilegien, die Befreiungen vom allgemeinen Recht und alle ungerechtfertigten Steuerbefreiungen, die einen Teil nur dadurch entlasten, indem sie das Los der anderen erschweren. Dazu zählen die allgemeine Ungleichheit in der Erhebung der Abgaben, das gewaltige Mißverhältnis in den Steuerzahlungen der einzelnen Provinzen und den Lasten der Untertanen, die Härte und Willkür in der Erhebung der Taille (Einkommensteuer, von der Adel und Klerus befreit waren) ... Wenn so viele Mißbräuche bisher der Verdammung durch die öffentliche Meinung und den Bemühungen reformbereiter Politiker standgehalten haben, so rührt das daher, weil man die Unordnung zu überwinden glaubte, ohne ihre Ursachen zu beseitigen. Man wollte durch Einzeleingriffe erreichen, was nur durch eine umfassende Operation gelingen kann."

(Archives parlementaires de 1787 à 1860, Bd. 1, hrsg. v. M. Mavidal und E. Laurent. Paris 1879, S. 189 f., übers. v. Erich Goerlitz)

2. Zeige, wo Calonne von Reform oder Revolution spricht und welche Rolle diese Begriffe in seinen Überlegungen spielen.

Aus der Flugschrift „Was ist der Dritte Stand?" (Januar 1789). Verfasser ist der Abbé (Weltgeistlicher) Sieyès, der später Abgeordneter des Dritten Standes wurde:

„Der Plan dieser Schrift ist ganz einfach. Wir haben uns drei Fragen vorzulegen:
1. Was ist der Dritte Stand? Alles.
2. Was ist er bis jetzt in der politischen Ordnung gewesen? Nichts.
3. Was verlangt er zu werden? Etwas zu sein.
... Der Dritte Stand umfaßt also alles, was zur Nation gehört; und alles, was nicht der Dritte Stand ist, kann sich nicht als Bestandteil der Nation ansehen."

(Emmanuel Sieyès, Politische Schriften 1788–1790, übers. und hrsg. v. E. Schmitt und R. Reichardt. Darmstadt, Neuwied 1975, S. 119 ff.)

3. Welche Wirkung sollte von solchen zahlreich verbreiteten Flugschriften ausgehen?

4. In diesen Quellen sind wichtige Ursachen der französischen Revolution erwähnt. Schreibe sie heraus und ordne sie unter zusammenfassenden Gesichtspunkten.

5. Erinnere dich an den Aufbau der französischen Gesellschaft zur Zeit Ludwigs XIV. Stelle die wichtigsten Merkmale in Stichwörtern zusammen.

6. Erläutere den Unterschied zwischen Reform und Revolution (nimm Nachschlagewerke zur Hilfe).

Zusammentreten der Generalstände in Versailles nicht entschied, wie abgestimmt werden sollte, entschlossen sich die Vertreter des Dritten Standes zum Handeln. Einer von ihnen, der Abbé (Weltgeistlicher) Sieyès, hatte bereits in einer Wahlschrift den Weg gewiesen: „Der
1789 Dritte Stand ist die Nation." Am 17. Juni 1789 erklärte sich die Versammlung der Abgeordneten des Dritten Standes zur *Nationalversammlung.* Gleichgesinnte Vertreter der beiden ersten Stände schlossen sich an. Der Schritt von der Reform zur Revolution war getan. Ohne und gegen den Willen des Königs hatten sich die Abgeordneten des Dritten Standes zur Vertretung der ganzen französischen *Nation* erklärt. In ihr sollten Volk und Staat – anders als in der alten Ständegesellschaft – eine Einheit bilden.
Drei Tage später verwehrte die Regierung den Abgeordneten den Zutritt zum Sitzungssaal des Dritten Standes. Erregt wählten sie das nahegelegene Ballhaus in Versailles zum Tagungsort. Dort schworen sie, so lange zu tagen, bis für Frankreich eine Verfassung geschaffen sei. Am 23. Juni befahl der König, nach Ständen getrennt weiter zu beraten. Aber Graf Mirabeau, ein Abgeordneter des Dritten Standes, antwortete: „Nur vor der Gewalt der Bajonette werden wir unsere Plätze räumen!" Davor schreckte der König zurück. Am 27. Juni fügte er sich und „befahl" den Abgeordneten der drei Stände, sich zu vereinigen. Die Revolution hatte gesiegt. Die Nationalversammlung vertrat jetzt nicht mehr die drei Stände, sondern die ganze französische Nation. Sie beanspruchte die Souveränität. Das von ihr repräsentierte Volk, nicht mehr der König sollte Träger der Souveränität des Staates sein *(Volkssouveränität).*

Der Sturm auf die Bastille

Während in Versailles die Nationalversammlung mit der Ausarbeitung einer Verfassung begann, wuchs im ganzen Land die Unruhe. Revolutionäre Bürger übernahmen die Selbstverwaltung der Hauptstadt, die Regierung zog Truppen zusammen, hier und da wurde geplündert. Die Bürger stellten zu ihrem Schutz eine *Nationalgarde* auf, da der alte Staat die Ordnung nicht mehr aufrechterhalten konnte. In der städtischen Selbstverwaltung *(Kommune)* und in der Nationalgarde übernahmen Bürger seine Aufgaben. In den Straßen von Paris gerieten die Massen mehr und mehr unter den Einfluß radikaler Revolutionäre. Am 14. Juli 1789 stürmte eine große Volksmenge die Bastille, eine alte Festung in Paris. Da sie lange als Gefängnis gedient hatte, sah man in ihr ein Sinnbild der absolutistischen Herrschaft. Die Besatzung, meist Invaliden, hatte die Tore geöffnet. Sie wurden niedergemacht. Die Menge fand nur sieben Gefangene, die sie befreien konnte. Der Sturm auf die Bastille wurde als weithin sichtbares Zeichen der siegreichen Revolution verstanden. Der 14. Juli ist noch heute französischer Nationalfeiertag. Der König zog seine Truppen aus der Haupstadt zurück und erschien drei Tage später selbst in Paris. Die Menge jubelte ihm zu, denn er trug auf der weißen Mütze die blau-rote Kokarde der Stadt Paris, nun das Zeichen der Revolution. Daraus entstand die neue französische Flagge Blau-Weiß-Rot, die *Trikolore.*

Auf dem Land wuchs die Furcht vor einer Racheaktion des Adels („la grande peur"). Bauern erhoben sich gegen Adel und Klerus, Schlösser flammten auf, Grundherren wurden ermordet. Viele Adlige, unter ihnen ein Bruder des Königs, flohen ins Ausland. Die Furcht vor ihrer Rückkehr stachelte die Aufstände weiter an.

Abschaffung der Privilegien am 4. August 1789 (zeitgenössische Gedenkmünze). Adel und Geistlichkeit beschwören am Altar des Vaterlandes die Abschaffung aller Privilegien.

▷ 8

Der Sturm auf die Bastille am 14. Juli 1789. (Zeitgenössisches Gemälde, Paris, Museum Carnavalet)

7. Vergleiche diese Abbildung mit der auf S. 23 oben.

Zwei Tagebucheintragungen vom 14. 7. 1789: ein amerikanischer Reisender: „Die Einnahme der Festung ist eines der außerordentlichsten Dinge, die ich kenne." – König Ludwig XVI.: „Nichts."

(Georges Pernoud / Sabine Flaissier [Hrsg.], Die Französische Revolution in Augenzeugenberichten. München 1976, S. 48)

Einige der in der Nachtsitzung der Nationalversammlung vom 4./5. 8. 1789 abgeschafften Privilegien der ersten beiden Stände waren:

„Abschaffung der Leibeigenschaft – Käufliche Ablösung der Herrenrechte – Aufhebung der gutsherrlichen Gerichtsbarkeit – Abschaffung des ausschließlichen Jagdrechts, der Taubenhäuser und Kaninchengehege – Umwandlung des Zehnten in Geld – Möglichkeit zur käuflichen Ablösung des Zehnten – Aufhebung aller Steuerfreiheiten. – Gleiche Steuerpflicht ab Anfang 1789 ... – Abschaffung des Ämterkaufs – ..."

(Archives parlementaires de 1787 à 1860, Bd. 8, hrsg. v. M. Mavidal und E. Laurent. Paris 1879, S. 345 f., übers. v. Erich Goerlitz)

9. Erläutere, was die einzelnen Privilegien und ihre Abschaffung bedeuteten.
10. Begründe, inwiefern die Erklärung der Abgeordneten des Dritten Standes, sie seien die Nationalversammlung, der entscheidende Schritt zur Revolution war.
11. Vergleiche den Sturm auf die Bastille mit vorhergehenden wichtigen Ereignissen des Jahres 1789 und beurteile seine Bedeutung.
12. Nenne wichtige Privilegien, auf die Adel und Klerus im August 1789 verzichteten. Warum taten sie es? Wieso war das ein großer Schritt zur Beseitigung des ancien régime?
13. Nenne wirtschaftliche Vorgänge des Jahres 1789 und überlege, in welchem Zusammmenhang sie mit der Revolution stehen.

Das Ende des ancien régime. (Zeitgenössische Karikatur)

8. Was liegt am Boden? Was tun die Bauern?

Das Ende des ancien régime

Unter dem Druck des Aufruhrs der Bauern faßte die Nationalversammlung entscheidende Beschlüsse. In der Nachtsitzung vom 4. zum 5. August 1789 verzichteten die *privilegierten Stände* Adel und Klerus auf ihre Privilegien. Am 26. August folgte die „Erklärung der *Menschen- und Bürgerrechte*". Wie die Amerikaner, so beriefen sich jetzt auch die Franzosen auf die natürlichen Rechte des Menschen: Freiheit und Gleichheit, Schutz des Eigentums, Sicherheit und Widerstand gegen Unterdrückung wurden verkündet. Damit war die alte Gesellschaftsordnung erschüttert. Gleichzeitig wuchsen infolge Teuerung und Arbeitslosigkeit die Spannungen in Paris und entluden sich am 5. Oktober in einem Zug der Massen nach Versailles. Die Nationalgarde unter La Fayette marschierte mit. Der König gab dem Drängen nach und ließ sich mit seiner Familie von der Menge nach Paris führen. Die Nationalversammlung folgte. Von jetzt an standen beide unter dem Druck der Pariser Massen.
Mit der Auflösung der alten staatlichen Ordnung versiegten die Steuereinnahmen. Um den Staatsbankrott zu verhindern, wurde am 10. Oktober 1789 auf Antrag des Bischofs Talleyrand die Einziehung des Kirchenbesitzes von der Nationalversammlung verfügt. Klöster wurden aufgehoben, Kirchengüter und Land emigrierter Adliger verkauft. Die Nationalversammlung ließ Papiergeld drucken, dessen Wert aus dem Verkaufserlös dieser Güter gedeckt werden sollte. Aber diese *Assignaten* (Anleihscheine, Schatzanweisungen) verloren rasch an Wert, weil das Angebot zu groß war. Die *Inflation,* Geldentwertung, steigerte die allgemeine Unsicherheit. Die Überführung der Kirchengüter in weltlichen Besitz *(Säkularisation)* schuf Spannungen zwischen der Nationalversammlung und der katholischen Kirche. Sie verschärften sich, als im Sommer 1790 von den Priestern der Eid auf eine neue staatliche Kirchenordnung verlangt wurde. Eidverweigerer wurden verfolgt. Die Kluft zwischen der Revolution und ihren Gegnern wurde immer tiefer. Als der König im Sommer 1791 ins Ausland zu fliehen versuchte, jedoch ergriffen und nach Paris zurückgebracht wurde, hatte er sein Ansehen verspielt. Beinahe als Gefangener mußte er die von der Nationalversammlung ausgearbeitete Verfassung beschwören. Die Gewaltenteilung wurde durchgeführt; dem König blieb die Exekutive. Seine Stellung wurde zusätzlich durch die Selbstverwaltung der Departements – neue Verwaltungsbezirke an Stelle der alten Provinzen – geschwächt. Gewählte Behörden ersetzten die königlichen Beamten. In der Rechtsprechung gab es *Geschworenengerichte,* in denen für einen begrenzten Zeitraum gewählte Bürger als Laienrichter mitwirkten. Das Parlament hatte die gesetzgebende Gewalt. Das *Wahlrecht* besaßen Bürger, die eine bestimmte Steuersumme bezahlten *(Zensuswahlrecht).* Viereinhalb Millionen sogenannte *Aktivbürger* waren wahlberechtigt, drei Millionen *Passivbürger* ebenso wie die Frauen nicht. Das besitzende Bürgertum war Herr des Staates.
Frankreich war eine *konstitutionelle Monarchie* geworden: Ludwig XVI., jetzt „durch Gottes Gnaden und die Verfassungsgesetze König der Franzosen", war an die Verfassung gebunden. Als er im September 1791 den Eid auf die Verfassung leistete, erklärte er, die Revolution sei zu Ende.

Die Verfassung Frankreichs von 1791. – Die Erklärung der Menschen- und Bürgerrechte (26. August 1789) ist Bestandteil der Verfassung. (① Gericht für schwere Verbrechen. ② Gericht zur Aufhebung rechtswidriger Urteile.)

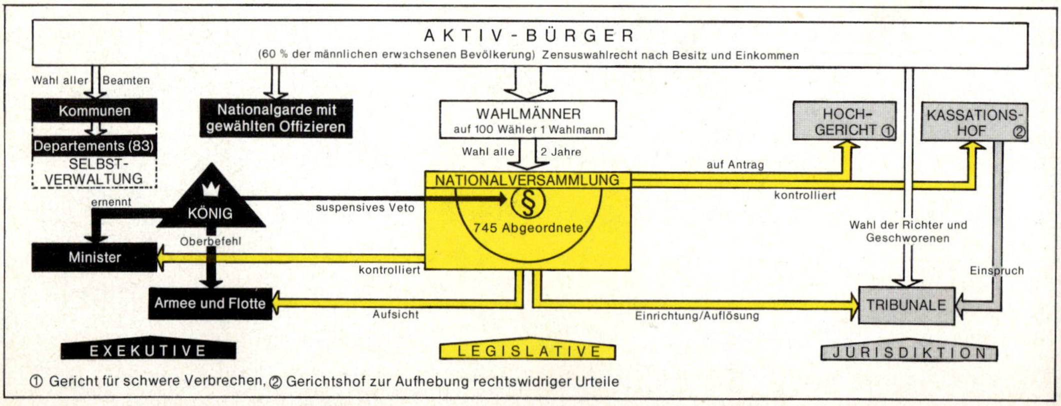

Assignat, Papiergeld der Französischen Revolution

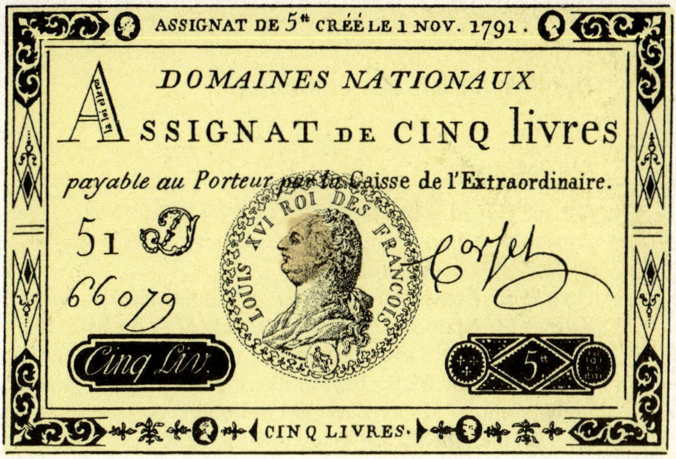

Aus der Erklärung der Menschen- und Bürgerrechte vom 26. 8. 1789:

„1. Die Menschen sind und bleiben von Geburt frei und gleich an Rechten ...
2. Das Ziel jeder politischen Vereinigung ist die Erhaltung der natürlichen und unveräußerlichen Menschenrechte. Diese Rechte sind Freiheit, Eigentum, Sicherheit und Widerstand gegen Unterdrückung.
3. Der Ursprung jeder Souveränität ruht letztlich in der Nation ...
4. Die Freiheit besteht darin, alles tun zu können, was einem anderen nicht schadet ...
5. Nur das Gesetz hat das Recht, Handlungen, die der Gesellschaft schädlich sind, zu verbieten ...
6. Das Gesetz ist der Ausdruck des allgemeinen Willens ...
16. Eine Gesellschaft, in der die Garantie der Rechte nicht gesichert und die Teilung der Gewalten nicht festgelegt ist, hat keine Verfassung."

(Robert Hermann Tenbrock [Hrsg.], Außerdeutsche Verfassungen I. Paderborn 1961, S. 63 ff.)

14. Welche politischen Forderungen der Aufklärungszeit wurden in der Verfassung von 1791 verwirklicht? In welcher Hinsicht entsprach sie nicht den Ideen der Aufklärung? Nenne wichtige Unterschiede zum Grundgesetz für die Bundesrepublik Deutschland.

15. Welche Rechte wurden durch diese Erklärung jedem zuerkannt? Unterscheide zwischen Rechten für den einzelnen und für die Gesellschaft (Mensch- und Bürgerrechte).

16. Stelle die Bedeutung der Begriffe Naturrecht, Menschenrechte, Bürgerrechte dar.

17. Erinnere dich an die Gedanken Montesquieus und Rousseaus, die du kennst (s. Bd. 2). Welche Auswirkungen davon findest du in der Verfassung von 1791?

18. Berichte, auf welche Vorbilder die Durchführung der Gewaltenteilung in der Verfassung von 1791 zurückgeht.

Zum Wiederholen und Nachschlagen

Wegen der ständigen Finanzkrise berief der französische König 1789 die Generalstände ein. Am 17. Juni 1789 erklärten sich die Abgeordneten des Dritten Standes zur Nationalversammlung. Man schwor, nicht eher auseinanderzugehen, bis eine Verfassung ausgearbeitet sei (20. 6.).
Auf dem Lande erhoben sich Bauern gegen Klerus und Adel. Im August erklärte die Nationalversammlung alle Privilegien für aufgehoben und verkündete die Menschen- und Bürgerrechte. Der König mußte 1791 den Eid auf die Verfassung leisten. Frankreich war konstitutionelle Monarchie geworden. Die Verfassung verwirklichte die Gewaltenteilung. Das Zensuswahlrecht bevorzugte das Besitzbürgertum.

1789	17. 6.	Die Abgeordneten des Dritten Standes erklären sich zur Nationalversammlung
	14. 7.	Sturm auf die Bastille
	26. 8.	Erklärung der Menschen- und Bürgerrechte
1791		Verfassung: Frankreich wird konstitutionelle Monarchie

Begriffe: ancien régime, Aktivbürger, Assignaten, Bürgerrechte, Dritter Stand, Französische Revolution, Generalstände, Geschworenengerichte, Inflation, Kommune, konstitutionelle Monarchie, Menschenrechte, Nation, Nationalgarde, Nationalversammlung, Passivbürger, privilegierte Stände, Reform, Revolution, Säkularisation, Staatsbankrott, Trikolore, Volkssouveränität, Wahlrecht, Zensuswahlrecht

Die Herrschaft der Jakobiner

Die Jakobiner

Die im Herbst 1791 gewählte „gesetzgebende Nationalversammlung“ sollte die Gesetze der konstitutionellen Monarchie beschließen. Aber unter den 745 Abgeordneten überwogen bereits die Republikaner.
Überall in Frankreich bildeten sich politische Klubs. Einer tagte in Paris im ehemaligen Kloster St. Jakob. Seine Mitglieder erhielten deshalb den Namen *Jakobiner*. Unter ihnen gab es wortgewandte Advokaten, die durch Flugschriften und Zeitungsartikel die Massen in zunehmendem Maße beeinflußten. Die Jakobiner fanden überall im Land Anhänger und bildeten in der gesetzgebenden Nationalversammlung eine starke Gruppe. Von ihnen spalteten sich die *Girondisten* ab. Sie wurden nach der Herkunft einiger ihrer Wortführer aus dem Departement Gironde in Südwestfrankreich benannt. Zunächst wurde die gesetzgebende Nationalversammlung von den Girondisten beherrscht. Einige von ihnen wollten durch einen Krieg die Ideen der Revolution verbreiten und gleichzeitig von den inneren Schwierigkeiten ablenken. Innenpolitisch waren die Girondisten gemäßigt, wollten mit dem König zusammenarbeiten und das bewahren, was die Revolution bisher den Bürgern gebracht hatte.

Im Gegensatz zu den Girondisten waren die meisten Mitglieder des Jakobinerklubs radikale Republikaner. Durchdrungen von den Vorstellungen Rousseaus, genügte ihnen nicht, was die Revolution bis jetzt errungen hatte. Sie wandten sich an die städtischen Massen der *Kleinbürger* und Arbeiter. Ihre führenden Männer waren Marat, Robespierre und Danton.
Bald galt es als Zeichen republikanischer Gesinnung, wie die Jakobiner eine rote Mütze zu tragen, wie sie die Freigelassenen der Antike hatten; auch zog man nicht mehr die Kniehosen an, die im ancien régime Mode gewesen waren, sondern lange Hosen. Diese Tracht brachte den Radikalen den Namen Sansculotten ein (ohne Kniehosen).

Die Revolutionskriege brechen aus

Zahlreiche Emigranten aus dem französischen Adel waren ins Rheinland geflohen und trieben die deutschen Fürsten zum Krieg gegen Frankreich an, um die alte Gesellschaftsordnung zu retten. Unter den französischen Revolutionären aber griff der Gedanke um sich, zur Befreiung der Völker aufzubrechen, da – wie Robespierre meinte – „von Frankreich aus die
1792 Freiheit und das Glück der Welt ihren Ursprung nehmen sollen.“ Am 20. April 1792 erklärte Frankreich an Österreich den Krieg. Damit begannen Auseinandersetzungen, die Europa 23 Jahre in Atem hielten und das Gesicht der alten Welt grundlegend veränderten.

Der König wird hingerichtet

Ludwig XVI. erwartete vom Sieg der Gegner Frankreichs die Rettung seines Thrones. Die revolutionären Wirren hatten die Disziplin der französischen Armee zerrüttet; die Flucht zahlreicher Adliger hatten das Offizierkorps empfindlich geschwächt. Gegen diese Armee marschierten die mit Österreich verbündeten Preußen heran, deren Heer seit den Tagen Friedrichs des Großen als das beste des Kontinents galt. Die Franzosen erlitten Niederlagen; im Innern stockte das Wirtschaftsleben.
Am 25. Juli 1792 ließ der preußische Feldherr den Franzosen androhen, daß Paris vernichtet werde, wenn der königlichen Familie ein Leid geschähe. Damit war der König als Feind der Revolution entlarvt. Danton und Marat lenkten die Volkswut auf wirkliche oder vermeintliche Gegner der Revolution. Am 10. August plünderten Aufständische die Tuilerien, das königliche Schloß in Paris; der König floh in die Nationalversammlung und wurde verhaftet.
Die Nationalversammlung beschloß Wahlen zu einem Nationalkonvent, der eine neue demokratisch-republikanische Verfassung ausarbeiten sollte. Er trat – ohne Zensus nach allgemeinem Wahlrecht für Männer gewählt – am 20. September 1792 zusammen. Im

▷ 12

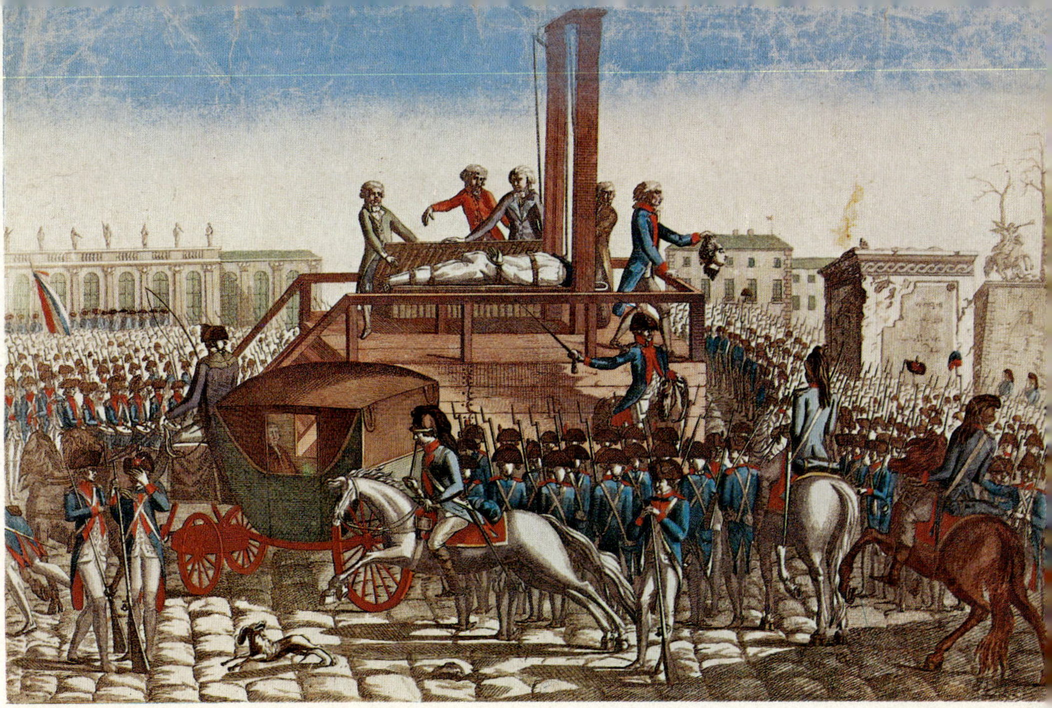

Hinrichtung Ludwigs XVI. am 21. 1. 1793 (zeitgenössischer Stich). Wie alle Hinrichtungen war auch diese öffentlich. Sie lockte etwa 20 000 Zuschauer an.

Aus einem Straßenanschlag vom 10. August 1792, den Jean Paul Marat nach Bekanntwerden des preußischen Manifestes vom 25. 7. verfaßt hat:

„Fürchtet die Reaktion! ... Niemand verabscheut Blutvergießen mehr als ich, aber um zu verhindern, daß das Blut in Strömen fließt, dringe ich in euch, einige Tropfen zu vergießen. Um die Pflichten der Menschlichkeit mit der Sorge für die öffentliche Sicherheit in Einklang zu bringen, schlage ich euch vor, die revolutionsfeindlichen Mitglieder der Stadtverwaltung, der Friedensrichter, ... und der Nationalversammlung auszumerzen."

(Jean Paul Marat, Les Pamphlets, hrsg. v. Charles Valley. Paris 1911, S. 25, übers. v. Erich Goerlitz)

1. Welche Handlungen kann man mit dieser Art der Argumentation rechtfertigen? – Was geschah am 10. August 1792?

Der englische Politiker Edmund Burke kritisierte 1790 in seiner Schrift „Reflections on the Revolution in France" die Vorgänge in Frankreich. In dieser Schrift, die für die konservative Staatsauffassung erhebliches Gewicht gewann, heißt es u. a.:

„Allerdings sehe ich jetzt bei einigen Menschen in Frankreich große Freiheit, bei vielen aber und bei den meisten eine drückende und erniedrigende Sklaverei. Doch was ist Freiheit ohne Weisheit und Tugend? Das größte aller möglichen Übel; nichts weiter als Torheit, Laster und Wahnsinn ohne Aufseher und ohne Zügel ... Eine Staatsverfassung erschaffen erfordert freilich keine große Geschicklichkeit. Weiset der Macht ihre Stelle an; lehrt Gehorsam; und das Werk ist vollbracht. Freiheit geben ist noch viel leichter. Da bedarf es gar keiner Führung: es ist bloß nötig, den Zügel schießen zu lassen. Aber eine freie Staatsverfassung hervorbringen, das heißt, die streitenden Elemente der Freiheit und der Beschränkung in ein festes und dauerndes Ganzes zusammenzuschmelzen, das ist ein Geschäft, das langes und tiefes Nachdenken, das einen scharfsichtigen, vielumfassenden und ordnenden Geist erfordert. Diese Eigenschaften vermisse ich in denen, welche in der Nationalversammlung den Ton angeben.

(Edmund Burke, Betrachtungen über die Französische Revolution, in der deutschen Übertragung v. Friedrich Gentz. Frankfurt/M. 1967, S. 335 f., bearb. v. Lore Iser)

2. Stelle dar, was Burke meint, wenn er als Kennzeichen einer freien Staatsverfassung die Verbindung von Freiheit und Beschränkung nennt.
3. Vergleiche diese Quelle mit dem Auszug aus Robespierres Rede auf S. 15 und versuche eine vorsichtig abwägende Beurteilung der in beiden Quellen enthaltenen Gedanken.
4. Warum spalteten sich die Republikaner?
5. Welche Gedanken Rousseaus lassen sich in den Handlungen der Jakobiner nachweisen (vgl. dazu Bd. 2)?

Konvent prallten nun die Jakobiner und die Girondisten aufeinander. Die Jakobiner (113 von 749 Abgeordneten) wollten die radikale Demokratie verwirklichen; die Girondisten wehrten sich gegen die Bedrohung des Besitzes und die straffe Zentralregierung. Hinter den Jakobinern standen die Pariser Massen, die Girondisten hatten ihre Anhänger vor allem in den Provinzen.
Gleich nach seinem Zusammentritt erklärte der Konvent, „daß das Königtum in Frankreich abgeschafft ist". Bald darauf wurde dem König der Prozeß gemacht und seine enge Verbindung zum Ausland nachgewiesen. Mit einer Stimme Mehrheit wurde der „Bürger Louis Capet", wie man Ludwig XVI. jetzt nannte, zum Tode verurteilt. Am 21. Januar 1793 wurde er guillotiniert. Die Hinrichtungsmaschine, die *Guillotine* (benannt nach ihrem Erfinder, dem Arzt Guillotin), war, wie üblich, öffentlich aufgestellt worden.

„Levée en masse"

Die für Frankreich bedrohliche militärische Lage hatte sich plötzlich gewandelt, als es am 20. 9. 1792 zu einem Zusammenstoß zwischen der Armee der Koalition und dem französischen Heer bei Valmy in der Champagne gekommen war. Nach einer mehrstündigen Kanonade hatten sich die Verbündeten zurückgezogen. Es zeigte sich, daß die Mehrzahl der Franzosen nicht bereit war, mit den ausländischen Gegnern der Revolution gemeinsame Sache zu machen. Die Franzosen gewannen Selbstsicherheit. Goethe, der auf preußischer Seite am Feldzug teilnahm, erkannte die Bedeutung dieses Tages: „Von hier und heute geht eine neue Epoche der Weltgeschichte aus."

Freiwillige strömten zur Revolutionsarmee. Ein Regiment Freiwilliger aus Marseille sang ein Lied, das bald in aller Munde war und zum Lied der Revolution wurde: die „Marseillaise". Frankreich, Vaterland, Freiheit, Menschheit waren die Schlagworte, die viele in einen Begeisterungstaumel rissen. Man wollte den Völkern die Freiheit bringen, sich mit ihnen brüderlich verbinden; gleichzeitig erwachte wieder der Drang zum Rhein, das Schlagwort von den „natürlichen" Grenzen kam in Umlauf. Aus der Befreiung wurde Eroberung, wo die Bevölkerung sich der Revolution nicht anschließen wollte wie in den österreichischen Niederlanden. Das Land wurde annektiert, im „Namen der Gerechtigkeit und Humanität", wie Danton es ausdrückte.
Die französischen Eroberungen bedrohten das europäische Gleichgewicht. Kaum war der König hingerichtet, erklärten England, Spanien und die Niederlande den Krieg an Frankreich. Die Armeen der Revolution standen inzwischen in den österreichischen Niederlanden; England sah sich gefährdet, wenn die flandrischen Häfen in französischer Hand waren. Eine große Koalition gegen Frankreich war entstanden.
Das revolutionäre Frankreich geriet in höchste Gefahr. Die Verbündeten drängten die französischen Heere zurück; der Wert des Geldes sank sehr rasch; vor den Lebensmittelläden der Städte bildeten sich lange Schlangen Hungriger; ein großer Aufstand royalistischer (königstreuer) Bauern konnte nicht bezwungen werden. Trotz allem trat die erwartete Katastrophe des revolutionären Staates nicht ein. Lazare Carnot (1753–1823), der den Jakobinern nahestand, organisierte das französische Heer. Er verkündete die „levée en masse", die Erhebung des ganzen Volkes. Der Krieg war zur Sache aller geworden. Volk und Staat verschmolzen: Die moderne *Nation* entstand. Neben das stehende Heer trat die Masse der Freiwilligen, dann der Wehrpflichtigen. Dem allgemeinen Wahlrecht entsprachen allgemeine *Wehrpflicht* und allgemeine Arbeitspflicht. Die französische Armee wurde zahlenmäßig dem Söldnerheer der Verbündeten überlegen. Außerdem kämpfte der französische Soldat besser als der Söldner, denn er verteidigte Vaterland und Freiheit; sein Kampf sollte der Menschheit dienen. „Friede den Hütten, Krieg den Palästen!" lautete die Losung. Der Grundsatz der Gleichheit ermöglichte jedem Soldaten den Aufstieg. Kommissare des Konvents überwachten die Offiziere, besiegte Generale mußten die Hinrichtung fürchten.
Das neue Volksheer ermöglichte eine neue Strategie. Verluste waren leicht zu ersetzen, daher konnte der Feldherr die Schlacht suchen und durch die Zahl seiner Truppen die Entscheidung erzwingen. Desertionen waren kaum zu fürchten. Man brauchte also nicht in geschlossener Formation zu kämpfen, sondern konnte in aufgelöster Schützenlinie vorgehen *(Tirailleurtaktik)*. Dieser neuen Taktik waren die alten Heere nicht gewachsen.

▷ 14

Revolutionssoldaten (Lithografie von D. Raffet)

6. Beschreibe den Eindruck, den diese Soldaten machen.

Aus dem Wehrgesetz vom 23. 8. 1793:

„Von heute bis zur Vertreibung aller Feinde vom Boden der französischen Republik sind alle Franzosen dauernd zum Wehrdienst verpflichtet. Die jungen Männer werden kämpfen, die Verheirateten werden Waffen schmieden und Lebensmittel transportieren, die Frauen werden Zelte und Uniformen nähen und in den Krankenhäusern dienen, die Kinder werden Charpie (Leinen für Verbandstoff) zupfen. Die Greise werden sich auf die Plätze bringen lassen, um den Mut der Soldaten, den Haß gegen die Könige und die Liebe zur Republik anzustacheln."

(P. J. B. Buchez / P. C. Roux-Lavergne [Hrsg.], Histoire parlementaire de la Révolution française, Paris 1834, Bd. 28, S. 469, übers. v. Erich Goerlitz)

7. Wodurch unterscheiden sich die Forderungen, die der neue Staat an die Bürger stellte von denen, die bisher üblich waren?

Der Girondist Brissot forderte in einer Rede am 16. 12. 1791 auf, den Krieg zu beginnen:

„Für ein Volk, das nach tausend Jahren Sklaverei die Freiheit erobert hat, ist der Krieg ein Bedürfnis. Der Krieg ist notwendig, um die Freiheit zu befestigen; ... er ist notwendig, um Männer zu entfernen, welche sie vergiften könnten. Lobt den Himmel für die Mühe, die er sich gemacht hat und dafür, daß er Euch die Zeit gegeben hat, eure Verfassung aufzurichten. Ihr habt Rebellen zu strafen und Ihr habt auch die Stärke dazu."

(Peter Fischer [Hrsg.], Reden der Französischen Revolution. München 1974, S. 144)

8. Worin sieht Brissot den Zweck des Krieges? Unterscheide zwischen außen- und innenpolitischer Zielsetzung.

9. Besorge dir den Text der französischen Nationalhymne und berichte, woran du den Text als Lied der Revolutionszeit erkennen kannst.
10. Inwiefern ist die „levée en Masse" ein für das Entstehen der modernen Nation wichtiger Vorgang? Versuche die Folgen zu erkennen.
11. Wen wollten die Jakobiner mit dem Schlagwort „Friede den Hütten, Krieg den Palästen!" für den Krieg gewinnen?
12. Warum waren die Heere der alten Mächte meist der französischen Revolutionsarmee nicht gewachsen, obwohl sie weit besser ausgebildet und disziplinierter waren?

Schreckensherrschaft

In den ersten Monaten des Jahres 1793 erzwangen wirtschaftliche Not im Innern und militärischer Druck von außen die Zusammenraffung aller Kräfte. Das war die Stunde der Jakobiner. Im Gegensatz zu den Girondisten sahen sie in straffer Zentralisation aller Regierungsarbeiten ein notwendiges Mittel zur Rettung Frankreichs. Die Jakobiner vertrieben ihre Gegner aus dem Konvent. Viele Girondisten wurden vor ein Revolutionstribunal gestellt und hingerichtet. Der Weg zur Diktatur der Jakobiner war offen.

Im Sommer 1793 wurde die neue, republikanische Verfassung verkündet: gesellschaftliche Gleichheit, Volkssouveränität, allgemeines Wahlrecht, allgemeine Wehrpflicht. Die Gleichheit war jetzt Grundlage der Verfassung; die Freiheit, deren Sicherung Mittelpunkt der Verfassung von 1791 war, trat dagegen zurück. Beim Konvent sollte alle Macht liegen, er hatte nicht nur die gesetzgebende Gewalt, sondern bildete aus seinen Mitgliedern auch die Exekutive. Damit war die Gewaltenteilung beseitigt. Diese Verfassung sollte nach Kriegsende zur Grundlage des Staats werden.

Vorerst lag die Staatsgewalt in der Hand revolutionärer Konventausschüsse, von denen der *„Wohlfahrtsausschuß"* praktisch den Staat regierte. Er war das wichtigste Mittel, durch das die Jakobiner die Diktatur ausübten. Vor allem Robespierre war dabei von dem Gedanken beherrscht, daß der Volkswille gerecht, gut und vernünftig sei. Wer ihn kenne, wisse, was zu tun sei. Die Jakobiner beanspruchten, ihn zu kennen. Wer sich ihnen widersetzte oder andere politische Meinungen vertrat, galt ihnen als Feind des Volkes und als Gegner der Freiheit. Es gab in ihren Augen nicht verschiedene politische Meinungen, sondern nur noch eine richtige und eine falsche Gesinnung. Die falsche Gesinnung bekämpfte Robespierre mit der Guillotine. Die Hinrichtungen wurden zum alltäglichen öffentlichen Schauspiel! An die Stelle des
1793/94 souveränen Volkes war die Gewaltherrschaft einer kleinen Gruppe getreten. Der Terror (la Terreur) raste gegen alle, die Robespierre, der „Unbestechliche", zu Feinden des Volkes erklärte.

Der Advokat Maximilien Robespierre (1758–94) war einer der Abgeordneten des Dritten Standes gewesen. Bald wurde er radikaler Republikaner, der die Politik der Girondisten bekämpfte. Er war Mitglied der gesetzgebenden Nationalversammlung, dann des Konvents, der Pariser Kommune und vor allem des Wohlfahrtsausschusses. Tugend war eines seiner Lieblingsworte. Fanatisch hing er der Vorstellung an, er vollziehe den Volkswillen, wirke für einen Staat der Tugend und Reinheit. Kein Menschenopfer war ihm zu hoch, um dieses erträumte Ziel zu erreichen. Bitter meinte Mirabeau, ein Abgeordneter des Dritten Standes: „Der Mann wird es weit bringen, er glaubt alles, was er sagt."

Überall im Land richteten die Jakobiner Überwachungskomitees ein, deren Aufgabe es war, „Verdächtige" den Revolutionstribunalen auszuliefern. Der Schrecken peinigte die Bevölkerung; man heuchelte, um sich zu retten. Es gab keine Rechtssicherheit; wer in die Hände der Häscher geriet, war dem Terror meist hilflos ausgeliefert. Angehörige bestimmter Bevölkerungsgruppen – Priester, ehemalige Adlige, Wohlhabende – galten als besonders verdächtig. Viele wollten sich als Anhänger der Revolution ausweisen. Deshalb trug man keine Kniebundhosen, setzte die Jakobinermütze auf und steckte sich ein blau-weiß-rotes Abzeichen an. Der Kalender wurde geändert, man zählte die Jahre seit Bestehen der Republik (ab 20. 9. 1792; 1792/93 = I); die alten Monatsnamen wurden durch solche ersetzt, die Witterung und Jahreszeit bezeichneten. Die Kirchen wurden geschlossen. Die Kathedrale Nôtre-Dame-de-Paris war jetzt der „Tempel der Vernunft". Statt christlicher Gottesdienste ließ Robespierre das „Fest des höchsten Wesens" feiern. Die Leute redeten sich nicht mehr mit „monsieur" und „madame" an, sondern mit „citoyen" und „citoyenne" (Bürger und Bürgerin).

Der Terror steigerte sich zum „großen Schrecken", als im Sommer 1793 Marat, einer der radikalsten Jakobiner, von einer Girondistin ermordet wurde. Im April 1794 wandte sich Robespierre gegen Jakobiner, deren Fanatismus ihm zu schwach erschien. Die „Revolution fraß ihre eigenen Kinder". Danton, neben Robespierre der mächtigste Mann unter den Jakobinern, wurde hingerichtet. Im Sommer 1794 durften Angeklagte vor dem Revolutionstribunal weder einen Verteidiger noch Zeugen hinzuziehen. Der Ankläger sprach auch das Urteil. Etwa 35 000–40 000 Menschen wurden hingerichtet. Allein zwischen dem 23. Prairial

▷ 16

Französische Spielkarten der Revolutionszeit. Könige, Königinnen und Ritter (Buben) sind durch andere Figuren ersetzt. (Spielkarten aus den Jahren 1792/3, Deutsches Spielkarten-Museum, Bielefeld)

13. Übersetze die Inschriften und begründe, weshalb z. B. Brutus, Rousseau und Solon abgebildet wurden.

Robespierre erklärte am 5. 2. 1794:

„Wir wollen eine Ordnung der Dinge, wo alle niedrigen und grausamen Leidenschaften unbekannt sind, ... wo alle Seelen sich durch die beständige Mitteilung republikanischer Gefühle und durch das Bedürfnis, die Achtung eines großen Volkes zu verdienen, erheben ... Wir wollen in unserem Lande den Egoismus durch Sittlichkeit ersetzen, die Ehre durch Rechtschaffenheit, die Gewohnheiten durch Grundsätze, die Manieren durch Pflichten, die Tyrannei der Mode durch die Herrschaft der Vernunft, ... die Eitelkeit durch die Seelengröße, ... den Glanz durch die Wahrheit, ... ein liebenswürdiges, frivoles und verkommenes Volk durch ein großherziges, mächtiges und glückliches Volk. Mit einem Wort: alle Laster und alle Torheiten der Monarchie gegen alle Tugenden und alle Wunder der Republik."

(Peter Fischer [Hrsg.], a. a. O., S. 342 f., Übersetzung leicht verändert v. Erich Goerlitz)

14. Stelle die Gegensätze, die Robespierre formuliert, tabellarisch nebeneinander, und setze dich kritisch damit auseinander.

15. Vergleiche in den Verfassungen von 1791 und 1793 Wahlrecht, Exekutive und Legislative.

16. Wodurch wurde der „Wohlfahrtsausschuß" zu einem Instrument der Jakobiner?

17. Überlege, welche Folgen es hat, wenn Kleidungsstücke wie etwa die Jakobinermütze als Zeichen politischer Gesinnung angesehen werden.

18. Mit welchem Mittel gelang es der kleinen Gruppe der Jakobiner um Robespierre, Frankreich zu beherrschen?

19. Mit welcher Begründung terrorisierte Robespierre jeden, von dem er glaubte, er habe eine abweichende politische Meinung?

20. Zeige, inwiefern Freiheit und Gleichheit Begriffe sind, die in einem Spannungsverhältnis zueinander stehen?

21. Warum sahen die Anhänger Robespierres den Widerspruch zwischen seiner Forderung nach „republikanischer Tugend" und der Praxis der Schreckensherrschaft nicht? Wie bewertest du das? Kennst du in der Geschichte Beispiele vergleichbarer Art?

(11. Juni 1794) und dem 8. Thermidor (Hitzemonat, 26. Juli 1794) guillotinierten die Henker 1 285 Menschen. Am 1. Thermidor bestiegen 28 Menschen das Schafott, darunter zehn Frauen; unter den 36 Opfern des 6. Thermidor waren ein sechzehnjähriger Junge und ein vierundachtzigjähriger Greis. Viele, auch Jakobiner und Konventsmitglieder, hielten sich täglich woanders auf, um den Häschern zu entrinnen.

Der 9. Thermidor

Am 8. Thermidor machte Robespierre im Konvent Andeutungen über neue Strafen für die „Verräter“. Auch der Wohlfahrtsausschuß müsse „gesäubert“ werden. Jedes Konventsmitglied mußte befürchten, ein Opfer der „Republik der Tugend“ zu werden, von der Robespierre träumte. Als Saint-Just in der Konventssitzung am 9. Thermidor den Antrag einbrachte, Robespierre diktatorische Vollmachten zu übertragen, brach ein Tumult aus. Robespierre wurde am Reden gehindert: „Nieder mit dem Tyrannen!“ Mit großer Mehrheit wurde seine Verhaftung beschlossen. Am Abend des folgenden Tages wurde er mit 21 seiner engsten Mitarbeiter hingerichtet. Am selben Tag wurde der Jakobinerklub geschlossen. Die Herrschaft des Schreckens war gebrochen.
Die Schreckensherrschaft hatte die Hoffnung vieler zerstört, die Revolution schaffe in Frankreich eine dauerhafte neue, auf die Vernunft gegründete Ordnung. Aber die auf Überlieferung und Autorität gegründete alte Gesellschaftsordnung war endgültig zerbrochen.

Das Direktorium (1795–1799)

Die Sieger über Robespierre lenkten zurück zu einer Staats- und Gesellschaftsform, in der wieder das Besitzbürgertum den Staat trug. Die neue Verfassung von 1795 band das Wahlrecht erneut an den Besitz. Die Gewaltenteilung wurde wieder eingeführt, die Kirche vom Staat getrennt. Die Exekutive lag in der Hand eines fünfköpfigen „Direktoriums“. Die staatliche Zwangswirtschaft wurde zugunsten großbürgerlicher Unternehmer abgebaut. Die Geldentwertung schritt weiter schnell voran, Lebensmittel blieben knapp, Korruption machte sich breit. Der „weiße Terror“ verfolgte die Jakobiner, royalistische Erhebungen bedrohten das Direktorium. Der inneren Schwierigkeiten wurde das Direktorium nur mit Hilfe des Heeres Herr. Der erfolgreichste Feldherr gewann dadurch den größten politischen Einfluß. Dieser Mann war seit 1797 der General Napoléon Bonaparte (1769–1821).

Die Kriege der Republik

Nachdem die Franzosen zeitweilig dem Druck der gegnerischen Heere hatten weichen müssen, konnten sie bis zum Sommer 1794 das linke Rheinufer wieder erreichen und die österreichischen Niederlande erneut einnehmen. Vor allem im Rheinland sympathisierte die Bevölkerung mit den Gedanken der Französischen Revolution, wozu das Treiben der französischen Emigranten nicht wenig beigetragen hatte. Die Entspannung der militärischen Lage erfolgte gleichzeitig mit dem Sturz Robespierres.

1795 1795 schloß Preußen – weit mehr an den polnischen Teilungen (vgl. Bd. 2) interessiert als am Krieg mit Frankreich – den Sonderfrieden zu Basel. Die linksrheinischen preußischen Gebiete blieben französisch besetzt.
In Oberitalien befehligte seit 1796 der siebenundzwanzigjährige General Bonaparte das französische Heer. Das Volksheer und die Tirailleurtaktik wurden in seiner Hand zu Mitteln einer neuen Strategie. Unter rücksichtslosem Einsatz aller Kräfte suchte er den Gegner nicht nur zu schlagen, sondern in der Schlacht möglichst zu vernichten. Im Frieden von 1797 mußte Österreich auf die österreichischen Niederlande und das linke Rheinufer verzichten. Aus Oberitalien (der Lombardei) wurde die eng mit Frankreich verbundene Cisalpinische Republik gebildet. Ähnliche Gebilde entstanden in den nächsten Jahren: die Helvetische Republik, die Batavische Republik, die Römische Republik, die Ligurische Republik.
Nur noch England stand im Krieg gegen Frankreich, als Bonaparte nach Paris zurückkehrte. Napoleon Bonaparte strebte nun das Oberkommando für eine Expedition nach Ägypten an. Er wollte von Ägypten aus Englands Stellung im Mittelmeer und seine Verbindung nach Indien angreifen, außerdem wollte Bonaparte, wie er sagte, „seinen Ruhm warmhalten“. Aber nach einem Mißerfolg in Ägypten kehrte Bonaparte 1799 nach Paris zurück.

Siegel des Wohlfahrtsausschusses 1793 ▷

22. Übersetze die Inschrift und versuche, das Bild zu erläutern. Berücksichtige die Ereignisse der Jahre 1793/94.

In einem vertraulichen Gespräch sagte General Bonaparte dem französischen Gesandten in Toscana:

„Glauben Sie vielleicht, daß ich eine Republik begründen will? Welcher Gedanke!“
Zur gleichen Zeit forderte General Bonaparte seine Soldaten in einem Tagesbefehl zum 14. 7. 1797 zu folgendem Schwur auf: „Krieg ohne Gnade den Feinden der Republik.“

23. Wie erklärst du dir diese sich widersprechenden Äußerungen?

24. Inwiefern spiegeln sich im Wahlrecht nach den Verfassungen von 1791, 1793 und 1795 die veränderten Machtverhältnisse?

25. Erkläre den raschen Aufstieg des Generals Bonaparte: Warum wurde er als sehr junger Mann bereits General? In welchem Verhältnis sah er militärische und politische Führung?

26. Überlege, warum eine Revolution oft in eine Militärdiktatur mündet.

Zum Wiederholen und Nachschlagen

1792 stieß Frankreich mit Österreich und Preußen zusammen. Drohungen des preußischen Feldherrn gegen die Revolutionäre in Frankreich lösten den Sturz des Königs aus. Die Jakobiner ließen den König hinrichten. Inzwischen war der Nationalkonvent gewählt worden, der eine republikanische Verfassung ausarbeitete. Die Macht lag in der Hand des Konvents und seiner Ausschüsse, vor allem des Wohlfahrtsausschusses. Robespierre und seine Anhänger richteten die Diktatur einer Minderheit, der Jakobiner, auf. Um wirtschaftlicher und militärischer Schwierigkeiten Herr zu werden und alle zu vernichten, die sie für Feinde der Republik hielten, griffen sie zum Terror (1793–94). Als der Terror sich ins Unerträgliche steigerte, wurde Robespierre gestürzt und guillotiniert. Jetzt gewannen die wohlhabenderen Bürgerschichten erneut politisches Gewicht (Zensuswahlreht). Die Regierung bestand aus einem fünfköpfigen Direktorium, das von dem siegreichen General Napoléon Bonaparte abhängig wurde.
Die Revolutionskriege verliefen für Frankreich erfolgreich. Preußen trat das linke Rheinufer, Österreich seinen niederländischen Besitz und Oberitalien ab.

1792	Beginn der Revolutionskriege – Frankreich wird Republik
1793–94	Schreckensherrschaft
1795–99	Direktorium
1795	Friede zu Basel zwischen Frankreich und Preußen
1797	Friede zu Campo Formio zwischen Frankreich und Österreich

Begriffe: Girondisten, Guillotine, Jakobiner, Kleinbürger, Konvent, Schreckensherrschaft, Tirailleurtaktik, Wehrpflicht, Wohlfahrtsausschuß

Europa zur Zeit

Napoleon in seinem Arbeitszimmer. Gemälde von Jacques Louis David, 1812 (Washington, National Gallery of Art)

1. Einige wichtige Herrschaftsmittel Napoleons sind auf den Bildern zu erkennen (beachte, was auf Stuhl und Tisch liegt, zur Entzifferung der Inschrift auf der Rolle sieh auf S. 22 nach).

Napoleons

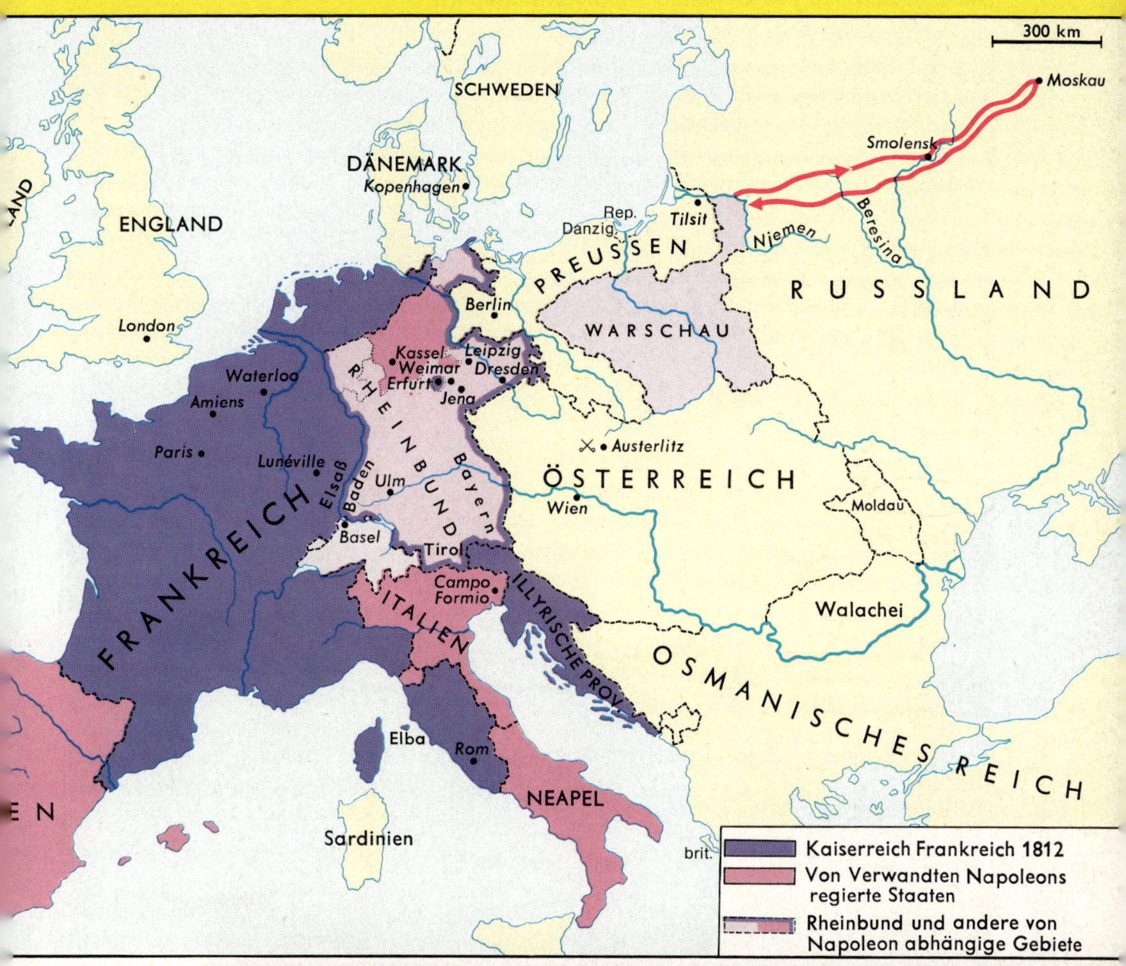

2. Erläutere die Landkarte. Bedenke dabei: Entfernungen, Verkehrsmittel und ihre Antriebskräfte, Transportmöglichkeiten, Nachrichtenübermittlung.

Erschießung von Aufständischen in Madrid durch französische Truppen, 1808. (Gemälde v. F. de Goya, Madrid, Museo del Prado)

Napoleons Kampf gegen die Staaten Europas

Der Staatsstreich des Generals Napoléon Bonaparte

Die Direktoriumsregierung stand in geringem Ansehen; eine Koalition zwischen England, Rußland, Österreich und anderen bedrohte seit 1798 Frankreich. Im Innern kam es wiederholt zu royalistischen und jakobinischen Unruhen. Viele Bürger sehnten sich nach Ruhe und Sicherheit. In diesem Augenblick kehrte Napoleon nach Frankreich zurück.

Napoléon Bonaparte war 1769 auf Korsika geboren worden. Bereits als zehnjähriger Knabe kam er nach Frankreich, wo er auf Militärschulen zum Artillerieoffizier ausgebildet wurde. Er knüpfte Beziehungen zu den Jakobinern an, um zu Macht und Einfluß zu gelangen. Dank der militärischen Fähigkeiten, die er als Artillerieleutnant 1793 zeigte, wurde der Konvent auf ihn aufmerksam. Er wurde zum General befördert. Seit die Staatsgewalt in den Händen des Direktoriums lag, verstand es Bonaparte, sich den Direktoren nützlich zu machen. Er schlug 1795 einen royalistischen Aufstand in Paris nieder. Einer der Direktoren vermittelte eine Ehe, durch die Bonaparte Zugang zu den einflußreichsten Gesellschaftskreisen dieser Jahre gewann. Als Oberbefehlshaber in Italien errang der General 1796/97 militärischen Ruhm und politische Macht. Man erwartete von ihm die Lösung aller Schwierigkeiten.

1799 Am 18. Brumaire (Nebelmonat, 9. 11) 1799 trieben die Soldaten Bonapartes die Abgeordneten auseinander; das Direktorium wurde aufgelöst. Diese überfallartige Eroberung der Macht durch eine kleine Gruppe von Verschwörern *(Staatsstreich)* brachte drei Männer – unter ihnen Bonaparte – an die Regierung. Sie nannten sich nach antikem Vorbild Konsuln. Der Erste Konsul, Bonaparte, erklärte die Revolution für beendet.
Unter den Konsuln hatte der auf zehn Jahre gewählte Erste Konsul alle Macht in Händen. Die Volksvertretung wurde zwar nach allgemeinem Wahlrecht gewählt, aber man konnte nur mit Zustimmung der Konsuln Abgeordneter werden. Gesetzesvorschläge konnte nur der Erste Konsul einbringen, ein Teil der Abgeordneten durfte über sie debattieren, ein anderer, die „Dreihundert Stummen" genannt, hatte darüber abzustimmen. Verwaltungsverordnungen des Ersten Konsuls hatten Gesetzeskraft. Legislative und Exekutive lagen in einer Hand.
Die Macht des Ersten Konsuls beruhte auf dem Heer und der Zustimmung der Massen. Durch Volksentscheide, *Plebiszite,* ließ er sie sich mehrfach bestätigen. Die aus dem Staatsstreich hervorgegangene Konsulatsverfassung wurde mit etwa drei Millionen gegen fünfzehnhundert Stimmen gebilligt. Die Eintragungen in die Abstimmungslisten erfolgten öffentlich. Die Art der Fragestellung tat ein übriges, eine fast einhellige Zustimmung zu erzielen.

Das Empire

In zwei Schritten baute der Diktator seine Machtstellung aus. 1802 ließ er sich durch Plebiszit
1804 zum Konsul auf Lebenszeit, 1804 zum „Kaiser der Franzosen" wählen. Das letzte Plebiszit erbrachte etwa 3,5 Millionen Ja-Stimmen gegen etwa 2 500 Nein-Stimmen. Frankreich war wieder eine erbliche Monarchie.
Auf welchen Grundlagen das neue Kaisertum ruhen sollte, zeigte die Krönungsfeier. Napoleon hatte den Papst nach Paris kommen lassen, damit er ihn salbte und Krone und Zepter segnete, also seinem Kaisertum die Weihe gab, auf die Napoleon wegen des Volkes Wert legte. Die Krone aber setzte sich der Kaiser selbst aufs Haupt. Der Anschein einer Macht, die dem von Napoleon geschaffenen Kaisertum übergeordnet war, sollte vermieden werden. Er bezeichnete sich als Kaiser „durch Gnade Gottes und den Willen der Nation". Napoleon legte sich auch den Lorbeerkranz der römischen Imperatoren um die Stirn und machte den Legionsadler zum Sinnbild des Kaiserreiches. Damit war der Anspruch verkündet, das Imperium zu erneuern, dessen Mittelpunkt Frankreich bildete.
Der Kaiser baute das „Grand Empire" aus, indem er die zahlreichen Mitglieder seiner Familie auf europäische Throne setzte und Heiraten mit alten Dynastien anbahnte. Die innere Verwaltung wurde straff zentralistisch aufgebaut. Alle wichtigen Beamten wurden vom Kaiser eingesetzt und waren ihm verantwortlich. Vor dieser Bürokratie waren alle Untertanen gleich. Ergebene Mitarbeiter erhielten Orden, Titel und Pensionen.

▷ 22

1. Übersetze den Text auf dem Flugblatt. Erinnere dich an die wichtigsten Taten der aufgezählten Männer. Was soll das Flugblatt bezwecken? Kennst du Vergleichbares aus der Gegenwart?

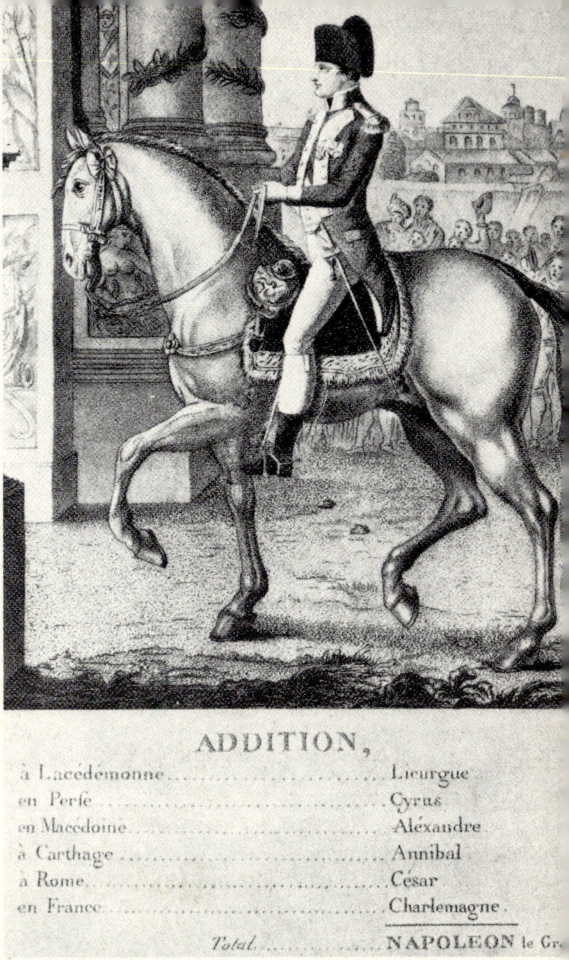

Propaganda für Napoleon auf einem Flugblatt, das den Kaiser zeigt, wie er durch einen Triumphbogen reitet. Ein Adler bringt ihm den Siegerkranz.

1797 sagte Napoleon zu dem französischen Gesandten in Toscana:

„Das Direktorium soll sich nur einfallen lassen, mir das Kommando über die Armee wegzunehmen! Dann wird man schon sehen, wer der Herr ist. Die Nation braucht einen Führer, einen durch Ruhm hervorragenden Führer, aber keine Theorien über Regierung, keine großen Worte, keine Reden von Ideologen, von denen die Franzosen nichts verstehen. Sie sehen, was ich bin, was ich jetzt in Italien vermag. Wenn ich nicht an der Spitze dieses mir ergebenen Heeres stehe, muß ich auf diese Macht, auf diese hohe Stellung, die ich mir verschafft habe, verzichten ...
Was mich angeht, so erkläre ich Ihnen: ich kann nicht mehr gehorchen; ich habe die Freuden des Kommandierens gekostet, und darauf kann ich nicht mehr verzichten. Mein Entschluß ist gefaßt; wenn ich nicht Herr sein kann, werde ich Frankreich verlassen."

(Paul Hartig [Hrsg.], a. a. O., S. 61 f.)

2. Wie beurteilt Napoleon die Politik und die Franzosen? Welchen Eindruck erhältst du von ihm?

Aus der Konsulatsverfassung vom 13. 12. 1799:

„Der erste Konsul verkündet die Gesetze; er ernennt und ersetzt nach seinem Willen die Mitglieder des Staatsrats, die Minister, die Gesandten und andere auswärtige Oberbeamte, die Offiziere der Land- und Seemacht, die Mitglieder der örtlichen Verwaltungen und Regierungskommissarien bei den Gerichtshöfen. Er ernennt alle Straf- und Zivilrichter ..."

(Paul Hartig [Hrsg.], a. a. O., S. 63 f.)

3. Erinnere dich an die Stellung der Konsuln in der römischen Republik (vergiß dabei nicht Kollegialität und Annuität) und vergleiche damit die Konsulatsverfassung von 1799.
4. Welchen Unterschied erkennst du zwischen einem Plebiszit und einer Wahl? – Wo gibt es auch in der Gegenwart Abstimmungsergebnisse mit fast 100% Ja-Stimmen? Was läßt sich daraus folgern? Welchen Aussagewert haben diese Abstimmungen?
5. Erläutere den Unterschied zwischen einem Staatsstreich und dem Machtwechsel während einer Revolution.
6. Wie sicherte Napoleon seine Machtstellung? Warum fand er dabei die Zustimmung der Mehrheit der Franzosen?

Zeitgenössische Karikatur auf den Sieg Napoleons ▷ bei Austerlitz, 1805

7. Erkläre, wer die Personen sind, und erläutere das Bild.

Die politische Freiheit war beseitigt. Im privaten Leben dagegen wurde die persönliche Freiheit und die Gleichheit vor dem Gesetz anerkannt. Der *Code Civil*, auch Code Napoléon genannt, gab Frankreich ein einheitliches bürgerliches Recht. In ihm blieben wichtige Errungenschaften der Revolution erhalten; das große Gewicht der Eigentumsfragen im Code Napoléon wurde zum Vorbild vieler europäischer Gesetzbücher.
Die adligen Emigranten durften nach Frankreich zurückkehren. Aber die aufgeteilten Ländereien des Adels und der Kirche blieben in der Hand der Bauern. Damit entstand in Frankreich ein wirtschaftskräftiges Bauerntum, das in der französischen Gesellschaft ein konservatives Element bildete.

Der Einheit des Staates diente auch die Kulturpolitik. Jede selbständige geistige Regung konnte der Autorität des Alleinherrschers gefährlich werden. Deshalb hatten Zensur und zentrale Lenkung für ihre Unterdrückung zu sorgen. Kennzeichnend ist, daß Napoleon statt der Universitäten technische Fachschulen förderte. Es ging ihm nicht um die Wissenschaften, sondern um ihre handgreifliche Nutzanwendung. Für seine zahlreichen Feldzüge benötigte er z. B. tüchtige Kriegsingenieure.
Der Glanz, den die Hauptstadt des Empire ausstrahlen sollte, wurde gesteigert. Auf seinen Feldzügen raubte Napoleon in ganz Europa Kunstwerke von Rang und ließ sie nach Paris bringen. In Museen entstanden große Sammlungen.
Seit etwa 1800 bildete sich für Möbel, Mode und Innenausstattungen der nach dem Kaiserreich benannte Empirestil aus. Anknüpfend an antike Formen und Ornamente, sollte der Eindruck von bedeutungsvoller Schwere und Größe erweckt werden.

Der zweite Koalitionskrieg 1799–1802

Als Bonaparte 1799 Erster Konsul wurde, war der Krieg gegen die neue Koalition bereits ausgebrochen. An der Seite Englands standen Österreich und Rußland. Bonapartes Heere waren erfolgreich. Im Februar 1801 schied Österreich aus der Koalition aus. Im Friedensschluß verzichtete Österreich jetzt auch „im Namen des Reichs" auf alle linksrheinischen Gebiete. Nachdem auch Rußland den Krieg beendet hatte, schlossen 1802 England und Frankreich Frieden. England gab einen Teil der eroberten französischen Kolonien zurück. Die englische Seeherrschaft blieb aber unangetastet.
Jetzt konnte Bonaparte seine eigenen politischen Vorstellungen verwirklichen. Er strebte nach der französischen Hegemonie in Europa. Holland, die Schweiz und Italien wurden ganz von Frankreich abhängig. Durch den Bau einer Kriegsflotte sollte Frankreich Seegeltung erlangen. Der Gegensatz zwischen England und Frankreich war nicht beseitigt. Bereits nach einem Jahr brach der Krieg erneut aus. Das einzige Friedensjahr in Napoleons Regierungszeit war zu Ende. Der neue Krieg mit England endete erst mit dem endgültigen Sieg über Napoleon.

Das Ende des Deutschen Reiches

Mehrmals war die Abtretung des linken Rheinufers an Frankreich vereinbart worden. Damit sollte eine Umgestaltung der territorialen Verhältnisse im Deutschen Reich verbunden werden. Sie wurde 1803 vollzogen. Ein Ausschuß des Reichstages arbeitete einen entsprechenden Vertrag aus, der 1803 als *„Reichsdeputationshauptschluß"* verkündet wurde. Der französische Außenminister Talleyrand hatte dafür gesorgt, daß die Interessen Frankreichs den Vertrag bestimmten. Dem Vertragsabschluß war ein allgemeiner Länderschacher vorausgegangen. Die *Säkularisation* und die bis 1806 erfolgte *Mediatisierung,* die Beseitigung der kleinen Reichsstände zugunsten der Mittelstaaten, änderten das Gefüge des Reiches von Grund auf. Die Kleinstaaterei war im Interesse der französischen Politik durch den *Partikularismus* der Mittelstaaten ersetzt worden.
Fast alle geistlichen Gebiete im Reich wurden säkularisiert, in weltlichen Besitz übergeführt. Da aber mehr Land zur Verteilung stand, als die weltlichen Fürsten auf dem linken Rheinufer verloren hatten, erhoben alle übersteigerte Forderungen, um möglichst viel für sich herauszuschlagen. Dadurch geriet Napoleon in die Rolle eines Schiedsrichters. Er verfolgte bei den Neuverteilungen ein klares Ziel: Er schuf mittelgroße Staaten, deren Stärke ausreichte, um Frankreich zu unterstützen, die aber zu schwach waren, um etwas gegen Frankreich unternehmen zu können. So blieben von 51 Reichsstädten nur sechs übrig. Preußen erhielt für seine linksrheinischen Gebietsverluste das Fünffache hinzu. In Süddeutschland wuchsen Bayern, Württemberg und Baden zu beachtlichen Mittelstaaten heran.

 ▷ 24

Die Krönung in der Kirche Notre-Dame zu Paris am 2. 12. 1804 (Ausschnitt aus dem Gemälde von Jacques Louis David, Paris, Louvre; 6,10 × 9,30 m). Napoleon krönt seine Frau.

Eine Hofdame der Kaiserin berichtet in ihren Erinnerungen über die Vorbereitungen zur Krönung:

„Im geheimen wurden Proben für die Feier abgehalten, wobei der Maler David, der sie später im Gemälde festhalten sollte, einem jeden seine Stellung angab. Über die Krönung des Kaisers im besonderen gab es lange Erörterungen. Der erste Plan war, daß der Papst ihm mit eigener Hand die Krone aufsetzen sollte. Aber Bonaparte verwarf den Gedanken, sie aus der Hand eines anderen, wer es auch sei, zu nehmen ...: ‚Ich habe die Krone Frankreichs am Boden gefunden und aufgelesen.' Endlich, nach langen Beratungen, wurde beschlossen, daß der Kaiser sich selbst krönen und der Papst lediglich seinen Segen dazu geben solle ..."

(Claire E. J. de Rémusat, Im Schatten Napoleons. Leipzig 1941, S. 117, übers. v. F. V. Falkenhausen)

8. Versuche eine kritische Betrachtung der Krönungszeremonie, indem du alle im Text und in den Quellen erwähnten Einzelheiten, die sich darauf beziehen, berücksichtigst.

9. Warum ließ Napoleon die Krönungsfeier so sorgfältig einstudieren?

Eine Herzogin berichtet über die Krönungsfeier:

„Die lange Dauer der Zeremonie schien ihn zu langweilen, und ich bemerkte mehrmals, daß er nur mit Mühe das Gähnen unterdrückte. Er tat aber alles, was ihm geheißen wurde, und zwar mit großem Anstand. Als der Papst ihm die dreifache Salbung auf Haupt und beide Hände erteilte, bemerkte ich an der Richtung seiner Augen, daß er mehr daran dachte, sich abzuwischen, als an etwas anderes. Darauf hielt der Papst seine denkwürdige Ansprache ... Der Kaiser hörte diese Rede gesammelt und würdevoll an. Als aber der Papst die Krone vom Altar nehmen wollte, ergriff Napoleon dieselbe und setzte sie sich selbst auf ..."

(Friedrich Wencker-Wildberg [Hrsg.], Napoleon. Die Memoiren seines Lebens, Hamburg 1931, Bd. 8. S. 462 f.)

10. Vergleiche diesen Bericht mit der Schilderung der Probe.

11. Bei der Krönungsfeier war der Papst anwesend. Napoleon krönte sich aber selbst. Was wollte er damit der Öffentlichkeit zeigen?

12. Welcher Anspruch steckt in den Begriffen „Kaiser" und „Empire"?

13. Begründe, warum der Code Civil in Europa von den Bürgern positiv aufgenommen wurde.

14. Stelle stichwortartig die Auswirkungen des Reichsdeputationshauptschlusses für Deutschland und für Frankreich nebeneinander.

15. Erinnere dich an die Kaiserkrönung im Mittelalter. Welche Unterschiede erkennst du zur Kaiserkrönung Napoleons?

1803 war der Krieg zwischen England und Frankreich wieder ausgebrochen; 1805 bereitete sich eine neue, die dritte Koalition, zum Schlag gegen Frankreich vor. Ihr gehörten England, Österreich und Rußland an.
1805 Etwa 100 km nordöstlich Wiens errang jedoch Napoleon im Dezember 1805 bei Austerlitz einen entscheidenden Sieg über die vereinigten Russen und Österreicher. Aber einige Wochen vorher hatte der englische Admiral Lord Nelson in der Seeschlacht bei Kap Trafalger (nahe Gibraltar) die französisch-spanische Flotte vernichtet. Napoleon mußte den Gedanken an eine Landung in England endgültig aufgeben. Die bei Trafalgar errungene Seeherrschaft konnte England während des ganzen 19. Jahrhunderts behaupten.

1805/06 gewährte Napoleon den süddeutschen Mittelstaaten neben Landgewinn auch Titelerhöhungen. Bayern und Württemberg wurden Königreiche. Sechzehn deutsche Reichs-
1806 stände, darunter Bayern, Württemberg und Baden als die wichtigsten, gründeten 1806 den *„Rheinbund“*, dessen „Protektor“ Napoleon wurde, und erklärten ihren Austritt aus dem Reich. Das Gebiet der Rheinbundfürsten machte etwa ein Drittel des alten Reichsgebietes aus. Nach ihrem Austritt legte Kaiser Franz II. die deutsche Kaiserkrone nieder. Er behielt den Kaisertitel für die habsburgischen Erblande bei, den er bereits nach Napoleons Kaiserkrönung 1804 angenommen hatte. Das Reich war endgültig in drei Teile zerfallen: Österreich, Preußen und das „dritte Deutschland“, wie man die übrigen, meist zum Rheinbund gehörenden Staaten nannte. Die Bundesarmee unterstand Napoleons Oberbefehl. Das war besonders wichtig, da ein Artikel der Rheinbundakte bestimmte, daß jeder Krieg auf dem europäischen Festland von Frankreich und dem Rheinbund gemeinsam geführt werden müsse.

Der preußische Zusammenbruch

Napoleon ließ nach der Niederlage Österreichs jede Rücksicht auf Preußen fallen. Seine Truppen marschierten ohne weiteres durch preußisches Gebiet. Preußen war isoliert. In diesem äußerst ungünstigen Augenblick stellte der preußische König Friedrich Wilhelm III. Napoleon ein Ultimatum: Er sollte Süddeutschland räumen und einen Norddeutschen Bund unter preußischer Führung dulden. Napoleon hielt es nicht für erforderlich, darauf zu antworten und setzte seine Truppen in Bewegung.
Eine Woche später, am 14. Oktober 1806, erlitten die Preußen bei Jena und Auerstädt, in der Nähe von Weimar, eine schwere Niederlage. Fast alle Festungen kapitulierten beim Anrücken der Franzosen. Knapp zwei Wochen später zog Napoleon in Berlin ein. Der preußische Stadtkommandant von Berlin ermahnte die Bevölkerung: „Der König hat eine Bataille verloren, Ruhe ist die erste Bürgerpflicht.“ Der alte absolutistische Staat und sein veraltetes Heer waren dem französischen Volksheer nicht gewachsen. Die Bürger waren Untertanen geblieben, die mit dem Staat und der Politik wenig oder nichts zu tun hatten.
1806/07 Rußland griff jetzt an der Seite Preußens in die Kämpfe ein. Aber nach einer Niederlage vereinbarte Zar Alexander I. mit Napoleon einen Waffenstillstand. Im Sommer 1807 schlossen die drei Mächte in Tilsit Frieden. Napoleon verbündete sich mit dem Zaren, um ihn zu bewegen, sich gegen England zu wenden. Mit Rücksicht auf den Zaren vernichtete er den preußischen Staat nicht ganz. Doch die Friedensbedingungen waren außergewöhnlich hart. Preußen verlor die Hälfte seines Gebietes. Aus den Gebieten westlich der Elbe entstand das Königreich Westfalen unter einem Bruder Napoleons; die in der 2. und 3. polnischen Teilung annektierten Gebiete wurden als Herzogtum Warschau in Personalunion mit Sachsen vereint. Da der König von Sachsen dem Rheinbund beitrat, reichte Napoleons Einfluß damit bis an die russische Grenze. Mehrere preußische Festungen blieben von französischen Truppen besetzt.
Preußen war ein bedeutungsloser Mittelstaat geworden, der ganz in der Hand Napoleons war. Der Kaiser der Franzosen hatte nur noch einen Gegner: England.

Die Kontinentalsperre

Im November 1806 erließ Napoleon in Berlin ein Dekret, durch das der europäische Kontinent gegen den englischen Handel abgesperrt werden sollte. Im Frieden von Tilsit schloß sich Rußland dieser *Kontinentalsperre* an. Auf dem Kontinent aufgegriffene englische Waren

 ▷ 26

Königsbäcker Napoleon. Englische Karikatur von J. Gillray, 1806. Die Könige von Bayern und Württemberg kommen frisch gebacken aus dem Ofen. Zerbrochene Figuren französische Republik, Spanien, Italien und Österreich sind mit dem „Korsischen Besen der Zerstörung“ ins Aschenloch gekehrt worden. Auf dem Tisch liegen „kleine Teig-Vizekönige“ für den nächsten Schub in den „Neuen französischen Ofen“ bereit.

16. Was wollte der Karikaturist zum Ausdruck bringen?

Talleyrand, damals noch Vertrauter Napoleons, berichtet über den Empfang des Kaisers in Erfurt 1808:

„Die Huldigungen, die man ihm darbrachte, sowohl die aufrichtigen als auch die gezwungenen und die erheuchelten, gingen, ich finde kein anderes Wort dafür – ins Ungeheuerliche. Schmeichelei, die an Vergötterung, und niedere Gesinndung, die an Ekel grenzte, schienen sich gegenseitig überbieten zu wollen ... Wie oft habe ich in jenen Tagen bemerkt, daß gerade diejenigen, die am meisten unter Napoleon gelitten und deshalb innerlich von Haß und Erbitterung gegen ihn erfüllt sein mußten, die eifrigsten waren, ihm zuzujubeln und sein Glück zu preisen, das die Vorsehung, wie sie sagten, ihm in so überreichen Maße gespendet! In Erfurt habe ich gesehen, daß nicht allein die blöde Menge dem Gewaltigen schmeichelte und vor ihm im Staube kroch, sondern daß auch die Fürsten, die noch auf ihrem Thron saßen, aber in steter Gefahr schwebten, durch ihren sogenannten Protektor gestürzt zu werden, aus Angst sich zu der elendesten Schmeichelei und Augendienerei erniedrigten: sie küßten die Hand, die sie heute oder morgen vernichten konnte.“

(Eckart Kleßmann [Hrsg.], Deutschland unter Napoleon. München 1976, S. 312 f.)

17. Versuche das von Talleyrand geschilderte Verhalten zu erklären.

Ein Chirurg der französischen Armee notierte am 26. Oktober 1806, wenige Tage nach dem Einzug der Franzosen in Berlin, in sein Tagebuch:

„Eben komme ich aus dem Theater ... Ich bin so entzückt, daß ich mich von meiner Begeisterung noch gar nicht erholen kann. Der Feind ist in Berlin, Preußen ist erobert, der König ist mit einer erschreckten Armee geflohen, und trotzdem war das Theater gesteckt voll, und niemand schien an sein Vaterland zu denken, den Hof zu bedauern oder sich wegen der Zukunft Sorge zu machen. Man applaudierte ... und hauptsächlich beklatschte man das Ballett, das reizend war.“

(Eckart Kleßmann [Hrsg.], a. a. O., S. 172 f.)

18. Welche Gründe kannst du für das Verhalten der Bevölkerung von Berlin beim Einzug der Franzosen angeben?

Der große Publizist Joseph von Görres (1776 bis 1848) – die von ihm herausgegebene Zeitschrift „Rheinischer Merkur“ nannte Napoleon „die fünfte feindliche Großmacht“ – hatte schon 1798 satirisch geschrieben:

„Um drei Uhr starb zu Regensburg in dem blühenden Alter von 955 Jahren, 5 Monaten, 28 Tagen sanft und selig an einer gänzlichen Entkräftung, und hinzugekommenen Schlagflusse, bei völligem Bewußtsein, und mit allen heiligen Sakramenten versehen, das heilige römische Reich, schwerfälligen Angedenkens.“

(Heribert Raab / Joseph Görres, Ein Leben für Recht und Freiheit. Paderborn 1978, S. 91)

19. Rechne zurück und schlage nach, in welchem Ereignis Görres die Geburt des Reiches sieht. Schlage nach, welcher deutsche König als erster zum römischen Kaiser gekrönt wurde.

20. Erinnere dich: Wann war das Deutsche Reich entstanden? Welche Verträge führten schon im 13. Jahrhundert zur Stärkung der Landesfürsten? Inwiefern hatten Reformation und Dreißigjähriger Krieg diesen Vorgang beschleunigt? Wie beurteilst du die Rolle Napoleons bei der endgültigen Auflösung des alten Reiches?

mußten vernichtet werden. Napoleon wandte wirtschaftliche Kampfmittel gegen England an, weil er nach dem englischen Seesieg bei Trafalgar einen militärischen Sieg über England nicht mehr erringen konnte. England sollte den europäischen Absatzmarkt verlieren. Aber diese Maßnahmen konnten nur Erfolg haben, wenn die Sperre an allen Küsten des Kontinents lückenlos war. Gerade das widersprach den Wirtschaftsinteressen vieler Länder. Um alle Einfallstore für den englischen Handel zu schließen, dehnte Napoleon die französische Kontrolle auf nahezu alle europäischen Küsten aus. Deshalb wurde z. B. die gesamte deutsche Nordseeküste von Frankreich annektiert.
Zwar bildete sich das „Grand Empire“ zu einem geschlossenen Wirtschaftsmarkt aus, und da die englische Konkurrenz ausfiel, nahm die kontinentaleuropäische Leinwandindustrie einen Aufschwung. Gleichzeitig aber litten viele Wirtschaftszweige unter dem Ausfall der Rohstoffeinfuhren. Nur weniges ließ sich durch Umstellung der Produktion ausgleichen; so konnte z. B. der Zuckerrübenanbau den fehlenden Rohrzucker ersetzen. In den fünf Jahren von 1807 bis 1812 erlitten die großen Hafenstädte starke Umsatzeinbußen. Der Handel verringerte sich um etwa die Hälfte. Bald spürten auch die osteuropäischen Länder die Nachteile der Kontinentalsperre. Ihre Holz- und Getreideausfuhr kam fast zum Erliegen. Der Schmuggel mit englischen Waren blühte.
Die Kontinentalsperre führte zwar zu einem beträchtlichen Warenstau in England, traf es aber nicht entscheidend. Mitten im Frieden überfiel die englische Flotte 1807 Kopenhagen, um sich den Weg in die Ostsee freizuhalten. Der weltweite Überseehandel mit den Kolonien vergrößerte sich rasch. Für Napoleon aber brachte die Kontinentalsperre immer neue Feinde. So ließ er alle Rücksichten fallen und annektierte 1809 den Kirchenstaat, weil der Papst sich nicht in das Kontinentalsystem fügen wollte. Als der Papst den Kaiser bannte, setzte dieser ihn gefangen.

Der Rheinbund

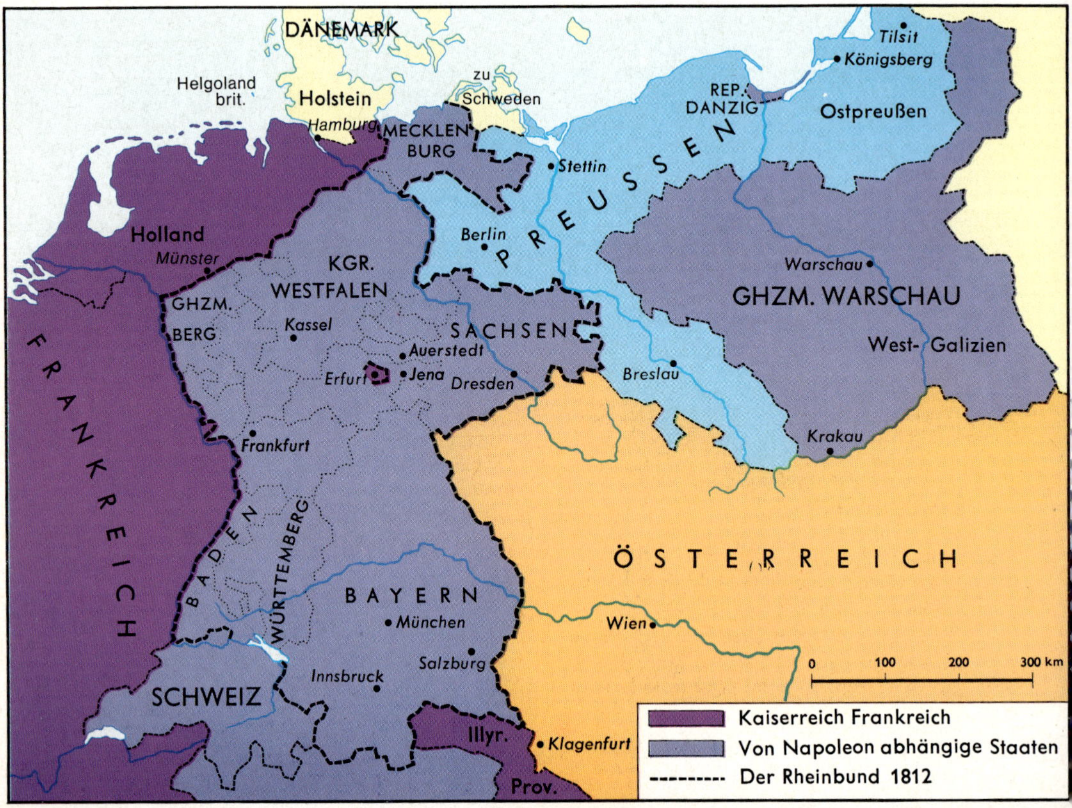

Kontinentalsperre. Öffentliche Verbrennung eingeschmuggelter Waren durch die französische Besatzung in Hamburg. (Zeitgenössisches Aquarell von P. Suhr, Staatsarchiv Hamburg)

21. Vergleiche die Grenzen auf der Karte S. 26 mit heutigen Grenzen in Mitteleuropa.

22. Stelle tabellarisch die Auswirkungen der Kontinentalsperre auf Handel und Industrie in England und auf dem Kontinent zusammen.

23. Zeige am Beispiel der Kontinentalsperre den Zusammenhang zwischen Napoleons Außen-, Wirtschafts- und Kriegspolitik.

Zum Wiederholen und Nachschlagen

Seit 1799 besaß General Bonaparte als Erster Konsul alle Macht im Staat. 1804 ließ er sich durch Plebiszit die Erhebung zum Kaiser der Franzosen bestätigen. Ein neues Gesetzbuch, der Code civil, legte die rechtlichen Grundlagen der neuen bürgerlichen Gesellschaft.

Wichtige Schritte zum Ausbau des „Grand Empire“ waren die Erwerbung des linken Rheinufers und die Gründung des Rheinbundes. In ihm waren die deutschen Mittelstaaten unter Napoleon als Protektor vereint. Als sie aus dem Reich austraten, legte der deutsche Kaiser die Krone nieder. Das Reich bestand nicht mehr. 1807 brach der preußische Staat unter Napoleons Angriff zusammen. Preußen verlor etwa die Hälfte seines Staatsgebietes. 1805 vernichtete der englische Admiral Nelson die französische Flotte. Da England von nun an für Napoleon unangreifbar war, suchte er durch wirtschaftliche Absperrmaßnahmen seinen ganzen Handel lahmzulegen. Die Kontinentalsperre traf aber auch die kontinentaleuropäische Wirtschaft empfindlich. Napoleon annektierte große Küstengebiete, um den Schmuggel zu unterbinden. Rußland schloß sich der Kontinentalsperre an.

1799	General Bonaparte erhebt sich durch einen Staatsstreich zum Ersten Konsul
1801/02	Friede zwischen Frankreich und Österreich zu Lunéville und zwischen Frankreich und England zu Amiens
1803	Reichsdeputationshauptschluß
1804	Kaiserkrönung Napoleons I.
1805	Vernichtung der französischen Flotte bei Kap Trafelgar
1806	Rheinbund. Ende des Deutschen Reiches
1806/07	Niederlage Preußens. Kontinentalsperre. Friede zu Tilsit zwischen Napoleon, Preußen und Rußland. Rußlands Bündnis mit Frankreich.

Begriffe: Code Civil (Code Napoléon), Kontinentalsperre, Mediatisierung, Partikularismus, Plebiszit, Säkularisation, Staatsstreich, Reichsdeputationshauptschluß, Rheinbund

Die Völker Europas befreien sich von der Vorherrschaft Napoleons

Widerstand in Spanien

Das System der Kontinentalsperre hatte einen schwachen Punkt: das Verhältnis Napoleons zu Rußland. Napoleon war auf dieses Bündnis angewiesen, aber Rußland zu stark, um in Napoleons Abhängigkeit zu geraten. Infolgedessen mußte er den Zaren immer erneut umwerben. 1808 Im Oktober 1808 trafen sich die Herrscher auf dem „Fürstentag" in Erfurt. Für einen hohen Preis erhielt Napoleon die Unterstützung des Zaren: Er zog seine Armee hinter die Elbe zurück und stimmte der Annexion der Donaufürstentümer Moldau und Walachei sowie Finnlands durch Rußland zu. Damit gewann er zunächst Ruhe im Osten. Er brauchte sie, um sich mit Macht gegen eine Erhebung in Spanien wenden zu können. Von Erfurt reiste er sofort auf den neuen Kriegsschauplatz.

In Spanien traf Napoleon auf einen völlig neuartigen Gegner. Er hatte gegen einen Aufstand zu kämpfen, der seine Kraft aus der Teilnahme breiter Volksschichten zog. Gewohnt, über Völker, Länder und Kronen zu verfügen, hatte Napoleon einen seiner Brüder auf den spanischen Thron gesetzt. Aber die Spanier erhoben sich gegen den Eindringling, der aufklärerische und kirchenfeindliche Reformen durchsetzen wollte. Die Spanier wollten unter dem Einfluß der Kirche gerade das verteidigen, was die Revolution in Frankreich beseitigt hatte.

Napoleon wurde des Krieges in Spanien nicht Herr. Seine strategische Begabung versagte vor einem Feind, der nicht in offener Feldschlacht zu stellen war, sondern in jedem Winkel lauern konnte. Zum erstenmal traf er auf Gegner, die für etwas kämpften, was sie als ihre eigene Sache ansahen. Der Kleinkrieg (span.: Guerilla) der Spanier schwelte bis zu Napoleons Sturz. Eine englische Armee, geführt von dem späteren Lord Wellington, griff erfolgreich in die Kämpfe ein. Die Kontinentalsperre war in Spanien durchlöchert.

Österreich erhebt sich

Seit 1806 hatte der österreichische Minister Graf von Stadion an Reformen gearbeitet, um die Wehrkraft Österreichs zu erhöhen. 1808 wurde die *Landwehr* eingerichtet, die alle wehrfähigen Männer umfaßte und die regulären *Linientruppen* (die Bezeichnung stammt von der alten Taktik, in geschlossenen Linien zu kämpfen) ergänzte.

1809 Stadion hoffte vergebens, die österreichische Erhebung (1809) werde überall in Deutschland zu Volksaufständen führen. Napoleon erlitt zwar in einer offenen Schlacht seine erste Niederlage, gewann aber den Krieg. Dennoch war der Ruf seiner Unbesiegbarkeit zerstört. Im Friedensvertrag verlor Österreich fast ein Drittel seines Gebietes – darunter die Adriaküste.

Der neue Leiter der österreichischen Politik, Metternich, sah die Rettung seines Staates in der Anlehnung an Frankreich. Das Angebot Österreichs, eine Tochter des Kaisers zu heiraten, nahm Napoleon um so lieber an, als er sich vergebens um die Hand einer russischen Großfürstin bemüht hatte. Metternich erwartete davon Schonung für Österreich; Napoleon hoffte, damit seine Dynastie zu sichern (1810).

Die Reformen in Preußen

Nach dem Frieden von Tilsit hatte der preußische König erklärt, der Staat solle durch geistige Kräfte ersetzen, was er an materieller Macht verloren habe. Er berief dazu Männer, die zu *Reformen* bereit waren, in verantwortliche Stellen seines Staates. Preußens Erneuerung war das Werk von Stein, Hardenberg, Scharnhorst und Humboldt.

Karl Reichsfreiherr vom und zum Stein wurde 1757 als freier Reichsritter in Nassau an der Lahn geboren. Nach dem Studium der Rechte trat er 1780 in den preußischen Staatsdienst. 1808 von Napoleon geächtet, floh er nach Rußland und stärkte als Berater des Zaren den Widerstandswillen Alexanders I. Er starb 1831. Er wollte das Bestehende reformieren, nicht revolutionär umstürzen.

Karl August von Hardenberg (1750–1822) war weit mehr als Stein von den Gedanken der Aufklärung und des Rationalismus durchdrungen. Auch er war als Nichtpreuße geboren. Er wurde 1810 Staatskanzler. Als

Der spanische Stierkampf: der korsische Matador in Gefahr (Kupferstich von James Gillray, 1808). Der Stier hat die korsische Kette zerrissen. Am Boden liegt Napoleons Bruder, dem die spanische Krone vom Kopf gefallen ist. Rechts liegen die preußischen, holländischen und dänischen Stiere. Am Bildrand steht: „Der spanische Stier ist so feurig, daß der Matador ihn auf den ersten Hieb tödlich treffen muß, sonst bringt ihn der Stier mit Sicherheit um."

1. Erläutere die Vorgänge auf dem Bild. Wer sind die Zuschauer in der Arena?

Napoleons Bruder Joseph, gerade König von Spanien geworden, schrieb an den Kaiser:

9. August 1808: „Eure Majestät kann sich keine Vorstellung machen, vermutlich, weil niemand es ihr gesagt haben wird, in welchem Grade der Name Eurer Majestät hier gehaßt wird!"

14. August 1808: „Sire, man kennt dieses Volk nicht: jedes Haus wird eine Festung sein, und jeder Mann hat den Willen der Mehrheit. Ich wiederhole nur eines, aber dies genügt, um sich ein Bild davon zu machen. Nicht ein Spanier wird für mich sein, wenn man die Eroberung durchführt ... nicht ein Spanier hat im Dienst der Franzosen ... bleiben wollen ... Zweitausend Diener haben mich trotz der hohen Gehälter, die ich ihnen gezahlt hatte, plötzlich verlassen. Wir finden weder einen Führer noch einen Spion. Vier Stunden vor der Schlacht ... wußte der Marschall Bessières nicht, wo sich der Feind befand. Jeder, der anders schreibt oder spricht, lügt oder hat keine Augen."

(Wolfgang Lautemann [Hrsg.], Amerikanische und französische Revolution. München 1981, S. 587)

2. Weshalb verhielten sich die Spanier anders als Gegner, die Napoleon bisher gefunden hatte? Wieso vermutet Joseph, daß Napoleon über die Haltung der Spanier falsch unterrichtet wird?
3. Beschreibe das Neuartige des Widerstandes, den Napoleon in Spanien fand.
4. Versuche zu schildern, was das Gemälde von Goya auf S. 19 von der Besonderheit des Guerillakrieges in Spanien ausdrückt.
5. Welche verschiedenartigen Interessen führten zu einer Annäherung zwischen Napoleon und Österreich?

---

gewandter Diplomat war er zu Kompromissen bereit, um dadurch das jeweils Mögliche zu erreichen. Er strebte „demokratische Grundsätze" unter einer „monarchischen Regierung" an und wollte in Gesellschaft und Wirtschaft „möglichste Freiheit und Gleichheit" verwirklichen.

Die preußischen Reformen vollzogen sich in den Bereichen Verwaltung, Gesellschaftsord- **1807**
nung, Heer und Bildungswesen: In der Verwaltung wurden 1808 nach französischem Vorbild fünf Fachministerien für Inneres, Finanzen, Justiz, Äußeres und Krieg eingerichtet. Sie waren, anders als die bisherigen Provinzverwaltungen, für das ganze Staatsgebiet zuständig.
Die Reform der Gesellschaftsordnung wurde im Oktober 1807 durch ein Edikt eingeleitet, in dem es hieß: „Nach dem Martini-Tage 1810 gibt es nur freie Leute *(Bauernbefreiung)"*. Die *Erbuntertänigkeit* der Bauern, also die Bindung an die Scholle, wurde beseitigt. Statt der Gutsherrschaft gab es nur noch die Gutswirtschaft. Adlige durften bürgerliche Berufe ergreifen, Bürgern war der Erwerb von Rittergütern gestattet. 1811 erließ Hardenberg das „Regulierungsedikt", durch das die Frondienste der Gutsbauern verschwanden. Da die Bauern aber dafür einen Teil ihres Bodens den Gutsbesitzern abtreten mußten, dehnte sich der Großgrundbesitz aus, während viele Kleinbauern zu landlosen Tagelöhnern wurden.
Eines der wichtigsten Ziele Steins war die Einführung der Selbstverwaltung in den Städten.

Karl Reichsfreiherr vom und zum Stein
(Gemälde von J. Chr. Rincklake; Schloß Nassau)

Die „Städteordnung" vom November 1808 bestimmte, daß die Bürger Stadtverordnete und diese einen Magistrat wählten. Das Stadtbürgerrecht und damit das Wahlrecht besaßen nur Grundstücksbesitzer und selbständige Gewerbetreibende. Wie sehr die Bereitschaft zur Mitarbeit im Staat erst geweckt werden mußte, zeigt sich daran, daß die Annahme der Ämter zur Pflicht erhoben werden mußte.
Unter Hardenbergs Leitung wurden zwei Schritte zur Freiheit und Gleichheit aller Staatsbürger getan: Er hob die Zünfte auf und verkündete die *Gewerbefreiheit.* Wer selbständig werden wollte, brauchte nur einen Gewerbeschein zu kaufen und konnte dann sein Geschäft eröffnen. 1812 wurde den Juden die gesellschaftliche und wirtschaftliche Gleichberechtigung zugestanden. Durch die *Judenemanzipation* fand die jahrhundertelange rechtliche Zurücksetzung dieses Teils der Bevölkerung ein Ende.
Die preußische Heeresreform ist im wesentlichen von Gerhard Scharnhorst (1755–1813) und seinem Mitarbeiter Neidthardt von Gneisenau (1760 bis 1831) ausgearbeitet worden. Für diese beiden Offiziere war der Grundgedanke der Reform richtungweisend: Verantwortungsbereitschaft sollte bei Offizier und Soldat geweckt werden. Alle entehrenden Strafen wurden beseitigt; Gneisenau sprach von der „Freiheit des Rückens". Ausländer durften nicht mehr angeworben werden. Die Offizierslaufbahn blieb nicht länger dem Adel vorbehalten. Fähigkeit sollte die einzige Voraussetzung dafür sein. Die Einführung der allgemeinen Wehrpflicht scheiterte zunächst am Widerstand Napoleons, der die preußische Heeresstärke auf 42 000 Mann begrenzte. Scharnhorst fand einen Ausweg. Die Soldaten wurden nach kurzer Ausbildungszeit entlassen und durch neue Rekruten ersetzt. Auf diese Weise verfügte Preußen bald über eine große Zahl ausgebildeter waffenfähiger Männer. Die Heeresreform in Preußen sollte ein Volksheer schaffen. Neben die Linientruppen traten die Landwehr (ältere Wehrfähige) und der *Landsturm* zur engeren Heimatverteidigung.
Der gemeinsame Wehrdienst sollte in jedem das Bewußtsein wecken, Glied des gemeinsamen Staates zu sein. Dem gleichen Zweck diente auch das Turnen, das Friedrich Ludwig Jahn (1778–1852) in Berlin veranstaltete. Er hat das Wort „turnen" erfunden.
Die Umgestaltung des Bildungswesens begann unter der Leitung Wilhelm von Humboldts. In Berlin wurde 1810 die erste Universität gegründet, die ausdrücklich freie Forschung und Lehre in sich vereinte. Im Gegensatz zu den französischen Fachschulen sollte sie eine umfassende Bildung der Studenten ermöglichen. Die Selbstverwaltung der Universität sollte ihre Freiheit gewährleisten. Auch für Volksschule und Gymnasium wurde eine neue Ordnung geschaffen. Der Staat kümmerte sich um die Ausbildung der Lehrer. Prüfungen sollten ihre Befähigung erweisen. 1812 entstand die preußische Gymnasialordnung mit den ersten Reifeprüfungsbestimmungen (Abitur). Grundgedanke der Reform war, Volk und Staat zu verbinden. Die Erziehung der Untertanen zu Staatsbürgern zielte auf die Heranbildung von Selbsttätigkeit und Verantwortung für alle. Dabei blieben konservative Gedanken lebendig: nicht von Volkssouveränität, sondern von ständischer Selbstverwaltung war die Rede. Es wurde folgenreich, daß nach 1815 die Opposition des Adels stärkeren Einfluß gewann. So unterblieb die Bildung einer preußischen „Nationalrepräsentation", und die Selbstverwaltung der Landgemeinden kam vorerst nicht zustande. Zunächst aber knüpften sich viele Hoffnungen in Deutschland an Preußen und seine Reformer.

In einer Denkschrift für den preußischen Minister von Hardenberg schrieb 1807 ein hoher Beamter:

„Der Bauernstand ist unter allen Ständen derjenige, welcher keine Vorzüge hatte, auf welchem aller Druck ruhte und dem größtenteils die persönliche Freiheit genommen war. Es ist kaum glaublich, daß in einem Staat, wie dem Preußischen, in der Verfassung solche Spuren der gröbsten Barbarei zurückgeblieben seien, wie diese der Fall rücksichtlich der Erbuntertänigkeit ist. Diese persönliche Sklaverei (die Leibeigenschaft), welche den Menschen zur Sache macht, der erschwerte Besitz von Grundeigentum und die Hindernisse, in einen anderen Stand überzugehen, haben dem Staate unendlichen Schaden zugefügt und die Ausbildung der Nation verhindert ... Der Sklave hat kein Interesse am Staat. Die Vernichtung seines Herrn ist das Beste, was ihm widerfahren kann. ... Der Staat gewinnt alle die, welche aus der Erbuntertänigkeit entlassen werden, da sie bisher nicht ihm, sondern dem Herrn als Sache angehörten."

(Günter Franz [Hrsg.], Quellen zur Geschichte des deutschen Bauernstandes in der Neuzeit. München 1963, Nr. 166)

6. Welche unterschiedlichen Überlegungen für die Aufhebung der Erbuntertänigkeit findest du in diesem Text? Wie fügen sie sich in den Grundgedanken der preußischen Reform ein?
7. Was wird hier als wichtige Voraussetzung für die Entstehung der Nation genannt?

Am 12. September 1807 legte Hardenberg dem König eine Denkschrift „Über die Reorganisation des Preußischen Staats" vor:

„... Also eine Revolution im guten Sinne, gerade hinführend zu dem großen Zwecke der Veredelung der Menschheit, durch Weisheit der Regierung und nicht durch gewaltsame Impulsion von innen oder außen – das ist unser Ziel, unser leitendes Prinzip. Demokratische Grundsätze in einer monarchischen Regierung: Dieses scheint mir die angemessene Form für den gegenwärtigen Zeitgeist ... Jede Stelle im Staat, ohne Ausnahme, sei nicht dieser oder jener Kaste, sondern dem Verdienst und der Geschicklichkeit und Fähigkeit aus allen Ständen offen."

(Georg Winter [Hrsg.], Publikationen aus den Preußischen Staatsarchiven. I. Abt. 1. Teil Leipzig 1931, Bd. I. S. 302 ff.)

8. Welche Wendungen Hardenbergs erinnern dich an Bekanntes aus dem 18. Jahrhundert, welche weisen in die Zukunft?

Aus dem Edikt vom 9. Oktober 1807, das der Freiherr vom Stein ausgearbeitet hat:

„§ 1 Jeder Einwohner Unserer Staaten ist ... zum ... Besitz unbeweglicher Grundstücke aller Art berechtigt ...

§ 2 Jeder Edelmann ist ohne allen Nachteil seines Standes befugt, bürgerliche Gewerbe zu treiben; und jeder Bürger oder Bauer ist berechtigt, aus dem Bauern- in den Bürger- und aus dem Bürger- in den Bauernstand zu treten.

§ 10 Nach dem Datum dieser Verordnung entsteht fernerhin kein Untertänigkeitsverhältnis, weder durch Geburt, noch durch Heirat, noch durch Übernahme einer untertänigen Stelle, noch durch Vertrag.

§ 11 Mit dem Martinitage 1810 hört alle Gutsuntertänigkeit in unseren sämtlichen Staaten auf. Nach dem Martinitage 1810 gibt es nur freie Leute ..., bei denen aber, wie es sich von selbst versteht, alle Verbindlichkeiten, die ihnen als freien Leuten vermöge des Besitzes eines Grundstückes oder vermöge eines besonderen Vertrages obliegen, in Kraft bleiben."

(Karl Freiherr vom Stein, Staatsschriften und Briefe. München 1921)

9. Zähle die wichtigsten Schritte der preußischen Reform auf.
10. Man hat die preußischen Reformen eine „Revolution von oben" genannt. Wie verstehst du das?

Der Untergang der „Großen Armee" in Rußland

Die nachteiligen Folgen der Kontinentalsperre waren auf dem Kontinent spürbarer als in England. Ende 1810 öffnete der Zar deshalb die russischen Häfen wieder für englische Schiffe. Napoleon konnte aber auf den Sieg über England nur hoffen, wenn es ihm gelang, Rußland in das Kontinentalsystem zurückzuzwingen. Das bedeutete Krieg.

Im Juni 1812 marschierte Napoleon mit 610 000 Soldaten in Rußland ein. Unter ihnen waren viele **1812**
Deutsche, Polen, Litauer, Italiener, Schweizer, Spanier, die nur der Zwang an Napoleons Fahnen band. Preußische Truppen hatten die Nordflanke zu decken, Österreicher die Südflanke. Die Masse der Armee stieß unter Napoleons Befehl verlustreich über Smolensk auf Moskau vor. Am 14. September stand Napoleon im Kreml. Aber Alexander I. folgte dem Drängen russischer und preußischer Ratgeber und verhandelte nicht mit Napoleon. Dessen Armee konnte über die gewaltigen Entfernungen nur unzureichend versorgt werden, Not und Mangel griffen um sich. Da zündeten die Russen Moskau an, die „Große Armee" verlor ihre Winterquartiere, Napoleon mußte zurück. Ende November erlitt das Heer beim Übergang über die vereiste Beresina hohe Verluste. Wunden, Erfrierungen, Erschöpfung und Verzweif-

Der Übergang über die Beresina, 26.–28. November 1812. Während die Soldaten Napoleons über zwei notdürftig errichtete Pionierbrücken und über das Eis zurückdrängten, griffen die Russen an. (Lithographie von Adam)

lung brachten Unzähligen ein grausiges Ende. Von der Hauptmacht der Großen Armee (475 000 Mann) kehrten nur etwa 5 000 Soldaten in geordneter Form zurück! Napoleon jagte verkleidet in einem Schlitten nach Paris, um eine neue Armee aufzustellen.
Inzwischen war etwas Unerwartetes geschehen. General Yorck, der Befehlshaber des preußischen Hilfskorps in Ostpreußen, erklärte in einem Abkommen mit dem russischen General Diebitsch seine Truppen für neutral. Diese Konvention von Tauroggen, am 30. Dezember 1812 abgeschlossen, war gegen den Willen des preußischen Königs zustande gekommen.

Die Befreiungskriege

Die Konvention von Tauroggen versetzte die preußische Regierung in eine schwierige Lage. Noch war Preußen von Franzosen besetzt, noch bestand das Bündnis mit Napoleon. Und doch hatte ein General den Bruch mit Frankreich vollzogen. Im Auftrag des Zaren stellte Freiherr vom Stein im russisch besetzten Ostpreußen bereits 20 000 Mann Landwehr auf!
Staatskanzler Hardenberg verhandelte nach allen Seiten, um bewegungsfrei zu bleiben. Am 27. Februar endlich schloß der König ein Bündnis mit Rußland. Der Zar hatte sich entschlossen, den Krieg über die russischen Grenzen hinaus als Befreier Europas weiterzuführen. Viele Menschen wurden von nationaler Begeisterung erfaßt. Studenten eilten zu den Freikorps, den Freiwilligenverbänden. In Schriften und Gedichten wurde die nationale Erhebung gefeiert.
1814/15 Die ersten Kämpfe in Deutschland brachten keine Entscheidung. Im Sommer 1813 gab ein Waffenstillstand den Kriegführenden Zeit zum Sammeln ihrer Kräfte. Er wirkte sich für Napoleon verhängnisvoll aus, denn Österreich trat an die Seite seiner Gegner. Der Kaiser nannte diesen Waffenstillstand später „die größte Dummheit" seines Lebens.
Metternich hatte durch sein Abwarten Österreich in eine günstige Position gebracht. Er war bemüht, die völlige Zerschlagung der französischen Macht zu verhindern, damit nicht die russische Übermacht die französische in Europa ablöste.

▷ 34

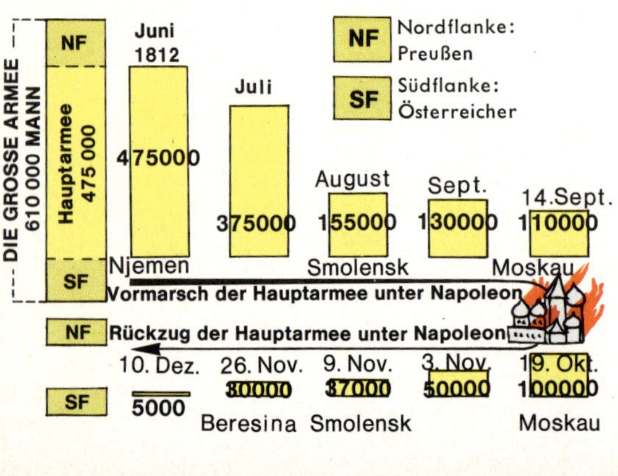

Verluste der „Großen Armee": Geschätzte Zahlen der Hauptarmee ohne Nord- und Südflügel (zus. 135 000). Die Zahlen nennen die dem Kaiser jeweils verfügbaren Truppen der Hauptarmee.

Versprengte französische Soldaten auf dem Rückzug, 23. November 1812. Höhere Offiziere hatten ihre Frauen auf den Feldzug mitgenommen. Gefahr glaubte man für sie nicht befürchten zu müssen. (Kolor. Zeichnung von Faber du Faur)

Ein württembergischer Offizier erlebte als Soldat des Rheinbundes den Rückzug der „Großen Armee" mit. Er notierte in seinem Tagebuch:

„26. November ... An der Übergangsstelle hatte die Beresina eine Breite von 324 Fuß, mit seichtem, sumpfigem Ufer ... Das Holz zu den zwei Brücken hatten die Häuser von Stadianka geliefert ...
27. November ... Die Masse wogte über gefallene Menschen und Pferde, über zertrümmerte Wagen und andere Gegenstände; viele stürzten darüber zu Boden und waren bald von den Folgenden zertreten ...
28. November ... Mit Tagesanbruch entspann sich ein mörderischer Kampf auf beiden Ufern ... die höchste Bestürzung ergriff alles, was noch nicht herüber konnte; zum dritten Male brach die untere Brücke unter der Last zusammen und konnte nicht mehr hergestellt werden. Alles drängte sich nun zur oberen Brücke hin; Weiber und Kinder, die sich bisher auf stehengebliebenen Wagen befanden, wurden im Menschenstrome mit fortgerissen, die meisten kamen darinnen um ... Kanonenkugeln schlugen in die drangvolle Masse, das Geschrei der Unglücklichen übertönte den Kanonendonner, und das Drängen zur Brücke wurde immer rasender; die größere Zahl stürzte sich in den Fluß und wurde wie gestern größtenteils vom Treibeise fortgerissen.
So senkte sich schließlich die Nacht herab, die diesem unbeschreiblichen Greuel ein Ende setzte."

(Gottfried Guggenbühl / Hans C. Huber, Quellen zur Allgemeinen Geschichte, Bd. 4. Zürich 1966)

11. Wodurch hatte sich die Zusammensetzung der französischen Armee gegenüber Napoleons Anfängen erheblich verändert? Welche Auswirkungen mußte das haben?

12. Stelle die wichtigsten Ursachen der Niederlage Napoleons in Rußland zusammen.

Während des Waffenstillstandes im Sommer 1813 führte der österreichische Staatskanzler Metternich am 26. Juni in Dresden eine entscheidende, fast neunstündige Unterredung mit Napoleon. Er berichtete darüber:

„,Nun gut, was will man denn von mir?' fuhr mich Napoleon an, ,daß ich mich entehre? Nimmermehr! Ich werde zu sterben wissen, aber ich trete keine Handbreit Bodens ab. Eure Herrscher, geboren auf dem Throne, können sich zwanzigmal schlagen lassen und doch immer wieder in ihre Residenzen zurückkehren, das kann ich nicht, ich der Sohn des Glücks! Meine Herrschaft überdauert den Tag nicht, an dem ich aufgehört habe, stark und folglich gefürchtet zu sein ...'
,Sie sind nicht Soldat', fuhr er mich an, ... ,Ich bin im Felde aufgewachsen, und ein Mann wie ich schert sich wenig um das Leben einer Million Menschen.' Mit diesem Ausruf warf er den Hut, den er bisher in der Hand gehalten, in die Ecke des Zimmers. Ich blieb ganz ruhig ... und sagte tief bewegt von dem, was ich eben gehört: ,Warum haben Sie mich gewählt, um mir zwischen vier Wänden das zu sagen, was Sie eben ausgesprochen; öffnen wir die Türen, und mögen Ihre Worte von einem Ende Frankreichs bis zum andern ertönen. Nicht die Sache, die ich vor Ihnen vertrete, wird dabei verlieren.'
... ,Es kann mir den Thron kosten, aber ich werde die Welt unter seinen Trümmern begraben!' "

(Friedrich Sieburg [Hrsg.], Gespräche mit Napoleon. München 1962, S. 205 ff.)

13. Schildere den Eindruck, den du durch Metternichs Bericht von Napoleon erhältst.

Der Koalition gegen Napoleon gehörten außer Preußen, Österreich und Rußland auch Schweden und England an. Erstes Ziel war, den alten Besitzstand Preußens und Österreichs wiederherzustellen, den Rheinbund aufzulösen und die Selbständigkeit der deutschen Staaten zurückzugewinnen. Metternich brachte Bayern auf die Seite der Koalition, indem er ihm seinen Besitz – also auch die von Napoleon erhaltenen Gebiete – und seine Souveränität zusicherte. Das war bereits ein Vorgriff auf die Neuordnung Deutschlands nach Napoleons Niederlage. Österreich trat als Beschützer der deutschen Mittelstaaten auf, die vielen national gesinnten Deutschen als Hindernis einer Neuordnung erschienen.
Vom 16.–19. Oktober 1813 fand die große „Völkerschlacht" bei Leipzig statt, die Napoleons Herrschaft in Deutschland beendete. Die Verluste waren auf beiden Seiten groß. 70 000 Franzosen und 52 000 Soldaten der Verbündeten waren gefallen.
Napoleon mußte über den Rhein zurückweichen; der Rheinbund zerbrach; die meisten Fürsten suchten ihren Besitz nach bayerischem Vorbild durch Verträge mit Österreich zu retten.
Am 31. März 1814 zogen der Zar und der König von Preußen in Paris ein. Am 6. April dankte Napoleon ab. Er behielt nur die Herrschaft über die kleine Mittelmeerinsel Elba mit einer Garde von 800 Mann. Den französischen Thron bestieg wieder ein Bourbone. König Ludwig XVIII. war der Bruder des 1793 hingerichteten Ludwig XVI.
Im Friedensvertrag wurde das bourbonische Frankreich glimpflich behandelt, um die Monarchie nicht von vorneherein zu belasten. Im wesentlichen erhielt Frankreich die Grenzen von 1792 wieder, behielt also die Gebiete, die es vor dem Beginn der Revolutionskriege besessen hatte.

Napoleon kehrt für hundert Tage zurück

Noch während die Sieger in Wien über die Neuordnung Europas verhandelten, landete Napoleon plötzlich am 1. März 1815 in Südfrankreich. Rasch fand er Anhänger und zog im Triumph nach Paris. Napoleons Hoffnung auf einen Konflikt zwischen den Siegermächten
1815 erfüllte sich nicht. Am 18. Juni 1815 wurde das letzte Heer Napoleons bei Waterloo in der Nähe von Brüssel von einem englischen Heer unter Wellington und den Preußen unter den Generälen Blücher und Gneisenau vernichtet. Napoleon floh zu den Engländern, die ihn auf die Atlantikinsel St. Helena verbannten. Dort starb er 1821. Der zweite Pariser Friede schränkte Frankreich auf die Grenzen von 1790 ein.
Die Siegerstaaten hatten sich zur Befreiung von Napoleon der erwachten nationalen und demokratischen Kräfte bedient. Jetzt gingen die Diplomaten an die Neuordnung Europas heran, ohne auf die Volksstimmung zu achten. Doch das nationale Selbstbewußtsein war erwacht, revolutionäre Gedanken von Freiheit und Gleichheit hatten sich überall verbreitet. Der Ruf nach einer Verfassung und nationaler Freiheit verstummte nicht mehr. Äußerlich hatten die alten Mächte gesiegt, aber in ihrem Innern war ein Umwandlungsprozeß in Gang gekommen.

Deutscher Geist und deutscher Staat

In den Jahrzehnten der Französischen Revolution und Napoleons breitete sich auch in Deutschland das Bewußtsein aus, durch gemeinsame Sprache, Kultur und Geschichte einer Nation anzugehören, die über die Grenzen der Einzelstaaten hinausreichte. Die Dichtungen Lessings (1729–81), Schillers (1759–1805), Goethes (1749–1832) und Herders (1744–1803), ferner die Werke der Romantiker und der deutschen Philosophen Fichte (1762–1814), Hegel (1770–1831), Schelling (1775–1854) machten Weimar, Jena und Berlin zu Zentren geistigen Lebens. Durch Joseph Haydn (1732–1809), Wolfgang Amadeus Mozart (1756–91), Ludwig van Beethoven (1770–1827) und Franz Schubert (1797–1828) wurde Wien zum Mittelpunkt des musikalischen Lebens.
Der Ausbruch der Französischen Revolution und die Verkündung der Menschenrechte hatten den Blick nach Paris gezogen. Aber die Schreckenszeit und die Diktatur Napoleons ließen die ursprüngliche Sympathie für die Revolution verschwinden und weckten eine nationale Begeisterung. Da aber ein deutscher Nationalstaat nicht bestand, richteten sich viele Blicke auf Preußen. In ihm sah man den Wegbereiter zu einem deutschen Reich, das aus dem Kampf gegen Napoleon entstehen sollte. Das deutsche Nationalgefühl entzündete sich am Gegensatz zu Napoleon und Frankreich, nicht aber am Verfassungsgedanken.

Am 26. und 27. August 1813 fand bei Dresden eine große Schlacht statt. 150 000 Franzosen kämpften gegen 200 000 Österreicher und Russen. Der Maler Ludwig Richter erlebte diese Schlacht, in der nach seinen Angaben 23 000 Menschen getötet oder verwundet wurden, als zehnjähriger Junge mit. Später erzählte er darüber in seinen Erinnerungen:

„Am zweiten Tage nach der Schlacht ging ich mit dem Vater . . . hinaus, das Schlachtfeld in unserer Nähe zu besehen. Schon am Schlage lagen mehrere Franzosen in einem Graben . . . Obwohl man schon tags vorher beschäftigt gewesen war, die Verwundeten fortzuschaffen – man legte sie gewöhnlich auf mit Stroh bedeckte Leiterwagen – so lagen doch außer den Massen der Toten noch unzählige Verwundete und Sterbende herum . . . Auf einem Hügel, wo eine russische Batterie gestanden hatte, lagen ganze Haufen toter und zum Teil gräßlich verstümmelter Gestalten . . . es schauderte uns, das Gewimmer zu hören . . . Jetzt kamen wir an eine Sandgrube, in welcher ebenfalls eine Menge toter Russen lagen. Ein altes krummes Mütterchen hatte sich uns angeschlossen. Sie hatte ein so trauriges Gesicht, sah wie Not und Jammer aus und trug in einem Handkorbe einen großen Topf Wassersuppe nebst einem Näpfchen und altem Blechlöffel, um den verschmachtenden Menschen eine Erquickung zu bringen, gewiß die einzige, die ihr möglich war . . . Mit Grausen sahen wir, wie der Mensch mit Menschen verfuhr . . . Aufs tiefste erschüttert, traten wir unseren Rückweg an nach Hause.
Wenn ich später von Schlachten las, von großen, herrlichen Siegen, von dem Todesmut der Kämpfenden und ihrer großen Tapferkeit, so mußte ich immer mit innerem Entsetzen an das Ende denken, an das Schlachtfeld."

(Ludwig Richter, Lebenserinnerungen eines deutschen Malers, hrsg. v. Erich Marx, Leipzig 1944, S. 26 ff.)

14. Vergleiche diese Schilderung mit den Propagandabildern für Napoleon auf S. 21 und ziehe daraus Folgerungen.

15. Stelle in Stichworten zusammen, was in Deutschland die Fürsten einerseits und die Mehrzahl der Bevölkerung andererseits von der Neuordnung nach Napoleons Niederlage erhofften.

16. Weise einige Gedanken aus der Französischen Revolution nach, die – teils in veränderter Form – in Deutschland zu wirken begannen. Welche Bedeutung kommt dabei den Kriegen Napoleons und seiner Gesetzgebung zu?

Zum Wiederholen und Nachschlagen

1808 erhob sich in Spanien das Volk gegen die französische Fremdherrschaft; Napoleon konnte in den ständigen Guerillakämpfen nicht siegen. 1809 unternahm Österreich einen erfolglosen Kampf gegen Napoleon.
Nach dem Zusammenbruch Preußens begannen Stein, Hardenberg, Scharnhorst, Gneisenau und Humboldt Reformen, um den Staat wieder zu festigen. Aus den Untertanen sollten verantwortungsbewußte Bürger werden.
Da der Zar sich der Kontinentalsperre entzog, griff Napoleon 1812 Rußland an. Der Brand Moskaus zwang ihn zum Rückzug im Winter. Die „Große Armee" wurde fast völlig zerrieben. 1813 traten Rußland, Preußen, Österreich und andere Staaten Napoleon entgegen und trieben ihn nach schweren Kämpfen über den Rhein zurück. 1814 dankte Napoleon ab, kehrte aber nach einem Jahr noch einmal zurück. In der Schlacht bei Waterloo brach seine Herrschaft endgültig zusammen. Die Bourbonen kehrten auf den französischen Thron zurück. Aber vielerorts in Europa wies die Aufnahme der Ideen der Französischen Revolution auf die beginnende Auflösung der alten Staats- und Gesellschaftsform hin.

1807	Bauernbefreiung in Preußen („Oktoberedikt")
1808	„Städteordnung" in Preußen durch Stein
1808	„Fürstentag" in Erfurt. – Aufstand in Spanien gegen Napoleon
1809	Ergebnislose Erhebung Österreichs gegen Frankreich
1812	Untergang der „Großen Armee" in Rußland
1813/14	Befreiungskriege
1815	Napoleons endgültige Niederlage bei Waterloo

Begriffe: Bauernbefreiung, Erbuntertänigkeit, Gewerbefreiheit, Guerilla, Judenemanzipation, Landsturm, Landwehr, Linientruppen, Reform

Europa nach dem

Teilnehmer des Wiener Kongresses. 1 Wellington, 2 Hardenberg, 3 Metternich, 4 Castlereagh, 5 Talleyrand, 6 Wilhelm v. Humboldt. (Stich von Isabey)

Moritz von Schwind: Donaubrücke (Städelsches Kunstinstitut, Frankfurt)

Wiener Kongreß (1815–48)

Der 28. Juli 1830: Die Freiheit führt das Volk. Die Freiheit wird durch eine weibliche Gestalt verkörpert. In der Rechten schwingt sie die Trikolore. Auf dem Kopf trägt sie die Jakobinermütze, durch die heute noch die „Marianne", das Symbol der franz. Republik, charakterisiert wird. (Gemälde von Eugène Delacroix, 1830, Paris, Louvre)

1. Versuche darzustellen, welche verschiedenartigen politischen Kräfte aus der Zeit zwischen 1815 und 1848 in den Abbildungen auf diesen Seiten erkennbar werden.
2. Vergleiche die Vorgänge auf dem Bild vom M. v. Schwind mit dem, was auf den Bildern dieser Seite dargestellt ist. Welchen Eindruck gewinnst du?

Das Hambacher Fest (1832). Zug der Studenten ▷ und Bürger zur Marxburg bei Hambach (zeitgenössischer Holzschnitt).

Das Ringen liberaler und nationaler Kräfte mit der Reaktion

Der Wiener Kongreß: Wiederherstellung der „Legitimität"

Schon im Frühjahr 1814 erschien in einer Erklärung der Alliierten die Wiederherstellung eines Gleichgewichts der Mächte als Ziel der späteren Friedensregelung. Als sich im September 1814 die europäischen Staatsmänner in Wien trafen, war man sich im Grundsätzlichen einig, im Einzelnen gab es eine Fülle von Differenzen. Rußland wollte seine Grenze nach Westen vorschieben, um sein Gewicht in Europa zu verstärken. England sah dadurch das europäische Gleichgewicht gefährdet; Preußen strebte nach seiner Vergrößerung auf Kosten der deutschen Mittelstaaten. Deren Schwächung aber lag nicht im Interesse der Politik des österreichischen Staatsmannes Metternich (1773–1859), der der geschickteste Diplomat des Kongresses war. Er leitete den Kongreß und setzte seine Ideen durch: Gleichgewicht, Stabilität, Kontinuität, Legitimität. Nach dem Grundsatz der *„Legitimität"* sollte das historische Recht bestehender Herrscherhäuser, auch der Bourbonen, geachtet werden. Die Wiedereinsetzung „legitimer" Regierungen, die *„Restauration"*, war ein wichtiges Ziel der Bemühungen des Kongresses. Metternich und Lord Castlereagh, der Vertreter Englands, sorgten dafür, daß Frankreich eine Großmacht blieb, weil nur so das europäische Gleichgewicht erhalten werden konnte.

1813/14

Die Kongreßakte, die im Juni 1815 unterzeichnet wurde, wehrte den von der Französischen Revolution ausgehenden nationalen und liberalen Anstößen und wahrte das Bestehende. Aber viele territoriale Veränderungen, die Napoleon in Europa veranlaßt hatte, waren nicht mehr rückgängig zu machen. Mancher „legitime" Fürst wollte behalten, was er durch die Gunst des Korsen gewonnen hatte.

Die territoriale Neugliederung Europas

Als klarer Gewinner ging England aus den napoleonischen Kämpfen hervor. Unangefochten beherrschte es für viele Jahrzehnte die Meere; das europäische Gleichgewicht sicherte ihm Einfluß auf die Politik der Mächte des Kontinents. Der endgültige Erwerb der Kapkolonie, Ceylons und Maltas diente dem Ausbau seiner See- und Kolonialmacht; der Besitz von Hannover gab ihm Mitspracherecht in Mitteleuropa.

Aus Teilen der in der 2. und 3. polnischen Teilung (s. Bd. 2) an Preußen und Österreich gefallenen polnischen Gebiete wurde das Königreich Polen („Kongreßpolen") gebildet. Es war in *Personalunion* mit Rußland verbunden, besaß aber eine Verfassung mit innerer Selbstverwaltung. Die selbstherrliche Regierungsweise des Zaren, schränkte die in der Verfassung gewährten Freiheiten jedoch weitgehend ein.

Die territorialen Veränderungen in Westeuropa sollten den Ausdehnungsdrang Frankreichs eindämmen. Das neu entstandene Königreich der Vereinigten Niederlande (Holland und die ehemaligen habsburgischen Niederlande) sollte Frankreich von der England gegenüberliegenden Küste fernhalten. Im Gebiet der Westalpen sperrte das Königreich Piemont-Sardinien den Zugang Frankreichs nach Italien. In Süddeutschland vergrößerte Metternich Bayern, Württemberg und Baden. Preußen erwarb die Rheinprovinz und Westfalen und wurde zum Nachbarn Frankreichs. Da Preußen im Osten slawische Gebiete an „Kongreßpolen" abgetreten hatte, erhielt es neben den im Westen gelegenen Provinzen noch den Nordteil Sachsens und Schwedisch-Vorpommern mit der Insel Rügen. Es „wuchs nach Deutschland hinein" und übernahm damit an der Grenze gegen Frankreich die Stellung, die bisher Österreich mit seinen nun aufgegebenen habsburgischen Niederlanden innegehabt hatte. Im Gegensatz zu Preußen „wuchs Österreich aus Deutschland hinaus": Für die Aufgabe seiner Besitzungen am Rhein erwarb es die Lombardei und Venetien, Dalmatien und Istrien. Es war zu einer vorwiegend südosteuropäischen Macht geworden, deren auffallendes Merkmal die Vielzahl der lediglich durch das allen gemeinsame Herrscherhaus zu einem Staat vereinten verschiedenen Völker war.

▷ 40

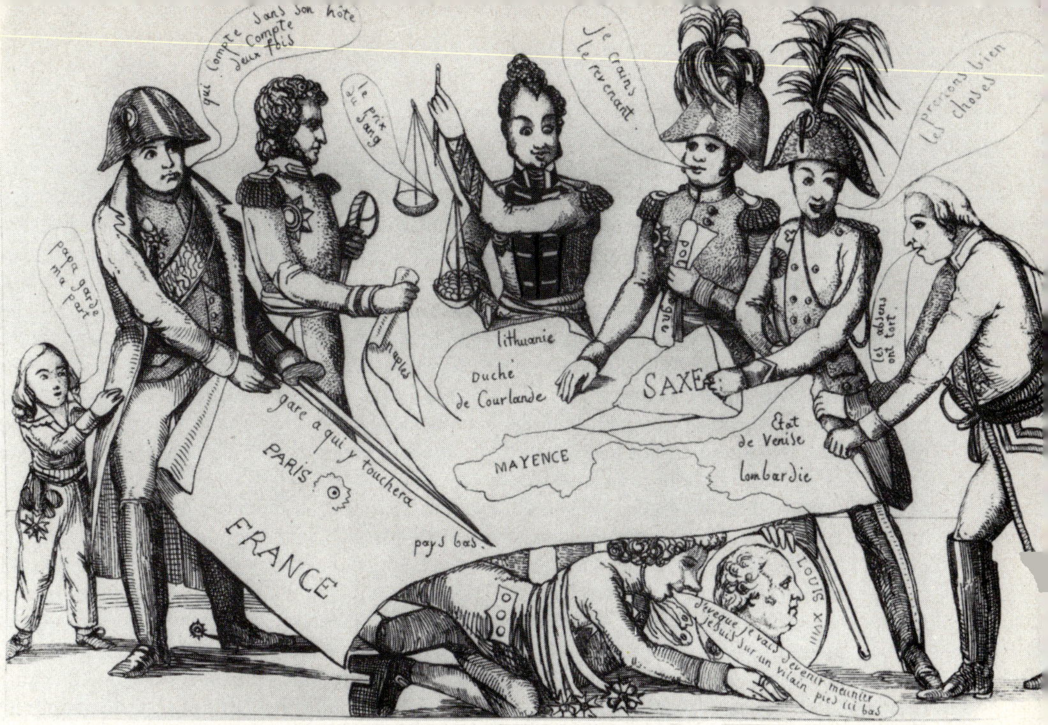

„Der Kuchen der Könige, zu Wien 1815 gebacken" (zeitgenössische Karikatur). Dargestellt sind (von links nach rechts): Napoleons Sohn, Frankreich (Napoleon), Königreich Sizilien, Metternich, Rußland, Sachsen, Österreich; am Boden wartet Talleyrand, der Gesandte Frankreichs nach Napoleons Sturz. – Die wichtigsten Texte in den Sprechblasen lauten: Napoleons Sohn: „Papa, paß auf meinen Brocken auf"; Napoleon: „Wer die Rechnung ohne den Wirt macht, zahlt doppelt"; Metternichs Waage: „Der Preis des Blutes"; der Zar: „Ich fürchte das Gespenst (des zurückkehrenden Napoleon)"; der König von Sachsen: „Machen wir das Beste daraus."; der Kaiser von Österreich: „Abwesende haben immer unrecht."

1. Was bedeutet die Münze mit dem Bild Ludwigs XVIII., die Talleyrand heranrollt?
2. Was will der Karikaturist zeigen?
3. Wodurch erhielt Frankreich auf dem Wiener Kongreß die Möglichkeit, eine verhältnismäßig starke Rolle zu spielen?
4. Welche Bedeutung gewannen das ‚Legitimitätsprinzip' und die Forderung nach einem ‚Gleichgewicht der Mächte' auf dem Wiener Kongreß? Warum diente das Gleichgewicht der Mächte dem englischen Interesse? Wie ist es vom Standpunkt der Kontinentaleuropäer aus zu beurteilen?

Wegen der Zukunft polnischer und sächsischer Gebiete gab es schwere Konflikte auf dem Wiener Kongreß. Am 6. 2. 1815 berichtete der britische Außenminister Castlereagh dem britischen Premierminister aus Wien über einen Besuch beim Zaren:

„Als Mittel zur Unterstützung der Unterhandlung mit Preußen stellte mir der Zar Thorn und dessen Bezirk zu meiner Verfügung, um davon den Gebrauch für Preußen zu machen, den ich für richtig hielt. Am folgenden Tag erzählte mir der Vertreter Preußens, daß er mit Hilfe von Thorn die Abneigung seines Königs überwunden hatte, Leipzig aufzugeben . . ."

(Hans Dieter Dyroff (Hrsg.), Der Wiener Kongreß 1814/15. DTV, München 1966, S. 89, bearb.)

5. Diese Quelle gewährt einen Einblick in die Arbeit des Kongresses. Wie kamen wichtige Entscheidungen zustande? Welche Motive sind zu erkennen?

Alle Diplomaten hatten in Wien Geheimagenten, die Spitzeldienste leisteten. Einer notierte 1815:

„Im Kaffeehaus ‚Zur goldenen Sonne' spricht man über die Ergebnisse des Kongresses. Ein hannoveranischer Diplomat meinte: ‚Wenn man nach den Teilungen urteilen darf, welche von den Herrschern gebilligt wurden, ohne Rücksicht auf die geographische Lage der Länder, auf die Sitten und Gebräuche der Nationen, auf die unabdingbaren Rechte der Völker, sieht es so aus, als ob die Souveräne Handel getrieben hätten, indem sie ihren Reichen nach ihrem eigenen Geschmack Landstriche durch Willkürakt einverleibt haben.' "

(August Fournier, Die Geheimpolizei auf dem Wiener Kongreß. Wien 1913, S. 472, bearb.)

6. Vergleiche diese Meinung mit dem Bericht Castlereaghs. Benutze auch die Karte auf S. 41.

Der Deutsche Bund

Die Verhältnisse in Deutschland regelte die Bundesakte, die Bestandteil der Wiener Kongreßakte war. Statt eines einheitlichen deutschen Staates, wie viele Reformer gehofft hatten, entstand ein lose gefügter Staatenbund, dem neben vier Reichsstädten 35 souveräne Fürsten angehörten. Zu ihnen zählten durch ihre Herrschaftsgebiete in Deutschland der englische, der dänische und der niederländische König; andererseits waren Preußen und Österreich nur für einen Teil ihrer Gebiete Mitglieder des *Deutschen Bundes.* Die Gesandten der Fürsten trafen sich zu ständigen Beratungen im *Bundestag* in Frankfurt am Main. Den Vorsitz hatte Österreich. Für manche Beschlüsse (Verfassungsänderungen) war Einstimmigkeit nötig, für alle übrigen Zweidrittelmehrheit. Die Durchführung lag bei den Einzelstaaten. Zoll, Polizei und Heer unterstanden ihrer Hoheit. Neben Preußen und Österreich waren die übrigen Staaten des Deutschen Bundes schwach. Der Dualismus der beiden deutschen Großmächte bestimmte das Geschehen in Deutschland.
Die Bundesakte enthielt einen Artikel, der ein Zugeständnis an die Volksbewegung während der Befreiungskriege war: Alle Bundesstaaten sollten sich „landständische Verfassungen" geben. Den Fürsten sollten, wenn nicht die Vertreter der ganzen Bevölkerung, so doch die der Stände zur Seite stehen. In Österreich und Preußen blieb es bei diesem Versprechen. In den süddeutschen Staaten führten Verfassungen als Zugeständnisse der Monarchen wenigstens einen Teil der Bevölkerung an das politische Leben heran. Während in den beiden deutschen Großmächten der Absolutismus weiterbestand, erfolgte hier der Übergang zu einer Bindung des Monarchen an eine Verfassung *(konstitutionelle Monarchie).* Besonders die badische Verfassung von 1819 ging weit über das in Deutschland Übliche hinaus. Hier gab es ein Wahlrecht ohne Berücksichtigung ständischer Vorrechte. In den Sitzungen des badischen Landtages in Karlsruhe regte sich zum erstenmal in Deutschland eine parlamentarische politische Diskussion.

Die Heilige Allianz

Der Sieg der alten Mächte fand einen besonderen Ausdruck in dem Bündnis, das die Monarchen Rußlands, Österreichs und Preußens 1815 schlossen: die „Heilige Allianz". Zar Alexander I. hatte diesen Vertrag angeregt, um das Gottesgnadentum der Monarchen gegen beunruhigende Neuerungen abzuschirmen. „Heilig" wurde dieser „Bund von Thron und Altar" genannt, weil er als wahren Souverän der Völker Jesus Christus nannte. „Brüderlichkeit" sollte die Außenpolitik bestimmen; als „Familienväter" wollte man die inneren Angelegenheiten regeln. In ihren Ergebnissen aber lief sie auf die gemeinsame Unterdrückung liberaler und nationaler Bestrebungen hinaus, wo immer sie sich zeigten; die Untertanen sollten in politischer Unmündigkeit gehalten werden. Der neue Friedensbund wurde von Metternich zu einem Werkzeug der *Reaktion* gemacht. Er suchte Herrschafts- und Gesellschaftsform der Vergangenheit zu bewahren. Dem Streben der Bürger nach mehr Rechten, nach Mitverantwortung und nationaler Einheit entsprach er nicht.

Die Restauration in Österreich und Preußen

Bis 1848 blieb Fürst Klemens von Metternich (1773–1859) der leitende Staatsmann in Österreich. Polizeiliche Überwachung und scharfe Zensur der Presse sorgten dafür, daß sich in dem *Vielvölkerstaat* keine nationalen und lieberalen Gedanken ausbreiten konnten. Obwohl Metternich wußte, daß die Zeit gegen sein System arbeitete, hatte er als österreichischer Staatsmann kaum eine andere Wahl: Der nationale Gedanke war mit dem österreichischen Vielvölkerstaat unvereinbar, denn er drohte diesen zu zersprengen. Metternich nannte 1820 als das Ziel seiner Politik: „Nichts mehr und nichts weniger als die Aufrechterhaltung dessen, was vorhanden ist."

▷ 42

Mitteleuropa 1815

7. Vergleiche diese Karte mit einer politischen Europakarte der Gegenwart. Welche Staatsgrenzen gibt es noch heute? Wo kannst du Grenzen heutiger Länder der Bundesrepublik Deutschland erkennen?

Aus der Verfassung für das Großherzogtum Baden vom 22. 8. 1818:

„§ 8 Alle Badener tragen ohne Unterschied zu allen öffentlichen Lasten bei ...

§ 13 Eigentum und persönliche Freiheit der Badener stehen für alle auf gleiche Weise unter dem Schutze der Verfassung.

§ 14 Die Gerichte sind unabhängig innerhalb der Grenzen ihre Kompetenz."

(Oskar Jäger / Franz Moldenhauer [Hrsg.], Auswahl wichtiger Aktenstücke zur Geschichte des neunzehnten Jahrhunderts. Berlin 1893, S. 48)

1819 schrieb der Historiker Carl von Rotteck:

„Ein Volk, das keine Verfassung hat, ist – im edlen Sinn des Wortes – gar kein Volk; es ist eine Schar von Leibeigenen, oder Leuten; es ist eine Summe von Untertanen, nicht aber ein lebendiges Ganzes. Von jetzt an erst haben wir ein anerkanntes und gewährleistetes Recht als Personen. Ward uns wohl, so hatten wir's bloß der Gnade zu verdanken; ward uns übel, so geschah uns äußerlich kein Unrecht – denn nicht des idealen, nur des gewährleisteten Rechtes mag man wahrhaft froh sein, und das gehört uns nicht, was wir nicht fordern können ...

Und hat wohl der Fürst, dessen erleuchtete Gerechtigkeit und väterliche Gesinnung den Eintritt unserer Volksverfassung verkündet, hat er wohl seinem oder seines Hauses Interesse dadurch geschadet? ... weit gewaltiger ist er geworden; denn die neugeweckte, lebendige Volkskraft ist sein."

(Werner Pöls [Hrsg.], Historisches Lesebuch, Frankfurt/M. 1966, Bd. 1, S. 56 ff., bearbeitet)

8. Erkläre, in welchem Zusammenhang Fürst, Verfassung und Volk gesehen werden.
9. Welche Bedeutung hat die Verfassung für Rottecks Gedanken: „Das gehört uns nicht, was wir nicht fordern können?"
10. Vergleiche Gedanken der preußischen Reformer mit dem, was die Bundesakte festlegte.
11. Was könnte Lord Castlereagh gemeint haben, als er die Heilige Allianz „nonsens" nannte?

In Preußen verloren die Reformer in den Jahren nach dem Wiener Kongreß rasch an Einfluß. Die Monarchie stützte sich auf adlige Grundbesitzer, Offiziere und Beamte. Der König hat mehrmals die Bildung einer „Repräsentation des Volkes" versprochen. Er hielt sich aber nicht an seine Zusage. Die Politik sollte eine Angelegenheit der Krone und ihrer Beamten bleiben.

Die romantische Geistesbewegung

Als Gegenbewegung gegen die Aufklärung entstand in den letzten Jahren des 18. Jahrhunderts eine Geistesströmung, die man *Romantik* nennt. Die romantischen Künstler ließen sich von einer starken Kraft des Gefühls tragen und suchten in ihren Werken das Geheimnis der Natur einzufangen. Der romantische Mensch wollte teilhaben am Ganzen und die engen Grenzen von Zeit und Umwelt überwinden.

Der Maler Caspar David Friedrich (1774–1840) hat in seinen Landschaftsbildern die Begegnung des Menschen mit der geheimnisvollen Natur und der Vergangenheit dargestellt. Er will nicht nur irgendeine Landschaft abbilden, sondern durch ihre Darstellung zu einem tieferen Verständnis des Lebens führen. Waldesrauschen und Waldeinsamkeit werden in den Erzählungen und Gedichten Joseph von Eichendorffs (1788–1857) beschworen. Manche seiner Gedichte wie z. B. das Lied „Wem Gott will rechte Gunst erweisen" sang man im 19. Jahrhundert überall in Deutschland, oft ohne den Namen des Verfassers zu kennen. Andere seiner Gedichte wurden von romantischen Musikern vertont, so von Franz Schubert (1797 bis 1828) und Robert Schumann (1810–1856). Ihre Liedkompositionen sind von so unverwechselbarer Eigenart, daß das Wort Lied im Englischen und Französischen bis heute als unübersetzbares Fremdwort benutzt wird. Carl Maria von Weber schuf 1821 die erste romantische Oper, „Der Freischütz". Voll Zauber wirkt dort der Wald; anheimelnder Märchenklang wechselt mit unheimlichem Geschehen.

Fast alle Romantiker teilten die Vorliebe für Märchen und Sage, in denen der Mensch Mächten begegnet, die er nicht begreifen kann. 1812–14 gaben die Brüder Grimm ihre Sammlung deutscher Volksmärchen heraus, der sie wenig später auch noch eine Sammlung deutscher Sagen folgen ließen. Sie hatten in Dörfern zugehört, welche Geschichten man sich im Volk erzählt, und diese dann in einfacher Form aufgeschrieben. Schon 1778/79 hatte Johann Gottfried Herder eine Sammlung europäischer Volkslieder veröffentlicht. Durch diese „Stimmen der Völker in Liedern" wurden die Romantiker angeregt, besonders auf die Volkskunst zu achten und im Volkstum einen wichtigen Ausdruck des geistigen Lebens eines Volkes zu sehen.

Die Romantiker entwickelten einen Sinn für Geschichte. Die historische Wissenschaft erarbeitete ein genaueres Bild der Ereignisse vergangener Zeiten, als es bisher bekannt gewesen war. Die Historiker sammelten Zeugnisse und Berichte, um in die Vergangenheit einzudringen. Zu diesem Zweck begann Freiherr vom Stein das große Werk „Monumenta Germaniae Historica" herauszugeben. An dieser umfangreichen Sammlung historischer Quellen – Lebensbeschreibungen, Chroniken, Urkunden – zur deutschen Geschichte im Mittelalter wird bis heute gearbeitet. Ein von den Brüdern Grimm begonnenes vielbändiges deutsches Wörterbuch ist ebenfalls gegenwärtig noch nicht ganz abgeschlossen.

Die Hinwendung zur Geschichte des eigenen Volkes führte auch zur Wiederbelebung vergangener Baustile, vor allem der Gotik. Jetzt suchte man die alten, manchmal schon zum Abbruch verkauften Kirchen zu erhalten und unvollendet gebliebene zu vollenden (z. B. Kölner Dom und Ulmer Münster).

Die romantische Geistesbewegung lenkte den Blick stärker auf Eigenart und Lebensform der einzelnen Völker, deren Nationalbewußtsein geweckt oder gestärkt wurde. Sie war *konservativ:* Ihre Vorbilder erblickte sie in vergangenen Zeiten, deren Werte sie zu bewahren suchte. Neues sei nicht beliebig machbar; es könne sich nur aus der Tradition, aus der Vielfalt des Gewordenen entwickeln. Daraus folgte häufig eine Ablehnung der Aufklärung und demokratischer Staatsformen.

▷ 44

Caspar David Friedrich: Abtei im Eichwald (1809–10; Berlin, Schloß Charlottenburg)

Der Arzt und Maler Carl Gustav Carus, ein Freund Friedrichs, nannte die „Abtei im Eichwald" „vielleicht das tiefsinnigste poetische Kunstwerk aller neueren Landschaftsmalerei". Versuche zu verstehen, was ihn an diesem Bild so anzog. Dazu kann ein Gedanke Friedrichs helfen: „Der Maler soll nicht bloß malen, was er vor sich sieht, sondern auch, was er in sich sieht."

Jakob Grimm veröffentlichte 1808 „Gedanken, wie sich die Sagen zur Poesie und Geschichte verhalten". Er schreibt über Sagen:

„In ihnen hat das Volk seinen Glauben niedergelegt, den es von der Natur aller Dinge hegend ist, und wie es ihn mit seiner Religion verflicht ... Wiederum erklärt sein Gebrauch und seine Sitte ... die Beschaffenheit seiner Sage und umgekehrt. ... Das kritische Prinzip, welches in Wahrheit, seit es in unsere Geschichte eingeführt worden, gewissermaßen den reinen Gegensatz zu diesen Sagen gemacht und sie mit Verachtung verstoßen hat, bleibt an sich ... unbezweifelt; allein, nicht zu sehen, daß es noch eine Wahrheit gibt, außer den Urkunden, Diplomen und Chroniken, das ist höchst unkritisch."

(Jakob Grimm, Kleinere Schriften. Berlin ^{2}1879, Bd. 1, S. 403 f.)

12. Mit welcher Begründung zieht Grimm zum Verständnis vergangener Zeiten neben Quellen im engeren Sinn auch Sagen heran?

13. Warum ist der Gedanke der Legitimität mit einer konservativen Haltung zu vereinbaren?

Der Dichter Wilhelm Heinrich Wackenroder schrieb 1797:

„Von zwei wunderbaren Sprachen und deren geheimnisvoller Kraft.

Die Sprache der Worte ist eine große Gabe des Himmels ... Durch Worte herrschen wir über den ganzen Erdkreis; durch Worte erhandeln wir uns mit leichter Mühe alle Schätze der Erde. Nur das Unsichtbare, das über uns schwebt, ziehen Worte nicht in unser Gemüt herab ...

Ich kenne aber zwei wunderbare Sprachen, durch welche der Schöpfer den Menschen vergönnt hat, die himmlischen Dinge in ganzer Macht, soviel es nämlich (um nicht verwegen zu sprechen) sterblichen Geschöpfen möglich ist, zu fassen und zu begreifen ...

Seit meiner frühen Jugend her, da ich den Gott der Menschen zuerst aus den uralten heiligen Büchern unserer Religion kennenlernte, war mir die Natur immer das gründlichste und deutlichste Erklärungsbuch über sein Wesen und seine Eigenschaften. Das Säuseln in den Wipfeln des Waldes und das Rollen des Donners haben mir geheimnisvolle Dinge von ihm erzählet, die ich in Worten nicht aufsetzen kann ...

Die Kunst ist eine Sprache ganz anderer Art als die Natur; aber auch ihr ist durch ähnliche dunkle und geheime Wege eine wunderbare Kraft auf das Herz der Menschen eigen. Sie redet durch Bilder der Menschen und bedienet sich also einer Hieroglyphenschrift, deren Zeichen wir dem äußern nach kennen und verstehen."

(Wilhelm Heinrich Wackenroder, Schriften. o. O. 1968, S. 55 f.)

14. Versuche diese Gedanken mit eigenen Worten wiederzugeben und sie auf das Bild Caspar David Friedrichs anzuwenden.

Liberalismus

Neben der konservativen entwickelte sich im Anfang des 19. Jahrhunderts die liberale Geisteshaltung. Unter *Liberalismus* versteht man eine Auffassung von Staat, Gesellschaft und Wirtschaft, die der ungehinderten Entfaltung der menschlichen Tätigkeit Raum läßt. Die Beseitigung der staatlichen Bevormundung und eine Einschränkung der Macht des Staates wurden gefordert. Das sollte durch Volksvertretungen und Verfassungen gewährleistet werden, in denen die gleichen Rechte für alle Bürger garantiert waren. Grundrechte und Gewaltenteilung galten als wichtigste Bestandteile jeder Verfassung. Vorbilder für den Liberalismus waren die amerikanische Unabhängigkeitserklärung, die Erklärung der Menschenrechte 1789 und die Verfassung von 1791 in Frankreich. Ein großer Teil der Liberalen glaubte diese Ziele nur in einem nationalen Verfassungsstaat verwirklichen zu können, wobei sie jedoch den übersteigerten *Nationalismus* mit seiner Mißachtung anderer Völker ablehnten. Wie in der Politik setzte sich auch in der Wirtschaft das liberale Denken durch. Es forderte im Anschluß an Adam Smith (vgl. Bd. 2) die freie wirtschaftliche Tätigkeit des einzelnen Bürgers, das „freie Spiel der Kräfte". Daraus hoffte man die größten Vorteile für alle, also das „größtmögliche Glück der größtmöglichen Zahl" zu erreichen.

Wartburgfest und Karlsbader Beschlüsse

Der nationale Geist der Zeit drang auch in die Universitäten ein. Hier gab es bisher nur landsmannschaftliche Vereinigungen der Studenten. Gegen diese Zersplitterung gründeten 1815 Professoren und Studenten der Universität Jena eine *„Deutsche Burschenschaft"*. Ihr Wahlspruch lautete: „Ehre, Freiheit, Vaterland". Die „Burschen" kleideten sich in einer Weise, die sie für „altdeutsch" hielten. Dabei spielten die Farben Schwarz-Rot-Gold eine Rolle. Es waren die Uniformfarben einer Freischar der Befreiungskriege gewesen. Sie galten – zu Unrecht – als Farben des mittelalterlichen Kaiserreiches. Die Vorstellungen der Studenten über ein zukünftiges deutsches Reich waren recht verschwommen und nicht frei von nationaler Engstirnigkeit.

1817 feierte die Burschenschaft auf der Wartburg das Reformationsfest und den Jahrestag der Schlacht bei Leipzig. Aufsehen erregte ein von „Turnvater" Jahn und seinen Anhängern nach Abschluß der Feier veranstaltetes Bücherverbrennen. „Undeutsche" Schriften flogen in die Flammen. Schließlich verbrannten die Studenten auch einen Zopf und einen Korporalstock als Zeichen der verhaßten Reaktion.

Auch Bücher des Schriftstellers August von Kotzebue waren verbrannt worden. Der fanatische
1819 sche Theologiestudent Karl Ludwig Sand nannte ihn einen „Verräter der Jugend"; 1819 ermordete er ihn. Der Mord an Kotzebue gab Metternich einen Vorwand zum Eingreifen. Er veranlaßte Maßnahmen gegen die Unruhen, die sog. „Karlsbader Beschlüsse". Der Bundestag stimmte zu. Die Burschenschaften wurden verboten, die Universitäten überwacht. Einige Professoren verloren ihr Lehramt.

Eine staatliche Zensur kontrollierte Bücher und Zeitschriften. Als *Demagoge*, Volksverführer, wurde jeder bezeichnet, der sich durch nationales oder liberales Verhalten verdächtig gemacht hatte. Am gründlichsten machte sich die preußische Polizei daran, diese „Demagogen" zu verfolgen. Freiherr vom Stein mußte sich zeitweilig eine polizeiliche Überwachung gefallen lassen; Gneisenau nahm seinen Abschied aus dem preußischen Staatsdienst. Der Journalist Josef Görres, dessen „Rheinischer Merkur" einst sogar von Napoleon gefürchtet worden war, mußte ins Ausland fliehen.

Erhebungen in Spanien und Italien werden unterdrückt

Überall suchten die kontinentaleuropäischen Großmächte die nationalen und liberalen Kräfte niederzuhalten.

1812 hatten die spanischen Stände (*Cortes*) eine Verfassung beschlossen, die auf dem Gedanken der Volkssouveränität beruhte. Kaum war jedoch 1814 der König zurückgekehrt, setzte er

▷ 46

„Die zahme Presse“. (Zeitgenössische Karikatur)

15. Warum widersetzt sich der österreichische Staatskanzler Metternich der deutschen Einigungsbewegung?

16. Erläutere, was Reaktion und Restauration bedeuten. Wogegen richteten sie sich? Warum spielten sie in Österreich eine besondere Rolle?

17. Beschreibe die politische Haltung, die der romantischen Geistesbewegung nahe steht.

18. Betrachte alle Einzelheiten der Karikatur und versuche, sie zu erklären.

Am 4. Mai 1820 schrieb Metternich einem badischen Politiker über seine politische Überzeugung:

„Die Zeit rückt unter Stürmen vorwärts: ihren Ungestüm aufhalten zu wollen, würde vergebliches Bemühen sein. Festigkeit, Mäßigung und endlich Vereinigung in wohlberechneten Kräften, dies allein bleibt der Macht der Beschützer und den Freunden der Ordnung übrig. Das Ziel ist leicht zu bestimmen; in unseren Zeiten ist es nichts mehr und nichts weniger als die Aufrechterhaltung dessen, was vorhanden ist ...
Um also auf eine glückliche Zukunft hinzuarbeiten, muß man wenigstens der Gegenwart gewiß sein; die Erhaltung dessen, was besteht, muß folglich die erste und wichtigste aller Sorgen sein ... In den gegenwärtigen Zeiten ist der Übergang vom Alten zum Neuen mit ebensoviel Gefahr verbunden als die Rückkehr vom Neuen zu dem, was nicht mehr vorhanden ist. Beides kann gleichmäßig den Ausbruch von Unruhen herbeiführen, was um jeden Preis zu vermeiden wesentlich ist. Auf keine Weise von der bestehenden Ordnung, welchen Ursprungs sie auch sei, abzuweichen, Veränderungen, wenn sie durchaus nötig scheinen, nur mit völliger Freiheit und nach reiflich überlegtem Entschluß vorzunehmen; dies ist die erste Pflicht einer Regierung, die dem Unglück des Jahrhunderts widerstehen will.“

(Walter Wulf, Restauration und Liberalismus. Frankfurt/M. o. J., S. 20)

19. Notiere aus dem Brief Metternichs die Wendungen, die die Grundzüge seiner Politik besonders deutlich zeigen.

In seiner Schrift „Über die Grenzen der Wirksamkeit des Staates“ stellt Wilhelm von Humboldt den Grundsatz auf:

„Um für die Sicherheit der Bürger Sorge zu tragen, muß der Staat diejenigen ... Handlungen verbieten oder einschränken, deren Folgen die Rechte anderer kränken, d. i. ohne oder gegen die Einwilligung derselben ihre Freiheit oder ihren Besitz schmälern ... Jede weitere, oder aus anderen Gesichtspunkten gemachte Beschränkung der Privatfreiheit aber liegt außerhalb der Grenzen der Wirksamkeit des Staates.“

(Wilhelm von Humboldt, Werke in 5 Bänden, hrsg. v. A. Flitner und K. Giel. Stuttgart 1960 ff., Bd. 1, S. 156)

20. Welche politische Haltung äußert sich hier? Mache deine Antwort auch am Titel der Schrift deutlich.

21. Verdeutliche den Gegensatz zwischen der Restauration und dem Liberalismus.

22. Versuche zwischen Nationalgefühl und Nationalismus zu unterscheiden, zeige Zusammenhänge mit der Romantik auf.

23. Bilde dir ein Urteil über die Geisteshaltung, die sich in Bücherverbrennungen (oder Vergleichbarem) zeigt.

24. Wozu dienten Metternich die Karlsbader Beschlüsse?

diese Verfassung außer Kraft. Die Anhänger der Verfassung in Spanien nannten sich erstmals Liberale. Sie forderten die Beseitigung der Adelsprivilegien und die Einziehung der Kirchengüter. Als sie sich 1820 gegen die absolute Monarchie erhoben, wurde der Aufstand von französischen Truppen im Auftrag der anderen Großmächte niedergeworfen. Ähnlich war es in Italien, wo revolutionäre Unruhen 1821 von österreichischen Truppen niedergeschlagen wurden. Nur in Portugal blieb die Revolution erfolgreich, weil England dort aus wirtschaftlichen Gründen eine Intervention der Großmächte verhinderte. Da England auch in Griechenland und Südamerika die freiheitlichen Bewegungen unterstützte, hörte die Zusammenarbeit der Wiener Kongreßmächte auf.

Simon Bolivar befreit Südamerika von der Kolonialherrschaft

Seit 1810 befanden sich die spanischen Kolonien Südamerikas im Aufstand. Anführer der revolutionären Kräfte war Simon Bolivar (1783–1830). Nach nordamerikanischem Vorbild wollte er aus den Kolonien selbständige Staaten formen. Das widersprach den von der Heiligen Allianz vertretenen Prinzipien, so daß mit einem Eingreifen europäischer Mächte gerechnet werden mußte. Aber England unterstützte aus Handelsinteressen das Freiheitsstreben der Südamerikaner. Das Eingreifen der Heiligen Allianz in Südamerika scheiterte an der Haltung
1823 der USA. In der Jahresbotschaft an den Kongreß vom Dezember 1823 machte Präsident James Monroe unmißverständlich klar, daß die USA sich einem Übergriff europäischer Mächte auf den amerikanischen Kontinent widersetzen würden: „Amerika den Amerikanern" („Monroe-Doktrin"). Das Verhalten der USA und Englands sicherte den südamerikanischen Revolutionen den Erfolg. In Südamerika entstanden mehrere unabhängige Staaten.

Der griechische Freiheitskampf erschüttert das System der reaktionären Mächte

In Griechenland begann ein Freiheitskampf gegen die türkische Herrschaft, der sich von 1821–1829 hinzog. Die Begeisterung aller gebildeten, liberal oder national gesinnten Europäer galt den Griechen. Von überall zogen Freiwillige nach Griechenland. Zunächst waren die Erfolgsaussichten gering, denn Metternich war an der ungeschmälerten Erhaltung der Türkei interessiert, weil ein nationaler Sieg der Griechen ein gefährliches Vorbild für die Völker innerhalb der Habsburger Monarchie werden konnte. Aber da Rußland, England und Frankreich Einfluß auf die türkischen Meerengen erstrebten, unterstützten sie die Griechen. Nach blutigen Kämpfen kam es 1829 zum Frieden. Griechenland wurde unabhängig. Die Donaufürstentümer Serbien, Moldau und Walachei erhielten das Recht der inneren Selbstverwaltung. Die Heilige Allianz war an der „orientalischen Frage" zerbrochen. Auf dem Balkan entzündete sich ein Gegensatz zwischen Rußland und Österreich. Das Erbe des „kranken Mannes am Bosporus", wie man den türkischen Sultan nannte, wurde ein Unruheherd für die europäische Politik.

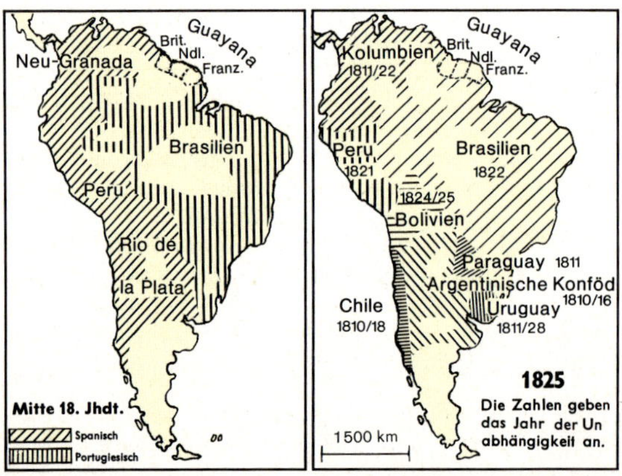

Südamerika

In seiner Botschaft an den Kongreß der USA sagte Präsident James Monroe am 2. 12. 1823:

„... daß der amerikanische Doppelkontinent mit seiner errungenen und behaupteten Freiheit und Unabhängigkeit von nun an nicht mehr als Gegenstand zukünftiger Kolonialexpansion europäischer Mächte anzusehen ist ... Das politische System der alliierten Mächte (der Heiligen Allianz) ist ... wesentlich anders als das Amerikas ... Wir schulden daher der Aufrichtigkeit und den freundschaftlichen Beziehungen zwischen den Vereinigten Staaten und diesen Mächten die Erklärung, daß wir jeden Versuch von ihrer Seite, ihr System auf irgendeinen Teil dieser Hemisphäre auszudehnen, als eine Gefahr für unseren Frieden und unsere Sicherheit ansehen würden."

(Günter Moltmann [Hrsg.], Die Vereinigten Staaten von Amerika von der Kolonialzeit bis 1917. Paderborn 1980, S. 24)

Der österreichische Dichter Franz Grillparzer (1791 bis 1872) sah auch die Gefahren, die aus dem Nationalismus hervorgehen konnten:

Der Weg der neueren Humanität geht
von Humanität
durch Nationalität
zur Bestialität.

(Franz Grillparzer, Werke, hrsg. v. Franz Rowas. München 1950, Bd. 1, S. 59)

25. Überlege, ob dir geschichtliche Vorgänge einfallen, die Grillparzers Ausspruch bestätigen oder widerlegen können.

26. Welche Menschen gewinnen in Südamerika die Unabhängigkeit? Was deuten die hellen Flecken auf den beiden gegenüberliegenden Karten Südamerikas im Landesinneren an?

Zum Wiederholen und Nachschlagen

Der Wiener Kongreß brachte die Restauration der alten Mächte. In Europa entstand ein Gleichgewicht der Mächte, in welches auch Frankreich einbezogen wurde. Während der Habsburgerstaat „aus Deutschland hinauswuchs", wuchs Preußen „nach Deutschland hinein". Preußens Gebiete grenzten jetzt an Frankreich.

Die Gründung des Deutschen Bundes enttäuschte die deutschen Patrioten. Ein loser Staatenbund war entstanden. Der Bundestag in Frankfurt am Main war ein ständiger Gesandtenkongreß und stand unter dem Vorsitz Österreichs.

In Österreich wurden durch Metternich die alten politischen Zustände wiederhergestellt (Restauration), und in Preußen verloren nach 1815 die Reformer an Einfluß. Einige kleinere deutsche Staaten erhielten Verfassungen. Im badischen Landtag zeigten sich Anfänge eines parlamentarischen Lebens in Deutschland.

In der romantischen Geistesströmung, die Ende des 18. Jahrhunderts entstand, waren neben nationalen viele konservative Gedanken lebendig: Die Werte des eigenen Volkes und der Lebensformen der Vergangenheit sollten für die Gegenwart bewahrt bleiben.

Neben der konservativen entstand eine liberale Geisteshaltung. Der Liberalismus forderte Freiheit in Staat und Wirtschaft. Mit ihm verband sich in Deutschland das Streben nach einem einheitlichen Nationalstaat. Vor allem die Deutsche Burschenschaft, ein Studentenbund, bekannte sich zu diesen Zielen und kam in Gegensatz zu der bestehenden staatlichen Ordnung. Ein politischer Mord lieferte Metternich den Vorwand zum Eingreifen. Durch die Karlsbader Beschlüsse 1819 wurde jedes freie politische Leben in Deutschland unterdrückt. Führende Liberale und Nationale wurden als „Demagogen" verfolgt.

Nationale Erhebungen in Spanien und Italien wurden durch Interventionen der europäischen Großmächte unterdrückt. Beim Freiheitskampf der südamerikanischen Kolonien scheiterte diese Unterdrückung an der Haltung Englands und der USA, deren Präsident Monroe den Grundsatz verkündete, daß die europäische Politik sich von Amerika fernzuhalten habe. Die Solidarität der Mächte zerbrach an ihrer verschiedenartigen Stellung zum griechischen Unabhängigkeitskampf. Während Metternich sich gegen die Griechen aussprach, wurden sie von Rußland, England und Frankreich unterstützt, in deren Interesse eine Schwächung der Türkei lag.

1814–15	Wiener Kongreß
1815	Heilige Allianz
1819	Karlsbader Beschlüsse
1823	Monroe-Doktrin; unabhängige Staaten in Südamerika
1829	Griechenland unabhängig

Begriffe: Bundestag, Burschenschaft, Cortes, Demagogenverfolgung, Deutscher Bund, Heilige Allianz, Kongreßpolen, konservativ, konstitutionelle Monarchie, Legitimität, Liberalismus, Monroe-Doktrin, Nationalismus, Reaktion, Restauration, Romantik, Vielvölkerstaat, Volk

Die Julirevolution in Frankreich (1830) und ihre Wirkung in Europa

Louis Philippe, der Bürgerkönig

Seit 1814 hatte Frankreich eine Verfassung, in der die Gewaltenteilung verwirklicht war. Das reiche Bürgertum war durch Wahlen an der Gesetzgebung beteiligt (*Zensuswahlrecht*). König Karl X. wollte die geschmälerten Rechte des Adels wiederherstellen. Das Bürgertum war
1830 darüber verbittert. Als der König 1830 die Pressefreiheit einschränkte, das Wahlgesetz zugunsten des grundbesitzenden Adels änderte und die gerade neugewählte Kammer auflöste, die eine liberale Mehrheit hatte, da brach im Juli die Revolution aus. Studenten und Arbeiter errichteten in den Straßen von Paris etwa 4000 Barrikaden; der König floh nach England. Auf den Türmen von Nôtre Dame in Paris wurde die Trikolore, die Fahne der Revolution, gehißt. Aber es kam nicht zur Gründung einer Republik. Das liberale Großbürgertum erhob einen Verwandten des Königshauses, den Herzog Louis Philippe von Orléans, zum „König der Franzosen". Man nannte ihn den „*Bürgerkönig*". Er bekannte sich ausdrücklich zur Verfassung. Eine konstitutionelle Monarchie mit weitgehendem Mitbestimmungsrecht des Parlaments war entstanden. Ein Politiker meinte: „Der König herrscht, aber er regiert nicht!" Aber nicht das Volk, sondern nur die besitzende Bürgerschicht besaß das Wahlrecht (etwa 190 000 Wahlberechtigte). Der Reichtum entschied über politische Berechtigung. Arbeiter konnten mit diesem Zustand nicht zufrieden sein.
Der revolutionäre Funke sprang auf die Niederlande über. Die Gegensätze zwischen dem katholischen, industriellen Süden und dem calvinistischen, handeltreibenden Norden führten zur Spaltung. Die südlichen Niederlande erklärten, unterstützt von England und Frankreich, ihre Unabhängigkeit. Der neue Staat Belgien wurde eine konstitutionelle Monarchie mit liberaler Verfassung.

Der Aufstand in Polen

In Kongreßpolen lösten die Revolutionen in Frankreich und Belgien eine Erhebung gegen Rußland aus. Die Polen erklärten den Zaren als König von Polen für abgesetzt. Das liberale Bürgertum Europas begeisterte sich für sie. Nach heftigen Kämpfen mußte sich Warschau, auf das auch Preußen Druck ausübte, den Russen ergeben. Vergebens hatten die Polen auf die Hilfe Frankreichs gehofft. Diesen Schritt wollte der Bürgerkönig nicht wagen. Aber aus Anteilnahme am polnischen Schicksal blieben in Paris, wo viele polnische Emigranten lebten, Geschäfte und Vergnügungsstätten vorübergehend geschlossen. Der Zar hob die polnische Verfassung auf und machte das Land zu einem russischen *Generalgouvernement* (großer Verwaltungsbezirk).

Die Ereignisse in Deutschland

Auch in Deutschland kam es zu örtlich begrenzten Erhebungen. Die Aufständischen forderten Verfassungen, Pressefreiheit und die Reform des Deutschen Bundes. In Braunschweig, Hannover, Hessen-Kassel und Sachsen wurden jetzt Verfassungen eingeführt.
1832 wurde deutlich, daß sich die wachsende Unruhe auf immer weitere Kreise der Bevölkerung ausdehnte. Als im Mai auf dem Hambacher Schloß (im Hardtgebirge in der Pfalz) eine Feier zum Jahrestag der bayerischen Verfassung stattfand, kamen mehrere zehntausend Menschen, neben Studenten vor allem Kleinbürger und Handwerker, zusammen. Man trug französische und polnische Fahnen und zeigte die Farben der Burschenschaft, Schwarz-Rot-Gold. In Reden wurde deutlich, was man wollte: „Vaterland, Volksfreiheit, Völkerbund". Das war verbunden mit einem „Fluch auf die Könige, die Verräter an den Völkern und dem gesamten Menschengeschlecht." Weltbürgerliche Ideen traten neben nationale. Nicht nur das eigene Volk, alle Menschen sollten zusammenstehen gegen die Unterdrücker.

▷ 50

Der Denker-Club. Rechts an der Wand hängen die Gesetze des Denker-Clubs: „Schweigen ist das erste Gesetz dieser gelehrten Gesellschaft. – Auf daß kein Mitglied in Versuchung geraten möge, seiner Zunge freien Lauf zu lassen, so werden beim Eintritt Maulkörbe ausgeteilt. – Der Gegenstand, welcher in jeweiliger Sitzung durch ein reifes Nachdenken gründlich erörtert werden soll, befindet sich auf einer Tafel mit großen Buchstaben deutlich geschrieben."

1. Welche Ereignisse in Deutschland werden hier karikiert? Überlege, was diese Darstellung beabsichtigt?

Auf dem Hambacher Fest schloß Jacob Siebenpfeiffer, einer der Anführer, seine Rede mit folgenden Worten:

„Es lebe das freie, einige Deutschland! Hoch leben die Polen, der Deutschen Verbündete! Hoch leben die Franken, der Deutschen Brüder, die unsere Nationalität und Selbständigkeit achten! Hoch lebe jedes Volk, das seine Ketten bricht und mit uns den Bund der Freiheit schwört! Vaterland – Volkshoheit – Völkerbund hoch!"

(Werner Grütter / Günther Lottes [Hrsg.], Liberalismus und Demokratie im 19. Jahrhundert. Paderborn 1981, S. 61)

2. Zeige, in welchen Wendungen über das Nationalgefühl hinausgehende Gedanken deutlich werden.

Heine schrieb 1829:

„Was aber ist die große Aufgabe der Zeit? Es ist die Emanzipation (Befreiung aus der Abhängigkeit). Nicht bloß die der Irländer, Griechen, Frankfurter Juden, westindischer Schwarzen und dergleichen gedrückten Volkes, sondern es ist die Emanzipation der ganzen Welt, absonderlich Europas, das mündig geworden ist, und sich jetzt losreißt von dem eisernen Gängelband der Bevorrechteten, der Aristokratie. Mögen immerhin einige ... die feinsten Kettenschlüsse schmieden, um uns zu beweisen, daß Millionen Menschen geschaffen sind als Lasttiere einiger Tausend privilegierter Ritter; sie werden uns dennoch nicht davon überzeugen können, solange sie uns, wie Voltaire sagt, nicht nachweisen, daß jene mit Sätteln auf dem Rücken und diese mit Sporen an den Füßen zur Welt gekommen sind."

(Heinrich Heine, Lyrik und Prosa, hrsg. v. Martin Greiner, Frankfurt/M. 1962, Bd. 2, S. 967)

3. Nenne im einzelnen, welche Gemeinsamkeiten Heine bei den genannten Völkern erkennt. Schlag nach, wer Voltaire ist. Warum erwähnt Heine diesen Schriftsteller?
4. Stelle die Ursachen der Julirevolution zusammen.
5. Wie verstehst du den Satz „Der König herrscht, aber er regiert nicht?"
6. Stelle knapp zusammen, was du von der Geschichte der Niederlande seit dem 16. Jh. weißt.
7. Erinnere dich an die Geschichte Polens seit 1772.
8. Fasse zusammen, wie die französische Julirevolution auf Europa wirkte, und nenne die Ursachen dafür.

„Bßßt, um Gottes willen!"
Karikatur der „Fliegenden Blätter", 1847

Als im nächsten Jahr Studenten den Frankfurter Bundestag stürmen wollten, reagierten die Regierungen heftig. Die Zensur wurde verschärft, neue *„Demagogenverfolgungen"* setzten ein. Gegen 1 800 Personen wurden Hochverratsprozese angestrengt, die meisten erhielten langjährige Freiheitsstrafen. Der niederdeutsche Dichter Fritz Reuter wurde nach dreijähriger Haft zum Tode verurteilt. Das Urteil enthielt keine Begründung. Schließlich wurde er zu dreißigjähriger Festungshaft begnadigt, nach acht Jahren aber freigelassen. Sein Vergehen: Er war Mitglied der Burschenschaft gewesen! Viele verließen Deutschland und gingen in die Schweiz. Dort erkannte man, daß sie „offenbar außer ihrer Heimat keine Verbrecher" waren.
Als 1837 in England der König starb und Königin Victoria (1837–1901) auf den Thron gelangte, endete die Personalunion mit Hannover, da hier, im Gegensatz zu England, nur die männliche Erbfolge galt. Der neue König von Hannover hob kurzerhand die Verfassung auf. Da wurde Göttingen zu einem Brennpunkt des politischen Geschehens in Deutschland. Sieben Professoren der Universität Göttingen, unter ihnen die Brüder Grimm, protestierten gegen diesen Rechtsbruch. Sofort enthob sie der Monarch ihres Amtes, drei von ihnen mußten innerhalb von drei Tagen das Land verlassen. Allenthalben fand das Verhalten der Göttinger Wissenschaftler Bewunderung und Anerkennung. Vor allem waren es Akademiker, Kaufleute und Angehörige der freien Berufe, die dem Verlangen nach „Einheit und Freiheit" Ausdruck gaben. Dabei legten manche das Gewicht mehr auf die Erreichung des nationalen Zieles der Einheit, andere mehr auf das liberale Streben nach Freiheit. Ohne Beteiligung der Masse des Volkes aber war wenig davon zu verwirklichen. So siegte überall die Reaktion.

Biedermeier und „Junges Deutschland"

Enttäuscht von der Politik, begnügte sich das Bürgertum vielfach mit einem zurückgezogenen selbstgenügsamen Leben. Viele nahmen den Obrigkeitsstaat hin, wenn er nur ihr privates Leben nicht antastete. Nach einem treuherzigen „Spießbürger" in einer 1850 erschienenen Gedichtsammlung nennt man die so entstandene Form bürgerlichen Lebens *Biedermeier.*
Manche Journalisten, Schriftsteller und Dichter durchbrachen die Enge dieser biedermeierlichen Welt und unterzogen alle Zeiterscheinungen einer scharfen Kritik. Der bedeutendste, Heinrich Heine (1797–1856), nannte sich „einen braven Soldaten im Befreiungskrieg der Menschheit". Gegen eine Reihe von ihnen, die man Schriftsteller des *„Jungen Deutschland"* nannte, ging 1835 der Deutsche Bundestag vor. Die Verbreitung ihrer Schriften, die sich stark mit Tagespolitik und sozialen Fragen beschäftigten, wurde verboten. Viele wurden verfolgt und mußten fliehen. Heine z. B. lebte viele Jahre in Frankreich. Aber trotz der Zensur waren viele ihrer Schriften bald weit verbreitet.

„Einigkeit und Recht und Freiheit"

Einer der Dichter aus dem Umkreis des „Jungen Deutschland" war August Heinrich Hoffmann (1798–1874), der sich nach seinem Geburtsort Fallersleben bei Lüneburg Hoffmann von Fallersleben nannte. Seine Lieder waren im „Vormärz", den Jahren vor der Märzrevolution von 1848 (s. S. 82 ff.), weit verbreitet. Er schrieb „voll Ingrimm über alle Erbärmlichkeit, Feigheit, Niederträchtigkeit, wie ich sie aus der Geschichte und dem Leben kannte". Freiheitsbegeisterung und starkes Nationalgefühl tragen seine Kritik an den politischen Zuständen in Deutschland.

▷ 52

Ludwig Richter: Bürgerstunde (Holzschnitt, 1861)

9. Was ist auf dem Holzschnitt von Richter dargestellt? Wie ist es dargestellt? Welche Berufe könnten die Personen haben? Begründe, ob du das Bild eher mit Biedermeier oder Jungem Deutschland in Verbindung bringen kannst.

10. Erläutere die Karikatur auf S. 50.

In einem Lexikonartikel über „Konstitution" schrieb Carl von Rotteck (1775–1840):

„Wie aber mag ein Volk seinen Gesamtwillen in zuverlässiger Weise aussprechen? In größeren Staaten kann dieses bloß durch einen frei gewählten Ausschuß geschehen. In dieser Nationalrepräsentation, welche da gegenüber der Regierung die Interessen und Rechte des Volkes zu vertreten hat, besteht das Wesen der konstitutionellen Verfassung ... Ein solches Organ nun ist auf keine andere Weise zu schaffen, als mittelst freier Wahl durch die Mitglieder der Gesamtheit, die da vorgestellt und vertreten werden sollen."

(Günter Schönbrunn [Hrsg.], Das bürgerliche Zeitalter. München 1980, S. 853, bearbeitet)

11. Welche Forderungen werden hier an eine Wahl gestellt? Welche Voraussetzungen müssen erfüllt sein, damit eine Wahl frei sein kann?

Aus dem Protestschreiben der sieben Göttinger Professoren vom 18. 11. 1837 gegen Aufhebung der Verfassung durch den König von Hannover:

„Wenn daher die untertänigst Unterzeichneten sich nach ernster Erwägung der Wichtigkeit des Falles nicht anders überzeugen können, als daß das Staatsgrundgesetz seiner Errichtung und seinem Inhalt nach gültig sei, so können sie auch, ohne ihr Gewissen zu verletzen, es nicht stillschweigend geschehen lassen, daß dasselbe ohne weitere Untersuchung und Verteidigung von seiten der Berechtigten allein auf dem Wege der Macht zugrunde gehe."

(Werner Pöls [Hrsg.], Deutsche Sozialgeschichte, München 1973, Bd. 1, S. 145)

12. Welche Bedeutung haben in diesen Gedanken der Göttinger Professoren Macht und Recht?

Bürger aus Elbing in Ostpreußen veröffentlichten ein zustimmendes Schreiben an die sieben Göttinger Professoren. Daraufhin erteilte ihnen der preußische Innenminister folgenden Verweis:

„Dem Untertan ziemt es nicht, an die Handlungen des Staatsoberhauptes den Maßstab seiner beschränkten Einsicht anzulegen und sich in dünkelhaftem Übermute ein öffentliches Urteil über die Rechtmäßigkeit derselben anzumaßen ... Die Unterzeichner hätten daher in dem Benehmen der Göttinger Professoren nicht eine Verteidigung der gesetzmäßigen Ordnung, sondern nur ein unziemliches Auflehnen, ein vermessenes Unternehmen erblicken sollen."

(Werner Pöls [Hrsg.], Historisches Lesebuch, Frankfurt/M. 1966, Bd. 1, S. 124 f.)

13. Erläutere, welches unterschiedliche Bild vom Staatsbürger der preußische Innenminister und diejenigen haben, die den Göttinger Professoren zustimmen.

14. Warum stimmten viele dem Protest der Göttinger Professoren zu?

Karikatur auf die Zensur

1840/41 erschienen in Hamburg – hier verhinderte die Zensur den Druck nicht – seine zeitkritischen „Unpolitischen Lieder". Sie wurden in Preußen durchaus politisch verstanden und verboten wegen „Mißvergnügen über die bestehende Ordnung der Dinge, Verachtung und Haß gegen Landesherren und Obrigkeit". Hoffmann von Fallersleben verlor sein Professorenamt in Breslau. Ohne feste Einnahmen zog er durch Deutschland und trug seine Lieder vor, wo er konnte.
1841 hatte er auf der damals noch britischen Insel Helgoland (seit 1890 deutsch) ein „Lied der Deutschen" zu einer bekannten Melodie Joseph Haydns gedichtet. Die Sehnsucht vieler Deutscher – vor allem derer, die den Gedanken des Liberalismus nahestanden – nach „Einigkeit und Recht und Freiheit" fand hier einen Ausdruck. Der Wunsch nach einem freien deutschen Nationalstaat war hier ausgesprochen. Aber auch krasser Nationalismus nutzte später, bis ins 20. Jahrhundert, Teile des Liedes für seine Zwecke.

Reformen in England

England blieb von den Erschütterungen verschont, die den Kontinent nach der französischen Julirevolution bewegten. Die in England schwelenden Gegensätze wurden durch Reformen gemildert. Seit der Industriellen Revolution waren hier zwei neue *Klassen* entstanden: Arbeiter und Unternehmer. Beide waren ohne politischen Einfluß. Die Ursache lag vor allem im Wahlrecht, das an Grundbesitz und Rechtstitel gebunden war. Als Folge der veralteten Einteilung der Wahlbezirke waren manche verödeten Landstriche im Parlament vertreten, während rasch gewachsene Städte wie Manchester keine Abgeordneten wählen durften.
Arbeiter und Unternehmer wandten sich gemeinsam gegen die Wahlvorrechte. Sonst aber standen Arbeiter in schroffem Gegensatz zu den Unternehmern, die ihre Arbeitskraft schrankenlos ausnutzten. Die hier auftauchenden politischen und sozialen Probleme wurden schließlich durch Reformen gemildert, so daß es in England zu keiner Revolution kam. Als
1832 die Julirevolution auch England zu beunruhigen begann, setzte die Regierung 1832 eine Parlamentsreform (Reform Act) durch. Die neuen Industriestädte durften jetzt Abgeordnete wählen, die Wahlbezirke wurden entsprechend der Einwohnerzahl neu gegliedert. Wahlberechtigt war, wer ein gewisses Steueraufkommen nachweisen konnte. Unternehmer und reichere Bürger gelangten jetzt zu politischem Einfluß. Die Zahl der Wahlberechtigten hatte sich verdoppelt (etwa eine Million). Die Arbeiter waren nach wie vor nicht im Parlament vertreten. Ihr Ziel blieb das allgemeine Wahlrecht.

Das „Lied der Deutschen“ von Hoffmann von Fallersleben entstand am 26. August 1841 auf der damals britischen Insel Helgoland. Am 11. 8. 1922 wurde es durch Verordnung des Reichspräsidenten zur offiziellen deutschen Nationalhymne erklärt. Am 2. 5. 1952 wurde die dritte Strophe zur Nationalhymne der Bundesrepublik Deutschland:

1. „Deutschland, Deutschland über alles,
Über alles in der Welt,
Wenn es stets zu Schutz und Trutze
Brüderlich zusammenhält.
Von der Maas bis zu der Memel,
Von der Etsch bis zu dem Belt,
Deutschland, Deutschland über alles,
Über alles in der Welt!“

3. „Einigkeit und Recht und Freiheit
Für das deutsche Vaterland!
Danach laßt uns alle streben
Brüderlich mit Herz und Hand.
Einigkeit und Recht und Freiheit
Sind des Glückes Unterpfand –
Blüh im Glanze dieses Glückes,
Blühe, deutsches Vaterland!“

(August Heinrich Hoffmann von Fallersleben, Freiheitsklänge, Berlin [2]1850, S. 117)

15. Erläutere den Text der beiden Strophen. Verwende bei deinen Überlegungen die Begriffe Vaterlandsliebe, Nationalgefühl, Nationalismus. Warum wird die erste Strophe heute bei staatlichen Anlässen nicht gesungen?

Eines der „Unpolitischen Lieder“, die Hoffmann von Fallersleben 1841/42 veröffentlichte, lautet:

„Wie ist doch die Zeitung interessant
Für unser liebes Vaterland!
Was haben wir heute nicht alles vernommen!
Die Fürstin ist gestern niedergekommen,
Und morgen wird der Herzog kommen,
Hier ist der König heimgekommen,
Dort ist der Kaiser durchgekommen,
Bald werden sie alle zusammenkommen –
Wie interessant! wie interessant!
Gott segne das liebe Vaterland!“

(August Heinrich Hoffmann von Fallersleben, Unpolitische Lieder II, Hamburg [2], S. 19)

16. Dies ist eines der „unpolitischen Lieder“, deretwegen der Dichter politisch verfolgt wurde. Wie verstehst du das?

Nach seiner Entlassung in Breslau geht Hoffmann nach Fallersleben, muß aber auch von dort nachts fliehen. In seinen Lebenserinnerungen schreibt er:

„Der Wagen wartet schon, ich steige ein und in einer Viertelstunde bin ich jenseits der hannoverschen Grenze und um 8 Uhr morgens zu Braunschweig.
Diese Geschichte bildet den Anfang einer Reihe von Verfolgungen und Belästigungen, denen ich bis zum Jahr 1861, also fast zwanzig Jahre in meinem Geburtslande Hannover ausgesetzt war.“

(Werner Pöls [Hrsg.], Historisches Lesebuch 1, 1815–1871, Frankfurt/M. 1966, S. 141, 143, bearb.)

17. Stelle Hintergrund und Einzelheiten dieser „Demagogenverfolgung“ zusammen.

18. Welche Einstellungen zur Politik sind mit den Begriffen Biedermeier und Junges Deutschland verbunden?

19. Aus welchen Gründen kam es in England nicht zu revolutionären Bewegungen?

Zum Wiederholen und Nachschlagen

Als der französische König 1830 die Verfassung mißachtete, brach in Paris eine Revolution aus (Julirevolution). Das liberale Großbürgertum erhob den Herzog Louis Philippe von Orleans zum König (Bürgerkönig). Das Wahlrecht wurde an einen hohen Zensus gebunden. Die Julirevolution entzündete an mehreren Stellen Europas revolutionäre Bewegungen. Unterstützt von Preußen, warf der Zar eine Erhebung in Kongreßpolen nieder. Es wurde russisches Generalgouvernement. In Deutschland kam es zu örtlich begrenzten Unruhen. Einige Mittelstaaten erhielten Verfassungen. 1837 protestierten sieben Göttinger Professoren gegen die willkürliche Aufhebung der Verfassung durch den König von Hannover. Viele Bürger zogen sich zwischen 1815 und 1848 vom politischen Leben zurück und suchten im privaten Bereich die Erfüllung ihres Lebens (Biedermeierzeit). Dagegen galt die Arbeit einer Reihe von Schriftstellern („Junges Deutschland“) politischen und sozialen Fragen. 1841 dichtete Hoffmann von Fallersleben das Deutschlandlied. Mit schrittweisen Reformen gelang es in England der Regierung, eine Revolution zu verhindern. Die Wahlrechtsreform von 1832 drängte den politischen Einfluß der Grundbesitzer zurück. Unerfüllt blieb der Wunsch der Arbeiter nach einer Vertretung im Parlament.

1819 Karlsbader Beschlüsse
1830 Julirevolution in Frankreich
1831 Parlamentsreform in England

Begriffe: Biedermeier, Bürgerkönig, Demagogenverfolgung, Generalgouvernement, Junges Deutschland, Klasse, Zensuswahlrecht

Die Industrielle Revolution und ihre

Das Eisenwalzwerk. (Gemälde von Adolf von Menzel, 1875, Berlin, National-Galerie)

1. Vergleiche dieses Gemälde mit den Abbildungen auf Seite 60 und erläutere die Unterschiede.

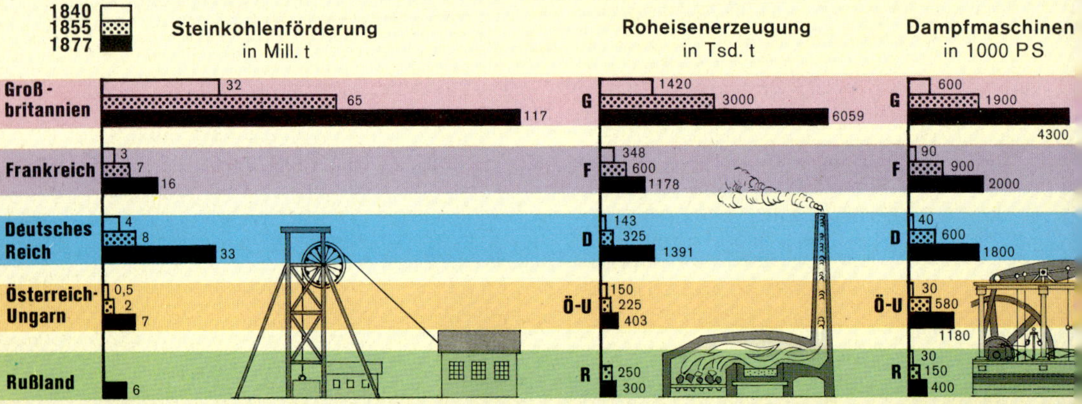

Folgen für Staat und Gesellschaft

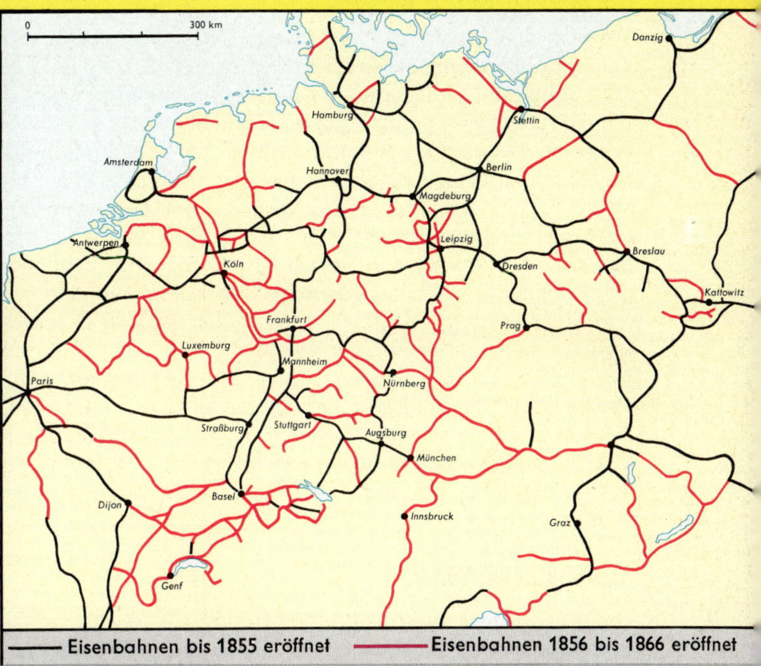

2. Versuche durch einen Vergleich des Ausbaus des Eisenbahnnetzes in England und Deutschland Aussagen über die industrielle Entwicklung in beiden Ländern zu gewinnen. Berücksichtige dabei die unterschiedliche Fläche der beiden Länder.
3. Welcher Zusammenhang besteht zwischen Roheisenproduktion, Steinkohleförderung und industrieller Entwicklung?
4. Vergleiche die Angaben über die wöchentliche Arbeitszeit mit der Arbeitszeit von heute. Denke auch an heutige Regelungen für Feiertage, Urlaub, Krankheit.
5. Welche Ursachen hat die Phasenverschiebung in der Wirtschaftsentwicklung? Wie wirkte sie sich aus?

Der Ausbau des Eisenbahnnetzes in 1 000 km

	Deutschland	England	Frankreich	USA
1850	6,0	10,5	3,1	14,5
1860	11,6	16,8	9,5	49,2
1870	19,6	25,0	17,9	85,1
1880	33,8	28,9	26,2	150,7
1890	42,9	32,3	36,7	268,4
1910	63,1	37,7	51,2	392,8

(Karl-Heinz Ludwig, Der Aufstieg der Technik im 19. Jahrhundert. Stuttgart 1966, S. 43)

Bevölkerungsentwicklung im 19. Jahrhundert

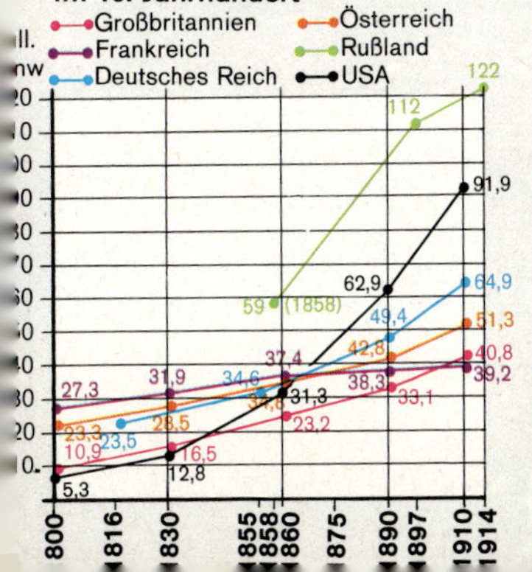

Wöchentliche Arbeitszeit in Stunden der Lohnarbeiter in Deutschland 1800 - 1914

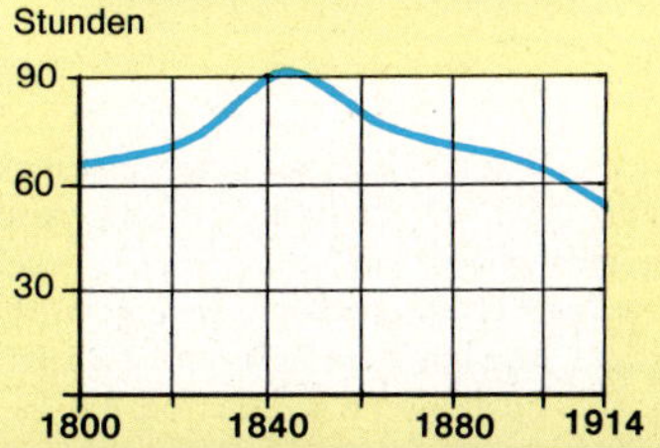

(Friedrich Wilhelm Henning, Die Industrialisierung in Deutschland 1800–1914. Paderborn 1973. S. 195)

◁ (Bevölkerungsploetz Bd. 4 Würzburg 1965)

Wirtschaftsentwicklung einiger Industrienationen (nach Rostow)

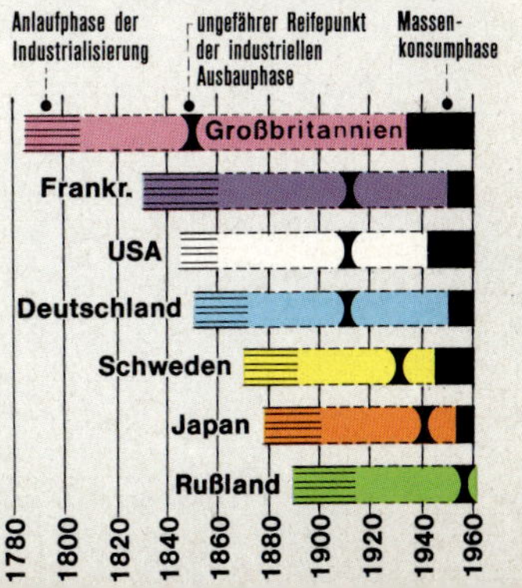

Die Industrielle Revolution in Kontinentaleuropa

Die ersten Industriereviere

Während die Industrielle Revolution in England bereits nach 1750 eingesetzt hatte, verzögerte sich die Ausbreitung der industriellen Wirtschaftsform auf dem Kontinent. Sie begann nach 1815 in Belgien, dann zunächst langsam in Frankreich, nahm aber nach der Jahrhundertmitte schnell zu. Obwohl die Ausfuhr von Maschinen aus England verboten war, wurden einzelne Teile herausgeschmuggelt und bereits vor der Jahrhundertwende auf dem Kontinent Dampf- und Spinnmaschinen aufgestellt. Als zu Beginn des 19. Jahrhunderts in England der Patentschutz für die Dampfmaschine abgelaufen war, begannen Engländer auch auf dem Festland mit der Herstellung von Maschinen. In Belgien errichteten die Brüder Cockerill Fabriken, in denen sie Textilmaschinen, Dampfmaschinen, Schiffsmaschinen und die ersten Lokomotiven des Kontinents herstellten. Durch die Zusammenfügung von Kohlengruben, Eisenhütten und Walzwerken entstanden *„gemischte Betriebe"*, in denen sich der Arbeitsgang vom Rohstoff bis zum Fertigfabrikat erstreckte. Damit war ein Vorbild für kommende industrielle Fertigungsmethoden gegeben. Auch die Bildung von Großbetrieben, die verschiedene Produktionsstufen umfaßten, zeichnete sich bereits ab. Die Industrie ballte sich in Gebieten zusammen, die über Rohstoffe verfügten und verkehrsgünstig lagen. So entstanden die großen *Industriereviere* in Belgien, im Ruhrgebiet, in Oberschlesien. In den ersten Jahrzehnten des Jahrhunderts war das mittelenglische Industrierevier das größte *Ballungszentrum* der Welt.

Kapitalgesellschaften

Die bedeutendste Aufgabe der neuen Industrie war der Ausbau des Eisenbahnnetzes. Dazu waren Geldmittel erforderlich, die die Finanzkraft einzelner weit überstiegen. Schon seit längerer Zeit gab es *Aktiengesellschaften*; jetzt gewann diese Unternehmensform eine entscheidende Bedeutung. Kleine und große Kapitalbesitzer legten ihr Geld zusammen und gründeten finanzstarke Unternehmen, die oft erhebliche Gewinne für die Aktienbesitzer abwarfen. Je größer die *Rentabilität*, je günstiger also das Verhältnis zwischen den aufgewendeten Mitteln und dem erzielten Reingewinn war, um so lohnender war die Teilhabe an einem Unternehmen durch Aktienbesitz. Die *Kapitalgesellschaften* waren häufig untereinander verflochten, da eine Gesellschaft durch Aktienerwerb Mitbesitzer anderer Aktiengesellschaften werden konnte. In der zweiten Hälfte des Jahrhunderts schlossen sich vielfach Aktiengesellschaften zu *Konzernen* oder *Trusts* (Großunternehmen) zusammen, um einen Markt zu beherrschen *(Monopol)* und so den Gewinn zu vergrößern. Diesem Zweck dienten schließlich auch Absprachen einzelner Firmen über Preise, Produktionshöhe oder Verkaufsbezirke. Diese *Kartelle* konnten unter Umständen zu einer Ausschaltung der Konkurrenz führen. In Deutschland gab es 1875 erst acht Kartelle, 1890 aber schon 210. Während zu Beginn der industriellen Entwicklung die Fabrik im Besitz eines Unternehmers oder einer Familie war, wurde in der zweiten Hälfte des Jahrhunderts die Aktiengesellschaft immer mehr zur vorherrschenden Unternehmensform. Welche Änderung der Besitzverhältnisse damit verbunden war, zeigt die französische Bezeichnung für Aktiengesellschaft: société anonyme (SA).

Neue Verkehrswege

Die industrielle Entwicklung hing eng mit dem Ausbau eines leistungsfähigen Verkehrsnetzes zusammen. Der Transport großer Rohstoffmengen und hochwertiger Fertigwaren wurde zu einer Hauptaufgabe der industriellen Zeit. Die Industrie ermöglichte den modernen Verkehr und war selbst von ihm wieder abhängig. Bisher hatte es nur wenige mit Steinen befestigte Landstraßen gegeben, erst Napoleon hatte z. B. in Deutschland einige befestigte Straßen für militärische Zwecke anlegen lassen. Aber all das genügte den neuen Erfordernissen nicht. Die Postkutsche wurde von der Eisenbahn verdrängt. Erst durch sie –

▷ 58

Die Gußstahlfabrik Krupp in Essen 1819 – 1852 – 1912

Einige Zahlen verdeutlichen die industrielle Entwicklung:

Lokomotiv-Bau bei Borsig in Berlin:

1. Lokomotive 1842
500. Lokomotive 1854
1 000. Lokomotive 1858

Zahl der Arbeiter in der Eisenfabrik von Krupp in Essen:

1826	4	1851	704	1873	16 000
1835	67	1861	2 000	1912	37 000
1846	122				

(Hans Haussherr, Wirtschaftsgeschichte der Neuzeit. Köln und Graz 1960, S. 395)

1. Überlege, welche Veränderung des Verhältnisses zwischen Unternehmer und Arbeiter sich hinter diesen Zahlen verbirgt.
2. Erläutere, was man unter Industrieller Revolution versteht.
3. Warum verbot England zunächst die Ausfuhr von Maschinen?
4. Warum ist die Bedeutung von standortbedingten Industrierevieren heute geringer als im 19. Jahrhundert?
5. Welche Bedeutung gewannen Aktiengesellschaften für die industrielle Entwicklung?
6. Welchen Erfordernissen der Wirtschaft ist es zuzuschreiben, daß die Kapitalgesellschaften zur wichtigsten Unternehmensform wurden?
7. Erinnere dich: Welche Verkehrswege gab es vor der industriellen Revolution? Wie waren sie beschaffen? Nenne die wichtigen Verkehrsmittel.

und den Ausbau der Binnenschiffahrt – wurde ein umfangreicher Gütertransport über Land möglich. 1814 hatte der Engländer Stephenson die erste Lokomotive erprobt, 1830 wurden Liverpool und Manchester, 1835 Nürnberg und Fürth durch Eisenbahnlinien verbunden. Der Ausbau des Streckennetzes schritt rasch voran, die Linienführung wurde allerdings oft mehr von lokalpolitischen als von wirtschaftlichen Gesichtspunkten bestimmt. Es gab Privat- und Staatsbahnen, die Tarife waren verschieden, ein gemeinsamer Fahrplan bestand nicht. In der zweiten Hälfte des Jahrhunderts gewann der Eisenbahnverkehr – auch durch die Überwindung der großen Gebirge – internationale Bedeutung. Die Eisenbahn brachte die Senkung der Transportkosten um etwa 90%, erhöhte die Transportgeschwindigkeit bei schweren Lasten etwa um das Fünfzigfache und ermöglichte infolge ihrer Wetterunabhängigkeit regelmäßige Transporte. Durch die große Zahl der bei Eisenbahnbau und Eisenbahnverkehr Beschäftigten war die Eisenbahn von großer sozialer Bedeutung.
Auch die Schiffahrt wurde durch die Dampfmaschine verändert. Schon 1807 hatte der Amerikaner Fulton auf dem Hudsonfluß den ersten regelmäßigen Dampfschiffverkehr eingerichtet, 1819 überquerte der erste Dampfer den Atlantik. 1825 sah man Dampfschiffe auf dem Rhein. Durch planmäßige Regulierung wurden die großen Flüsse schiffbar gemacht und durch Kanäle verbunden. Die Erfindung der Schiffsschraube 1827 ermöglichte den Bau größerer Schiffe, als es die Raddampfer gewesen waren. An Stelle von Holz wurden die Schiffskörper nach und nach aus Stahl gebaut. Gegen Ende des Jahrhunderts spielten Segelschiffe nur noch eine untergeordnete Rolle. Große Seekanäle verkürzten die Handelswege erheblich (Suezkanal 1869, Panamakanal 1914).
Die Ausweitung des Verkehrs änderte die Lebensgewohnheiten vieler Menschen. Während früher nur wenige den Umkreis ihres Heimatortes jemals verlassen hatten, unternahmen jetzt allmählich immer mehr Menschen Reisen. Der rasche Ausbau der *Infrastruktur* – des ‚Unterbaus', den die Wirtschaft braucht und der das Alltagsleben stark mitprägt – wandelte den Lebensrhythmus vieler Menschen.

Das Wachstum der Städte

Die heranwachsende Industrie brauchte viele Arbeiter, die frei verfügbar waren: Viele Menschen waren frei von alten Bindungen geworden, hatten aber zugleich ihren Lebensrückhalt verloren und waren zur Lebenserhaltung auf die Annahme nahezu jeder Arbeit angewiesen.
Größere Industriebetriebe konnten nur dort entstehen, wo die Menschen nicht mehr an Grundherrschaften oder Zünfte gebunden waren. Der Industrialisierung waren überall Bauernbefreiung und Gewerbe- und Handelsfreiheit vorausgegangen. Diese Freiheitsrechte wirkten sich wirtschaftlich in einer nicht vorhergesehenen Weise aus.
Eine große Zahl der aus der Gutsuntertänigkeit entlassenen Bauern fand keine Stellung als Landarbeiter und mußte als Lohnarbeiter in die Industriegebiete abwandern. Auch viele durch die Maschinen brotlos gewordene Handwerker suchten dort Arbeit. Da gleichzeitig die Bevölkerungszahl überall schnell anstieg, zum Teil bedingt durch den Fortschritt der medizinischen Wissenschaft, wuchsen die Städte. Der Anteil der Stadtbewohner an der Gesamtbevölkerung stieg beständig mit dem Ausmaß der Industrialisierung. Das Leben der Arbeiter in den Städten war elend.

Wandlungen in der Landwirtschaft

Zu Beginn des 19. Jahrhunderts lebte der weitaus größte Teil der Bevölkerung noch auf dem Land. Zwischen 1815 und 1860 verschwanden in Preußen östlich der Elbe etwa eine Million kleine Bauernhöfe. Ehemalige Kleinbauern arbeiteten als schlecht bezahlte Landarbeiter auf den großen Gütern; viele verließen das Land und wanderten in die industriellen Ballungsgebiete (Landflucht, Ost-West-Wanderung). Der Übergang von der alten Methode der Dreifelderwirtschaft zur neuen intensiven Anbauweise der Fruchtwechselwirtschaft, welche die Verarmung des Bodens durch wechselnden Anbau, z. B. von Getreide und Zuckerrüben, verhinderte, erhöhte die Erträge. 1806 wurde die erste höhere landwirtschaftliche Lehranstalt gegründet. Vor allem steigerte die Anwendung chemischer Erkenntnisse die Ernten. 1840 veröffentlichte Justus von Liebig seine grundlegenden Forschungsergebnisse über die „Agrikulturchemie". Das Wissen um den Verbrauch bestimmter im Boden liegender Nährstoffe durch die Pflanzen ermöglichte nun die künstliche Düngung, d. h. den regelmäßigen Ersatz der verbrauchten Stoffe durch Chemikalien. Damit war eine Voraussetzung für die Ernährung der ständig wachsenden Bevölkerung erfüllt.

▷ 62

Eröffnung der Eisenbahnlinie München–Augsburg, 1839. (Farbige Lithographie von Kraus, München, Stadtmuseum)

Transportpreis je Tonne pro km in Deutschland 1840–1913

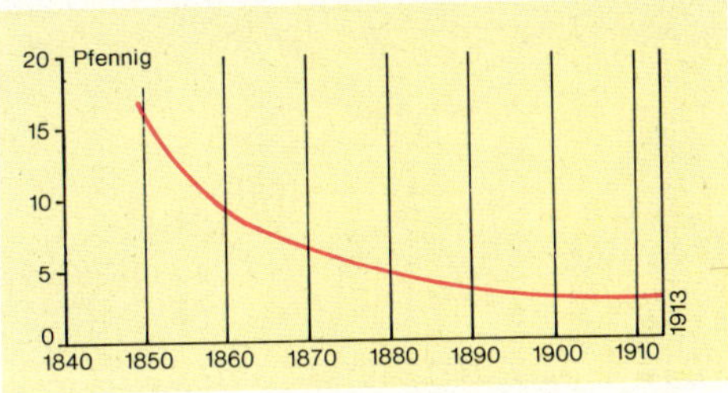

(Hermann Aubin / Wolfgang Zorn, Handbuch der deutschen Wirtschafts- und Sozialgeschichte, Bd. 2. Stuttgart 1976, S. 568)

8. Erläutere das Schaubild und überlege, welche Auswirkungen diese Transportpreisveränderung mit sich brachte.

Anzahl deutscher und englischer Großstädte im 19. Jahrhundert (über 100 000 Einwohner):

	Deutschland	England		Deutschland	England
1800	2	1	1880	14	17
1850	4	10	1900	24	18

Zahl der Reisenden in Deutschland

1831 im Postkutschenverkehr etwa 1 Mio.
1912 im Eisenbahnverkehr 1 744 Mio.
1962 im Eisenbahnverkehr (Bundesrepublik Deutschland 1 144 Mio.)

Gesamttonnage der Dampfschiffe der Welt:

1850 279 000 Bruttoregistertonnen
1900 22 400 000 Bruttoregistertonnen
1910 37 300 000 Bruttoregistertonnen

9. Erläutere, was diese Zahlen über die Veränderungen in Technik, Wirtschaft und Lebensstil aussagen

Wachstum einiger Großstädte im 19. Jahrhundert (in 1 000 Einwohnern):

	1800	1850	1880	1900
Berlin	172	419	1 122	1 889
Hamburg	130	132	290	706
Frankfurt/M.	48	65	137	289
Essen	4	9	57	119
London	959	2 363	3 830	4 537
Manchester	77	336	462	544
Liverpool	82	397	624	685

(Wolfg. Köllmann, die industrielle Revolution. Stuttgart 1972, S. 8)

10. Suche eine Erklärung für das unterschiedliche Wachstum der Städte.

11. Zeige, daß die praktische Anwendung der Dampfmaschine in der Lokomotive und im Schiff zahlreiche technische Veränderungen erforderlich machte und den Lebensrhythmus stark veränderte.

12. Vergleiche die wichtigsten Transportgüter vor der industriellen Revolution – Stoffe und Gewürze – mit dem jetzt sichtbar werdenden Wandel.

13. Nenne Beispiele für die weitere starke Änderung der Infrastruktur bis heute.

14. Welche Veränderungen in der Gesellschaft und welche technischen Voraussetzungen ermöglichten erst die industrielle Revolution?

15. Inwiefern bewirkte die industrielle Revolution selbst wieder ähnliche gesellschaftliche Veränderungen?

Seite 60/61: **Hundert Jahre Fortschritt.** Ein Vergleich anläßlich einer Ausstellung in Philadelphia, 1876. (Öldruck, Washington, Library of Congress)

16. Stelle fest, welche Abbildungen auf dem „Centennial Mirror" sich wie in einem Spiegel entsprechen. Beschreibe die einzelnen Abbildungen. Welche Überzeugung des Zeichners läßt sich aus den Bildpaaren ablesen? Überdenke dabei einmal die Begriffe „Fortschritt" und „Veränderung".

CENTENNIA
E PLURIBUS
1776
DRAWN & LITHOGRAPH BY THE

MIRROR,
UNUM
876
AMERICAN OLEOGRAPH CO. MILWAUKEE

Immer mehr Bauern benutzten landwirtschaftliche Maschinen. Da die meisten die Anschaffungskosten nur durch einen Kredit aufbringen konnten, waren viele Bauern bald hoch verschuldet. Friedrich Wilhelm Raiffeisen (1818-88) gründete deshalb zur bäuerlichen Selbsthilfe genossenschaftliche Spar- und Darlehenskassen. Wenn der Bauer die neuen rationellen landwirtschaftlichen Methoden anwenden wollte, mußte er seinen Hof wie ein kleines kapitalistisches Unternehmen planen und führen. Das aber taten zunächst nur wenige.

Neue Absatzmärkte

Die steigende Industrieproduktion erforderte eine Ausweitung der *Absatzgebiete*. Zunächst erstrebten die Unternehmer eines jeden Landes die Beseitigung der Zollgrenzen innerhalb des eigenen Wirtschaftsgebietes, um einen möglichst großen *Binnenmarkt* zu schaffen. Danach suchte man in die Märkte fremder Länder einzudringen, schützte aber zugleich den eigenen Markt durch Schutzzölle vor fremder Konkurrenz. Frankreich war schon durch Merkantilismus und Revolution ein einheitliches Wirtschaftsgebiet geworden. In England hatten die Auswirkungen der Kontinentalsperre diese Entwicklung abgeschlossen. In Deutschland dagegen hemmte noch um 1830 die Vielstaaterei durch viele Zölle das Entstehen eines einheitlichen Absatzgebietes.

Wissenschaft und Technik

Industrialisierung und soziale Frage waren eng mit der Wissenschaft des 19. Jahrhunderts verknüpft. Von den *Erfahrungswissenschaften* ging der entscheidende Anstoß aus. Die meisten der für Wissenschaft und Technik unserer Zeit grundlegenden Entdeckungen und Erkenntnisse sind den Naturwissenschaftlern des 19. Jahrhunderts gelungen. Der menschliche Wahrnehmungsbereich wurde durch zahlreiche Instrumente erweitert, jede Grenze als vorläufig angesehen. Wissenschaft und Technik begannen sich zu verflechten. Die praktische Anwendung wissenschaftlicher Erkenntnisse durch die Technik veränderte Umwelt und Leben der Menschen.

Thomas A. Edison (1847 – 1931) war der Typ des technischen Erfinders. Er entwickelte die Erfindung der Glühbirne – und was zu ihrer Benutzung erforderlich ist – gleich in allen Einzelheiten (Fassung, Zähler, Sicherung, Schalter) bis zur technischen Verwertbarkeit.

▷ 64

Fahrbare englische Dampfdreschmaschine, Mitte des 19. Jahrhunderts. (Zeitgenössischer Stich)

Liebigs Laboratorium in Gießen, 1842. (Farb. Zeichnung von Trautschold, 1842, Gießen, Liebig-Museum) Liebig hatte in Paris Chemie studiert. Mit 21 Jahren wurde er Professor in Gießen, wo er als erster regelmäßige Laborversuche einführte.

17. Frage im Chemieunterricht, welche der abgebildeten Geräte auch heute benutzt werden, wie sie heißen und wozu sie gebraucht werden.

Verwendung von chemischem Dünger je ha landwirtschaftlicher Nutzfläche in Deutschland in kg:

	1878/80	1898/1900	1911/14
Stickstoff	0,7	2,2	6,4
Phosphorsäure	1,6	10,3	18,9
Kali	0,8	3,1	16,7

In dieser Zeit stiegen die Hektarerträge bei Getreide um etwa 40%. Der Fleischverbrauch je Person und Jahr stieg von 30 (1883) auf 52 kg (1913)

Bestand an Mähmaschinen
1882: 20 000 1907: 300 000

Bestand an Dreschmaschinen
1882: 375 000 1907: 1 500 000

(Friedrich-Wilhelm Henning, Landwirtschaft und ländliche Gesellschaft in Deutschland, Paderborn 1978, Bd. 2. S. 128, 132, 134)

Beispiel für die Auswirkung der Technik in der Landwirtschaft der Industrieländer:

Um 3 Hektar Weizen zu ernten, waren erforderlich:
1840 126 Arbeiter; 1880 32 Arbeiter
(Zum Vergleich: heute leistet 1 Landarbeiter mit modernen Maschinen diese Arbeit)

18. Überlege, welche Veränderungen des Lebens auf dem Lande und in der Stadt durch diese Zahlen erkennbar werden

19. Vergleiche die Tabellen über Beschäftigtenzahl und Erträge in der Landwirtschaft. Was ist das wichtigste Merkmal dieses Wandels?

20. Welche Veränderungen bewirkten Agrikulturchemie und Technisierung in der Landwirtschaft? Denke auch an mittelbare Folgen!

21. Welche finanziellen Probleme brachte die Verwendung landwirtschaftlicher Maschinen mit sich?

Beschäftigtenzahl in Deutschland in %
– Land- und Forstwirtschaft (primärer Sektor)
– Industrie, Handwerk, Bergbau (sekundärer Sektor)
– Dienstleistungen wie Handel, Verkehr, Banken und öffentliche Verwaltung (tertiärer Sektor)

Jahr	primärer Sektor	sekundärer Sektor	tertiärer Sektor
1800	62	21	17
1825	59	22	19
1850	55	24	21
1875	49	30	21
1900	38	37	25
1914	34	38	28
1980*	6	45	49

* Bundesrepublik Deutschland

(Friedrich-Wilhelm Henning, Die Industrialisierung in Deutschland 1800–1914. Paderborn 1973, S. 20 und Bundesministerium für Wirtschaft, Jahresbericht 1980, S. 12)

22. Vergleiche diese Zahlen mit entsprechenden Angaben aus dem Statistischen Jahrbuch für die Bundesrepublik Deutschland (1963 lebten von der Landwirtschaft 12% der Bevölkerung [1972: 7,2%], in Städten über 10 000 Einwohner lebten 1963 57% [1973: 66,5%], in Großbritannien 1961 73,7%).

23. Erinnere dich, warum im Merkantilismus Staaten ein einheitliches Wirtschaftsgebiet anstrebten. Vergleiche damit die Gründe, die jetzt die Errichtung einheitlicher Binnenmärkte ohne Zollgrenzen bewirkten.

24. Beschreibe die Arbeitsvorgänge auf der Abbildung links (Dampfdreschmaschine).

An einigen Beispielen werden Bedeutung und Umfang der neuen wissenschaftlichen Forschung deutlich. 1842 stellte der Heilbronner Arzt Julius Robert Mayer das Gesetz von der Erhaltung der Energie auf, wodurch die meisten physikalischen Vorgänge überhaupt erst im einzelnen verständlich wurden. Da alle Technik in der Umsetzung von Energie besteht, ist dieses Gesetz eine ihrer Grundlagen. Die Erforschung der Elektrizität wurde während des ganzen Jahrhunderts intensiv betrieben: 1800 erfand Alessandro Volta das Elektrochemische Element; 1831 entdeckte Michael Faraday die elektromagnetische Induktion; 1833 benutzten die Professoren Gauß und Weber diese Entdeckung, um in Göttingen den ersten praktisch verwertbaren Telegraphen zu bauen; 1835-37 entwickelte der Amerikaner Morse den Schreibtelegraphen. 1847 wurde die Firma Siemens und Halske zum Bau elektrotechnischer Geräte gegründet. 1862 konstruierte Philipp Reis das erste Telephon, 1876 wurde es von Bell und Edison zu technisch brauchbarer Form weiterentwickelt. 1882 nahm Edison in New York das erste Elektrizitätswerk in Betrieb, an das 85 Häuser angeschlossen waren. Am Ende des Jahrhunderts (1897) gelang Marconi die erste drahtlose Nachrichtenübermittlung. Die Anwendung der Elektrizität änderte den Lebensrhythmus der Menschen: 1814 dauerte es 9 Tage, ehe die Einnahme von Paris in Berlin bekannt wurde; 1901 erreichte eine Nachricht die USA von England aus in $^1/_{40}$ Sekunde.
Den raschen Ausbau der chemischen Wissenschaft verdeutlicht die Zahl der bekannten Elemente: 1800 waren es 30, 1814 schon 46, und 1900 kannte man 84. Die von Liebig erforschte chemische Düngung wurde wichtig zur Ernährung der anwachsenden Menschheit. Die jährliche Zahl der Patentanmeldungen stieg allein in Deutschland von 4000 im Jahre 1880 auf 12 000 um 1910.
Der Bevölkerungsanstieg war teilweise auch eine Folge der medizinischen Wissenschaft, deren Entdeckungen die Seuchengefahr weitgehend bannten (R. Koch, L. Pasteur). Die Asepsis ermöglichte die gefahrlose Wundbehandlung (J. P. Semmelweis). Viele medizinische Erkenntnise waren den neuen optischen Präzisionsgeräten zu verdanken.
Die biologischen Forschungen Charles Darwins (1809 – 82) führten zu einem genaueren Verständnis der Entwicklung der Tier- und Pflanzenformen auf der Erde *(Evolution)*, ebenso die Entdeckung der Erbgesetze durch Gregor Mendel.
Die naturwissenschaftliche Betrachtungsweise beeinflußte auch Philosophie und Geisteswissenschaften. Auguste Comte (1798–1857) verwarf alles, was über das Gegenständliche der Welt hinausging (Metaphysik), und hielt sich nur an das, was tatsächlich greifbar gegeben ist *(Positivismus)*. Man müsse vom Gegebenen, dem „Positiven" ausgehen und durch Beobachtung und Experiment Zusammenhänge zu erkennen und Gesetze zu erfassen suchen. Diese naturwissenschaftliche Methode müsse auch auf die Geisteswissenschaften übertragen werden. Comte wandte sie auf die menschliche Gesellschaft an und begründete damit die *Soziologie* als neue Wissenschaft.
Es lag nahe, daß die positivistische Geisteshaltung zu einer Ablehnung von allem gelangen konnte, was sich der naturwissenschaftlichen Forschungsmethode entzieht. Manchen schien es, als könnten Naturwissenschaft und Technik alle Rätsel lösen.

Die Ausbreitung neuer Wirtschaftsformen in Deutschland

Die Industrialisierung war in Deutschland durch die Kleinstaaterei mit ihren vielen politischen und wirtschaftlichen Grenzen sowie durch wirtschaftspolitische Vorbehalte vieler konservativer Politiker erschwert. Außerdem gab es zu wenige Facharbeiter. Trotz dieser Schwierigkeiten gelang es einzelnen Unternehmern, Fabriken aufzubauen, die sich schnell vergrößerten. Friedrich Krupp begann mit der Produktion von Gußstahl, andere verhütteten Eisen und bauten neue Maschinen wie z. B. Schnelldruckpressen. In Berlin gründete 1837 August Borsig eine Maschinen-Fabrik, in der seit 1841 Lokomotiven gebaut wurden. Aber es dauerte noch lange, bis der Maschinenbau den Inlandsbedarf decken konnte. 1842 waren in Preußen 245 Lokomotiven im Verkehr, aber nur 38 davon stammten aus inländischen Fabriken.
Ein wirtschaftlich weitblickender Mann war der Tübinger Universitätsprofessor Friedrich List (1789–1846). Schon 1819 hatte er dem Bundestag vergebens vorgeschlagen, in Deutschland sämtliche *Binnenzölle* aufzuheben. Man zwang ihn, das Land zu verlassen. 1825–30 lernte er in den USA die Vorteile eines großen einheitlichen Handelsgebietes kennen. Zurückgekehrt nach Deutschland, setzte er sich für den Bau eines Eisenbahnnetzes ein. Im ungehinderten Eisenbahnverkehr sah er eine Voraussetzung für eine rasche industrielle Entwicklung. Damit sich dieser Prozeß in Deutschland ungestört vom Einfluß der höher entwickelten Industrie, vor allem Englands, vollziehen könne, forderte List für eine Übergangszeit *Schutzzölle*. Wenn die nationale Industrie stark genug und damit konkurrenzfähig sei, sollte zum unbeschränk-

▷ 66

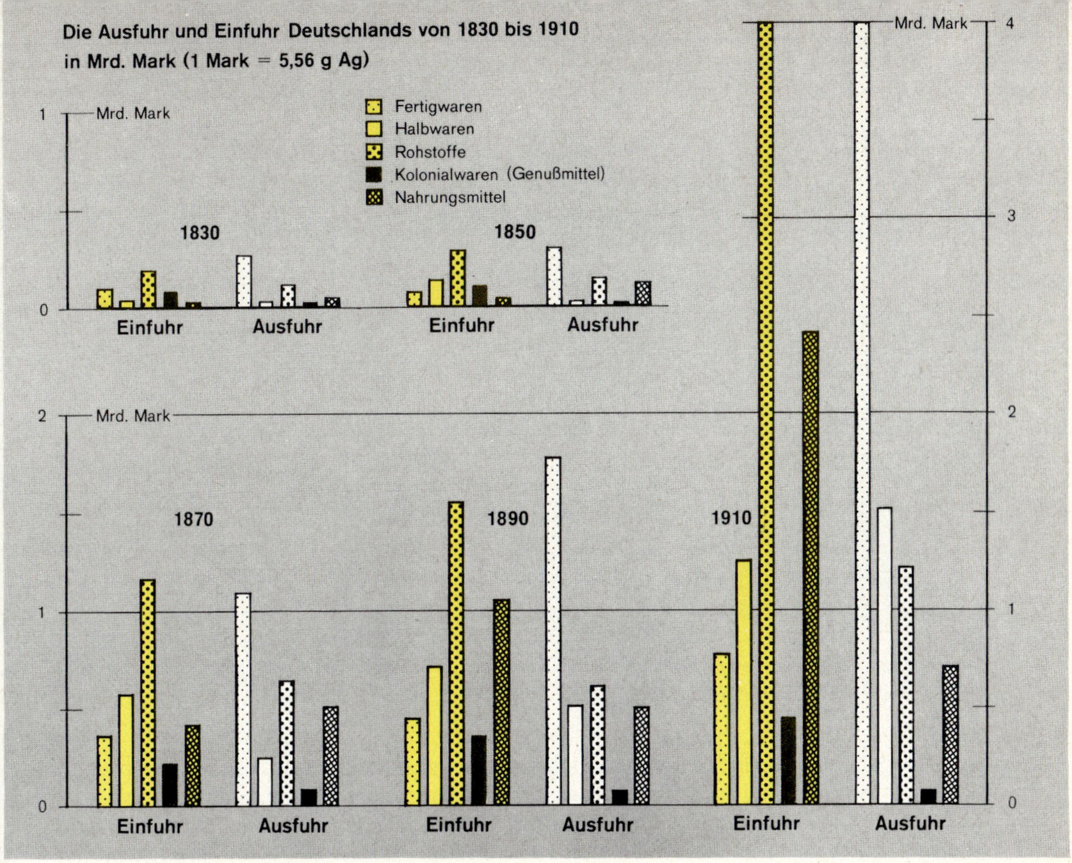

Ausfuhr und Einfuhr Deutschlands 1830, 1850, 1870, 1890, 1910.
(Friedrich-Wilhelm Henning, Die Industrialisierung in Deutschland 1800–1914. Paderborn 1973, S. 174, 250 f.)

25. Erkläre die Schaubilder; vor allem suche nach Gründen, warum zwischen 1830 und 1850 die Einfuhr von Kolonial- und Fertigwaren und die Ausfuhr von Fertigwaren nahezu stagnierte (vgl. auch S. 55).

Einige wichtige Erfindungen und Neuerungen:

1812	Schnellpresse
1817	Draisine (Vorläufer des Fahrrads)
1824	Zement
1827	Schiffsschraube
1834	Getreidemähmaschine
	Batterie-Elektromotor
1846	Elektrischer Telegraph
1863	Rotationsdruckmaschine
1866	Dynamo
1868	Druckluftbremse

26. Erläutere kurz, wozu diese Erfindungen benutzt wurden bzw. werden und welche Veränderungen sie bewirken.

27. Orientiere dich im Physik-, Chemie-, Biologieunterricht und in entsprechenden Büchern genauer über die genannten Entdeckungen.

Zahl der Telegraphen in Deutschland:
1872: 4 038 1913: 47 485

Telephone und Telephongespräche in Deutschland:

	Orte	Fernsprecher	Telephon-gespräche
1881	7	1 504	etwa 5 Mio.
1900	15 533	289 647	etwa 691 Mio.
1913	40 843	1 387 000	etwa 2 518 Mio.

Steigerung der Produktivität als Folge der Technisierung (am Beispiel Deutschland 1873–1913)

Metallverarbeitung	Zunahme um 270%
Textilverarbeitung	Zunahme um 115%
Bergbau	Zunahme um 67%
Chemie, Steine	Zunahme um 60%
Holz, Druck	Zunahme um 40%
Lebensmittel	Zunahme um 30%
Bau	Zunahme um 20%

insges. Produktivitätssteigerung um etwa 90–100%
(Friedrich-Wilhelm Henning, Die Industrialisierung in Deutschland 1800–1914. Paderborn 1973, S. 219)

28. Erkläre, was unter Steigerung der Produktivität verstanden wird? Warum steigt die Produktivität in einzelnen Bereichen so unterschiedlich?

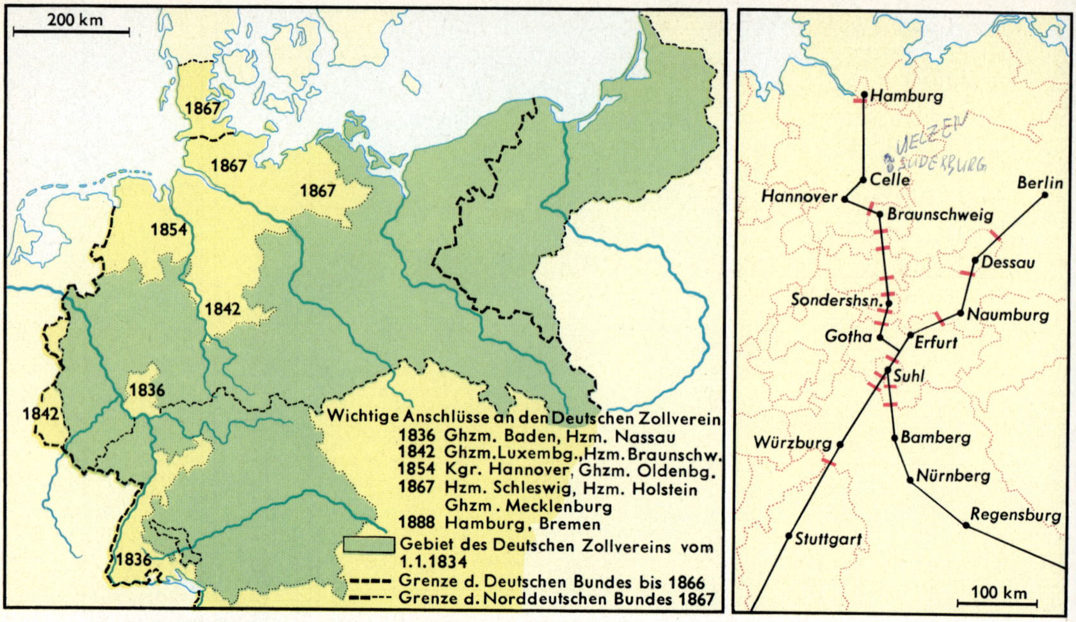

Der Deutsche Zollverein. Rechts: Zollschranken auf den Wegen Stuttgart–Berlin und Hamburg–Regensburg vor der Gründung des Zollvereins.

ten *Freihandel* nach englischem Vorbild übergegangen werden. In Lists Gedanken verbanden sich Wirtschaft und Politik: Der *Industriestaat* sollte ein einheitlicher Nationalstaat sein.
Nach langen Verhandlungen wurde 1834 unter Führung Preußens der deutsche *Zollverein* gegründet, dem nach und nach die meisten deutschen Staaten beitraten. So entstand ein einheitlicher deutscher Wirtschaftsraum ohne Binnenzölle, dem aber Österreich nicht angehörte. Die wirtschaftliche Einigung bahnte der späteren politischen Einigung Deutschlands den Weg.
Der Zollverein beschleunigte Verkehrserschließung, Marktbildung und Industrialisierung erheblich. Der Eisenbahnbau trieb die Stahlerzeugung und die Produktion der Maschinenindustrie in die Höhe. Vor allem stieg durch den Energiebedarf die Kohleförderung sprunghaft an. Das schnelle Wachstum der Kohle- und Eisenwirtschaft zeigt deutlich das Ausmaß der Industrialisierung. Zur Verbesserung und Überwachung der Maschinen waren technisch ausgebildete Menschen nötig: 1825 wurde in Karlsruhe die erste deutsche Technische Hochschule gegründet.
In vielen Arbeitsbereichen vollzog sich der Übergang vom Handbetrieb zur maschinellen Produktion. Das führte zu einem Absinken der Handarbeiterlöhne. Viele Arbeiter sahen, wie vor ihnen schon in England, in den Maschinen den Ursprung ihres Elends. 1844 kam es in Schlesien zu einem Weberaufstand, der durch Truppen niedergeschlagen wurde.

„Grenzverlegenheit", Karikatur auf die Zollschranken in Deutschland (1848).

Friedrich List kämpfte unentwegt für die Aufhebung der Zollschranken in Deutschland. Eine seiner Begründungen dafür lautet:

„Achtunddreißig Zoll- und Mautlinien in Deutschland lähmen den Verkehr im Innern und bringen ungefähr dieselbe Wirkung hervor, wie wenn jedes Glied des menschlichen Körpers unterbunden wird, damit das Blut ja nicht in ein anderes überfließe. Um von Hamburg nach Österreich, von Berlin in die Schweiz zu handeln, hat man zehn Staaten zu durchschneiden, zehn Zoll- und Mautordnungen zu studieren, zehnmal Durchgangszoll zu bezahlen. Wer aber das Unglück hat, auf einer Grenze zu wohnen, wo drei oder vier Staaten zusammenstoßen, der verlebt sein ganzes Leben mitten unter feindlich gesinnten Zöllnern und Mautnern, der hat kein Vaterland."

(Friedrich List, Schriften, Reden, Briefe, Berlin 1929 ff., Bd. 1, S. 493)

29. Überlege, weshalb List zwischen einem Binnenmarkt und dem Vaterlandsgefühl einen Zusammenhang sieht.

Friedrich List fordert freien Handel:

„Jede Vermehrung des Wohlstandes einer Nation, welche sie durch vermehrte Industrie, durch neue Erfindungen usw. erringt, ist auch eine Wohlstandsquelle für die benachbarten Völker, wenn nämlich dem natürlichen Verkehr keine Fesseln angelegt werden ... Ich bin innig überzeugt, daß die Menschheit den höchsten Gipfel des physischen Wohlbefindens, gleichwie der geistigen Vervollkommung, nur dadurch zu erreichen vermag, wenn auf der ganzen Oberfläche der Erde zivilisierte Völker der Natur ihre Schätze abgewinnen und den Überfluß ihrer Erzeugnisse im freien Verkehr gegenseitig austauschen."

(Friedrich List, a. a. O., S. 571)

30. Für welche Handelsform tritt List hier ein? Weshalb hat er trotzdem zeitweilig Schutzzölle gefordert?

31. Beurteile die wirtschaftliche und politische Bedeutung des Deutschen Zollvereins. Gibt es vergleichbare Abkommen in der Gegenwart?

32. Überlege, warum das Handwerk sich im Unterschied zur Heim- und Verlagsarbeit recht gut entwickelte, gegenüber der Industrie aber ständig an Bedeutung verlor? Bedenke dabei, welche Produkte in welchen Bereichen der Wirtschaft hergestellt wurden.

33. Erkläre, was die beiden Karten auf der linken Seite deutlich zeigen.

Zum Wiederholen und Nachschlagen

Von England aus verbreitete sich in den ersten Jahrzehnten des 19. Jahrhunderts die Maschinenproduktion auf dem Festland. Vom Rohstoff bis zum Fertigfabrikat lag in modernen Fabriken die Produktion in einer Hand („gemischte Betriebe"). An günstigen Stellen bildeten sich Industriereviere. Zur Finanzierung kostspieliger Vorhaben wie der Anlage eines Eisenbahnnetzes wurden Aktiengesellschaften gegründet. In der zweiten Jahrhunderthälfte entstanden durch den Zusammenschluß mehrerer Unternehmen Konzerne, durch Absprachen über Preise usw. wurden Kartelle gebildet.
Zur Industriellen Revolution gehörten der Ausbau der Verkehrswege (Eisenbahnen, Flußregulierungen), die Herstellung neuer Verkehrsmittel (Lokomotiven und Dampfschiffe) sowie das Wachsen der Städte. Die Zahl der Großstädte nahm ständig zu, sowohl durch Landflucht als auch durch Bevölkerungsvermehrung. Auch die Landwirtschaft begann sich auf maschinelle Hilfsmittel umzustellen. Durch künstlichen Dünger wurden die landwirtschaftlichen Erträge gesteigert.
Die Wissenschaft des 19. Jahrhunderts wandte die naturwissenschaftliche Methode auf allen Gebieten an. Es entstand eine enge Verflechtung von Naturwissenschaft und Technik. Eine Vielzahl von Erfindungen und Entdeckungen verursachte eine weitgehende Umgestaltung des Lebens.
In vielen Gebieten Deutschlands wich die Agrarwirtschaft vor der Industrie zurück. Friedrich List sah in einem nach außen durch Schutzzölle geschlossenen, im Innern von hemmenden Zollschranken freien großen Wirtschaftsraum die Voraussetzung für die Entwicklung eines nationalen Industriestaates. 1834 erfüllte der deutsche Zollverein eine dieser Voraussetzungen. Da ihm Österreich nicht angehörte, war die Richtung auf eine mögliche politische Einigung ohne Österreich abgesteckt. Eisenerzeugung und Kohleförderung stiegen nach der Jahrhundertmitte sprunghaft an.

1830 Erste Eisenbahn in England
1834 Deutscher Zollverein
1835 Erste Eisenbahn in Deutschland

Begriffe: Absatzgebiet, Agrikulturchemie, Aktiengesellschaft, Ballungszentrum, Binnenmarkt, Binnenzoll, Evolution, Erfahrungswissenschaft, Freihandel, Gemischte Betriebe, Industrierevier, Industriestaat, Infrastruktur, Kapitalgesellschaft, Kartell, Konzern, Monopol, Positivismus, Rentabilität, Schutzzoll, Soziologie, Trust, Zollverein

Soziale Probleme

Arbeiter- und Handwerkerelend

Eine negative Folge der Industrialisierung war die Entstehung eines Proletariats. Als *Proletarier* wurden die Leute bezeichnet, die nichts als ihre Kinder (proles) besaßen und von der Hand in den Mund lebten. Dieser durch die Industrialisierung geschaffene neue *„vierte Stand"* begann das Gesicht der Gesellschaft in den Industrieländern zu bestimmen. Entsprechend dem Gang der industriellen Entwicklung war er in England zuerst ausgeprägt. Neben dem Industriearbeiterproletariat entstand – in Deutschland seit den dreißiger Jahren – ein Handwerkerproletariat, weil den Handwerkern keine geeigneten Kleinkraftmaschinen zur Verfügung standen und die beginnende Massenproduktion häufig das bisherige Preisgefüge sprengte. Die Zuwanderung vom Land in die Städte (Landflucht) und der Bevölkerungsanstieg vermehrten die Zahl der Arbeitsuchenden. Unter dem Druck dieses Überangebotes sanken die Löhne so weit, daß die Ernährung einer Familie nur durch Mitarbeit von Frau und Kindern möglich war. Die tägliche Arbeitszeit betrug – auch für Frauen und Kinder – etwa 15 Stunden. Erst 1833 schränkte ein Gesetz in England die Arbeitszeit ein: 9—12jährige durften nicht mehr als 9 Stunden, 13—18jährige 12 Stunden am Tage arbeiten. 1842 wurde die Arbeit im Bergwerk für Frauen ganz verboten. In Preußen wurde 1839 die Arbeitszeit für Jugendliche unter 16 Jahren auf täglich 10 Stunden begrenzt, da viele Rekruten nur bedingt militärtauglich waren. Die von der Not der Proletarierfamilien erzwungene Frauen- und Kinderarbeit erhöhte das Angebot an Arbeitskräften beträchtlich, so daß neben dem schlechten Lohn die ständige Angst vor der Arbeitslosigkeit die Menschen bedrückte. Wer einen Unfall erlitt oder krank wurde, hatte keine Hilfe zu erwarten. Die Proletarier wohnten in jämmerlichen Behausungen, abgearbeitet, unterernährt und für jede Krankheit anfällig. Diese Not veranlaßte in England gesetzliche Maßnahmen gegen die schlimmsten Mißstände. 1847 begrenzte ein Gesetz die Arbeitszeit allgemein auf täglich zehn Stunden. Staatliche Inspektoren überwachten die Einhaltung der Gesetze in den Fabriken.

Gewerkschaften

Der Unternehmer besaß die *Produktionsmittel* (Maschinen, Fabrikgebäude, Rohstoffe, usw). Ihm gegenüber war der einzelne Arbeiter ohnmächtig. Daher lag es nahe, daß sich Arbeiter einzelner Fabriken, bestimmter Berufszweige oder auch eines Gebietes zusammenschlossen, um erträglichere Arbeitsbedingungen zu erreichen. Solche Arbeiterorganisationen, die *Gewerkschaften,* entstanden zuerst in England (Trade Unions). Wichtigste Voraussetzung einer erfolgreichen Gewerkschaftsarbeit war die Zulassung solcher Zusammenschlüsse und die Aufhebung des staatlichen Koalitionsverbotes (*Koalitionsrecht*). Die Koalitionsfreiheit wurde in England 1825 unter anderem als Folge politischer und wirtschaftlicher Spannungen innerhalb der herrschenden Gesellschaftsschicht erreicht. Erst 1864 fiel das Koalitionsverbot in Frankreich, 1869 in Preußen. In England gab es seit 1837 eine reine Arbeiterbewegung, die über das allgemeine, gleiche und geheime Wahlrecht nach politischem Einfluß im Parlament strebte. Sie nannte sich *Chartismus,* da sie eine Verbriefung dieses Rechtes in einer Charta, einem Verfassungsgesetz, verlangte.
Überall, wo Gewerkschaften entstanden, errangen die Arbeiter in oft schweren Auseinandersetzungen mit den Unternehmern bessere Arbeitsbedingungen und allmählich auch politische Rechte. Herabsetzung und Begrenzung der Arbeitszeit, bessere und der Arbeitsleistung angemessene Löhne waren die wichtigsten wirtschaftlichen Forderungen, die die organisierten Arbeiter durchzusetzen versuchten. Häufig kam es zu harten Arbeitskämpfen. Energische Gegenmaßnahmen der Unternehmer drängten die Arbeiter zum Zusammenschluß. In ihrem Kampf um ein menschenwürdiges Leben mit politischen Rechten wurde der *Streik,* die Niederlegung der Arbeit, zur schärfsten Waffe der Arbeiter; die Unternehmer antworteten oft mit *„Aussperrung"* von der Arbeit.

▷ 70

Kinderarbeit im Bergwerk (Zeichnung um 1840).

1. Wie kam es zu solchen Arbeitsbedingungen? Warum wurden Kinder häufig in Bergwerken beschäftigt? Beachte die Größe des Stollens?

1835 besuchte Alexis de Tocqueville Manchester. Er schrieb darüber:

„Dort (in einem sumpfigen Gebiet) enden gewundene und enge Gäßchen, gesäumt von einstöckigen Häusern, deren schlecht zusammengefügte Bretter und zerbrochene Scheiben schon von weitem eine Art letzten Asyls ankünden, das der Mensch zwischen Elend und Tod bewohnen kann. Unter diesen elenden Behausungen befindet sich eine Reihe von Kellern, zu der ein halb unterirdischer Gang hinführt. In jedem dieser feuchten und abstoßenden Räume sind zwölf bis fünfzehn menschliche Wesen wahllos zusammengestopft ... Um dieses Elendsquartier schleppt einer der Bäche langsam sein stinkendes Wasser, das von den Industriearbeiten eine schwärzliche Farbe erhält ... Wer jedoch den Kopf hebt, wird sehen, wie sich rings um diesen Ort die ungeheuren Paläste der Industrie erheben. Er wird den Lärm der Öfen, das Pfeifen des Dampfes hören ... Hier ist der Sklave, dort der Herr; dort findet sich Reichtum einiger weniger, hier das Elend der großen Zahl."

(Alexis de Tocqueville, Das Zeitalter der Gleichheit, hrsg. v. Siegfried Landshut. Stuttgart 1954, S. 246 f.)

In einem englischen Parlamentsbericht von 1833 wird der Bericht eines Jugendlichen wiedergegeben:

„Habe hier 2 Jahre gearbeitet, bin jetzt 14, arbeite 16½ Stunden am Tag. Kürzlich war ich krank und bat, um 8 Uhr aufhören zu dürfen, und man sagte mir, wenn ich ginge, brauche ich nicht zurückzukommen."

(Wolfgang Köllmann [Hrsg.], Die Industrielle Revolution. Stuttgart 1972, S. 34)

Friedrich Engels schrieb 1845, was er von einem Pfarrer über das Wohnungselend in London gehört hatte:

Es ist „nichts Ungewöhnliches, daß ein Mann, seine Frau, vier bis fünf Kinder und zuweilen noch Großvater und Großmutter in einem einzigen Zimmer von zehn bis zwölf Fuß im Quadrat gefunden werden, worin sie arbeiten, essen und schlafen"

(Friedrich Engels, Die Lage der arbeitenden Klasse in England, hrsg. v. Walter Kumpmann. München 1973, S. 47)

2. Nenne Ursachen dieses Wohnungselends.

Gewerkschaftsmitglieder im Deutschen Reich

1869	etwa	77 000
1891	etwa	280 000
1900	etwa	850 000
1913	etwa	3 000 000

Gewerkschaftsvermögen etwa 88 Mio Mark

(Gerhard A. Ritter, Die Arbeiterbewegung im Wilhelminischen Reich. Berlin 1950.
Gerd Hohorst / Jürgen Kocka / Gerhard A. Ritter [Hrsg.], Sozialgeschichtliches Arbeitsbuch. München 1975, S. 135 f.)

3. Überlege, was diese Zahlen über die Stellung der Gewerkschaften aussagen. Bemühe dich zum Vergleich um Zahlen aus der Gegenwart.
4. Wiederhole, was Adam Smith für die Wirtschaft forderte.
5. Erinnere dich: Wer zählte im 18. Jahrhundert zum ersten, zweiten und dritten Stand?
6. Wodurch unterschieden sich die Stände? Nenne die Besonderheiten des vierten Standes.
7. Informiere dich über heute gültige Arbeitszeiten und Regelungen für Kinderarbeit. Stelle dar, welche Bedeutung Unfall-, Kranken-, Alters- und Arbeitslosenversicherung für den einzelnen haben.
8. Nenne Ursachen der Kinderarbeit.
9. Stelle die Unterschiede dar, die zwischen einer Gewerkschaft und einer Arbeiterpartei bestehen.
10. Überlege, weshalb die Arbeiterbewegung aller Länder stark international ausgerichtet war.
11. Welche Auswirkungen mußten die auf dieser Seite geschilderten Verhältnisse auf das Familienleben haben?

Aus kleinen Ansätzen entwickelten sich Gewerkschaften bis zur Jahrhundertwende zur anerkannten Vertretung der Arbeiter. Je größer sie wurden, um so stärkere Bedeutung erhielten planmäßige Arbeitsniederlegungen. Der *Generalstreik,* der alle wichtigen Betriebe eines großen Gebietes lahmlegt, wurde zum äußersten, selten angewandten Mittel, mit dem die Arbeiter versuchten, soziale, wirtschaftliche oder auch politische Forderungen durchzusetzen.

Der streikende Arbeiter mußte große Opfer auf sich nehmen. Statt des Lohnes erhielt er ein geringes Streikgeld, das die Gewerkschaft ihren Mitgliedern aus der Gewerkschaftskasse gab. In diese Kasse zahlte jedes Mitglied seinen Beitrag, den es von seinem kärglichen Lohn abzweigte. Aus den gewerkschaftlichen Unterstützungskassen wurden den Arbeitern Hilfen gewährt, wenn sie etwa wegen Krankheit oder Kündigung zeitweilig ohne Verdienst waren. Um den Forderungen mehr Nachdruck zu verleihen, schlossen sich oft gewerkschaftlich organisierte Arbeiter anderer Fabriken oder anderer Industriezweige einem bereits ausgebrochenen Streik an (Sympathiestreik). In den Arbeitern verschiedener Berufszweige und Gebiete entstand das Bewußtsein, gemeinsam handeln zu müssen, um das allen gemeinsame Ziel zu erreichen. Diese *Solidarität* – die Bereitschaft zu persönlichen Opfern und die Rücksicht auf das Wohl aller – gab dem Auftreten der Arbeiter das nötige Gewicht. Allmählich begannen auch die Arbeiter der verschiedenen Industriestaaten das Gemeinsame ihrer Lage zu empfinden. 1864 wurde die erste Internationale Arbeiterassoziation gegründet. Zwar bestand sie nur wenige Jahre, aber in ihr zeigte sich zum erstenmal die internationale Solidarität der Arbeiter in ihrem Ringen um soziale Besserstellung und politische Rechte.

Neben den Gewerkschaften standen andere Organisationen, durch die die Arbeiter sich Erleichterungen verschafften. *Konsumgenossenschaften* – in England schon seit 1828, auf dem Kontinent erst nach der Jahrhundertmitte – schalteten den Zwischenhandel aus und ermöglichten so ihren Mitgliedern den verbilligten Einkauf lebensnotwendiger Waren. Durch die Gründung von Arbeiterbildungsvereinen suchten die Proletarier Fachwissen und Bildung zu erwerben, die für den Aufstieg in der Industriegesellschaft nötig waren. Schließlich übernahmen Arbeiterparteien die politische Vertretung der Arbeiterschaft.

Die Fabrikanten

Neben dem Proletariat entstand mit der Industrialisierung die neue Schicht der *Unternehmer.* Schon im 18. Jahrhundert hatte es kaufmännische Unternehmer gegeben, die Rohstoffe lieferten, und dann die Werkstücke der *Heimarbeiter* zu meist festen Stücklöhnen regelmäßig abnahmen und weiterverkauften (Verlagssystem). Manche Unternehmer aus dem Handwerkerstand richteten frühzeitig Arbeitsräume ein, in denen unter Aufsicht der *Fabrikanten* gearbeitet wurde *(Manufakturen).* Mit der Verbreitung der Maschinen wurde die Fabrikarbeit immer ausschließlicher zur Form der industriellen Produktion. Bald konnten infolge der fortschreitenden Verwendung von Maschinen nur noch kapitalkräftige Kaufleute Fabriken gründen und betreiben.

In den dreißiger und vierziger Jahren bekamen die Baumwollindustriellen in Manchester den starken Druck ausländischer Konkurrenz zu spüren. Um die Arbeiterlöhne möglichst niedrig halten zu können, forderten die Unternehmer die Abschaffung der Schutzzölle für Lebensmittel. Die Anhänger des „Freihandels" forderten den Verzicht des Staates auf wirtschaftspolitische Eingriffe und erreichten 1846 die Aufhebung der Getreidezölle. Damit war den Proletariern geholfen, mehr aber noch den Unternehmern, die jetzt ihre Löhne herabsetzen konnten. Zugleich lehnten die Unternehmer jede direkte Intervention des Staates zugunsten der Arbeiter ab. Wohl aber überwachten in England staatliche Kontrolleure die Arbeitsbedingungen. Sonst galt das freie Spiel der Kräfte nicht nur auf dem Güter-, sondern auch auf dem Arbeitsmarkt. Dies war der Grundsatz jener Unternehmer, die sich zum sogenannten *Manchestertum* bekannten. Die Arbeiter mußten in diesem freien Kräftespiel den kapitalstarken Unternehmern unterliegen. Gewinn und wirtschaftliche Macht erhoben die Fabrikanten zu Großbürgern und damit zur maßgebenden Schicht der Gesellschaft.

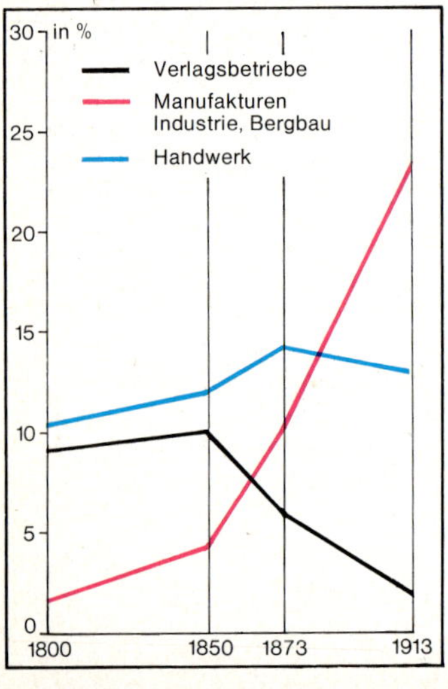

Änderungen der Beschäftigtenzahl in Verlagsbetrieben, Industrie, Bergbau (Friedrich-Wilhelm Henning, Die Industrialisierung in Deutschland 1800–1914, Paderborn 1973, S. 130)

VERLAGSSYSTEM			MANUFAKTUR-SYSTEM	FABRIK-SYSTEM
Selbständiger Handwerker mit festem Abnehmer	**Lohnarbeiter, aber selbständig**	**Unselbständiger Lohnarbeiter**	**Unselbständige Arbeitskraft**	**Unselbständige Arbeitskraft**
arbeitet zuhause mit eigenem Werkzeug und eigenem Rohstoff	arbeitet zuhause mit eigenem Werkzeug und fremdem Rohstoff	arbeitet zuhause mit fremdem Werkzeug und fremdem Rohstoff	arbeitet in der Manufaktur mit fremdem Werkzeug und fremdem Rohstoff	bedient in der Fabrik Maschinen
Lebens- und Arbeitsraum vereint			Lebens- und Arbeitsraum getrennt	
Der Verleger vertreibt die Ware	**Der Verleger** stellt Rohstoffe und vertreibt die Ware	**Der Verleger** stellt Rohstoffe, Werkzeuge und vertreibt die Ware	**Der Fabrikant** stellt auch den Arbeitsraum	**Der Fabrikant** stellt Arbeitsraum und Maschinen
Der Arbeitsprozeß kann noch vom einzelnen gestaltet werden	Der Arbeitsprozeß kann kaum noch vom einzelnen gestaltet werden	Der Arbeitsprozeß kann kaum noch vom einzelnen gestaltet werden	Der Arbeitsprozeß ist arbeitsteilig organisiert	Der Arbeitsprozeß ist arbeitsteilig organisiert

12. Schildere die Auswirkungen, die der Übergang vom Verlags- zum Manufaktur- und dann zum Fabriksystem für den Arbeiter und für den Arbeitsvorgang mit sich brachten.

13. Setze dich mit dem Manchestertum und seinem Verständnis des „freien Spiels der Kräfte“ auseinander. Vergleiche mit dem Merkantilismus.

14. Warum sammelte sich in der Mitte des 19. Jahrhunderts schnell Reichtum in der Hand weniger an? Warum kam es trotz häufiger offensichtlicher Ausbeutung der Proletarier kaum zu revolutionären Vorgängen?

Zum Wiederholen und Nachschlagen

Die arbeitsparende Produktion mit Maschinen, die Abwanderung vom Land in die Städte und die Bevölkerungsvermehrung bewirkten zusammen ein Überangebot von Arbeitskräften und dadurch so niedrige Löhne, daß die Mitarbeit von Frauen und Kindern zur Regel wurde. Die menschenunwürdigen Lebensbedingungen der Proletarier wurden zuerst in England durch Gesetze etwas verbessert. Um ihre Ziele zu erreichen, schlossen sich die Arbeiter in Gewerkschaften zusammen. Daneben verschafften sie sich in Konsumgenossenschaften und Arbeitervereinen eigene Organisationen. Gleichzeitig mit den Proletariern entstand in den Unternehmern eine neue Gesellschaftsschicht. Sie verfügte über die Produktionsmittel. Ein Teil der Fabrikanten hing dem Manchestertum an, einer wirtschaftsliberalen Richtung, die eine vom Staat unbeschränkte freie wirtschaftliche Tätigkeit der Unternehmer forderte (keine Schutzzölle, keine Arbeiterschutzgesetze).

1825 Koalitionsrecht für Arbeiter in England

Begriffe: Aussperrung, Chartismus, Fabrikant, Generalstreik, Gewerkschaft, Heimarbeiter, Koalitionsrecht, Konsumgenossenschaft, Manchestertum, Manufaktur, Produktionsmittel, Proletarier, Solidarität, Streik, Unternehmer (Kapitalist), vierter Stand

Versuche zur Lösung der sozialen Probleme

Ansätze zu sozialen Reformen

Der englische Textilfabrikant Robert Owen (1771–1858) war einer der ersten Unternehmer, die sich um das Wohl ihrer Arbeiter bemühten. Er baute ihnen Wohnungen und richtete in seinem Fabrikbezirk Läden ein, in denen seine Arbeiter als Mitglieder einer Konsumgenossenschaft billig einkaufen konnten. Ehe der Staat die Notwendigkeit solcher Maßnahmen erkannte, verwirklichte Owen in seinen Betrieben *Sozialreformen*. Kinder unter zehn Jahren durften nicht arbeiten, die Arbeitszeit wurde auf 10½ Stunden täglich beschränkt. Er ließ die Arbeiterkinder in Schulen unterrichten und sorgte für eine Kranken- und Altersversicherung. Diese Maßnahmen waren für die damalige Zeit etwas völlig Neues. Einige deutsche Fabrikanten folgten dem Beispiel Robert Owens, z. B. Krupp und später, um 1890, Ernst Abbe. Als Leiter der Zeiss-Werke in Jena gewährte er den Arbeitern neben vielen anderen Sozialleistungen eine Beteiligung am Reingewinn und eine Mitsprache in Fragen der Betriebsleitung.
Vereinzelt begannen sich in der ersten Hälfte des Jahrhunderts auch Christen der beiden großen Konfessionen ihrer Verantwortung für die soziale Not der Proletarier bewußt zu werden. Allen war gemeinsam, daß sie von der christlichen Nächstenliebe des einzelnen Hilfe für die Elenden erwarteten.
Am nachhaltigsten wirkten die Protestanten Johann Heinrich Wichern (1833 Rettungsanstalt für verwahrloste Kinder in Hamburg; 1848 *„Innere Mission"* zur Hilfe für Arme und Kranke), Friedrich von Bodelschwingh (1872 Pflegeanstalt Bethel bei Bielefeld) und die Katholiken Adolf Kolping (Gesellenheime) und von Ketteler, der als Bischof von Mainz frühzeitig die sozialen Probleme erkannte. Da die Kirchen im ganzen aber zu wenig die grundsätzliche Seite der Mißstände sahen, lösten sich viele Proletarier weitgehend von ihnen. Der Einfluß der christlichen Sozialhilfen blieb gering.

1863 1863 gründete Ferdinand Lassalle, ein Privatgelehrter, den *Allgemeinen Deutschen Arbeiterverein*. Damit war die erste politische *Arbeiterpartei* entstanden. Da Lassalle davon ausging, daß das freie Spiel der Kräfte in der Wirtschaft dem Arbeiter niemals zu höheren Löhnen verhelfen werde, wollte er den Proletariern durch eine eigene Partei politischen Einfluß auf den Gang der Dinge verschaffen. Das allgemeine Wahlrecht war der Weg, um den Arbeitern Anteil an der Staatsgewalt zu geben. Danach sollte der Staat ihnen helfen, indem er Produktionsgenossenschaften förderte und die Arbeiter am Gewinn der Fabriken beteiligte. Im Gespräch zwischen Lassalle und dem preußischen Ministerpräsidenten von Bismarck wurde das allgemeine Wahlrecht erörtert. Als Lassalle 1864 starb, gab es zunächst niemand, der seine Überzeugung weiterverfocht, daß die Arbeiter durch Teilnahme am bestehenden Staat diesen reformieren und so ihre Ziele durchsetzen sollten.

Karl Marx und Friedrich Engels

Von kaum zu überschätzender Bedeutung für den Lauf der sozialen und politischen Ereignisse bis zur Gegenwart wurde die Lehre von Karl Marx und Friedrich Engels.

1818 wurde Karl Marx als Sohn eines Rechtsanwalts in Trier geboren. Er studierte in Bonn und Berlin Jura und Philosophie und wurde Journalist. Seine Arbeit an der Kölner „Rheinischen Zeitung" litt unter der Zensur, so daß er 1843 nach Paris emigrierte. Nach kurzer journalistischer Tätigkeit in Paris wurde er auf Betreiben der preußischen Regierung 1845 ausgewiesen, ging nach Brüssel, war 1848 in Deutschland, und lebte dann bis zu seinem Tode 1883 in London, vor allem mit wissenschaftlichen Arbeiten beschäftigt. 1864 wirkte Marx bei der Gründung der Internationalen Arbeiterassoziation mit *(I. Internationale)*. Dieser erste Versuch, die Arbeiter über die nationalen Grenzen hinaus zu einer einheitlichen Bewegung zu vereinen, scheiterte jedoch 1876 an inneren Schwierigkeiten.
In Paris hatte Marx in Friedrich Engels einen Freund gefunden, dessen Lebensweg eng mit dem seinen verbunden blieb. Engels (1820–95) war der Sohn eines wohlhabenden Barmer Textilfabrikanten, der auch in England Fabriken besaß. Dort hatte Engels das Elend der Proletarier kennengelernt. 1845 veröffentlichte er seine Beobachtungen unter dem Titel „Die Lage der arbeitenden Klassen in England". Durch

▷ 74

Statut des Allgemeinen Deutschen Arbeitervereins F. Lassalles (1863)

1. Welche Bedeutung kommt hier dem allgemeinen Wahlrecht zu?

Statut

des

Allgemeinen Deutschen Arbeitervereins.

§. 1.

Unter dem Namen

„Allgemeiner Deutscher Arbeiterverein"

begründen die Unterzeichneten für die Deutschen Bundesstaaten einen Verein, welcher, von der Ueberzeugung ausgehend, daß nur durch das allgemeine gleiche und direkte Wahlrecht eine genügende Vertretung der sozialen Interessen des Deutschen Arbeiterstandes und eine wahrhafte Beseitigung der Klassengegensätze in der Gesellschaft herbeigeführt werden kann, den Zweck verfolgt,

auf friedlichem und legalem Wege, insbesondere durch das Gewinnen der öffentlichen Ueberzeugung, für die Herstellung des allgemeinen gleichen und direkten Wahlrechts zu wirken.

1863 legte Lassalle seine Gedanken in einem Schreiben nieder. Darin heißt es:

„Die freie individuelle Assoziation der Arbeiter, ermöglicht durch die stützende und fördernde Hand des Staates – das ist der einzige Weg aus der Wüste, der dem Arbeiterstand gegeben ist. Wie aber den Staat zu dieser Intervention vermögen? ... Dies wird nur durch das allgemeine und direkte Wahlrecht möglich sein. Wenn die gesetzgebenden Körper Deutschlands aus dem allgemeinen und direkten Wahlrecht hervorgehen – dann und nur dann werden Sie den Staat bestimmen können, sich dieser seiner Pflicht zu unterziehen."

(Ferdinand Lassalle, Gesammelte Reden und Schriften, Bd. 3, hrsg. v. Eduard Bernstein. Berlin 1919, S. 88)

2. Hatte die erste deutsche Arbeiterpartei revolutionäre oder reformistische Ziele? Begründe die Antwort exakt.

Robert Owen schrieb 1818, viele Unternehmer hätten „in dem Streben, ihre Vordermänner (Konkurrenten) zu beseitigen, die Ausbeutung der Arbeitskraft der unteren Stände, mit deren Arbeit der Reichtum erzeugt wird, bis zu wirklicher Unterdrückung gesteigert. Sie haben diese Armen nach und nach, je mehr sich der Geist des Wettbewerbs verstärkte, die Leichtigkeit des Gelderwerbs hingegen sich verminderte, in einem Grade verelendet, von dem sich niemand eine Vorstellung machen kann, der diese allmählich vor sich gehenden Wandlungen nicht beobachtet hat.

(Karl Jantke, Der vierte Stand. Freiburg 1955, S. 22)

3. Aus welchen Motiven hilft Owen den Arbeitern?

Eine wichtige philosophische Grundlage seiner Gedanken ist in der Schrift „Die deutsche Ideologie" (1845/6) von Karl Marx zu erkennen:

„Ganz im Gegensatz zur deutschen Philosophie, welche vom Himmel auf die Erde herabsteigt, wird hier von der Erde zum Himmel gestiegen. D. h. es wird nicht ausgegangen von dem, was die Menschen sagen, sich einbilden, sich vorstellen ...; es wird von den wirklich tätigen Menschen ausgegangen und aus ihrem wirklichen Lebensprozeß auch die Entwicklung der ideologischen Reflexe und Echos dieses Lebensprozesses dargestellt. Auch die Nebelbildungen im Gehirn der Menschen sind notwendige Supplemente ihres materiellen, empirisch konstatierbaren und an materielle Voraussetzungen geknüpften Lebensprozesses. Die Moral, Religion, Metaphysik und sonstige Ideologie und ihnen entsprechende Bewußtseinsformen behalten hiermit nicht länger den Schein der Selbständigkeit. Sie haben keine Geschichte, sie haben keine Entwicklung, sondern die ihre materielle Produktion und ihren materiellen Verkehr entwickelnden Menschen ändern mit dieser ihrer Wirklichkeit auch ihr Dasein und die Produkte ihres Denkens. Nicht das Bewußtsein bestimmt das Leben, sondern das Leben bestimmt das Bewußtsein."

(Karl Marx, Die Frühschriften, hrsg. v. Siegfried Landshut. Stuttgart 1953, S. 349)

4. Erkläre mit Hilfe eines Wörterbuches die Fremdwörter des Textes. Zeige, was an diesen Gedanken „materialistisch" ist und welche Rolle die Geschichte in ihnen spielt.
Der letzte Satz des Textes ist sehr bekannt geworden – was bedeutet er?

Karl Marx (Fotografie)

seine publizistische Tätigkeit war er einer der bekanntesten politisch revolutionär gesonnenen Männer in Westeuropa geworden. Von 1850–69 war er in leitender Stellung in der Firma seines Vaters in Manchester tätig. Nach seinem Ausscheiden aus dem Unternehmen war er wohlhabend genug, um Marx finanziell unterstützen zu können.
An den Schriften von Karl Marx hat Engels mitgearbeitet, sei es, daß sie eine Schrift wie das *„Kommunistische Manifest"* (1848) zusammen verfaßten oder viele Fragen gemeinsam erörterten, ehe sie ihren schriftlichen Niederschlag fanden. Der zweite und dritte Teil von Marx' umfangreichem Hauptwerk „Das Kapital" wurde von Friedrich Engels nach dem Tod des Verfassers aus dessen nachgelassenen Manuskripten herausgegeben.

Aus dem Studium der Geschichte und der Betrachtung der wirtschaftlichen und sozialen Gegebenheiten seiner Zeit entwickelte Marx eine Lehre, die Grundlage für soziale und politische Umwälzungen größten Ausmaßes wurde. Immer wieder betonte er den wissenschaftlich-exakten Charakter seiner Theorie, des *historischen Materialismus* (Marxismus). Zwar hat die geschichtliche Entwicklung seit Marx gezeigt, daß seine Lehre nicht in allen Zügen Anspruch auf wissenschaftliche Gültigkeit erheben kann; aber dadurch wird die Bedeutung dieser Lehre nicht geschmälert. Er durchschaute erstmals die Ausweglosigkeit und Widersprüchlichkeit des Wirtschaftssystems unter den Bedingungen seiner Zeit. Er gab Hinweise auf Lösungsmöglichkeiten der sozialen Frage, von denen viele heute verwirklicht sind. Für Marx war es eine Forderung der Menschlichkeit, den Arbeitsprozeß und die Gesellschaft so zu verändern, daß der Arbeiter aus der wirtschaftlichen Abhängigkeit gelöst wird und zu einer freien, menschenwürdigen Lebensform gelangen kann.

Die Lehre von Karl Marx: Klassenkampf

Marx ist stark durch die Philosophie Georg Friedrich Hegels (1770–1831) beeinflußt worden. Er übernahm von ihm den Gedanken, daß die Geschichte *dialektisch* vorwärts schreite, d. h. daß aus dem Kampf von Gegensätzen (These und Antithese) das Neue (Synthese) entsteht, das die Gegensätze beseitigt und damit die Menschheit auf eine höhere Stufe hebt. Aber Marx blieb nicht bei der philosophischen Erkenntnis stehen. Er glaubte, das Gesetz gefunden zu haben, nach dem man handeln müsse. Die ganze bisherige Geschichte sei bestimmt vom Gegensatz gesellschaftlicher *Klassen*, wobei jeweils die Klasse herrschte, die die besseren Produktionsmittel besaß und daher die andere, wirtschaftlich schwächere Klasse ausbeutete.
Auf diesen materiellen wirtschaftlichen Grundlagen *(„Unterbau")* entwickele die herrschende Klasse Sitten und Rechtsvorstellungen *(„Überbau")*, die für sie nutzbringend seien *(Ideologie.*
Bourgeoisie (Bürgertum) und Proletariat seien die Klassen in den Industriestaaten. Solange die Bourgeoisie herrsche, werde das Proletariat unterdrückt. Es entspreche aber dem Gesetz der Geschichte, daß schließlich das Proletariat das Bürgertum beseitige, um dann als siegende Klasse die sozialen Gegensätze aufzuheben und damit den *Klassenkampf* in der Menschheit zu beenden.

▷ 76

5. Beschreibe die Vorgänge auf dem Bild unten möglichst genau.

Marx schreibt, daß die kapitalistische Produktionsweise bewirke „daß die Arbeit dem Arbeiter äußerlich ist, d. h. nicht zu seinem Wesen gehört, daß er sich daher in seiner Arbeit nicht bejaht, sondern verneint, nicht wohl, sondern unglücklich fühlt ... Der Arbeiter fühlt sich daher erst außer der Arbeit bei sich und in der Arbeit außer sich".

(Karl Marx / Friedrich Engels, Werke, Berlin 1956–68, Bd. 1, Ergänzungs-Bd. 1. S. 514)

6. Du hast Menschen bei der Arbeit gesehen: Wann fühlen sie sich dabei wohl, wann unwohl? Denke an dich selbst! Versuche jetzt noch einmal, die nicht einfache Äußerung von Marx zu verstehen und zu erläutern.

„Zur Verwandlung von Geld in Kapital muß der Geldbesitzer den freien Arbeiter auf dem Warenmarkt vorfinden, frei in dem Doppelsinn, daß er als freie Person über seine Arbeitskraft als seine Ware verfügt, daß er andrerseits andre Waren nicht zu verkaufen hat."

(Karl Marx, Das Kapital, Berlin 1955, Bd. 1, S. 176)

7. Wiederhole: Wieso gab es viele freie Arbeitskräfte?

Engels erläutert die Entstehung des Mehrwerts: „Der Kapitalist stellt seinen Arbeiter nun an die Arbeit. In einer bestimmten Zeit wird der Arbeiter soviel Geld geliefert haben, als in seinem Wochenlohn repräsentiert war. Gesetzt, der Wochenlohn eines Arbeiters repräsentiere drei Arbeitstage, so hat der Arbeiter, der montags anfängt, am Mittwochabend dem Kapitalisten den vollen Wert des gezahlten Lohnes ersetzt. Hört er dann aber auf zu arbeiten? Keineswegs. Der Kapitalist hat seine Wochenarbeit gekauft, und der Arbeiter muß die letzten drei Wochentage auch noch arbeiten. Diese Mehrarbeit des Arbeiters, über die zur Ersetzung seines Lohnes nötige Zeit hinaus, ist die Quelle des Mehrwerts."

(Karl Marx / Friedrich Engels, Ausgewählte Schriften in zwei Bänden. Berlin 1959, S. 437)

8. Überlege, wozu der Mehrwert verwendet wird.

Über den Zusammenhang von Akkumulation des Kapitals und Verelendung der Proletarier schreibt Marx: „Die Akkumulation von Reichtum auf dem einen Pol ist also zugleich Akkumulation von Elend, Arbeitsqual, Sklaverei, Unwissenheit, Brutalisierung und moralischer Degradation auf dem Gegenpol."

(Karl Marx / Friedrich Engels, Werke, Berlin 1956–68, Bd. 23, S. 675)

Der Streik (Gemälde von R. Köhler, etwa 1866)

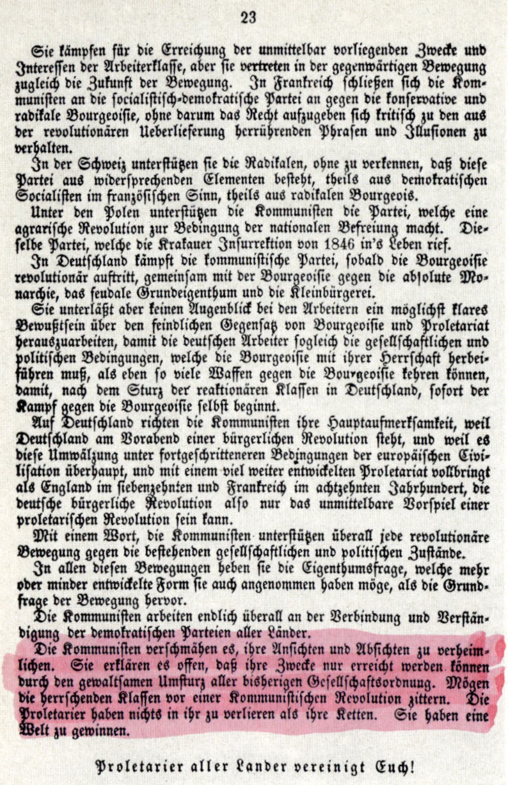
23

Sie kämpfen für die Erreichung der unmittelbar vorliegenden Zwecke und Interessen der Arbeiterklasse, aber sie vertreten in der gegenwärtigen Bewegung zugleich die Zukunft der Bewegung. In Frankreich schließen sich die Kommunisten an die socialistisch-demokratische Partei an gegen die konservative und radikale Bourgeoisie, ohne darum das Recht aufzugeben sich kritisch zu den aus der revolutionären Ueberlieferung herrührenden Phrasen und Illusionen zu verhalten.

In der Schweiz unterstützen sie die Radikalen, ohne zu verkennen, daß diese Partei aus widersprechenden Elementen besteht, theils aus demokratischen Socialisten im französischen Sinn, theils aus radikalen Bourgeois.

Unter den Polen unterstützen die Kommunisten die Partei, welche eine agrarische Revolution zur Bedingung der nationalen Befreiung macht. Dieselbe Partei, welche die Krakauer Insurrektion von 1846 in's Leben rief.

In Deutschland kämpft die kommunistische Partei, sobald die Bourgeoisie revolutionär auftritt, gemeinsam mit der Bourgeoisie gegen die absolute Monarchie, das feudale Grundeigenthum und die Kleinbürgerei.

Sie unterläßt aber keinen Augenblick bei den Arbeitern ein möglichst klares Bewußtsein über den feindlichen Gegensatz von Bourgeoisie und Proletariat herauszuarbeiten, damit die deutschen Arbeiter sogleich die gesellschaftlichen und politischen Bedingungen, welche die Bourgeoisie mit ihrer Herrschaft herbeiführen muß, als eben so viele Waffen gegen die Bourgeoisie kehren können, damit, nach dem Sturz der reaktionären Klassen in Deutschland, sofort der Kampf gegen die Bourgeoisie selbst beginnt.

Auf Deutschland richten die Kommunisten ihre Hauptaufmerksamkeit, weil Deutschland am Vorabend einer bürgerlichen Revolution steht, und weil es diese Umwälzung unter fortgeschritteneren Bedingungen der europäischen Civilisation überhaupt, und mit einem viel weiter entwickelten Proletariat vollbringt als England im siebenzehnten und Frankreich im achtzehnten Jahrhundert, die deutsche bürgerliche Revolution also nur das unmittelbare Vorspiel einer proletarischen Revolution sein kann.

Mit einem Wort, die Kommunisten unterstützen überall jede revolutionäre Bewegung gegen die bestehenden gesellschaftlichen und politischen Zustände.

In allen diesen Bewegungen heben sie die Eigenthumsfrage, welche mehr oder minder entwickelte Form sie auch angenommen haben möge, als die Grundfrage der Bewegung hervor.

Die Kommunisten arbeiten endlich überall an der Verbindung und Verständigung der demokratischen Parteien aller Länder.

Die Kommunisten verschmähen es, ihre Ansichten und Absichten zu verheimlichen. Sie erklären es offen, daß ihre Zwecke nur erreicht werden können durch den gewaltsamen Umsturz aller bisherigen Gesellschaftsordnung. Mögen die herrschenden Klassen vor einer Kommunistischen Revolution zittern. Die Proletarier haben nichts in ihr zu verlieren als ihre Ketten. Sie haben eine Welt zu gewinnen.

Proletarier aller Lander vereinigt Euch!

Das Kommunistische Manifest, letzte Seite. (Erschienen im Februar 1848 in deutscher Sprache in London)

Entfremdung

Die Untersuchung der Gesellschaft seiner Zeit ergab für Marx folgendes Bild: Für den Menschen ist die Arbeit wesenbestimmend. Da aber der besitzlose Industriearbeiter seine *Arbeitskraft als „Ware“* gegen Lohn dem Unternehmer verkauft und im allgemeinen nur kleine Teile eines Gesamtproduktes herstellt (z. B. einer Maschine), muß ihm das fertige Produkt dieser Arbeit „fremd“ erscheinen. Mit diesem fertigen Produkt des Arbeiters, das ihm im Gegensatz zum Handwerker nicht gehört, erzielt der Unternehmer seine Gewinne. Die Arbeit, ursprünglich bestimmender Bestandteil des menschlichen Wesens, ist zu einem verkäuflichen Mittel geworden, um das Leben fristen zu können.

Mehrwert und Akkumulation des Kapitals

Der Kapitalist besitzt die Produktionsmittel, zu deren Betrieb er Arbeiter benötigt. Sie verkaufen ihm ihre Arbeitskraft gegen Lohn. Diesen Preis, den der Unternehmer für die Arbeitskraft zahlt, erarbeitet der Arbeiter in kürzerer Zeit, als er für den Fabrikanten tätig sein muß. Der Wert der geleisteten Arbeit übersteigt den Lohn. Dieser *„Mehrwert“* fließt dem Unternehmer zu und stellt seinen *„Profit“* dar. Der Mehrwert wird vom Unternehmer in *Kapital* verwandelt. Diesen Vorgang, der die Wirtschaftsweise des *Kapitalismus* bestimmt, nennt Marx *„Akkumulation des Kapitals“*: das Kapitel wächst. Damit kann der Kapitalist seinen Betrieb verbessern, d. h. er strebt durch Ausbau der maschinellen Produktion eine Erhöhung des Mehrwerts an. Auf diese Weise wird der technische Fortschritt gefördert, gleichzeitig aber verlieren kleinere Unternehmer immer schneller ihre Konkurrenzfähigkeit. Schließlich erfolgt als Ergebnis eines erbarmungslosen Konkurrenzkampfes die „Verwandlung vieler kleinerer in wenige größere Kapitale“ (Großbetriebe).

Verelendung des Proletariats

Infolge der Verbesserung der maschinellen Produktionsmittel gelingt es dem Unternehmer, immer mehr Massengüter zu produzieren. Bei deren serienmäßiger Herstellung löst sich die Arbeitsleistung des Arbeiters in einfache Handgriffe auf, die auch von ungelernten Arbeitern, Frauen und Kindern verrichtet werden können. Immer mehr Waren werden von immer weniger Arbeitern produziert. Dadurch sinkt der Lohn, und es kommt zu Arbeitslosigkeit. Die Verelendung des Proletariats ist unvermeidlich. Da gleichzeitig der Mehrwert steigt, wird der Abstand zwischen reich und arm immer größer. Diese Verelendung ist mit dem Wachsen des Kapitals unlösbar verknüpft *(„Verelendungstheorie“)*.

Wirtschaftskrisen

Billige Arbeitskräfte, Maschinisierung und Konkurrenzkampf müssen zur Überproduktion führen, d. h., das Warenangebot übersteigt die Nachfrage. Diese Krisen können nur durch neue Absatzmärkte und neue Produkte überwunden werden. Da sie immer wiederkehren, spricht Marx von *Krisenzyklen*. Sie stürzen die kapitalistische Wirtschaft in ein Chaos, wenn es nicht gelingt, die Märkte zu vergrößern.

Diktatur des Proletariats

Sobald das Kapital sich in der Hand weniger Kapitalisten angesammelt hat und die Zahl der Proletarier stark angewachsen ist, werden sich diese ihrer Macht bewußt. Dann schlägt „die Stunde des kapitalistischen Eigentums“. Die Revolution geht der *„Diktatur des Proletariats“* voraus. Diese leitet zu der kommunistischen Gesellschaft über, in der es keine Klassen mehr gibt, also auch keine Klassenkämpfe. Die Produktionsmittel werden dann in der Hand der Arbeiter sein, wodurch sie die Verfügung über ihr Arbeitsprodukt erhalten. Die Entfremdung ist damit aufgehoben. Nach Marx ist der *Kommunismus* „das aufgelöste Rätsel der Geschichte“.

Was Marx unter Klasse versteht, zeigt ein Satz aus seiner Schrift „Der 18. Brumaire des Louis Bonaparte“ (1852):

„Insofern Millionen von Familien unter ökonomischen Existenzbedingungen leben, die ihre Lebensweise, ihre Interessen und ihre Bildung von denen der anderen Klasse trennen und ihnen feindlich gegenüberstellen, bilden sie eine Klasse.“

(Karl Marx / Friedrich Engels, Werke, Bd. 8. Berlin 1956–68, S. 198)

9. Versuche diese Definition mit eigenen Worten zu erläutern. Achte auf den Unterschied zu „Stand“.

Im „Kommunistischen Manifest“ (1848) heißt es über die Geschichte:

„Die Geschichte aller bisherigen Gesellschaft ist die Geschichte von Klassenkämpfen. Freier und Sklave, Patrizier und Plebejer, Baron und Leibeigener, Zunftbürger und Gesell, kurz, Unterdrücker und Unterdrückte standen in stetem Gegensatz zueinander, führten einen ununterbrochenen, bald versteckten, bald offenen Kampf, einen Kampf, der jedesmal mit einer revolutionären Umgestaltung der ganzen Gesellschaft endete oder mit dem gemeinsamen Untergang der kämpfenden Klassen.“

(Karl Marx, Die Frühschriften, a. a. O., S. 525 f.)

10. Wie passen die Begriffe „Bourgeoisie“ und „Proletariat“ in diesen Gedankengang?

Aus dem „Kommunistischen Manifest“ von 1848:

„Das Proletariat wird seine politische Herrschaft dazu benutzen, der Bourgeoisie nach und nach alles Kapital zu entreißen, alle Produktionsinstrumente in den Händen des Staats, d. h. des als herrschende Klasse organisierten Proletariats, zu zentralisieren und die Masse der Produktionskräfte möglichst rasch zu vermehren.“

(Karl Marx, Die Frühschriften, a. a. O., S. 547, 560)

11. Warum soll es nach Marx’ Lehre nach dem Sieg des Kommunismus keine Klassen mehr geben?

12. Vergleiche den auf S. 73 abgedruckten Anfang des „Status des Allgemeinen Deutschen Arbeitervereins“ mit dem Text der letzten Seite des „Kommunistischen Manifests“ (S. 76). Stelle deutlich die Unterschiede dar.

13. Taktik und Zielsetzung der Kommunisten werden auf der S. 76 abgedruckten Seite des „Kommunistischen Manifests“ dargelegt: Suche die entsprechenden Formulierungen heraus.

Zum Wiederholen und Nachschlagen

Angesichts der Not der Arbeiter kam es zu Versuchen, das Elend zu lindern oder zu beseitigen. Der englische Fabrikant Robert Owen sorgte dafür, daß die Arbeiter seiner Fabriken ein menschenwürdiges Leben führen konnten. In Deutschland regte sich bei einzelnen Gläubigen beider Konfessionen das christliche Verantwortungsgefühl. Ferdinand Lassalle gründete im Allgemeinen Deutschen Arbeiterverein für die deutschen Arbeiter eine politische Partei, die den Arbeitern das allgemeine, gleiche Wahlrecht erringen wollte.
Zusammen mit Friedrich Engels stellte Karl Marx seine Lehre auf: Die bisherige Geschichte wurde von Klassenkämpfen bestimmt, der letzte Kampf ist der zwischen Bourgeoisie und Proletariat. Der Sieg des Proletariats wird eine klassenlose Gesellschaft schaffen. In der kapitalistischen Industriegesellschaft verkauft der Arbeiter seine Arbeitskraft als Ware an den Unternehmer. Er produziert mehr, als sein Lohn ausmacht. Diesen Mehrwert behält der Unternehmer als seinen Profit, er vergrößert sein Kapital, womit die Akkumulation des Kapitals beginnt. Mit ihr ist die Verelendung des Proletariats notwendig verbunden. Die kapitalistische Industrie stürzt durch Überproduktion regelmäßig in Krisen, die schließlich in einem Chaos enden müssen. Der Zusammenschluß der Proletarier ist die Vorbereitung zur Revolution, die die Diktatur des Proletariats schaffen wird. Dann werden alle Produktionsmittel in der Hand der Arbeiter sein, wodurch die Entfremdung aufgehoben wird. Die Kommunistische Gesellschaft ist „das aufgelöste Rätsel der Geschichte“.

1848 „Manifest der Kommunistischen Partei“ von Karl Marx und Friedrich Engels
1863 Ferdinand Lassalle gründet den Allgemeinen Deutschen Arbeiterverein

Begriffe: Akkumulation des Kapitals, Allgemeiner Deutscher Arbeiterverein, Arbeiterpartei, Arbeitskraft als Ware, Bourgeoisie, Dialektik, Diktatur des Proletariats, Entfremdung, historischer Materialismus, Ideologie, Innere Mission, Internationale, Kapital, Kapitalismus, Klasse, Klassenkampf, Kommunismus, Krisenzyklus, Marxismus, Mehrwert, Partei, Profit, Sozialreform, Überbau, Unterbau, Verelendungstheorie

Die Revolution von

Die Nationalversammlung in der Frankfurter Paulskirche. (Kolorierte Lithographie, Historisches Museum, Frankfurt a. M.)

Reichs-Gesetz-Blatt.

8tes Stück. Ausgegeben Frankfurt a. M., den 28. December. 1848.

Inhalt:
Gesetz, betreffend die Grundrechte des deutschen Volks.

Gesetz,
betreffend die Grundrechte des deutschen Volks.

Der Reichsverweser, in Ausführung des Beschlusses der Reichsversammlung vom 21. December 1848, verkündet als Gesetz:

I. Grundrechte des deutschen Volks.

Dem deutschen Volke sollen die nachstehenden Grundrechte gewährleistet sein. Sie sollen den Verfassungen der deutschen Einzelstaaten zur Norm dienen, und keine Verfassung oder Gesetzgebung eines deutschen Einzelstaates soll dieselben je aufheben oder beschränken können.

Verkündigung der Grundrechte des Deutschen Volkes im Reichsgesetzblatt

1. Erläutere die Bedeutung des abgedruckten Textes.

1848 und ihr Scheitern

Der Sieg der Reaktion im Königreich beider Sizilien (Karikatur von Honoré Daumier, 1851).

2. Welchen Eindruck ruft diese Karikatur hervor?

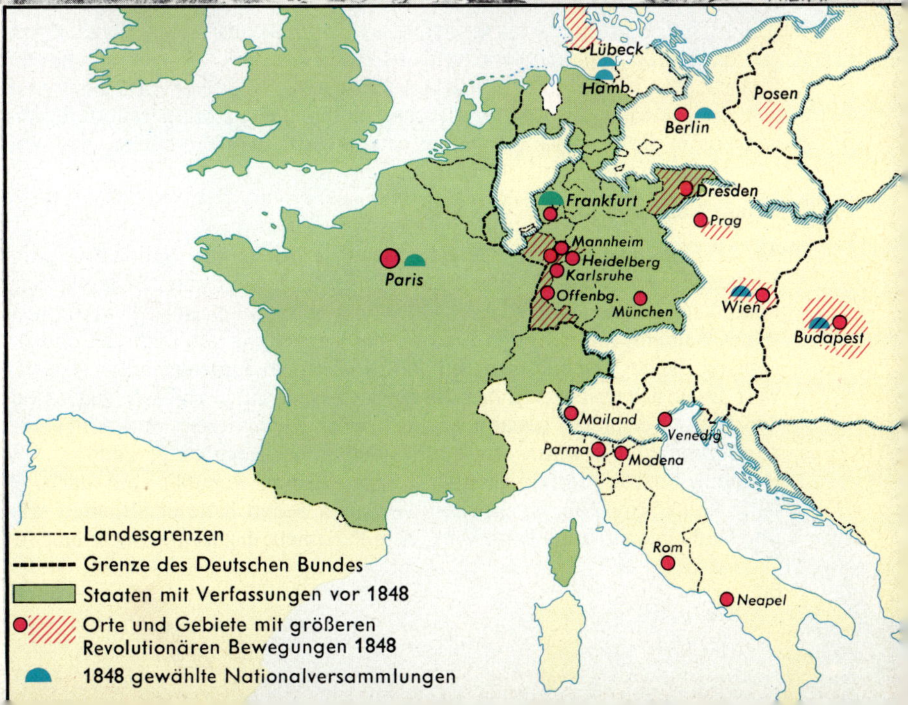

Die Revolutionen in Europa 1848

3. Welche Verfassungen aus der Zeit vor 1848 kennst du? Nenne einige Züge ihres Inhaltes.

Die Revolution in Frankreich

Die Jahre vor 1848

In der Regierungszeit des Bürgerkönigs Louis-Philippe begann Frankreich mit dem Erwerb eines neuen Kolonialreiches (1840–47 Algerien erobert). Folgenschwerer war, daß es nicht gelang, die innenpolitischen und sozialen Spannungen auszugleichen. Napoleon wurde für immer mehr Menschen zum Leitbild. Man sah in ihm den Erben der großen Revolution, den die Reaktion niedergedrückt hatte. Um diese Kreise zu beruhigen, ließ Louis-Philippe 1840 die Gebeine des Kaisers von St. Helena nach Paris überführen und feierlich beisetzen.
Die Fabrikarbeiter waren mit dem Staat, der die Großbürger bevorrechtigt behandelte, nicht zufrieden. Wie vielerorts in Westeuropa traten zum Gegensatz zwischen konservativen und liberalen Strömungen neue sozialistische Bewegungen hinzu, deren Lehren Verbreitung fanden. Der *Sozialismus* versprach wirtschaftliche Gleichheit für alle Glieder der Gesellschaft. Der Kommunismus gewann seit 1840 Anhänger unter den Arbeitern. Während die politische Macht in der Hand der reichen Großbürger war, verkündete 1841 der Sozialist Proudhon: „Eigentum ist Diebstahl!" Und ein anderer, Louis Blanc, forderte die Überführung der Fabriken in Staatsbesitz.

Februarrevolution und Juniaufstand

Seit Jahren hatte sich die wachsende Unzufriedenheit der Kleinbürger und Arbeiter, des „vierten Standes", am Zensuswahlrecht entzündet. Dem Verbot einer Demonstration für eine
1848 Wahlrechtsreform folgte im Februar 1848 ein Aufstand der Pariser Bevölkerung. Der König floh nach England, Frankreich wurde wieder Republik (Zweite Republik), an deren Spitze eine von den Aufständischen berufene provisorische Regierung stand. An ihr waren zum erstenmal Sozialisten beteiligt.
Das liberale Bürgertum war mit der Errichtung der Republik zufrieden, die sozialistischen Arbeiter aber wollten die Verwirklichung ihrer sozialistischen Forderungen. Zwar errichtete die provisorische Regierung auf Vorschlag Louis Blancs „*Nationalwerkstätten*", in denen Arbeitslose vom Staat beschäftigt wurden, aber die Bürger sahen darin nur eine überflüssige Belastung der Steuerzahler. Im April 1848 fanden nach der Verkündigung des allgemeinen und gleichen Wahlrechts Wahlen zur verfassunggebenden Nationalversammlung statt. Das Bürgertum gewann eine starke Mehrheit – unter 900 Abgeordneten waren nur 100 Sozialisten. Die Nationalversammlung schloß die unproduktiven Nationalwerkstätten und suchte die sozialistischen Forderungen zu unterdrücken. Das nahmen die Sozialisten nicht hin. Vom 23.–29. Juni erschütterte ein großer Arbeiteraufstand Paris. Die Nationalversammlung setzte 100 000 Soldaten und Artillerie zur Niederschlagung ein. Dieser erste Aufstand der Proletarier forderte etwa 10 000 Tote. Aus Angst vor der „roten Gefahr" ließ die Nationalversammlung alle Sozialisten verfolgen. Im Februar hatten liberale Bürger und sozialistische Arbeiter gemeinsam die Republik geschaffen; jetzt tat sich zwischen beiden eine tiefe Kluft auf.

Kaiser Napoleon III.

Als in Frankreich wieder Ruhe herrschte, arbeitete die Nationalversammlung die neue Verfassung der Republik aus. Das Volk sollte den Präsidenten direkt wählen. Unter den Kandidaten befand sich Louis-Napoléon, ein Neffe des Kaisers. Er vertraute auf die Wirkung seines Namens, mit dem sich für viele die Vorstellung von Ordnung und straffer Regierung verband. Beides erschien dem Bürgertum seit dem Juniaufstand in erster Linie erstrebenswert. Da er sich gleichzeitig auch für soziale Fragen aufgeschlossen zeigte und die Beseitigung der Armut versprach, gewann er auch unter Kleinbürgern und Arbeitern Anhänger. Am 10. Dezember 1848 wurde er zum Präsidenten der Republik gewählt.
Ordnung, soziale Gerechtigkeit, nationalen Ruhm, Republik und starke Regierung: Alles hatte Louis-Napoléon versprochen, von allen Seiten hatte er Stimmen erhalten. Er suchte und fand Unterstützung beim Volk; zum Parlament dagegen geriet er bald in Gegensatz. Am

Aus dem Aufruf des Präsidenten Louis-Napoléon vom 2. 12. 1851

„Franzosen! Die gegenwärtige Lage kann nicht länger dauern ... Wenn ihr diesen unglücklichen Zustand, der uns entwürdigt und unsere Zukunft gefährdet, fortdauern lassen wollt, so wählet einen andern an meiner Statt; ... Wenn ihr aber Vertrauen in mich habt, so gebt mir die Mittel, die große Sendung zu vollbringen, die ihr mir übertragen habt. Diese Sendung besteht darin, die Epoche der Revolution durch Befriedigung der gerechten Bedürfnisse des Volkes und durch Beschützung derselben gegen die Umsturzleidenschaften zu beschließen. Sie besteht besonders darin, Einrichtungen zu schaffen, welche die Menschen überdauern und endlich Grundlagen bilden, auf die man Haltbares bauen kann ... Wenn ihr aber eine kraftlose, monarchische oder republikanische Regierung vorzieht, die irgendwelcher Vergangenheit oder chimärischer Zukunft entnommen ist, so antwortet negativ."

(Oskar Jäger / Franz Moldenhauer (Hrsg.), Auswahl wichtiger Aktenstücke zur Geschichte des neunzehnten Jahrhunderts. Berlin 1893, S. 272 f.)

1. Untersuche, wie Louis-Napoléon argumentiert, und beurteile den Aufruf als politische Propaganda im Zusammenhang mit einem Plebiszit.
2. Unterscheide zwischen den politischen Zielvorstellungen von Konservativen, Liberalen, Sozialisten und Kommunisten.
3. Welche Kräfte trugen die Februarrevolution in Paris, welche den Juniaufstand?
4. Welchen Umständen verdankt Louis Napoléon seinen Aufstieg? Beurteile die Mittel, mit denen er sich an der Macht hielt.
5. Napoleon III. stützte sich auf Plebiszite und regierte doch diktatorisch. Erkläre diesen scheinbaren Widerspruch.

---

2. Dezember 1851, dem Jahrestag der Kaiserkrönung Napoleons I., löste er das Parlament auf, ließ die führenden Politiker verhaften und wandte sich in einem Aufruf an das Volk. Der gut vorbereitete *Staatsstreich* hatte Erfolg. Tausende wurden verhaftet, Zehntausende deportiert, 66 Abgeordnete ausgewiesen. Drei Wochen später billigte ein *Plebiszit* den Staatsstreich des Präsidenten und gab ihm das Recht, eine Verfassung zu erlassen, nach der er für zehn Jahre Staatsoberhaupt bleiben konnte und die Minister ausschließlich von ihm abhängig waren. Von 8,1 Millionen Wählern hatten sich nur 600 000 gegen diese Wendung ausgesprochen. Genau ein Jahr nach seinem Staatsstreich wandte sich der Präsident erneut an das Volk. Diesmal ließ er sich durch ein Plebiszit das Recht zur Errichtung des Kaiserreiches bestätigen. Napoleon III. nannte sich „Kaiser der Franzosen durch die Gnade Gottes und den Willen des Volkes". Die Grundlage seiner Macht blieb auch in Zukunft das Plebiszit. Da das Parlament, dessen Kandidaten von der Regierung ernannt wurden, machtlos war, die Presse behindert wurde, politische Gegner mundtot gemacht waren und Bürger und Bauern – etwa 2/3 der Bevölkerung – die „rote Gefahr" durch Napoleon III. gebannt glaubten, hatte er wenig zu fürchten. Wie sein Vorbild Napoleon I. hatte auch der neue Kaiser die Republik in einer *plebiszitären Diktatur* erstickt. **1851**

Zum Wiederholen und Nachschlagen

Das Bürgerkönigtum in Frankreich konnte die durch das Heraufkommen des „vierten" Standes aufgetretenen innenpolitischen Spannungen nicht ausgleichen. Sie entluden sich in der Februarrevolution 1848. Zur Regierung der Zweiten Republik gehörten zum erstenmal auch Sozialisten. Aber bald setzten sich die Bürger durch. Die Ablehnung aller sozialistischen Forderungen löste im Juni den ersten Arbeiteraufstand in Paris aus, der blutig niedergeschlagen wurde. Das Bürgertum sehnte sich nach Ruhe und Ordnung. Im Dezember wurde Louis-Napoléon, ein Neffe des Kaisers, zum Präsidenten der Republik gewählt. Ein Staatsstreich im Dezember 1851 brachte ihm die ganze Macht. Ein Plebiszit billigte dieses Vorgehen mit gewaltiger Mehrheit. Ein Jahr später erhob ein Plebiszit den Präsidenten zum Kaiser.

1848 Februar: Revolution in Paris
Juni: Pariser Arbeiteraufstand
Dezember: Louis-Napoléon Präsident der Republik
1852 Kaiser Napoleon III.

Begriffe: Nationalwerkstätte, Plebiszit, plebiszitäre Diktatur, Sozialismus, Staatsstreich

Die Deutsche Revolution 1848

Revolutionäre Erfolge in Südwestdeutschland

Wenige Tage nach dem Ausbruch der Revolution in Paris begannen auch in Deutschland Unruhen. Schon am 27. Februar 1848 trat in Baden eine Volksversammlung zusammen und verlangte *Pressefreiheit*, Geschworene (Laien) bei den Gerichten, Vereinsrecht und Volksbewaffnung. Bereits der März brachte mehreren Mittel- und Kleinstaaten die Erfüllung dieser überall erhobenen Forderungen. Ohne großen Widerstand wichen die Monarchen zurück und ernannten liberale „Märzminister“. Aber für viele Revolutionäre war damit erst ein Teilziel erreicht. Jetzt trat der Gedanke an ein gesamtdeutsches Parlament und eine deutsche Verfassung in den Mittelpunkt ihrer Bemühungen. Das Drängen nach einem liberalen und demokratischen Staat gipfelte in dem Verlangen nach der Errichtung eines deutschen Nationalstaates. Dem widerstrebten die Herrscher in den alten Einzelstaaten. So erfolgreich die Revolution zunächst in den Klein- und Mittelstaaten war, entscheidend mußte werden, ob sie in Österreich und Preußen auch gelang.

März 1848

Nationale Erhebungen gegen Österreich

Die Nachricht von den Vorgängen in Paris und Süddeutschland trieb in Wien Arbeiter und Studenten auf die Straße. Unter dem Druck der Revolution entließ der Kaiser den alten Staatskanzler Metternich. Sein Name war zum Inbegriff all dessen geworden, was den liberalen und nationalen Zielen der Revolutionäre widerstrebte. Seine Flucht aus Wien schien das Zeichen einer neuen Zeit zu sein. Im Mai wich der Kaiser nach Innsbruck aus. Schwarz-Rot-Gold wurde zur Farbe der Revolution erklärt. Der Frankfurter Bundestag nahm sogar diese Farben als deutsche Bundesfarben an. Da die nationale Bewegung in der Habsburger Monarchie nicht auf die Deutschen beschränkt war, sondern auch Ungarn, Tschechen und Italiener ergriffen hatte, bedrohte sie den Bestand des Vielvölkerstaates. Die Ungarn wollten eine nationale Verfassung, in Prag forderten die Tschechen die nationale Gleichberechtigung der Slawen innerhalb der Donaumonarchie. Im Juni trat in Prag ein Kongreß der Vertreter aller slawischen Völker zusammen (panslawistischer Kongreß), auf dem sich das gestiegene Selbstbewußtsein der Slawen in einer feindlichen Haltung gegen den österreichischen Gesamtstaat zu zeigen begann. Die Italiener vertrieben die österreichischen Behörden und Truppen aus Venedig und Mailand, der König von Piemont-Sardinien erklärte Österreich den Krieg. Der Sturm nationaler Erregung drohte die Donaumonarchie zu zersprengen.

Die Märzrevolution in Berlin

Die ersten Märztage brachten auch in Preußen revolutionäre Bewegung. Am 18. März 1848 machte König Friedrich Wilhelm IV. erhebliche Zugeständnisse. Preußen sollte eine Verfassung erhalten, der König wollte sich für die Schaffung eines deutschen Bundesstaates mit einer Volksvertretung einsetzen, die Pressefreiheit wurde zugesichert. Damit schienen die liberalen und nationalen Forderungen der Revolution der Erfüllung nahe. Auf dem Platz vor dem Berliner Schloß jubelte eine große Menschenmenge. Aber plötzlich fielen zwei Schüsse. Die empörte Menge wandte sich gegen die Truppen, die das Schloß zu schützen hatten. Man fühlte sich vom König verraten und sah im Militär eine gefährliche Stütze der alten Herrschaftsform. Menschen aus den verschiedensten Bevölkerungsschichten errichteten in den Straßen Berlins Barrikaden. Ein blutiger Kampf begann zwischen den Truppen des Königs und Bürgern, Studenten und Arbeitern. Die Soldaten waren den Verteidigern der Barrikaden überlegen; doch der König, unsicher geworden, gab in der Nacht den Befehl zum Rückzug. Am Morgen des nächsten Tages verkündete eine Proklamation Friedrich Wilhelms IV. den Abzug der Truppen aus Berlin, falls die Barrikaden geräumt würden. Das geschah. Als die Volksmenge die während der Straßenkämpfe gefallenen Revolutionäre vor dem königlichen

▷ 84

Berliner Bürger kämpfen auf den Barrikaden (18. März 1848). Zeitgenössische Lithographie

Am 19. März 1848 hing in den Berliner Straßen ein Plakat, in dem sich der König an die Bevölkerung wandte:

„An meine lieben Berliner! ... An euch, Einwohner meiner geliebten Vaterstadt ist es jetzt, größerem Unheil vorzubeugen. Erkennt, euer König und treuester Freund beschwört euch darum, bei allem was euch heilig ist, den unseligen Irrtum! Kehrt zum Frieden zurück, räumt die Barrikaden, die noch stehen hinweg, und entsendet an mich Männer, voll des echten alten Berliner Geistes mit Worten wie sie sich eurem Könige gegenüber geziemen, und ich gebe euch mein königliches Wort, daß alle Straßen und Plätze sogleich von den Truppen geräumt werden sollen und die militärische Besetzung nur auf die notwendigen Gebäude, des Schlosses, des Zeughauses und weniger anderer, und auch da nur auf kurze Zeit beschränkt werden wird. Hört die väterliche Stimme eures Königs, Bewohner meines treuen und schönen Berlins und vergeßt das Geschehene, wie ich es vergessen will und werde in meinem Herzen, um der großen Zukunft willen, die unter dem Friedenssegen Gottes, für Deutschland anbrechen wird ...
Geschrieben in der Nacht vom 18.–19. März 1848.
Friedrich Wilhelm"

(Tim Klein [Hrsg.], Der Vorkampf deutscher Einheit und Freiheit. Ebenhausen 1925, S. 178 f.)

1. Unterscheide zwischen dem Handeln Friedrich Wilhelms IV. und seinen Motiven und versuche, ein Urteil zu finden.

Der Schriftsteller und Diplomat Varnhagen von Ense schrieb über das Verhalten des preußischen Königs in den Märztagen:

„Der Umritt des Königs mit der deutschen Fahne und sein Benehmen dabei, seine Ansprachen, ... sollen ein elendes, lächerliches Ansehen gehabt und nur dem untersten Volke gefallen haben. Die Adeligen, die Offiziere, die Hofleute sind außer sich darüber.
Dennoch kann diese Wendung, die der König seiner Sache zu geben versucht, von großen und guten Folgen sein; es kommt darauf an, ob die Demonstration nicht bloße Schauspielerei, sondern ehrlicher Ernst ist, ... Viele leugnen das und meinen, der König habe nur aus der augenblicklichen Schmach herauskommen wollen und dazu dies Gaukelwesen tauglich erachtet."

(Joachim Schondorff [Hrsg.], Varnhagen von Ense – Friedrich Fürst Schwarzenberg. München 1960, S. 241)

2. Versuche, das Verhalten des Königs zu beurteilen.
3. Warum errangen Revolutionäre in Süddeutschland und Österreich zunächst Erfolge?
4. Schildere, was den revolutionären Ereignissen in Österreich ihre besondere Prägung gab.
5. Was sollte die Mitwirkung von Bürgern, die keine Juristen sind, bei den Geschworenengerichten bewirken?

Schloß aufbahrte, sah sich der Monarch genötigt, sein Haupt vor ihnen zu entblößen. In dieser Geste sah man das Eingeständnis einer Niederlage. Der König wandte sich in einem Aufruf an sein „Volk und die deutsche Nation“. Er erklärte: „Preußen geht fortan in Deutschland auf.“ Es war der Versuch, durch Betonung des nationalen Gedankens die Revolution unter Kontrolle zu bringen.

Die preußische „Nationalversammlung“

Im Mai trat in Berlin eine aus allgemeinen, gleichen Wahlen hervorgegangene Nationalversammlung zusammen, in der die liberalen Abgeordneten weit zahlreicher waren als die konservativen. Sie begann eine Verfassung auszuarbeiten, in der die Vorrechte des Adels aufgehoben werden sollten. Liberale Minister, die seit den Märztagen auch in Preußen die Regierungsgeschäfte übernommen hatten, leiteten liberale Reformen ein. Ihnen stemmte sich eine Vereinigung der adligen Großgrundbesitzer entgegen: Die erste konservative politische Partei war in Deutschland entstanden. Sie gewann starken Einfluß auf den König.

Ein gesamtdeutsches Vorparlament in Frankfurt

Obgleich in den deutschen Ländern „*Märzminister*“ die Regierungsgeschäfte übernommen hatten, galt das besondere Interesse der Öffentlichkeit einer in den letzten Märztagen in Frankfurt zusammentretenden Versammlung, dem „*Vorparlament*“. Über 500 Männer der revolutionären Bewegung aus allen Teilen Deutschlands hatten sich zusammengefunden, um einen deutschen Einheitsstaat vorzubereiten. Neben dem alten Bundestag, der Vertretung der Regierungen, tagte also gleichzeitig in Frankfurt eine revolutionäre Volksvertretung. Sie beschloß, daß das deutsche Volk in allgemeinen und gleichen Wahlen eine verfassunggebende Nationalversammlung wählen sollte.

Die Nationalversammlung in der Frankfurter Paulskirche

Am 18. Mai 1848 traten die so gewählten Abgeordneten zur ersten Sitzung der Nationalversammlung in der Frankfurter Paulskirche zusammen. Kein anderer Saal in Frankfurt war groß genug, um den 585 Abgeordneten Platz zu bieten. Zum erstenmal versuchten vom Volk gewählte Vertreter, die Grundlagen für einen freien Nationalstaat zu schaffen.

Die Abgeordneten und ihre Stellvertreter (zusammen 830) waren nicht als Vertreter von Parteien, die sich erst noch bilden mußten, gewählt worden, sondern als geachtete Persönlichkeiten. Es waren vor allem Angehörige bestimmter Berufe: 550 Akademiker (darunter 49 Universitätslehrer, 57 Gymnasiallehrer, 66 Rechtsanwälte, 149 Richter und Staatsanwälte, 18 Ärzte, 33 Geistliche, 118 höhere Verwaltungsbeamte) und 110 Männer aus der Wirtschaft (darunter 60 Gutsbesitzer), aber nur wenige Handwerker, ein Bauer, kein Arbeiter. Die Nationalversammlung entsprach also nicht der sozialen Gliederung des Volkes, sondern war aus dessen führenden Schichten gebildet („Professorenparlament“).

Gemeinsam war allen Abgeordneten das Streben nach einem deutschen Nationalstaat, verschieden aber waren die Vorstellungen über dessen Gestalt im einzelnen. Einige wollten eine starke Zentralgewalt, andere eine größere Berücksichtigung der Rechte der Einzelstaaten (Föderalisten); viele wünschten die Monarchie, gebunden an eine Verfassung, zu erhalten; eine Minderzahl verlangte die Republik. Da sich die politisch Gleichgesinnten in der Paulskirche zusammensetzten, bürgerten sich die Bezeichnungen links und rechts (vom Präsidentenplatz aus gesehen) zur Kennzeichnung bestimmter politischer Haltungen ein: die *Linken* waren die Republikaner, die Liberalen saßen in der *Mitte*, *Rechte* wurden die Konservativen genannt.

Zu ihrem Präsidenten wählte die Versammlung den hessischen Minister Heinrich von Gagern, einen ehemaligen Burschenschaftler, der sich für die Bildung einer vorläufigen deutschen Zentralregierung einsetzte. Die Wahl zum „Reichsverweser“ fiel auf den österreichischen Erzherzog Johann. Er galt als liberal und bürgerlich gesinnt. Aber der rasch

▷ 86

Festlicher Einzug der Nationalversammlung in die Frankfurter Paulskirche. (Zeitgenössische Lithographie, Historisches Museum der Stadt Frankfurt)

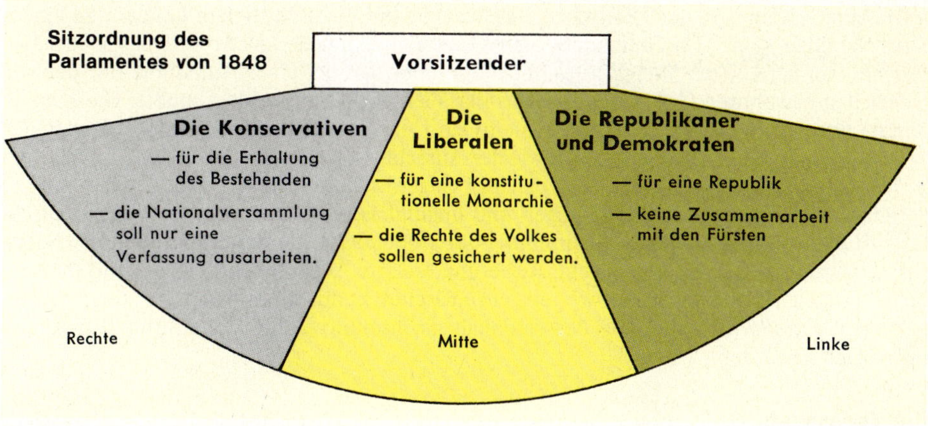

6. Welche verschiedenen Grundsätze der politischen Organisation Deutschlands verkörperten Bundestag und Vorparlament?
7. Skizziere Unterschiede in den Zielen der verschiedenen politischen Gruppierungen in der Frankfurter Paulskirche.
8. Mache den Unterschied deutlich zwischen den Gruppen im „Professorenparlament" der Paulskirche und den Parteien in einem Parlament von heute.
9. Erläutere den Unterschied zwischen dem alten Frankfurter Bundestag und der Paulskirchenversammlung.

gebildeten Zentralregierung fehlten Geld und Macht, um sich Geltung zu verschaffen. Die Forderung, die Truppen der Einzelstaaten auf den neuen Reichsverweser zu vereidigen, wurde von den wichtigsten Mächten, Österreich und Preußen, nicht beachtet.

Krise wegen Schleswig-Holstein

Die beiden Herzogtümer Schleswig und Holstein, die nach alter Überlieferung „up ewig ungedeelt" bleiben sollten (Vertrag von 1460), waren mit Dänemark in Personalunion verbunden, wobei aber nur Holstein Mitglied des Deutschen Bundes war. Der dänische Versuch, Schleswig mit Dänemark zu vereinen, widersprach dem Nationalgefühl der Schleswig-Holsteiner, die vereinigt und deutsch bleiben wollten.

Im Sommer zeigte sich, wie ohnmächtig die Nationalversammlung ohne die nötigen Machtmittel war. Als Dänemark im März 1848 plante, sich das Herzogtum Schleswig einzuverleiben, war Preußen vom Deutschen Bund beauftragt worden, die Dänen aus Schleswig zu vertreiben. Nach der Auflösung des Bundestages handelte Preußen formal im Auftrag der Nationalversammlung.
Der militärische Erfolg der preußischen Truppen wurde als nationaler Sieg in Deutschland gefeiert. Als Preußen im Sommer unter dem Druck der Russen und Engländer einen Waffenstillstand mit den Dänen schloß, war die Zentralregierung nicht einmal zu den Verhandlungen hinzugezogen worden. Der Nationalversammlung blieb nichts anderes übrig, als den von ihr abgelehnten Waffenstillstand nachträglich doch zu billigen. Es fehlte jede Möglichkeit, ohne oder gar gegen die Großmächte zu handeln. Die internationale Politik beachtete die Existenz einer deutschen Reichsregierung nicht und rechnete wie bisher nur mit den deutschen Großmächten. Die Krise wurde 1852 durch das „Londoner Protokoll" beigelegt, in dem die Großmächte die Personalunion zwischen Dänemark und Schleswig-Holstein bestätigten, die Einverleibung der Herzogtümer in den dänischen Staat aber ausschlossen.

„Kleindeutsch" oder „Großdeutsch"?

Ernste Schwierigkeiten ergaben sich bei der Beratung über den geplanten Artikel 2 der Verfassung: „Kein Teil des Deutschen Reiches darf mit nicht-deutschen Ländern zu einem Staat vereinigt sein." Das bedeutete, daß Österreich entweder nicht Teil des Deutschen Reiches werden konnte (*kleindeutsche* Lösung), oder daß bei einer Aufnahme nur der von Deutschen bewohnten Gebiete Österreichs der Vielvölkerstaat zerfallen mußte. Die Eingliederung der ganzen Habsburger Monarchie in ein Deutsches Reich hätte dem Gedanken des Nationalstaates ebenso widersprochen wie der Ausschluß der Deutschen Österreichs aus dem zu bildenden Reich. Ein Kompromißvorschlag Gagerns, Österreich als selbständigen Staat zu erhalten, aber durch einen „beständigen und unauflöslichen Bund" an das übrige Deutschland zu binden, fand nicht die Zustimmung der großdeutsch gesinnten Mehrheit der Nationalversammlung. Die österreichische Regierung erklärte: „Österreichs Fortbestand in staatlicher Einheit ist ein deutsches wie ein europäisches Bedürfnis." Damit war die Verwirklichung der *großdeutschen* Pläne der Nationalversammlung in der Frankfurter Paulskirche unmöglich geworden.

Die Verfassung

Im Sommer 1848 legte die Nationalversammlung ein Gesetz vor, das der wichtigste Bestandteil der Verfassung wurde: die „Grundrechte des deutschen Volkes". Durch sie sollte das Recht des einzelnen und sein Schutz vor Übergriffen des Staates gesichert werden.
Die *Grundrechte* waren mit den bis zur Revolution in Deutschland üblichen Polizeimaßnahmen unvereinbar. Sie konnten nur in einem liberalen Rechtsstaat gelten.
Im Winter 1849/49 wurde die Verfassung beraten. Dabei waren hauptsächlich drei Schwierigkeiten zu bewältigen: 1. Die Frage nach der Stellung der beiden Großmächte Preußen und Österreich im Deutschen Reich. Sie war notgedrungen im kleindeutschen Sinne entschieden

▷ 88

Aus der Verfassung des Deutschen Reiches vom 28. März 1849: Die Grundrechte des Deutschen Volkes.

§ 137 Vor dem Gesetze gilt kein Unterschied der Stände. Der Adel als Stand ist aufgehoben. Alle Standesvorrechte sind abgeschafft. Die Deutschen sind vor dem Gesetze gleich . . .

§ 138 Die Freiheit der Person ist unverletzlich. Die Verhaftung einer Person soll, außer im Falle der Ergreifung auf frischer Tat, nur geschehen in Kraft eines richterlichen, mit Gründen versehenen Befehls. Dieser Befehl muß im Augenblicke der Verhaftung oder innerhalb der nächsten vierundzwanzig Stunden dem Verhafteten zugestellt werden . . .

§ 140 Die Wohnung ist unverletzlich. Eine Haussuchung ist nur zulässig: 1. in Kraft eines richterlichen, mit Gründen versehenen Befehls . . .

§ 142 Das Briefgeheimnis ist gewährleistet . . .

§ 143 Jeder Deutsche hat das Recht, durch Wort, Schrift, Druck und bildliche Darstellung seine Meinung frei zu äußern. Die Pressefreiheit darf unter keinen Umständen und in keiner Weise durch vorbeugende Maßregeln, namentlich Zensur, Konzessionen, Sicherheitsbestellungen, Staatsauflagen, Beschränkungen der Druckereien oder des Buchhandels, Postverbote oder andere Hemmungen des freien Verkehrs beschränkt, suspendiert oder aufgehoben werden. Über Pressevergehen, welche von Amts wegen verfolgt werden, wird durch Schwurgerichte geurteilt . . .

§ 144 Jeder Deutsche hat volle Glaubens- und Gewissensfreiheit. Niemand ist verpflichtet, seine religiöse Überzeugung zu offenbaren.

§ 152 Die Wissenschaft und ihre Lehre ist frei.

§ 158 Es steht einem jedem frei, seinen Beruf zu wählen und sich für denselben auszubilden, wie und wo er will.

§ 161 Die Deutschen haben das Recht, sich friedlich und ohne Waffen zu versammeln . . .

§ 162 Die Deutschen haben das Recht, Vereine zu bilden. Dieses Recht soll durch keine vorbeugende Maßregel beschränkt werden.

§ 164 Das Eigentum ist unverletzlich. Eine Enteignung kann nur aus Rücksichten des gemeinen Besten, nur auf Grund eines Gesetzes und gegen gerechte Entschädigung vorgenommen werden.

§ 175 Die richterliche Gewalt wird selbständig von den Gerichten geübt. Kabinetts- und Ministerialjustiz ist unstatthaft. Niemand darf seinem gesetzlichen Richter entzogen werden. Ausnahmegerichte sollen nie stattfinden.

(Horst Hildebrandt, Die deutschen Verfassungen des 19. und 20. Jahrhunderts. Paderborn 1950, S. 20–27)

10. Vergleiche diese Grundrechte einerseits mit der amerikanischen Unabhängigkeitserklärung (Bd. 2) und der Erklärung der Menschenrechte von 1789 (S. 9) und andererseits mit den Grundrechten, wie sie im Grundgesetz für die Bundesrepublik Deutschland stehen (Art. 1–19).

Der konservative Abgeordnete v. Bismarck setzte sich im preußischen Landtag am 21. 4. 1849 für die Ablehnung der Verfassung ein:

„Das dritte Übel . . . ist die jährliche Bewilligung des Budgets. Durch diesen Paragraphen ist es in die Hände derjenigen Majorität, die aus dem Lottospiel dieser direkten Wahlen hervorgehen wird und welche nicht die mindeste Garantie bietet, daß sie urteilsfähig oder auch nur von gutem Willen sein wird – in die Hände dieser Majorität ist es gelegt, die Staatsmaschine in jedem Augenblick zum Stillstehen zu bringen, indem sie das Budget nicht wieder bewilligt."

(Horst Kohl [Hrsg.], Die politischen Reden des Fürsten Bismarck 1847–1897, Stuttgart 1892–1905, Bd. 1, S. 85 f.)

11. Warum betrachtet Bismarck das Budgetrecht als das wichtigste Recht des Parlaments?

12. Setze dich mit Bismarcks Äußerung über das „allgemeine Stimmrecht" auseinander.

Bei Verkündigung des Ergebnisses der Kaiserwahl in der Paulskirche sagte der Präsident:

„Möge der deutsche Fürst, der wiederholentlich und öffentlich in unvergessenen Worten den warmen Herzschlag für die deutsche Sache sein kostbares mütterliches Erbe genannt hat, sich nun als Schutz und Schirm der Einheit, der Freiheit, der Größe unseres Vaterlandes bewähren, nachdem eine Versammlung, aus dem Gesamtwillen der Nation hervorgegangen, wie keine, die je auf deutschem Boden tagte, ihn an deren Spitze gerufen hat . . . Gott sei mit Deutschland und seinem neugewählten Kaiser!"

(B. von Simson [Hrsg.], Eduard von Simson, Erinnerungen aus seinem Leben. Leipzig 1900, S. 167 f.)

13. Von 538 abgegebenen Stimmen waren 290 Stimmen für den König von Preußen abgegeben worden. Überlege, aus welchen Gründen viele Abgeordnete mit Nein gestimmt oder sich der Stimme enthalten haben.

14. Welche besonderen Schwierigkeiten der Nationalversammlung enthüllte die Krise wegen Schleswig-Holstein?

15. Nenne die wichtigsten strittigen Probleme der Verfassungsdiskussion und erläutere, warum sie so entschieden wurden.

16. Warum formulierten die Abgeordneten die Grundrechte, ehe sie mit der Ausarbeitung der Verfassung begannen?

Karikatur auf die Ablehnung der Kaiserkrone. Rechts im Hintergrund König Friedrich Wilhelm IV. mit dem russischen Bären. Germania fragt von Gagern: „Wat heulst'n kleener Hampelmann?" – „Ick habe Ihr'n Kleenen 'ne Krone jeschnitzt, nu will er se nich!" (Lithographie von F. Schröder)

Bereits am 13. 12. 1848 schrieb Friedrich Wilhelm IV. an den preußischen Gesandten in London über die bevorstehende Kaiserwahl:

„Ich will weder der Fürsten Zustimmung zu der Wahl, noch die Krone. Verstehen Sie die markierten Worte? . . . Die Krone, die die Ottonen, die Hohenstaufen, die Habsburger getragen, kann natürlich ein Hohenzoller tragen, sie ehrt ihn überschwenglich mit tausendjährigem Glanze. Die aber, die Sie – leider meinen, verunehrt überschwenglich mit ihrem Ludergeruch der Revolution von 1848, der albernsten, dümmsten, schlechtesten –, wenn auch Gottlob, nicht bösesten dieses Jahrhunderts. Einen solchen imaginären Reif, aus Dreck und Letten gebacken, soll ein legitimer König von Gottes Gnaden und nun gar der König von Preußen sich geben lassen, der den Segen hat, wenn auch nicht die älteste, doch die edelste Krone, die niemand gestohlen worden ist, zu tragen? . . . Ich sage es Ihnen rund heraus: Soll die tausendjährige Krone deutscher Nation, die 42 Jahre geruht hat, wieder einmal vergeben werden, so bin ich es und meinesgleichen, die sie vergeben werden. Und wehe dem, der sich anmaßt, was ihm nicht zukommt!"

(Tim Klein [Hrsg.], Der Vorkampf deutscher Einheit und Freiheit. Ebenhausen 1925, S. 376 f.)

---

worden. 2. Das Verhältnis der neu zu schaffenden Zentralgewalt zu den bestehenden, historisch gewachsenen Ländern. Man einigte sich auf eine hinreichend starke bundesstaatliche Zentralgewalt, ohne aber die Einzelstaaten völlig zu entmachten. 3. Die Verteilung der Macht zwischen Regierung und Parlament. Das Ergebnis der Debatten sah vor, daß das Ministerium dem Parlament verantwortlich sein sollte. Zum Staatsoberhaupt sollte ein Kaiser gewählt werden, dessen Würde erblich war. Die Anhänger des Gedankens, beim Tode des Kaisers seinen Nachfolger jedesmal neu durch die Wahl bestimmen zu lassen *(Wahlkaisertum)*, erlitten in der Paulskirche eine knappe Abstimmungsniederlage (263 : 267 Stimmen). Als Zugeständnis an die Linke erhielt der erbliche Kaiser nur das Recht, die Ausführung von Parlamentsbeschlüssen für eine befristete Zeit aufschieben zu können (*suspensives Veto*). Es war selbstverständlich, daß als Kaiser des kleindeutschen Reiches nur der König von Preußen in Frage kam. Er wurde am 28. März 1849 gewählt. Viele Abgeordnete waren der Abstimmung ferngeblieben, fast die Hälfte enthielt sich der Stimme. Eine Abordnung der Paulskirchenversammlung reiste nach Berlin, um Friedrich Wilhelm IV. die Kaiserkrone anzubieten. 28 deutsche Staaten hatten inzwischen die Reichsverfassung gebilligt und waren mit der Kaiserwahl einverstanden. Aber die größeren deutschen Staaten hatten sich ablehnend verhalten oder nicht geäußert. Alles hing von Friedrich Wilhelm IV. ab, dem seine Minister zur Annahme der Krone rieten. Aber der König lehnte am 28. April 1849 ab. Als Monarch, der an der Vorstellung vom *Gottesgnadentum* des Herrschers festhielt, war ihm die Abhängigkeit von der *Volkssouveränität* unerträglich. Damit war das Werk der Nationalversammlung in der Frankfurter Paulskirche gescheitert.

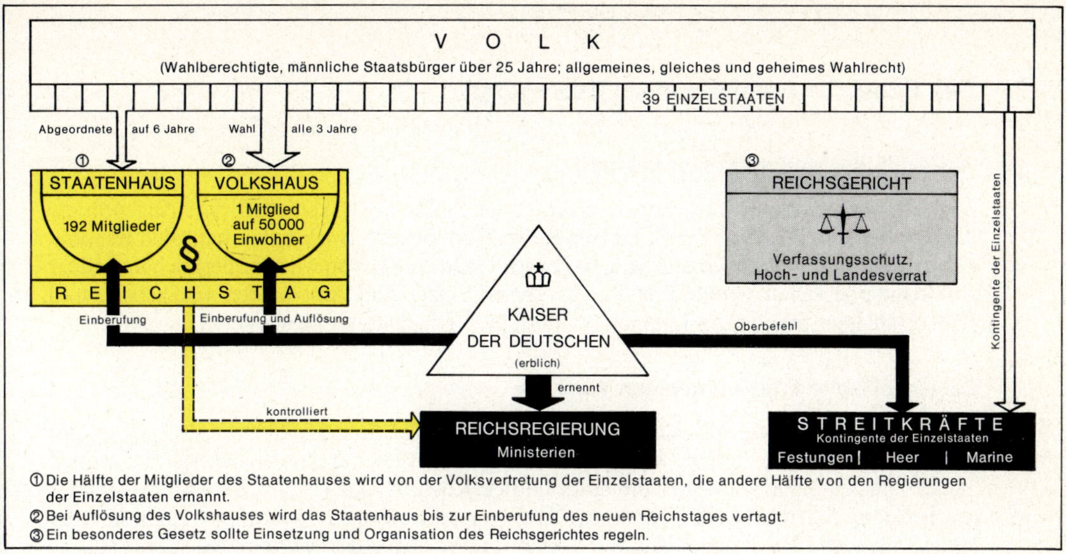

Die Verfassung des Deutschen Reiches von 1849

17. Erläutere das Schema der Verfassung von 1849.
18. Schildere im einzelnen, was der Zeichner der Karikatur (links oben) ausdrücken will.
19. Aus welchen Gründen lehnte der preußische König die Kaiserkrone ab (vgl. die Quelle links oben)? Bedenke auch die außenpolitischen Wirkungen.

Zum Wiederholen und Nachschlagen

Ende Februar 1848 begann die deutsche Revolution in Baden, von wo sie auf andere Klein- und Mittelstaaten übergriff. Überall waren liberaldemokratische und nationale Gedanken die Triebkräfte. Die Monarchen wichen zurück und ernannten liberale „Märzminister". Der Frankfurter Bundestag erklärte Schwarz-Rot-Gold zu Farben des Bundes. In Wien wurde Metternich unter dem Druck der Revolution entlassen. Das erwachte Nationalbewußtsein der Ungarn, Tschechen und Italiener bedrohte die Existenz des Vielvölkerstaates Österreich.
In Berlin versprach König Friedrich Wilhelm IV. nach blutigen Barrikadenkämpfen die politischen Forderungen des Volkes zu erfüllen. Eine aus allgemeinen Wahlen hervorgegangene preußische „Nationalversammlung" begann mit der Ausarbeitung einer liberaldemokratischen Verfassung. Der Adel gründete eine konservative Partei (die erste in Deutschland), die erheblichen Einfluß auf den König gewann.
In Frankfurt/M. kamen führende deutsche Liberale zusammen („Vorparlament") und bereiteten die Wahl einer verfassunggebenden Nationalversammlung vor. Am 18. Mai 1848 begannen die in allgemeinen, gleichen Wahlen gewählten Abgeordneten in der Frankfurter Paulskirche mit ihren Beratungen. Fast alle gehörten den gebildeten Schichten des Bürgertums an. Bald entstanden politische Gruppierungen, die nach ihrer Sitzordnung bezeichnet wurden (Linke = Republikaner, Mitte = Liberale, Rechte = Konservative). Eine vorläufige Zentralregierung mit einem Habsburger als Reichsverweser wurde eingesetzt, ohne aber über die nötigen Machtgrundlagen zu verfügen. Dieser entscheidende Mangel trat besonders deutlich in der Krise um Schleswig-Holstein in Erscheinung. Die europäische Politik beachtete die Existenz der Zentralregierung nicht. – Die Beratungen über die Verfassung wurden im Frühjahr 1849 abgeschlossen. Zuerst hatte man die „Grundrechte des deutschen Volkes" als freiheitliches Fundament der Reichsverfassung festgelegt.
Die Verfassung sah einen kleindeutschen Bundesstaat, also ohne Österreich, vor, in dem die Regierung dem Parlament verantwortlich sein sollte. Zum Staatsoberhaupt wurde Friedrich Wilhelm IV. von Preußen als erblicher Kaiser gewählt. Er lehnte aber die von ihm verachtete Krone ab. Damit war das Werk der deutschen Nationalversammlung gescheitert.

Begriffe: Gottesgnadentum, großdeutsch, Grundrechte, kleindeutsch, Linke, Märzminister, Mitte, Pressefreiheit, Rechte, suspensives Vetorecht, Volkssouveränität, Vorparlament, Wahlkaisertum

Das Ende der revolutionären Bewegung

Das Ende der Nationalversammlung

Nach Ablehnung der Kaiserkrone durch Friedrich Wilhelm IV. verließen viele Abgeordnete der Rechten und der Mitte Frankfurt. Ein Restparlament von etwa hundert radikalen Republikanern tagte noch einmal in Stuttgart, wo es am 18. Juni 1849 von württembergischem Militär auseinandergetrieben wurde. Der Reichsverweser legte sein Amt nieder. In Sachsen und Baden schlugen preußische Truppen revolutionäre Erhebungen nieder.

Österreichische Truppen nehmen Wien ein

Auch in Österreich siegte das Heer über die Revolution. Im Sommer 1848 wurde Prag, wo der Slawenkongreß tagte, erobert; wenig später erlitten die Italiener eine Niederlage. Im Herbst 1848 erfaßte ein nationaler Aufstand unter Ludwig Kossuth ganz Ungarn, der erst im Sommer des nächsten Jahres mit Hilfe russischer Truppenverbände niedergeworfen werden konnte. Als im Oktober 1848 Truppen aus Wien nach Ungarn abgezogen wurden, brachten Radikale die Stadt durch einen neuen Aufstand vorübergehend in ihre Gewalt. Aber das österreichische Heer nahm Wien. Man ging hart gegen die Aufrührer und ihre „Rotzbubenwirtschaft", wie der kommandierende General meinte, vor. Wie wenig man gewillt war, Rücksicht auf die Frankfurter Nationalversammlung zu nehmen, zeigte die Erschießung des Abgeordneten Robert Blum, dem wie jedem Mitglied der Nationalversammlung durch ein Reichsgesetz Unverletzlichkeit zustand.

Mit der Einnahme Wiens war die Revolution in Österreich gescheitert. Der neue leitende Minister, Fürst Schwarzenberg, zwang dem Staat eine Verfassung auf (eine *„oktroyierte" Verfassung*), die die Autorität des Herrschers stärkte. Aber selbst diese Verfassung wurde zwei Jahre später aufgehoben. Der junge österreichische Kaiser Franz Joseph I. (1848–1916), der im Dezember 1848 den Thron bestiegen hatte, regierte wieder absolutistisch.

Die „oktroyierte" preußische Verfassung

Die letzten Wochen des Jahres 1848 brachten auch in Berlin den Sieg der alten Gewalten. Die im Mai gewählte preußische Nationalversammlung in Berlin wurde von Truppen vertrieben und am 5. Dezember aufgelöst. Der König verkündete eine oktroyierte Verfassung, die von der Regierung ohne Beteiligung der Volksvertretung ausgearbeitet worden war. Zwar erfüllte sie einige liberale Forderungen wie Pressefreiheit und Gleichheit vor dem Gesetz, aber in entscheidenden Teilen widersprach sie allem, wofür die Revolutionäre gekämpft hatten. Es gab zwei Kammern, das *Herrenhaus*, dessen Mitglieder der König berief, und das Abgeordnetenhaus. Für dieses galt das *„Dreiklassenwahlrecht"* (seit 1849). Die Bevölkerung Preußens wurde in drei Steuerklassen eingeteilt; jede Klasse brachte ein Drittel der Steuern auf und wählte ein Drittel der Abgeordneten. Auf diese Weise wog die Stimme eines reichen Wählers der ersten Klasse ein Vielfaches der Stimme eines armen Wählers aus der dritten Klasse. 1893 zählten zur ersten Klasse 4%, zur zweiten 14% und zur dritten Klasse 82% der Wähler! Die Wahl war also ungleich, außerdem öffentlich und indirekt (Wahlmänner). Die Annahme eines Gesetzes bedurfte der Zustimmung beider Häuser des Landtages. Die Regierung wurde vom König ernannt. Diese Verfassung bedeutete den Sieg der Reaktion in Preußen. Nur geringfügig geändert, galt sie in Preußen bis 1918!

1850 vereinbarten Preußen und Österreich die Wiedererrichtung des Frankfurter Bundestages unter dem Vorsitz Österreichs. Als er am 12. Mai 1851 wieder in Frankfurt eröffnet wurde, war das der sichtbarste Ausdruck des Scheiterns der Revolution. Als preußischer Gesandter reiste der konservative Otto von Bismarck nach Frankfurt. Dort wurde bald deutlich, daß aus dem versöhnlichen Nebeneinander der beiden deutschen Großmächte ein Gegensatz geworden war.

▷ 92

Unterdrückung der Grundrechte. (Zeitgenössische Karikatur)

1. Erläutere, wie die Unterdrückung der einzelnen Rechte dargestellt ist.

Beispiele für die Auswirkungen des preußischen Dreiklassenwahlrechts:

Beispiele aus der Jahrgangswahl 1893 (nach J. Jastrow)						
Wahlbezirk	Je Urwahlbezirk werden 3–6, je Wahlklasse 1 oder 2 Wahlmänner gewählt.					
	I. Klasse		II. Klasse		III. Klasse	
	Wahlberechtigte		Wahlberechtigte		Wahlberechtigte	
	Anzahl	in %	Anzahl	in %	Anzahl	in %
Berlin W, Voßstraße	2	1,0	5	2,6	182	96,4
Berlin C, Köllner Fischmarkt	4	2,1	15	7,8	174	90,1
Berlin O, Andreasstraße	1*	0,5	5	1,0	200	98,5
Ländliche Urwahlbezirke						
Güter Kleinmachnow und Düppel (Kreis Teltow)	1*	0,3	4	1,3	315	98,4
Plania I (Kreis Ratibor)	15	5,1	59	20,1	219	74,8

Aufteilung der preußischen Wähler nach Dritteln des Gesamtsteueraufkommens der Urwahlbezirke (Landesdurchschnitt in %)			
Landtagswahl	I. Kl.	II. Kl.	III. Kl.
1849	4,7	12,6	82,7
1898	3,26	11,36	85,38

* In 2283 von insgesamt 22 749 Urwahlbezirken wurde 1888 die I. Kl. und in 96 Bezirken die II. Kl. durch je 1 Urwähler, der 1 oder 2 Wahlmänner ernannte, repräsentiert.

2. Werte die Tabelle aus. Verdeutliche an diesem Beispiel den Unterschied zum Mehrheitswahlrecht und zum Verhältniswahlrecht. Beachte dabei besonders die Anmerkung.
3. Welche Auswirkungen auf die Wahlbeteiligung legt dieses Wahlrecht nahe?
4. Stelle Unterschiede zwischen der Paulskirchenverfassung und der oktroyierten preußischen Verfassung dar.
5. Welche Auswirkungen hatte die gescheiterte Revolution auf das Verhalten der Bürger?

„Auch ein Totentanz". Aus einer Holzschnittfolge von Alfred Rethel, 1849.

Wirkungen der gescheiterten Revolutionen

Überall hatten die alten Mächte gesiegt. Die Ideen des Liberalismus, der Demokratie und der Nationalgedanke blieben in Europa lebendig, verloren aber ihren Schwung. Ihre Anhänger wollten jetzt durch nüchterne *„Realpolitik"* die Aufgaben der Zeit lösen.
1851 hob der Frankfurter Bundestag die Grundrechte der Paulskirche förmlich auf. Diesem Schlag folgte 1852 unter dem Druck der übrigen europäischen Großmächte („Londoner Protokoll") eine Absage an den Nationalgedanken: Schleswig-Holstein blieb in Personalunion mit Dänemark verbunden.
Manche Teilnehmer an der Revolution wurden in Deutschland polizeilich gesucht. Viele „Achtundvierziger" emigrierten in die Schweiz, nach England oder in die USA. Die Zahl der deutschen Auswanderer in die USA stieg nach 1849 sprunghaft an. Unter ihnen waren politisch begabte Männer, wie z. B. Carl Schurz, der später Innenminister der Vereinigten Staaten wurde. Viele deutsche Bürger kümmerten sich nicht mehr um die Politik, auf die sie doch keinen Einfluß nehmen konnten. Der Versuch des Volkes, politisch verantwortlich zu handeln, war 1848 gescheitert. Was nun kam, war das Werk der Fürsten und ihrer Regierungen.

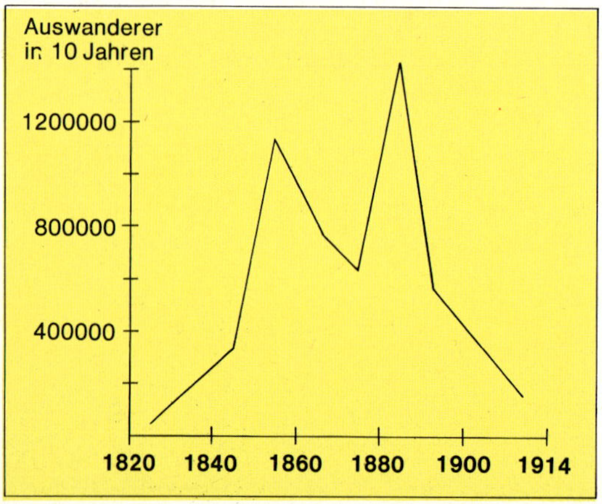

Zahl der Auswanderer aus Deutschland zwischen 1820 und 1914

Nach dem Zusammenbruch der Revolution von 1848 schrieb Heinrich Heine das Gedicht „Erinnerung aus Krähwinkels Schreckenstagen", dessen letzte Strophen lauten:

„Wir, Bürgermeister und Senat,
Wir haben folgendes Mandat
Stadtväterlichst an alle Klassen
Der treuen Bürgerschaft erlassen.

Wo ihrer drei beisammen stehn,
Da soll man auseinander gehn.
Des Nachts soll niemand auf den Gassen
Sich ohne Leuchte sehen lassen.

Wer auf der Straße räsonniert,
Wird unverzüglich füsiliert;
Das Räsonnieren durch Gebärden
Soll gleichfalls hart bestrafet werden.

Vertrauet eurem Magistrat,
Der fromm und liebend schützt den Staat
Durch huldreich hochwohlweises Walten;
Euch ziemt es, stets das Maul zu halten."

(Heinrich Heine, Lyrik und Prosa, hrsg. v. Martin Greiner. Frankfurt/M. 1962, Bd. 1, S. 507 f.)

6. Erläutere mit Hilfe eines Wörterbuchs die dir unbekannten, damals gebräuchlichen Ausdrücke in diesen Versen. Überlege, welche aus der Zeit zwischen 1814 und 1850 abgedruckten Bild- und Textquellen der ironischen Aussage Heines entsprechen.

Der preußische General Helmuth von Moltke schrieb 1849 an seinen Bruder:

„Das Wahre in der großen Bewegung Deutschlands ist der unleugbare Drang nach Vereinigung, und wenn die Kabinette den einzig möglichen, ihnen jetzt gebotenen Weg zu diesem Ziel, mag man ihn das Aufgehen in Preußen nennen oder anders, nicht einschlagen, so kann allerdings in einer späteren Periode ein neuer Ausbruch erfolgen. Aber zunächst wird gewiß die Ordnung zurückkehren, und das ist nur zu wünschen, denn wie richtig bemerkt worden, ist aus der Ordnung zuweilen die Freiheit, noch nie aber aus der Freiheit die Ordnung hervorgegangen. Schläft man freilich bei der Ordnung wieder ein, dann wird sie nicht von langer Dauer sein."

(Helmuth von Moltke, Gesammelte Schriften, Bd. 4. Berlin 1891, S. 275)

7. Mache dir Gedanken über das, was Moltke über das Verhältnis von Freiheit und Ordnung sagt. Vor welche Aufgabe sah Moltke die Politiker in Deutschland in den nächsten Jahren gestellt?

8. Erläutere die Kurve der Auswandererzahlen (S. 92). Der zweite Gipfel hat andere Ursachen als der erste: Überlege, welche Ursachen viele Menschen eines Landes zur gleichen Zeit zum Verlassen ihrer Heimat bewegen können. Gibt es in unserer Gegenwart ähnliche Auswanderungswellen?

9. Welchen Eindruck vermittelt dir der Holzschnitt von Alfred Rethel (S. 92)?

10. Hat die Revolution von 1848 etwas bis in die Gegenwart Währendes hinterlassen?

Zum Wiederholen und Nachschlagen

Im Sommer 1849 wurde der Rest der Nationalversammlung, der in Stuttgart tagte, auseinandergetrieben. In Preußen und Österreich hatten die alten Mächte die revolutionäre Bewegung mit Waffengewalt unterdrückt.
Der König von Preußen oktroyierte eine Verfassung, die die Besitzenden begünstigte (Dreiklassenwahlrecht). Sie galt bis 1918.
1851 wurde der Frankfurter Bundestag wiedereröffnet, in dem Österreich den Vorsitz führte. Überall in Deutschland und Europa hatten reaktionäre Kräfte die Revolution überwunden. Sehr viele Teilnehmer der Revolution wanderten aus, vor allem nach den USA.

1848	März	Erfolgreiche Revolution in vielen deutschen Staaten. Metternich entlassen.
	Juni	Panslawistischer Kongreß in Prag
1848	18. März	Revolution in Berlin
1848	18. Mai	Eröffnung der deutschen Nationalversammlung in der Frankfurter Paulskirche
1849	28. April	Friedrich Wilhelm IV. von Preußen lehnt die Wahl zum Kaiser ab
1850		Wiedererrichtung des Frankfurter Bundestages

Begriffe: Dreiklassenwahlrecht, Herrenhaus, Oktroyierte Verfassung, Realpolitik

Die Festigung

Italienische Fahne von 1848 mit der Aufschrift: „Freies Italien. Gott will es."

1. Die Aufschrift auf der Fahne greift den Ruf der mittelalterlichen Kreuzritter wieder auf. Wie erklärst du das?

Garibaldi hilft König Viktor Emanuell II. von Piemont-Sardinien beim Anziehen des Stiefels: „Wenn's Schwierigkeiten macht, Majestät, nehmen Sie noch ein wenig Pulver-Puder!" (Karikatur der englischen Zeitschrift „Punch", 1859)

2. Welches Urteil fällt der Karikaturist mit dieser Zeichnung über den König und seinen Gehilfen?

Die Schlacht bei Solferino, 1859. (Gemälde von C. Bossoli, Turin, Museo Nazionale del Risorgimento)
Die grauenhaften Eindrücke nach dieser Schlacht gaben Henri Dunant den Anstoß zur Gründung des Roten Kreuzes.

3. Lies den Bericht Dunants auf S. 99

der Nationalstaaten

Das europäische Gleichgewicht. (Lithographie von Honoré Daumier in der Zeitschrift „Charivari". 1867)

4. Erkläre mit Hilfe der beiden anderen Karikaturen Daumiers Lithographie über das Europäische Gleichgewicht.
5. Welche Befürchtungen drücken die drei Karikaturen über Entstehung und Festigung der Nationalstaaten aus?

Zwei Möglichkeiten deutscher Einigung: kleindeutsch – großdeutsch

6. Erkläre den jeweiligen Grenzverlauf.
7. Schildere das Problem, das sich aus dem Vergleich der beiden Karten ergibt.

Der neue Gulliver. Karikatur Honoré Daumiers zur deutschen Reichsgründung 1871.

8. Gulliver ist am Helm als ein bestimmter europäischer Staat zu erkennen. Überlege, welche Einschätzung darin zu erkennen ist.

Europa zur Zeit Napoleons III.

Das zweite Kaiserreich in Frankreich

Wenige Wochen vor seiner Wahl zum Kaiser im Dezember 1852 hatte Louis-Napoléon in einer Rede erklärt: „Das Kaiserreich ist der Friede.“ Aus Angst vor sozialen Unruhen beugte sich das Bürgertum bereitwillig seiner Herrschaft. Da Napoléon III. die Exekutivgewalt uneingeschränkt besaß, konnte er, gestützt auf Heer, Polizei, Beamtenschaft und Diplomatie, jede Opposition unterbinden. Dabei wahrte er den demokratischen Schein; denn es gab eine Verfassung, und wiederholt fanden Plebiszite statt.

Die Förderung der Wirtschaft gab den Bürgern ein reiches Betätigungsfeld, und die Befriedigung materieller Wünsche der Arbeiter ließ die politische Ohnmacht vergessen. Der katholischen Kirche gewährte Napoleon großen Einfluß auf das Unterrichtswesen und fand dafür in ihr eine kräftige Stütze. Der großzügige Ausbau der Hauptstadt machte Paris zur modernen Weltstadt. Die „Größe Frankreichs“, die Napoleon versprochen hatte, sollte für alle sichtbar werden.

Napoleon brauchte immer wieder Erfolge, um seine Eignung als Herrscher unter Beweis zu stellen. Davon war ein Großteil seiner Politik bestimmt. Seine außenpolitische Stellung war anfangs ungünstig, da die europäischen Fürsten ihn nur hinnahmen, weil sie sein Kaisertum einer französischen Republik vorzogen. Sein erstes außenpolitisches Ziel war, aus seiner Isolierung innerhalb der europäischen Politik herauszukommen.

Neue Machtverhältnisse in Europa

Napoleon fand bald eine Gelegenheit, sich in die europäische Politik einzuschalten, als Rußland sich auf dem Balkan auf Kosten der Türkei auszudehnen begann, um sich den Zugang zum Mittelmeer zu öffnen. Damit stieß es auf englische Interessen, die eine Erhaltung der Türkei verlangten, damit die Dardanellen und die Landbrücke nach Indien nicht in die unmittelbare Reichweite einer Großmacht gelangten. Da auch Österreich ein übermächtiges Rußland fürchtete, zerbrach die Einigkeit der Siegermächte von 1815 endgültig. Im
1854 bis 1856 Krimkrieg (1854–56) verbündete sich Napoleon mit England und den Türken gegen den Zaren.

Die Niederlage Rußlands dämpfte seinen Expansionsdrang. Frankreichs Ansehen war gestiegen. Österreich hatte gegen den Zaren Truppen mobilisiert. Damit hatte es sich die Feindschaft Rußlands zugezogen, ohne eine engere Bindung an die Westmächte zu gewinnen. Der Pariser Friedenskongreß zeigte die diplomatische Isolierung Österreichs. Preußen dagegen hatte sich durch seine betont neutrale Haltung das Wohlwollen Rußlands erworben, ohne die Westmächte zu verärgern. Es erlangte auf diese Weise wieder diplomatische Bewegungsfreiheit.

Die Zustände in Italien

Seit 1852 leitete Graf Camillo Cavour (1810–61) als Ministerpräsident die Politik des Königreichs Piemont-Sardinien im Nordwesten Italiens. Er hatte sein Land auf der Seite der Westmächte am Krimkrieg teilnehmen lassen und ein kleines Truppenkontingent gestellt, um sich in die europäische Politik einzuschalten. Auf dem Pariser Kongreß erklärte Cavour, die politischen Zustände im Kirchenstaat und im Königreich beider Sizilien (Neapel) bedrohten den Frieden Europas. Damit war die italienische Frage in den Brennpunkt europäischer Politik gerückt.

Die Zersplitterung der Halbinsel in kleine Einzelstaaten durch den Wiener Kongreß hatte in Italien zu einer Verbindung der nationalen und liberalen Kräfte gegen die Reaktion geführt. König Viktor-Emanuel II. von Piemont-Sardinien regierte in seinem Land mit einer liberalen Verfassung. Sein Ministerpräsident Cavour war ein Verfechter der nationalen und liberalen Ideen seiner Zeit. Er war Mitherausgeber der Zeitschrift „Il *Risorgimento*“ (Die Erneuerung), deren Titel später auf die ganze italienische Einigungsbewegung übertragen wurde. Cavour suchte die Einigung Italiens über einen der bestehenden italienischen

 ▷ 98

Italien im 19. Jahrhundert. (Jahreszahlen: Zugehörigkeit zum Königreich Italien [Piemont-Sardinien])

Cavour berichtet seinem König über ein Gespräch mit Napoleon III. im Juli 1858: Der Kaiser „sei entschlossen, Sardinien mit allen Kräften in einem Krieg gegen Österreich zu unterstützen, vorausgesetzt dieser Krieg (ließe sich vor) der öffentlichen Meinung Frankreichs und Europas rechtfertigen . . . Wir machten uns zusammen daran . . ., um diesen schwer zu findenden Kriegsgrund zu suchen . . . Nachdem das künftige Schicksal Italiens festgelegt war, fragte mich der Kaiser, was Frankreich bekommen würde.“

(Wolfgang Kleinknecht / Herbert Krieger, Die neueste Zeit 1850 bis 1945. Frankfurt/M. 2 1970, S. 55 f.)

1. Versuche eine begründete Beurteilung des Verhaltens der beiden Politiker. Welche Rolle spielt die „öffentliche Meinung“ in der Argumentation?

Aus einer Rede Louis-Napoléons vom 9. 10. 1852, in der er das Kaiserreich ankündigte:

„Um das Wohl des Landes zu fördern, ist es nicht nötig, neue Systeme anzuwenden, sondern vor allem Vertrauen in die Gegenwart und Sicherheit in die Zukunft zu bringen. Darum scheint Frankreich zum Kaiserreich zurückkehren zu wollen.

Es gibt nichtsdestoweniger eine Befürchtung, auf die ich antworten muß. Manche Leute sagen mißtrauisch: das Kaiserreich, das ist der Krieg. Ich aber sage: das Kaiserreich ist der Frieden. Es ist der Frieden, denn Frankreich wünscht ihn . . . Ich gestehe, daß ich wie der Kaiser so manche Eroberung zu machen habe. Ich will, wie er, die Herzen der andersdenkenden Parteien durch Versöhnung erobern . . . Wir haben weite brachliegende Ländereien urbar zu machen, Kanäle fertigzustellen und unser Eisenbahnnetz zu vervollständigen. Wir haben an der Marseille gegenüberliegenden Küste ein weites Reich Frankreich anzugliedern. Wir haben alle unsere großen Häfen an der Westküste dem amerikanischen Kontinent näher zu rücken durch die Geschwindigkeit der Verkehrsverbindungen, die uns noch fehlen . . . So würde ich das Kaiserreich verstehen. Das sind die Eroberungen, die ich im Sinne habe. Und ihr alle, die ihr mich umgebt, die ihr, gleich mir, das Wohl des Vaterlandes wollt, seid meine Soldaten.

(Heinrich Euler, Napoleon in seiner Zeit, Würzburg 1961, Bd. 1, S. 849 f.)

2. Beurteile diesen Redeauszug unter dem Gesichtspunkt der Folgerichtigkeit und der propagandistischen Wirkung.
3. Erörtere, ob Plebiszite in einem demokratischen Staat wünschenswert oder notwendig sind.
4. Inwiefern ist Napoleons Beteiligung am Krimkrieg für seine plebiszitäre Diktatur charakteristisch? Welche Bedeutung gewann dieser Krieg für Frankreichs Stellung in Europa?
5. Warum ist es bedenklich, wenn ein Staat Außenpolitik vornehmlich aus innenpolitischen Zielsetzungen betreibt?

Henri Dunant, der Begründer des Roten Kreuzes (Photographie)

Staaten und mit Unterstützung einer europäischen Großmacht zu erreichen. Da unter den acht italienischen Staaten nur Piemont-Sardinien einen Italiener als Herrscher hatte und gleichzeitig liberal regiert wurde, wurde dieses Königreich die Keimzelle des späteren italienischen Staates.
Nach dem Krimkrieg war die Situation für Cavours Pläne günstig. Österreich, das sich wegen seiner italienischen Gebiete gegen die Einigung Italiens heftig stemmte, war diplomatisch isoliert. Napoleon III. dagegen unterstützte die nationalen Wünsche der Italiener, weil diese in Frankreich volkstümlich waren und er dabei sein Prestige zu stärken hoffte. Frankreich war die Großmacht, die Cavour gegen Österreich auszuspielen trachtete.

Cavour einigt Italien

Die Österreicher ließen sich 1859 von Cavour, den Napoleon unterstützte, zum Krieg reizen, verloren den Feldzug und mußten die Lombardei an Napoleon abtreten, der sie an Piemont-Sardinien gab. Die während des Krieges vertriebenen italienischen Herrscher sollten zurückkehren und der Kirchenstaat wiederhergestellt werden. Österreich behielt Venetien.
Dieser Friedensschluß enttäuschte Cavour und die italienische Bevölkerung. Napoleons Haltung geriet ins Zwielicht. Einerseits unterstützte er die Einigungsbewegung, andererseits ließ er aus Rücksicht auf die katholische Bevölkerung Frankreichs den Kirchenstaat durch französische Truppen schützen. In dieser Lage griffen die Italiener zur Selbsthilfe. Volkserhebungen und Abstimmungen in Mittelitalien verhinderten die Rückkehr der Fürsten und führten zum Anschluß dieser Gebiete an Piemont-Sardinien. Der Freischaren-Führer Giuseppe Garibaldi (1807–82) landete 1860 mit etwa tausend Freiwilligen in Sizilien und eroberte es mit Hilfe der Bevölkerung. Sardinische Truppen rückten in den Kirchenstaat ein. Garibaldi, von den Italienern begeistert gefeiert, unterstellte sich Cavour und seinem König.
Napoleon, der selbst Volksabstimmungen seine Krone verdankte, fand sich mit der Entwicklung ab. Als Preis dafür ließ er sich von Cavour Nizza und Savoyen abtreten. Diese Annexion wurde durch eine manipulierte Volksabstimmung verschleiert. Ein italienisches Gesamtparlament proklamierte 1861 Viktor Emanuel zum König von Italien. Schon 1866 bzw. 1870 fielen auch Venetien und der Rest des Kirchenstaates (Rom und Umgebung) an Italien, nachdem Österreich bzw. Frankreich infolge ihrer militärischer Niederlagen durch Preußen sie nicht mehr halten konnten.

Henri Dunant gründet das Rote Kreuz

Die entscheidende Schlacht des Krieges von 1859 fand im Juni bei Solferino in der Nähe des Gardasees statt. Der Schweizer Kaufmann Henri Dunant (1828–1910) reiste durch Oberitalien und wurde Zeuge dieser Kämpfe. Tausende von Schwerverwundeten sah er leiden, ohne daß ihnen geholfen wurde; denn planvolle Vorsorge für die Verwundeten gab es nicht. Dunant forderte Einheimische auf, mit ihm die Verletzten zu pflegen. Er und seine Helfer wollten jedem Menschen helfen; zu welcher Seite er gehörte, war belanglos.
In den nächsten Jahren setzte Dunant seine Arbeitskraft und sein Vermögen daran, die Staaten zu einer Übereinkunft zu bewegen, die Pflege und Schutz der Verwundeten garantierte. 1864 unterzeichneten sechzehn Staaten in Dunants Heimatstadt Genf die *„Genfer Konvention“*. Von jetzt an sollte das Zeichen des *Roten Kreuzes* Krankenhäuser, Lazarette, Ärzte, Sanitäter und Verwundete vor Kriegshandlungen schützen. Die Barbarei des Krieges sollte wenigstens vor Hilfsbedürftigen und ihren Helfern halt machen. 1901 erhielt Henri Dunant den Friedens-Nobelpreis.

Henri Dunant suchte durch seine Schrift „Eine Erinnerung an Solferino“, die er 1862 auf eigene Kosten drucken ließ, Anhänger für seine Gedanken zu gewinnen. Darin heißt es:

„Um jeden Hügel werden hartnäckige Kämpfe geliefert, ganze Haufen von Toten sind auf den Hügeln, in den Hohlwegen aufgetürmt. Österreicher und Alliierte töten einander auf den blutigen Leichnamen. Sie morden sich mit Kolbenschlägen, zerschmettern sich das Gehirn, schlitzen sich mit Säbeln und Bajonetten die Leiber auf; kein Pardon wird mehr gegeben, es ist ein Gemetzel, ein Kampf wilder, wütender, blutdürstiger Tiere, und selbst die Verwundeten verteidigen sich bis zum äußersten. Wer keine Waffen mehr besitzt, faßt seinen Gegner an der Gurgel und zerfleischt ihn mit den Zähnen ... Die Pferde zertreten unter ihren Hufen Tote und Sterbende ... In das Wiehern der Pferde mischen sich Flüche, Schmerzens- und Verzweiflungsrufe und Wutgeschrei ... Der Boden wird mit Blut getränkt, mit menschlichen Überresten bedeckt ...

Auf den steinernen Fliesen der Spitäler und Kirchen von Castiglione liegen Seite an Seite Kranke aller Nationen: Franzosen und Araber, Deutsche und Slawen. Man legt sie einstweilen dort nieder, wo Platz ist, und sie haben nicht mehr die Kraft, sich zu bewegen, und können sich auf dem engen Raum nicht rühren. Flüche, Lästerungen und Schmerzensschreie, die wiederzugeben die Sprache nicht fähig ist, hallen von den Gewölben der geweihten Räume wider. ‚Ach, Monsieur, wie leide ich‘, sagte einer dieser Unglücklichen zu mir, ‚man läßt uns im Stich, man läßt uns elend sterben, und doch haben wir uns tapfer geschlagen!‘ ...

Es gelingt mir, ... eine Anzahl Frauen aus dem Volke zusammenzubringen, die ihr möglichstes tun, den Verwundeten behilflich zu sein ... Die Frauen von Castiglione erkennen bald, daß es für mich keinen Unterschied der Nationalität gibt, und so folgen sie meinem Beispiel und lassen allen Soldaten das gleiche Wohlwollen zuteil werden. ‚Tutti fratelli‘ (Alles Brüder) wiederholen sie gerührt immer wieder. Es gab nichts, was sie zurückgeschreckt, erschöpft oder entmutigt hätte. Ihre bescheidene Hingebung kannte keine Müdigkeit und keinen Ekel. Kein Opfer war ihnen zu viel ...

Sollte es nicht möglich sein, freiwillige Hilfsgemeinschaften zu gründen, deren Zweck es wäre, die Verwundeten in Kriegszeiten zu pflegen oder pflegen zu lassen? Die Humanität und die Zivilisation verlangen gebieterisch nach dem hier angedeuteten Werke; es scheint uns, daß dessen Vollführung selbst eine Pflicht wäre, zu deren Erfüllung jeder irgend einflußreiche Mann seine Unterstützung und jeder Wohldenkende irgendeinen Gedanken beitragen sollte.“

(Henri Dunant, Eine Erinnerung an Solferino. Zürich 1959, S. 43 ff., übers. v. Richard Tüngel)

6. Unterrichte dich über Organisation und Tätigkeit des Roten Kreuzes in der Gegenwart. Versuche, die Wirkung des Werkes von Dunant einzuschätzen.

7. Welche Umstände unterstützten Cavours Bemühen um die Einigung Italiens?

Zum Wiederholen und Nachschlagen

Durch außenpolitische Erfolge wollte Napoleon III. seine Herrschaft stärken. Einen großen Prestigegewinn errang er durch die Teilnahme am Krimkrieg. Gemeinsam mit England, das die russische Großmacht vom Mittelmeer und den Meerengen fernhalten wollte, besiegten die Franzosen die Truppen des Zaren auf der Krim. Frankreichs Ansehen war gestiegen und das russische Übergewicht in Europa beseitigt.

In den nächsten Jahren unterstützte Napoleon III. die italienische Einigungsbewegung, um dabei Ansehen und Land (Nizza und Savoyen) zu gewinnen. Der Ministerpräsident des Königreiches Piemont-Sardinien, Cavour, verstand es, Napoleon III. in einen Krieg mit Österreich zu treiben (1859), um auf diese Weise die italienische Einigung zu erreichen. Das „Risorgimento“ (die Erneuerung) Italiens war vollendet, als 1866 Venetien und 1870 auch die Reste des Kirchenstaates mit Rom an das Königreich Italien kamen. Das grausige Erlebnis einer Schlacht veranlaßte den Schweizer Henri Dunant, das Rote Kreuz zu gründen.

1854–56	Krimkrieg: neue Machtverhältnisse in Europa
1860	Einigung Italiens
1864	Genfer Konvention: Rotes Kreuz

Begriffe: Genfer Konvention, Risorgimento, Rotes Kreuz

Amerika um die Jahrhundertmitte

Die Ausdehnung der USA

Als 1783 die dreizehn englischen Kolonien ihre Unabhängigkeit erlangt hatten, reichte ihr Gebiet zwar von der Atlantikküste bis zum Mississippi, aber der englische und spanische Landbesitz in Nordamerika war zusammen weit größer. Das änderte sich bis zur Mitte des 19. Jahrhunderts. Durch Kauf und Krieg erwarben die USA das Gebiet zwischen Mississippi und Pazifikküste. Die neuerworbenen riesigen Ländermassen waren nur von einigen Hunderttausend Indianern besiedelt. Die immer weiter nach Westen vordringenden Pioniere besetzten weite Landgebiete und wandelten sie in harter Arbeit zu Kulturland um. Wenn auch Herkunft und Sprache der Einwanderer verschieden waren, so schmolzen sie unter den Lebensbedingungen der Neuen Welt doch bald zu einem neuen Volk zusammen. In den neuen Gebieten des Westens bildete sich die demokratische Gesinnung besonders stark aus. 1829 wurde mit Andrew Jackson zum erstenmal ein Mann einfacher Herkunft aus dem Westen Präsident der USA. Während in Europa Schritt für Schritt die politische Freiheit errungen werden mußte, war in vielen Staaten der USA die soziale Gleichberechtigung schon verwirklicht. Aus Jacksons Anhängern bildete sich später die Demokratische Partei, während seine mehr konservativ denkenden Gegner sich in der Republikanischen Partei zusammenschlossen (unter diesem Namen erst 1854 gegründet). Jackson führte das „Beutesystem" (spoil system) ein, die einseitige Verteilung aller Beamtenposten an Parteianhänger unabhängig von ihrer fachlichen Qualifikation.

Der Sezessionskrieg

Zwischen den nördlichen und südlichen Staaten der USA gab es erhebliche wirtschaftliche und soziale Unterschiede. Im Süden war eine ausgedehnte Plantagenwirtschaft entstanden, die sich vorwiegend auf den Anbau von Baumwolle spezialisiert hatte. Das Land war in den Händen reicher Großgrundbesitzer, die Arbeit wurde von 3,5 Mill. Negersklaven verrichtet. Im Norden dagegen lebten kleinere Farmer, Kaufleute und Arbeiter, die in der sich rasch entwickelnden Industrie oder im Handel Arbeit fanden. Da fast alle europäischen Auswanderer in die Nordstaaten gingen, war deren Bevölkerung um 1860 mit 22 Millionen etwa viermal so stark wie die weiße Bevölkerung der Südstaaten. Der Norden wollte seine heranwachsende Industrie durch Schutzzölle vor der Konkurrenz europäischer Erzeugnisse bewahren; der Süden dagegen war durch die Tabak- und Baumwoll*monokultur* auf die Einfuhr billiger Industrieerzeugnisse angewiesen, bekämpfte deshalb den Schutzzoll und forderte den Freihandel. Außerdem waren die Pflanzer der Südstaaten an Sklaven als billigen Arbeitskräften interessiert, zumal das Klima die Arbeit auf den Baumwollfeldern für Weiße ungeeignet erscheinen ließ. Immer wieder hatte sich seit der Unabhängigkeit Streit um die Sklavenfrage erhoben. Jedes Territorium, das als Staat in den Verband der USA eintrat, hatte zuerst die Frage zu lösen, ob Sklavenhaltung erlaubt oder verboten war. Neben diesen wirtschaftlichen und politischen Fragen, die mit dem Sklavenproblem verknüpft waren, spielte die Ablehnung der Sklaverei als einer menschenunwürdigen Einrichtung im Norden eine große Rolle. 1852 erschien ein Roman („Onkel Toms Hütte" von H. Beecher-Stowe), der das Unmenschliche der Sklaverei schilderte. Er wurde im Norden weit verbreitet und erregte eine Welle der Empörung. Im Süden berief man sich jedoch auf die Freiheit der einzelnen Bundesstaaten, die Sklavenfrage nach eigenem Ermessen zu lösen.

In dieser erhitzten Atmosphäre wurde 1860 der Rechtsanwalt Abraham Lincoln (1809–65) zum Präsidenten der USA gewählt. Als Mitglied der republikanischen Partei, die für die Abschaffung der Sklaverei eintrat, wurde dieser Mann des Nordens von den Südstaatlern erbittert abgelehnt. Ehe er sein Amt als Präsident im Frühjahr 1861 antrat, hatten bereits sieben Südstaaten ihren Austritt (*Sezession*) aus der Union erklärt und die Konföderierten Staaten von Amerika gegründet. Lincoln setzte seine ganze Energie zur Erhaltung der Einheit

▷ 102

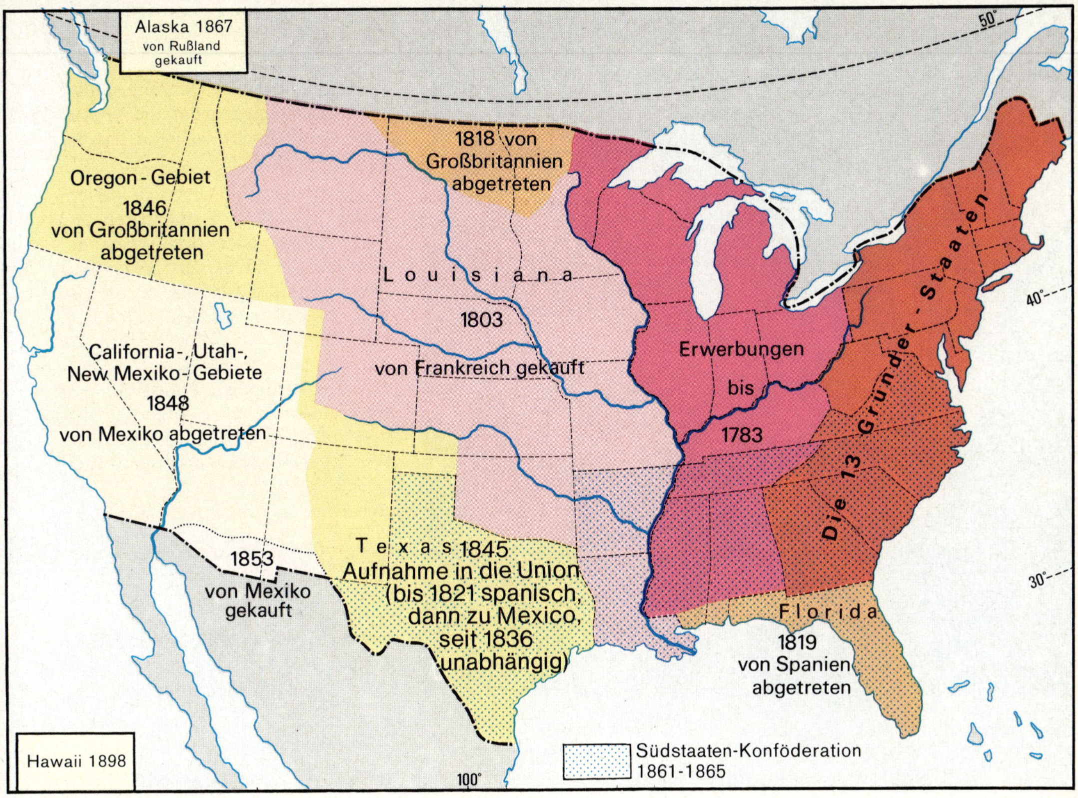

Die Ausdehnung der USA

1. Wiederhole die territoriale Entwicklung Nordamerikas im 18. Jahrhundert (vgl. Bd. 2).

Die Besiedlung der USA im 19. und zu Beginn des 20. Jahrhunderts

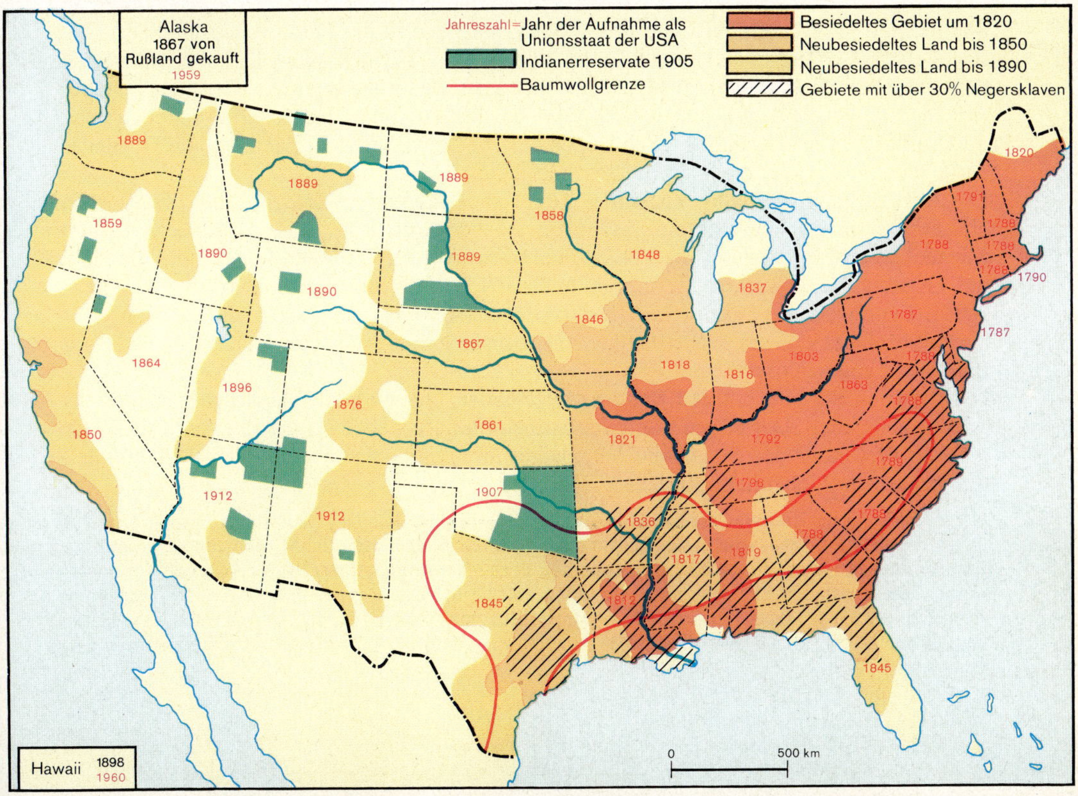

In einem Brief vom 22. August 1862 legte Abraham Lincoln die Grundzüge seiner Politik während des Sezessionskrieges dar:

„Mein oberstes Anliegen in diesem Kampf ist, die Union zu erhalten, und nicht Schutz oder Beseitigung der Sklaverei ... Was ich wegen der Sklaverei und der Neger tue, tue ich, weil ich glaube, es helfe die Union zu erhalten ... Ich habe hier meine Pläne entsprechend meiner Ansicht von der Amtspflicht umrissen, und ich beabsichtige keine Änderung meines oft geäußerten persönlichen Wunsches, alle Menschen möchten überall frei sein können."

(The People Shall Judge, Bd. 1, selected and edited by the Staff, Social Sciences I, The College of the University of Chicago. Chicago 1949, Bd. 1, S. 768 f., übers. v. Erich Goerlitz)

Abraham Lincoln bei einer Wahlrede (zeitgenössische Lithographie). Der Präsident wurde 1865 ermordet.

der Union ein. Der Präsident war persönlich ein Gegner der Sklaverei, gestand jedoch den Einzelstaaten der Union das Recht zur Entscheidung über die Sklavenfrage zu. Er bestritt ihnen aber das Recht zur Sezession. Deshalb begannen die Südstaaten, inzwischen auf elf angewachsen, den Krieg gegen die Yankees, wie man die Bewohner der Nordstaaten nannte.

1861 bis 1865 In dem vierjährigen Krieg siegten die Nordstaaten dank ihrer zahlreicheren Bevölkerung und überlegenen Wirtschaftskraft. Die Seeblockade verhinderte die Baumwollausfuhr der Südstaaten nach Europa, so daß sie auf 2% der Vorkriegsmenge zurückging. Das hatte eine Krise der englischen Tuchindustrie zur Folge, die ihrerseits wieder die englische Regierung zu einer Annäherung an die Südstaaten bewog. Die von der Konföderation erhoffte Unterstützung durch England und Frankreich blieb jedoch aus, weil die öffentliche Meinung dieser Länder darin ein Eintreten für die Sklaverei gesehen hätte.

Die Kriegführung trug zum erstenmal Züge einer modernen Kriegstechnik. Technische Hilfsmittel wie Telegraphie und Eisenbahn spielten eine Rolle, den Generälen standen Massenheere zur Verfügung, die Verluste waren gewaltig (etwa 620 000 Gefallene). Das Land des Gegners wurde verheert („verbrannte Erde"), Gefangene wurden diskriminiert, menschenunwürdige Lager eingerichtet. 1865 wurden alle Sklaven in den USA für frei erklärt. Der lange Prozeß der völligen gesellschaftlichen Gleichstellung der Farbigen ist dagegen bis heute noch nicht abgeschlossen.

Der Sieg des Nordens hat den Bundesstaat erhalten und die partikularistischen Kräfte des Südens gebrochen. Der Süden war wirtschaftlich ruiniert, stellenweise drohte ein Chaos, das manche Bewohner der Südstaaten veranlaßte, ihre Interessen mit Hilfe von Gewalttaten durchzusetzen (Geheimbund *Ku-Klux-Klan*).

In der Hoffnung, der Sezessionskrieg werde die USA spalten, hatte sich Napoleon III. in die amerikanische Politik eingemischt. 1863 hatte er den Habsburger Maximilian als Kaiser von Mexiko eingesetzt und mit Truppen dessen Kampf gegen den mexikanischen Präsidenten unterstützt. Nach dem Ende des Sezessionskrieges verlangten die USA unter Berufung auf die Monroe-Doktrin den Abzug der Franzosen. Napoleon gab nach; der schutzlose Kaiser Maximilian von Mexiko wurde 1867 von den siegreichen Republikanern erschossen. Statt Einfluß in Amerika zu gewinnen, hatte Napoleon seinem Ansehen in Europa sehr geschadet.

▷ 104

Sklavenauktion.
Leipziger Illustrierte Zeitung (1853)
Anzeige für den Roman „Onkel Toms Hütte".

In der „New York Tribune" erschien am 9. 3. 1859 ein Bericht über eine Sklavenauktion in Savannah, Georgia:

„Die Neger wurden in der Tat nicht besser als Vieh beklopft und begutachtet. Die Käufer öffneten ihnen den Mund, prüften die Zähne, kniffen sie in Arme und Schenkel, um die Muskeln zu probieren, ließen sie auf und ab gehen und alle möglichen Verrenkungen machen, um zu sehen, ob sie lahm oder wund waren, und stellten dazu eine Menge Fragen, die sich auf ihre Kenntnisse und Fähigkeiten bezogen ... Nach der Ankündigung sollten die Neger nur ‚familienweise' verkauft werden, das heißt, Frauen wurden nicht von ihren Männern, Mütter nicht von ihren kleinen Kindern getrennt. In dieser Maßnahme lag vielleicht ebensoviel Schlauheit wie menschliche Regung, denn auf diese Weise wurde man auch die alten und untauglichen Leute los, die sonst keine Käufer gefunden hätten. In den Gesichtern der Neger, die auf den Block stiegen, malte sich stets das gleiche ab: Angst, die in Worten schwer zu schildern ist, unsagbare Angst."

Aus einer Anzeige in einer Zeitung am 28. 2. 1859:

„Zu verkaufen. Baumwoll- und Reisneger, ... Die Neger sind familienweise abzugeben und können spätestens drei Tage vor der Auktion, sobald die Kataloge fertiggestellt sind, besichtigt werden."

(Louis L. Snyder / Richard B. Morris [Hrsg.], Hier hielt die Welt den Atem an. Zürich [3]1965, S. 16, 18 ff., übers. v. Hans Dieter Müller)

2. Wenn du den Roman „Onkel Toms Hütte" von Harriet Beecher-Stowe kennst, kannst du vielleicht einige Einzelheiten über das Leben der Sklaven berichten.

Tocqueville studierte und beobachtete Verfassung und Lebenswirklichkeit der USA gründlich. In seinem Buch „Über die Demokratie in Amerika" (1835) schrieb er:

„Die Gesellschaft wirkt durch sich selbst und auf sich selbst. Nur in ihr gibt es Macht; man findet sogar fast niemanden, der den Gedanken fassen oder gar aussprechen dürfte, man solle sie aus einer anderen Wurzel ableiten. Das Volk nimmt an der Abfassung der Gesetze teil durch die Wahl der Mitglieder der ausübenden Gewalt; so gering und begrenzt ist der Anteil der Verwaltung, so sehr zeigt sich ihr Ursprung aus dem Volk und gehorcht sie der Macht, der sie entstammt, daß man sagen kann, das Volk regiert selbst. Das Volk beherrscht die amerikanische politische Welt wie Gott das All. Es ist Ursprung und Ziel aller Dinge; aus ihm geht alles hervor, und zu ihm kehrt alles zurück".

(Alexis de Tocqueville, Über die Demokratie in Amerika, hrsg. v. Jacob P. Mayer und Theodor Eschenburg. München 1976, S. 65, übers. v. Hans Zbinden)

3. Vergleiche den Bericht Tocquevilles mit den dir bekannten Verhältnissen in Europa um die gleiche Zeit.
4. Was sind die Ursachen des amerikanischen Sezessionskrieges? Welche außenpolitischen Rückwirkungen beeinflußten seinen Verlauf?
5. Zeige, daß Lincoln in einem Brief von 1862 (S. 102) seine Privatmeinung von seiner Rolle als Politiker trennt. Warum tut er es? Beurteile das.
6. Übersetze die Plakattexte auf der Abb. S. 102. Vergleiche mit Wahlkampftexten von heute. Was sagen die Slogans aus?

Konzentration in der Wirtschaft:

1882	Standard Oil Company (erster großer Trust)
1901	United States Steel Company, die größte Firma des Landes, kontrolliert 70% der amerikanischen Eisenerzeugung
1904	319 Trusts besitzen über 5 300 früher selbständige Unternehmungen

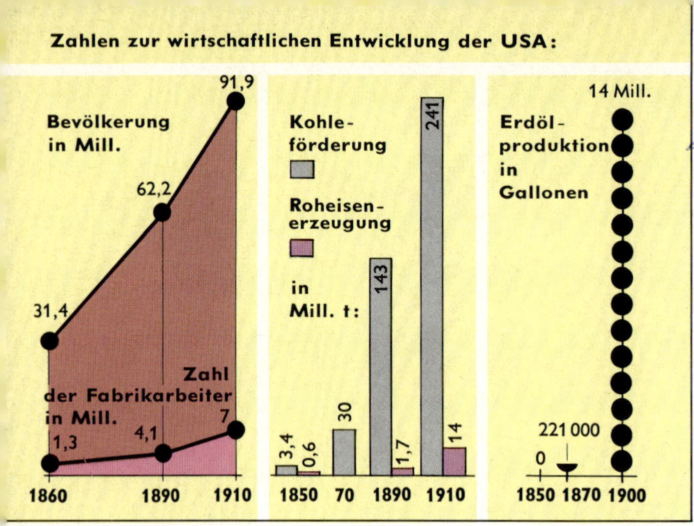

Der wirtschaftliche Aufschwung der USA

1867 kauften die USA Alaska von Rußland. Mit Hilfe der Technik (1862–69 Bau der ersten Pazifikbahn) wurde das Innere des Kontinents schnell erschlossen. Langsam kehrte der innere Frieden in den USA zurück; der wirtschaftliche Aufschwung, begünstigt durch große Bodenschätze, erhob die USA bald zu einer Weltmacht.

Das rasche Wachstum der Wirtschaft bewirkte auch die Entstehung immer größerer Betriebe, bzw. den Zusammenschluß mehrerer Unternehmen, so daß am Ende des Jahrhunderts der Großbetrieb für die hochkapitalistische Wirtschaftsform der USA charakteristisch war. Da die sich ständig ausweitende industrielle Wirtschaft viele Aufstiegsmöglichkeiten bot, kam es trotz aller Spannungen zwischen Unternehmern und Arbeitern nicht zur Bildung klassenkämpferischer Arbeiterparteien wie in Europa. Der selfmademan, der sich vom Zeitungsjungen oder Liftboy zum Großindustriellen heraufgearbeitet hatte, wurde zu einem häufig bestaunten Leitbild der kapitalistischen amerikanischen Gesellschaft. Solcher Aufstieg war nicht die Regel, aber möglich, vor allem weil viele Amerikaner ohne Rücksicht auf die Zugehörigkeit zu einer bestimmten gesellschaftlichen Schicht einen einträglichen ‚Job' suchten. Das wäre in Europa unmöglich gewesen und war ein zusätzlicher Anreiz zur Einwanderung in das „Land der unbegrenzten Möglichkeiten". Durch umfassenden Einsatz von Maschinen und großflächigen Anbau wurden die USA auch zum größten Erzeuger landwirtschaftlicher Produkte.

Die amerikanische Arche für Auswanderer (Zeichnung eines deutschen Auswanderers, 1880). Zwischen 1861 und 1890 wanderten aus Europa über 9 Millionen, aus Asien über eine Viertel Million Menschen in die USA ein.

Siedlung an der ersten transkontinentalen Eisenbahn (Zeichnung um 1870). Die Strecke wurde zwischen 1860 und 1870 gebaut und beschleunigte die Erschließung der Great Plains für Siedler.

7. Welche wirtschaftlichen Gründe können die Zu- und Abnahme der Einwandererzahlen beeinflußt haben?
8. Definiere, was ein Trust ist.
9. Setze die Zahlen von S. 103/104 zueinander in Beziehung und erläutere, was sie aussagen. Fertige ein Kurvenbild an!
10. Erläutere die Vorgänge auf dem Bild oben.
11. Betrachte die Abb. S. 104; Was ist das Vorbild für diese Arche? Wer empfängt die Auswanderer? Wo kommen sie her (Kleidung)? Übersetze den Text auf der Tafel.
12. Was begünstigte die rasche Entwicklung der USA zu einem modernen Industriestaat?
13. Beurteile das von Präsident Jackson eingeführte „Spoil-system" und seinen Ausspruch: „Alle öffentlichen Aufgaben sind so klar und einfach, daß intelligente Menschen sich rasch das aneignen können, was zu ihrer Erledigung erforderlich ist." Erkundige dich, ob es etwas Ähnliches in der Bundesrepublik Deutschland gibt.
14. Was begünstigte die Ausbildung einer demokratischen Gesellschaft in den USA im vorigen Jahrhundert?
15. Nenne die wirtschaftlichen und sozialen Unterschiede zwischen den Nord- und Südstaaten der USA. Welche Bedeutung hatte die Sklavenfrage?

Zum Wiederholen und Nachschlagen

In der ersten Hälfte des neunzehnten Jahrhunderts dehnten sich die USA über einen großen Teil des nordamerikanischen Kontinents aus. Die Einwanderer wuchsen zu einem neuen Volk zusammen, dessen Lebensform von den alten sozialen Unterschieden und traditionellen Kräften Europas weitgehend frei war.
In den nördlichen Bundesstaaten der USA entstanden Industriebetriebe; im Süden waren große Baumwollplantagen in der Hand einer zahlenmäßig kleinen, zur demokratischen Partei neigenden Pflanzeraristokratie. Im Norden lehnte man die Sklaverei als menschenunwürdig ab, der Süden sah in ihr eine wirtschaftliche Notwendigkeit. Die Wahl Abraham Lincolns zum Präsidenten, der als Republikaner die Interessen des Nordens teilte, veranlaßte den Austritt (Sezession) einiger Südstaaten aus der Union. Im Sezessionskrieg von 1861–65 ging es um den Bestand der Union, der durch den Sieg des an Wirtschaftskraft und Volkszahl weit überlegenen Nordens gewahrt wurde. Der Prozeß der Eingliederung der befreiten Neger in die amerikanische Gesellschaft ist heute noch nicht abgeschlossen. Nach dem Krieg wurden die USA immer mehr zu einer Großmacht.

1861–65 Sezessionskrieg in den USA

Begriffe: Ku-Klux-Klan, Monokultur, Sezessionskrieg

Ho hỏi
lớn

Preußen erringt die Vorherrschaft in Deutschland

Der Konflikt um die Heeresreform in Preußen

Seit 1861 regierte König Wilhelm I. (bis 1888). In das Ministerium berief er liberale Minister; eine Zusammenarbeit zwischen Krone und Landtag schien sich anzubahnen. Man sprach vom Beginn einer „neuen Ära". Wahlen stärkten die liberale Partei. Aber schon bald stieß der König heftig mit dem Parlament zusammen, denn das Abgeordnetenhaus widersetzte sich der von der Krone verlangten Heeresreform. Deshalb strich das Abgeordnetenhaus im Staatshaushalt für 1862 die für die Durchführung der Heeresreform (Verstärkung des Heeres entsprechend der Bevölkerungsvermehrung seit 1814) angesetzten Kosten (mit 308 zu 11 Stimmen). Inzwischen waren aber die neuen Regimenter schon aufgestellt worden. Das Abgeordnetenhaus wurde vorzeitig aufgelöst. Neuwahlen führten aber zu keinem anderen Ergebnis. Da der König von seiner Forderung nicht abgehen wollte, die Verfassung jedoch nach der Ablehnung des Haushalts durch das Abgeordnetenhaus keinen Weg mehr zu ihrer Erfüllung offen ließ, traten die Minister zurück. Der König war bereit, abzudanken.

Otto von Bismarck

In dieser kritischen Lage wurde der preußische Gesandte in Paris, Otto von Bismarck, vom Kriegsminister nach Berlin gerufen. Er war der einzige, der den Kampf mit dem Parlament für
1862 den König aufzunehmen bereit war. Am 21. September 1862 wurde Bismarck zum preußischen Ministerpräsidenten ernannt.

Otto von Bismarck, geboren 1815, stammte aus einer altmärkischen Adelsfamilie. Nach einem Jurastudium in Göttingen und Berlin trat er 1835 in den Staatsdienst. Die Verwaltungsarbeit war ihm „kleinlich und langweilig", so daß er bald den Staatsdienst verließ, um als Landwirt das Familiengut in Pommern zu bewirtschaften.
Die politische Laufbahn begann Bismarck 1847 als konservativer Standesvertreter im Vereinigten preußischen Landtag. Von 1851–59 war er preußischer Gesandter am Frankfurter Bundestag, vertrat dann Preußen drei Jahre als Gesandter in Petersburg und 1862 in Paris. So war er mit allen Problemen der preußischen Politik gründlich vertraut. Der preußische Konservative wandelte sich zum „Realpolitiker", der sich keiner Idee verschrieb, sondern in der Politik einen Machtkampf sah, in dem der gewinnt, der das jeweils Zweckvollste tut. Ihn interessierten nicht theoretische Erwägungen, er verfolgte praktische Ziele. Er fühlte sich als Diener des Königs und sah seine Aufgabe in der Stärkung Preußens. Dazu benutzte er alle Mittel, die er glaubte, vor Gott und seinem Gewissen verantworten zu können.

Der Ministerpräsident und die Verfassung

Bismarck gewann bald großen Einfluß auf den König, der dem Ministerpräsidenten Handlungsfreiheit ließ. Der Anlaß des Streites zwischen Krone und Abgeordnetenhaus war Bismarck gleichgültig. Er wollte verhindern, daß die Rechte der Krone durch den Landtag geschmälert würden und ließ oppositionelle Beamte maßregeln sowie die Presse scharf zensieren. Bis 1867 regierte er, ohne daß das neu gewählte Abgeordnetenhaus den Staatshaushalt bewilligte. Um die Opposition gefügig zu machen, erwog er in Gesprächen mit dem Sozialisten Ferdinand Lassalle die Einführung des allgemeinen Wahlrechts, um auf diese Weise den Stimmen des liberalen Großbürgertums ihr Gewicht zu nehmen, das ihnen das Dreiklassenwahlrecht verschafft hatte.

Bismarck begründete seinen Anspruch, ohne Parlament zu regieren, folgendermaßen: Da das Herrenhaus dem königlichen Budgetvorschlag zugestimmt hatte, das Abgeordnetenhaus aber nicht, sei ein Fall eingetreten, der in der Verfassung nicht vorgesehen sei. Da die Politik jedoch nicht stillstehen könne, müsse der Staat handeln, bis eine Einigung zustande komme. Auf Grund dieser „Lückentheorie" wurden die Steuern in der letztbewilligten Höhe eingezogen und die Heeresreform wurde in der vom König gewünschten Form verwirklicht. Eine Lösung des Konfliktes war nicht abzusehen. Außenpolitische Ereignisse, von Bismarck geschickt ausgenutzt, lenkten den Blick auf andere Fragen.

1838 legte Bismarck in einem Brief dar, weshalb er die Beamtenlaufbahn aufgab:

„Der preußische Beamte gleicht dem einzelnen im Orchester ... ohne Übersicht und Einfluß auf das Ganze muß er sein Bruchstück abspielen, wie es ihm gesetzt ist, er mag es für gut oder schlecht halten. Ich will aber Musik machen, wie ich sie für gut erkenne, oder gar keine."

(Otto von Bismarck, Die gesammelten Werke, 15 Bde., Bd. 14/1. Berlin 1924 ff., S. 14)

In der Rede vom 27. 1. 1863 entwickelte Bismarck seine Ansicht zum Verfassungskonflikt um die Heeresreform:

„Ein englisches Ministerium, mag es sich nennen wie es will, ist ein parlamentarisches, ein Ministerium der Majorität des Parlaments; wir aber sind Minister Sr. Majestät des Königs ... Die Verfassung verweist ... auf den Weg der Kompromisse zur Verständigung ... Wird der Kompromiß dadurch vereitelt, daß eine der beteiligten Gewalten ihre eigene Ansicht mit doktrinärem Absolutismus durchführen will, so wird die Reihe der Kompromisse unterbrochen und an ihre Stelle treten Konflikte und Konflikte, da das Staatsleben nicht stillzustehen vermag, werden zu Machtfragen; wer die Macht in Händen hat, geht dann in seinem Sinne vor, weil das Staatsleben auch nicht einen Augenblick stillstehen kann."

(Otto von Bismarck, Die großen Reden, hrsg. v. Lothar Gall. Berlin 1981, S. 68 f.)

1. Wie begründet Bismarck das Recht zum politischen Handeln gegen das Abgeordnetenhaus, das er beansprucht? Worin bestand der Unterschied zwischen einem englischen und einem preußischen Minister?
2. Überlege, was sich für und gegen die Haltung eines „Realpolitikers" sagen läßt.

Bismarck (Fotografie 1859)

3. Nenne die Gründe der Auseinandersetzung zwischen König und Landtag wegen der Heeresreform von 1862. Unterscheide zwischen dem unmittelbaren Anlaß und tiefer liegenden Ursachen.
4. Warum nimmt Bismarck das Amt des Ministerpräsidenten an? Bilde dir ein Urteil über seine Haltung im Verfassungskonflikt.
5. Stelle knapp den Unterschied zwischen dem Dreiklassenwahlrecht und dem allgemeinen Wahlrecht dar, und schildere Bismarcks taktische Überlegungen in diesem Zusammenhang.

Bismarcks Rußlandpolitik

Im Januar 1863 brach in Polen ein Aufstand gegen die russische Herrschaft aus. Bismarck trat entschieden auf die Seite des Zaren und schloß mit ihm ein Militärbündnis zur gegenseitigen Unterstützung bei der Verfolgung der Aufständischen im Grenzgebiet. Bismarck erreichte damit eine Annäherung an Rußland, die ihm Rückendeckung im Spiel der Mächte verschaffte.

Der Krieg Österreichs und Preußens gegen Dänemark 1864

1863 brach der König von Dänemark das „Londoner Protokoll" (s. S. 86) von 1852: Er erließ eine Verfassung, die auch für Schleswig gelten sollte. Daraufhin forderten Nationale und Liberale in ganz Deutschland die Unabhängigkeit beider Herzogtümer. Diese Forderung widersprach den Grundsätzen des Londoner Protokolls ebenso wie das Vorgehen der Dänen. England und Rußland drohten einzugreifen. Bismarck verteidigte ausdrücklich das Londoner

Protokoll und erschien damit als Gegner der deutschen nationalen Einigungsbewegung. Doch brachte er damit die europäischen Großmächte hinter sich und machte Preußen zum entscheidenden Faktor in der Auseinandersetzung. Zusammen mit Österreich stellte er an Dänemark im Namen des Londoner Protokolls das *Ultimatum*, die Verfassung von 1863 aufzuheben. Die Ablehnung der Dänen löste den Krieg aus (Sommer 1864). Preußen und
1864 Österreich siegten, Dänemark mußte die Herzogtümer abtreten. Die Sieger wollten sie gemeinsam regieren.

Spannungen zwischen Österreich und Preußen

Nach Zwistigkeiten über die Zukunft Schleswig-Holsteins schloß Bismarck im Sommer 1865 in Gastein (Österreich) überraschend einen Vertrag mit Österreich. Die gemeinsame Verwaltung der Herzogtümer wurde aufgegeben, Preußen erhielt das alleinige Verwaltungsrecht über Schleswig, Österreich über Holstein. Noch hoffte Bismarck ohne einen Krieg mit Österreich, allein durch diplomatisches Geschick die preußische Hegemoniestellung in Norddeutschland durchsetzen zu können. Aber auch den Krieg bereitete er mit allen diplomatischen Mitteln vor.
Österreich wollte die schleswig-holsteinische Frage über den Bundestag lösen lassen. Preußen schlug dagegen die Gründung eines kleindeutschen Bundes ohne Österreich vor. Einen Tag später bewirkte Österreich die Mobilisierung von Bundestruppen gegen Preußen, das inzwischen in Holstein einmarschiert war, weil es den Gasteiner Vertrag als von Österreich gebrochen betrachtete. Preußen erklärte den Deutschen Bund für aufgelöst (14. Juni 1866). In einer preußischen Proklamation „An das deutsche Volk" wurde erklärt, Preußen sei bereit, „für die ... bisher gewaltsam gehemmte nationale Entwicklung Deutschlands den Kampf aufzunehmen." Bismarck versuchte, die deutsche Nationalbewegung an den preußischen Staat zu binden.

Der Preußisch-Österreichische Krieg 1866

Die außenpolitische Lage war für Preußen günstig. Die Westmächte waren durch den amerikanischen Bürgerkrieg abgelenkt, Frankreich zudem durch das mexikanische Unternehmen gebunden (vgl. S. 102). Seit dem Krimkrieg bestand der Gegensatz zwischen Rußland und Österreich; die Freundschaft Preußens zu Rußland hatte Bismarck durch sein Vorgehen während des polnischen Aufstandes gefestigt.
Die meisten deutschen Staaten standen auf der Seite Österreichs, bei dessen Sieg sie ihre
1866 Unabhängigkeit zu wahren hofften. Der Krieg war in drei Wochen entschieden. Bei Königgrätz in Böhmen erlitten die Österreicher eine schwere Niederlage. Der Friedensschluß war Bismarcks Werk. Österreich brauchte kein Gebiet an Preußen abzutreten. Bismarck wahrte, wie er schrieb, „die Möglichkeit, uns mit dem heutigen Gegner wieder zu befreunden". Österreich sollte für die preußische Politik ein „guter Stein im europäischen Schachbrett" bleiben.
Preußen annektierte Schleswig-Holstein, Hannover, Kurhessen, Nassau und Frankfurt am Main. Damit gewann Preußen nördlich des Mains freie Hand. Bereits in den ersten Verhandlungen über den Frieden stimmte Österreich „einer neuen Gestaltung Deutschlands ohne Beteiligung des österreichischen Kaiserstaates" zu. Österreich war endgültig zu einer südosteuropäischen Macht geworden, die auf Deutschlands innere Verfassung keinen Einfluß mehr nahm.

Die österreichisch-ungarische Doppelmonarchie

Der Krieg von 1866 war für Österreich ein Zweifrontenkrieg gewesen, der zum Verlust
1867 Venetiens an Italien führte. 1867 wurde das Staatswesen umgestaltet, indem zwei selbständige Staaten mit eigener Regierung und Verwaltung (Transleithanien und Cisleithanien) geschaf-

▷ 110

Die Doppelmonarchie Österreich-Ungarn

- - - - Grenze zwischen beiden Reichshälften

	Einwohner in Mill. (1910)
Deutsche	12
Tschechen	8,5 (zusammen mit Slovaken)
Slovaken	
Ukrainer	4
Polen	5
Magyaren	10
Slovenen	1,4
Serbokroaten	5,6
Italiener	0,8
Rumänen	3,2

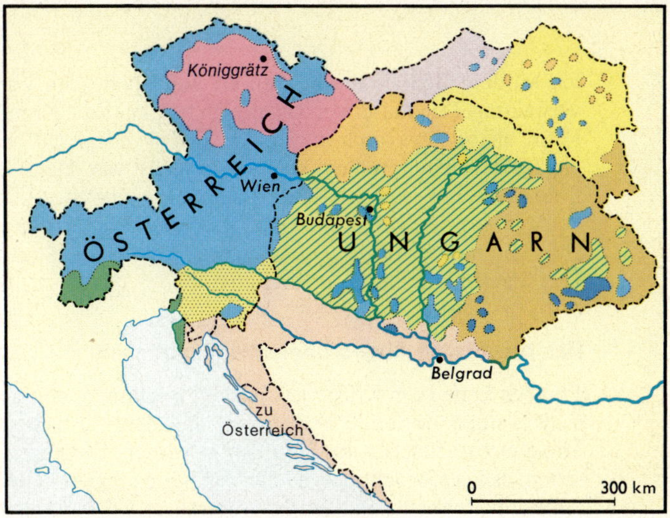

6. Erläutere anhand der Karte und der Zahlen die besondere Situation Österreich-Ungarns in Europa.

In seinen Lebenserinnerungen schildert Bismarck eine Auseinandersetzung mit dem König nach dem Sieg bei Königgrätz:

„Ich entwickelte dem Könige ... die politischen und militärischen Gründe, welche gegen die Fortsetzung des Krieges sprachen.

Österreich schwer zu verwunden, dauernde Bitterkeit und Revanche-Bedürfnis mehr als nötig zu hinterlassen, müßten wir vermeiden, vielmehr uns die Möglichkeit, uns mit dem heutigen Gegner wieder zu befreunden, wahren und jedenfalls den österreichischen Staat als einen guten Stein im europäischen Schachbrett und die Erneuerung guter Beziehungen zu demselben als einen für uns offen zu haltenden Schachzug ansehen. Wenn Österreich schwer geschädigt wäre, so würde es der Bundesgenosse Frankreichs und jedes Gegners werden; es würde selbst seine antirussischen Interessen der Revanche gegen Preußen opfern.“

(Otto von Bismarck, a. a. O., Bd. 15, S. 227 f.)

Bismarck schrieb nach der Schlacht bei Königgrätz seinem vierzehnjährigen Sohn einen Geburtstagsbrief, in dem es heißt:

„Der Friede mit Österreich ist so gut wie fertig; nachdem es uns den Platz in Deutschland geräumt, haben wir es glimpflich behandelt ... In der Politik muß man, wenn man viele Gegner hat, zunächst den stärksten außer Spiel setzen und die schwächern schröpfen, was im Privatleben eine sehr unritterliche Gemeinheit wäre. Was wir brauchen, ist Norddeutschland, und da wollen wir uns breit machen. Der Süden soll Geld bezahlen ...“

(Otto von Bismarck, a. a. O., Bd. 14/2, S. 719)

„Die Gelegenheit ist günstig.“ Die Karikatur erschien in der Zeitschrift Kladderadatsch wenige Tage vor dem Kriegsausbruch 1866 (Nr. 25 vom 3. 6. 1866).

7. Erläutere die Karikatur.

8. Diese Quellen lassen wichtige Beweggründe für Bismarcks Politik erkennen. Stelle sie in Stichworten geordnet zusammen.

Der preußische Generalstabschef Helmuth von Moltke schrieb über den Krieg 1866:

„Der Krieg von 1866 ist nicht aus Notwehr gegen die Bedrohung der eigenen Existenz entsprungen, auch nicht hervorgerufen durch die öffentliche Meinung und die Stimme des Volkes; es war ein im Kabinett als notwendig erkannter, längst beabsichtigter und ruhig vorbereiteter Kampf, nicht um Ländererwerb, Gebietserweiterung oder materiellen Gewinn, sondern für ein ideales Gut – für Machtstellung ... Dem besiegten Österreich wurde kein Fußbreit seines Territoriums abgefordert, aber es mußte auf die Hegemonie in Deutschland verzichten.“

(Helmuth von Moltke, Gesammelte Schriften und Denkwürdigkeiten, Berlin 1891–93, Bd. 3, S. 426)

9. Was nennt Moltke als Ursache und Ziel dieses Krieges?

10. Gib eine Darstellung der Ursachen des Krieges von 1866.

11. Nenne Ursache und Zweck der Gründung der Doppelmonarchie. Welche Probleme blieben offen?

fen wurden. Gemeinsam blieben die außenpolitische Vertretung, das Heer und die Finanzverwaltung. Der Kaiser von Österreich trug auch die Krone des Königreichs Ungarn. In dieser Form, als österreichisch-ungarische „*Doppelmonarchie*", bestand der Staat bis 1918, obschon das Nationalitätenproblem keineswegs gelöst war. Denn in der einen Reichshälfte hatten die Deutschen, in der anderen die Ungarn ein politisches Übergewicht, obwohl sie zahlenmäßig beide in ihrer Reichshälfte in der Minderheit waren. Unter den Slawen in der Doppelmonarchie fand deswegen der *panslawistische* Gedanke – Streben nach politischer Selbständigkeit aller Slawen – weiteste Verbreitung.

Das preußische Abgeordnetenhaus gibt nach

Preußen hatte zwei Kriege mit Heeren gewonnen, von denen ein Teil gar nicht hätte aufgestellt werden dürfen. Plötzlich war aus dem verhaßten „Konfliktminister" Bismarck der erfolgreichste Staatsmann Preußens geworden. Deswegen begannen viele darüber hinwegzusehen, daß er vier Jahre gegen die Verfassung regiert hatte. Bismarck erhielt vom preußischen Abgeordnetenhaus „Indemnität" (Straflosigkeit) für sein Vorgehen im Konflikt um die Heeresreform, womit er das Haushaltsrecht des Parlaments anerkannte. Der Staatshaushalt für die vergangenen vier Jahre wurde nachträglich bewilligt. Bismarck wollte damit die Liberalen gewinnen und Sympathien für Preußen in Deutschland erwecken.
Wegen der Indemnitätsfrage spaltete sich die liberale Fortschrittspartei. Die neue Nationalliberale Partei schlug sich auf die Seite Bismarcks und unterstützte von jetzt an seine Politik. Sie erhoffte von ihm die Erfüllung ihrer nationalen Wünsche. Dafür war sie bereit, die liberalen Verfassungswünsche vorerst zurückzustellen.

Der Norddeutsche Bund

Im Preußischen Kronrat hatte Bismarck am 28. Februar 1866 erklärt, „Preußen sei die einzige lebensfähige politische Schöpfung, die aus den Ruinen des alten deutschen Reiches hervorgegangen sei und hierauf beruhe sein Beruf, an die Spitze von Deutschland zu treten". Der entscheidende Schritt dazu war die Gründung des *Norddeutschen Bundes* in den Jahren 1866–67, dem neben Preußen alle nördlich der Mainlinie gelegenen deutschen Staaten angehörten.
Bismarck prägte die Verfassung des Bundesstaates so, daß den Einzelstaaten ein Spielraum blieb (föderalistisch), die preußische Hegemonie aber gesichert war. Das erbliche Präsidium war dem König von Preußen vorbehalten, dem auch das Bundesheer unterstand. Im *Bundesrat* saßen die von den Regierungen ernannten Vertreter der gleichberechtigten Mitgliedstaaten, aber die Stimmverteilung (17 : 26) gab Preußen die Möglichkeit, jede Verfassungsänderung zu verhindern, da hierfür eine Zweidrittelmehrheit erforderlich war. Der Bundesrat gab zusammen mit dem Reichstag die Gesetze. Die Wahlen zum *Reichstag* waren allgemein, gleich, geheim und direkt. Damit entsprach die Wahl zum Bundesparlament den Forderungen von 1848, aber es fehlte jeder über das *Budgetrecht* (Festsetzung des Staatshaushalts) hinausgehende Einfluß der Volksvertretung auf die Regierung des Bundes. Denn der Bundeskanzler wurde vom Bundespräsidenten ernannt. Der Bundeskanzler als Leiter der Politik war also nicht an das Vertrauen des Parlaments, sondern an das seines Monarchen gebunden. In der Verfassung wurde der Kanzler für verantwortlich erklärt, ohne daß ein Hinweis folgte, wem er verantwortlich sei. So hatte Bismarck zwar das allgemeine Wahlrecht zugelassen, gleichzeitig aber dem Parlament die Teilnahme an der Regierungsgewalt verwehrt.
Bismarck bekleidete in dem neuen Staatsgebilde alle entscheidenden Ämter. Er war preußischer Ministerpräsident und Außenminister und daher Vertreter Preußens im Bundesrat, dessen Vorsitz wiederum Preußen, also ihm, zustand, und er war schließlich Bundeskanzler. Seine Stellung war unangreifbar, solange er das Vertrauen des Bundespräsidiums, also des Königs von Preußen, besaß. Anordnungen und Verfügungen des Bundespräsidenten bedurften zu ihrer Gültigkeit der Gegenzeichnung des Kanzlers. Der letzte Artikel der Verfassung

▷ 112

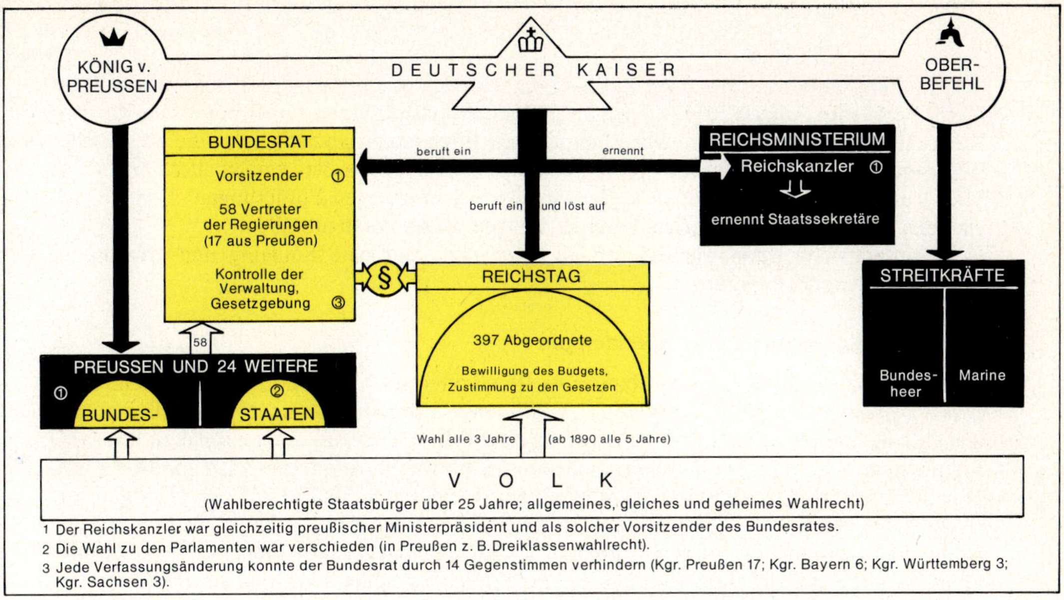

Die Verfassung des Deutschen Reiches von 1871 (vorher des Norddeutschen Bundes)

12. Vergleiche die Aufgaben des Deutschen Reichstages mit denen des Deutschen Bundestages nach dem Grundgesetz für die Bundesrepublik Deutschland (vgl. vor allem Art. 73, 77). Worin liegen wichtige Unterschiede?

13. Vergleiche dieses Verfassungsschema mit dem der Paulskirchenverfassung (S. 89).

Aus zwei Briefen des liberalen Juristen Rudolf von Ihering:

„Gießen, 1. Mai 1866 . . . Mit einer solchen Schamlosigkeit ist vielleicht nie ein Krieg angezettelt worden, wie der, den Bismarck gegenwärtig gegen Österreich zu erheben sucht. Das innerste Gefühl empört sich über einen solchen Frevel an allen Grundsätzen des Rechts und der Moral . . .“

„Gießen, 19. August 1866 . . . Ich beuge mich vor dem Genie eines Bismarck, der ein Meisterstück der politischen Kombination und Tatkraft geliefert hat. Ich habe dem Mann alles, was er bisher getan hat, vergeben, ja mehr als das, ich habe mich überzeugt, daß es notwendig war, was uns Uneingeweihten als frevelhafter Übermut erschien, es hat sich hinterher herausgestellt als unerläßliches Mittel zum Ziel . . . Ich gebe für einen solchen Mann der Tat, nicht der leichtsinnigen, sondern der politisch und moralisch in gleicher Weise beherzten und gewappneten Tat, hundert Männer der liberalen Gesinnung, der machtlosen Ehrlichkeit.“

(Karl-Georg Faber, Realpolitik als Ideologie, in: Historische Zeitschrift, Bd. 203. München 1966, S. 15 f.)

14. Versuche, diesen Meinungsumschwung zu erklären.

Im Januar 1867 sprach Bismarck mit einem sächsischen Minister über das allgemeine Wahlrecht. Dieser notierte sich darüber:

Bismarck habe gesagt, „daß auch er das allgemeine Wahlrecht nur unter der Voraussetzung wolle, daß die unbedingte Diätenlosigkeit der Abgeordneten damit verbunden sei, denn dadurch würden, was er für das Wichtigste halte, die ‚gewerbsmäßigen Parlamentarier‘ ausgeschlossen werden . . .“ Komme es mit dem so gewählten Parlament zu Schwierigkeiten, so „könnte nach Auflösung des Parlaments ein neues, auf Grund eines anderen Wahlgesetzes gewählt werden. In beiden Fällen glaubt er also mit Hilfe des Parlaments selbst über das allgemeine Wahlrecht hinwegkommen zu können und wiederholte, um mir dies deutlicher zu machen, mehrfach, daß er ja eben dahin strebe, den Parlamentarismus durch den Parlamentarismus zu stürzen.“

(Otto von Bismarck, a. a. O., Bd. 7, S. 176 f.)

15. Erkläre, wie es zu folgendem Widerspruch kam: Der preußische Bürger wählte als Preuße nach dem Dreiklassenwahlrecht, als Bürger des Norddeutschen Bundes nach dem allgemeinen Wahlrecht!

16. Warum und mit welchen Folgen gewährte der preußische Landtag Bismarck „Indemnität“?

17. Zwischen welchen Bestimmungen der Verfassung des Norddeutschen Bundes besteht ein Widerspruch?

des Norddeutschen Bundes erwähnte den möglichen Beitritt der süddeutschen Staaten zum Bund. Bereits im August 1866 waren zwischen ihnen und Preußen Militärbündnisse für den Kriegsfall geschlossen worden. Mit Rücksicht auf Frankreich hatte Bismarck die preußische Hegemonie noch nicht über die Mainlinie hinaus ausdehnen wollen, sprach aber bereits am 31. Juli 1866 davon, „den nationalen Schwindel als Schutz gegen Forderungen" Frankreichs ins Spiel zu bringen, um die kleindeutsche Lösung weiter voranzutreiben.
Der Norddeutsche Bund war das Modell, nach dem nationale Einigung und preußische Hegemonie vereinbar waren.

Die französisch-preußischen Spannungen

Die außenpolitischen Mißerfolge Napoleons III. stärkten die Opposition in Frankreich. 1869 erhielt Napoleon bei einer Wahl von 7,7 Millionen Stimmen nur noch 4,4 Millionen. Er brauchte außenpolitische Erfolge, um seine persönliche Herrschaft noch einmal zu festigen. Aber Bismarck war ein ihm überlegener Gegenspieler. 1867 verhinderte er den von Napoleon geplanten Erwerb Luxemburgs, das von da an als neutraler Staat unter der Garantie der Großmächte stand. Seit 1866 war Preußen zu einem ernsten Konkurrenten für Frankreichs Großmachtstellung in Europa geworden. Es schien deshaib kaum möglich, die deutsche Einigung ohne militärischen Konflikt mit Frankreich zu vollenden. Manche Politiker und Militärs forderten deshalb einen Präventivkrieg. Aber Bismarck lehnte diesen Gedanken ab. Im Frühsommer 1870 trieben die Spannungen zwischen Preußen und Frankreich einer Entladung zu. Der Streit um die Thronfolge in Spanien führte zum Zusammenstoß.

1868 hatte eine Revolution das bourbonische Herrscherhaus aus Spanien vertrieben. Die neue Regierung bot einem Prinzen von Hohenzollern, aus der süddeutschen katholischen Linie des Hauses, die Krone an. Der Prinz brauchte nach dem Hausgesetz der Hohenzollern die Zustimmung Wilhelms I. Bismarck setzte sich für die Annahme ein. Die Verhandlungen waren geheim geführt worden. Erst am 1. Juli 1870 wurde das Ergebnis bekannt.
Die Reaktion in Frankreich war sehr scharf. Man sah sich von einer Umklammerung bedroht. Drohend protestierte die französische Regierung. Die plötzlich ausgebrochene Krise veranlaßte den preußischen König, seinen Verwandten zu bewegen, die Kandidatur aufzugeben. Aber die französische Diplomatie wollte ihren Erfolg als eine spektakuläre diplomatische Niederlage Preußens erscheinen lassen. In Bad Ems, wo König Wilhelm zur Kur weilte, erschien der französische Botschafter und verlangte, der König solle sich verpflichten, auch in Zukunft niemals die Kandidatur eines Hohenzollern für den spanischen Thron zu dulden. Der König weigerte sich. Der Vorfall wurde an Bismarck telegraphiert, der das Telegramm – in eine verkürzte, schlagkräftige Form gebracht – veröffentlichte. Damit hatte er die diplomatische Niederlage wettgemacht. Die Forderung Frankreichs erschien aller Welt als unzumutbar. Bismarck wußte, daß die Veröffentlichung der „Emser Depesche" den Krieg bedeutete, da Napoleon keine diplomatische Möglichkeit mehr hatte, seine Forderung durchzusetzen. Am 19. Juli wurde die französische Kriegserklärung in Berlin übergeben. Bismarck hatte erreicht, daß Napoleon den Krieg als Angreifer begann.

Der Deutsch-Französische Krieg

Bei Ausbruch des Krieges waren die Sympathien Europas auf der Seite Preußens. Die süddeutschen Staaten traten, ihrem Bündnisvertrag entsprechend, mit dem Norddeutschen Bund
1870 in den Krieg gegen Frankreich ein. Alle übrigen europäischen Staaten blieben neutral. Preußens maßvolle Behandlung Österreichs 1866 zeigte ihren politischen Wert: Napoleon hatte vergebens ein Bündnis mit der Doppelmonarchie gesucht. Auch machte sich Bismarcks Bemühen um die russische Freundschaft bezahlt. Der Zar ließ an der österreichischen Grenze Truppen aufmarschieren und nahm damit Österreich jede Möglichkeit, sich Frankreich zu nähern.
In Deutschland wurde der Krieg als eine nationale Angelegenheit angesehen. Es wurde zu einem wichtigen Merkmal der deutschen Nationalbewegung, daß sie erst durch den Konflikt mit einem äußeren Gegner voll zur Entfaltung kam. Am 2. September mußte eine bei Sedan eingeschlossene französische Armee kapitulieren. Unter den 80 000 Gefangenen befand sich der Kaiser.

▷ 114

Die Kaiserproklamation im Spiegelsaal von Versailles, 1871. Auf dem Podium links der Kronprinz (später Kaiser Friedrich III.), in der Mitte Kaiser Wilhelm I., daneben der Großherzog von Baden. Vor dem Podium Bismarck und Moltke. (Gemälde von A. von Werner, Schloß Friedrichsruh)

18. Vorausgesetzt, dieses sehr bekannte Bild sei für einige Merkmale des neuen Reiches charakteristisch: Welche Merkmale des neu gegründeten Deutschen Reiches kannst du aus ihm ablesen?

Der Norddeutsche Bund 1867 und das Deutsche Reich 1871

Frankreich wird Republik

Die Niederlage Napoleons III. bedeutete das Ende seiner Herrschaft. Am 4. September 1870 wurde in Paris die Republik ausgerufen. Die Waffenstillstandsverhandlungen blieben stecken, weil die Republikaner die Forderung Bismarcks, das Elsaß abzutreten, nicht erfüllen wollten. Schließlich erzwangen Belagerung und Beschießung von Paris am 28. Januar 1871 den Waffenstillstand. Während die radikalen Republikaner den Krieg weiterführen wollten, ergaben Wahlen eine gemäßigte, zum Frieden bereite Mehrheit. Doch bald brach in Paris ein Aufstand der Arbeiter und Kleinbürger gegen die gemäßigte Nationalversammlung aus. Es kam zu Ausschreitungen. Die Aufständischen ließen eine Pariser Gemeindevertretung, *„Kommune"*, wählen. Sozialistische Gedanken beherrschten die Hauptstadt. Mit Genehmigung der deutschen Besatzungsmacht eroberten Regierungstruppen nach blutigen Kämpfen die Stadt zurück.
Der Friedensvertrag wurde von vielen Franzosen als nationale Schmach empfunden. Bismarck ließ sich von den Generälen aus strategischen Gründen zur Annexion Elsaß-Lothringens bewegen. Die Annexion wurde zu einer dauernden Belastung des deutsch-französischen Verhältnisses. Gegenüber der Abtretung Elsaß-Lothringens wogen die übrigen Bestimmungen des Friedensvertrages verhältnismäßig leicht. Die von Deutschland geforderte Kriegsentschädigung war in drei Jahren bezahlt, und die letzten Besatzungstruppen verließen das Land.

Die Furcht, die der Aufstand der Kommune verbreitet hatte, trug wesentlich dazu bei, daß die neue französische Republik, die Dritte Republik, einen ausgesprochen bürgerlichen Charakter trug. 1897/98 erschütterte die Dreyfus-Affäre Staat und Gesellschaft in Frankreich. Ein Kriegsgericht hatte den jüdischen Hauptmann Dreyfus zu Unrecht wegen Verrats zu lebenslanger Deportation verurteilt. Die Anhänger von Dreyfus – meist Demokraten, Sozialisten und Republikaner – erkannten in dem Prozeß den Versuch reaktionärer Kräfte – vor allem Nationalisten, Antisemiten und Klerus standen gegen Dreyfus –, Kritik an Fehlern in Armee und Staat nicht zuzulassen und das Individuum bedenkenlos dem zu opfern, was man als Interesse der Nation ausgab. Der Erfolg der „Dreyfusards" (1906 wurde Dreyfus rehabilitiert) stärkte die französische Republik. Die 'linken' Kräfte setzten die Trennung von Staat und Kirche durch.

Die Kaiserproklamation in Versailles

Der Herbst 1870 war von diplomatischer Aktivität Bismarcks erfüllt, der die Erweiterung des Norddeutschen Bundes zum Deutschen Reich anstrebte. Der preußische König war nur mühsam zur Annahme des Kaisertitels zu bewegen, weil er die Würde seiner königlichen Stellung in Preußen höher einschätzte. Schließlich fand er sich bereit, die von den deutschen Fürsten angebotene Krone anzunehmen. Nach dem Abschluß von Verträgen über den
1871 Beitritt der süddeutschen Länder zum Norddeutschen Bund fand am 18. Januar 1871 im Schloß zu Versailles die Kaiserproklamation statt. Das Deutsche Reich war auf Grund eines Staatsvertrages zwischen dem Norddeutschen Bund und den süddeutschen Fürsten entstanden. Wie der Norddeutsche Bund so war auch das Reich als Fürstenbund gegründet worden. Das nationale Gefühl war mit der Gründung dieses kleindeutschen Reiches zufriedengestellt. Wie wenig es indessen dem glich, was 1848 geschaffen werden sollte, wurde in der Reichflagge deutlich. Sie zeigte nicht die schwarz-rot-goldene Farbe der nationalen Volksbewegung, sondern vereinte in den Farben Schwarz-Weiß-Rot die Farben des größten Gliedstaates Preußen (schwarz-weiß) und der kleinsten Mitglieder, der Hansestädte (weiß-rot). Die Verfassung des Norddeutschen Bundes (vgl. S. 110 f.) wurde mit geringfügigen Änderungen zur Reichsverfassung. Der Kaiser ernannte Bismarck zum Reichskanzler.
Im Laufe der nächsten Jahre wurde im Reichsgebiet das Recht vereinheitlicht. Es entstanden das Handelsgesetzbuch (schon 1869 im Norddeutschen Bund), das Strafgesetzbuch (1872) und das Bürgerliche Gesetzbuch (1900). Als Münzeinheit wurde die Mark, als Maßeinheiten wurden Meter und Liter eingeführt.

Der Schriftsteller Emile Zola (1840–1903) hat in zahlreichen Romanen das Leben dieser Jahre geschildert. Am 5. 1. 1898 setzte er sich in einem aufsehenerregenden Zeitungsartikel für Dreyfus ein. In ihm steht u. a.:

„Es ist ein Verbrechen, die öffentliche Meinung in die Irre zu führen und diese Meinung, die man bis zum Wahnsinn verderbt hat, für eine Mordtat auszunutzen. Es ist ein Verbrechen, das einfache und niedere Volk zu vergiften, die Leidenschaften der Reaktion und der Intoleranz zum Äußersten zu bringen, indem man sich hinter dem schändlichen Antisemitismus verschanzt, an dem das große liberale Frankreich der Menschenrechte stirbt, wenn es nicht von ihm geheilt wird. Es ist ein Verbrechen, die Vaterlandsliebe für Werke des Hasses auszubeuten, es ist endlich ein Verbrechen, den Säbel zum modernen Gott zu machen, ..."

(Janko Musulin [Hrsg.], Proklamationen der Freiheit. Frankfurt 1959, S. 133 ff.)

19. Überlege, ob du auch in der Gegenwart „Symptome der Krankheit der Gesellschaft“ erkennen kannst, die den von Zola genannten vergleichbar sind.

20. Unterscheide zwischen tieferer Ursache und unmittelbarem Anlaß des Krieges 1870!

21. Versuche, die Frage der Schuld am Kriegsausbruch zu klären. Ziehe ergänzend deine Antwort auf Frage 1 S. 97 heran.

22. Lege dar, wie der Kommune-Aufstand die Innenpolitik, der Friedensvertrag die Außenpolitik Frankreichs in den nächsten Jahren mitprägte.

23. Vergleiche die Friedensschlüsse 1866 und 1871. Welche unterschiedliche Haltung nahm Preußen ein? Weshalb?

24. Welche Unterschiede bestehen zwischen dem Bemühen um die Gründung eines deutschen Staates 1848 und 1871? Beachte in deiner Antwort u. a.: Antriebskräfte, handelnde Personen, Ort, vorhergehende Ereignisse.

Zum Wiederholen und Nachschlagen

1862 brach ein Konflikt zwischen dem preußischen Abgeordnetenhaus und dem König aus, weil das Parlament die Gelder für eine Heeresreform ablehnte. Der König berief Otto von Bismarck zum preußischen Ministerpräsidenten. Bismarck regierte ohne die Verfassung.

Wegen Schleswig-Holstein zogen 1864 Österreich und Preußen gegen Dänemark in den Krieg. Bald kam es zwischen ihnen zu Gegensätzen. Im Juni 1866 brach der Krieg aus, der zugunsten Preußens entschieden wurde. Preußen annektierte Schleswig-Holstein, Hannover, Kurhessen und Frankfurt und gründete den Norddeutschen Bund, der alle Staaten bis zur Mainlinie umfaßte.

Der Norddeutsche Bund sicherte die Hegemonie Preußens in Norddeutschland. Erblicher Bundespräsident war der König von Preußen, der den Bundeskanzler ernannte. Die Gesetze beschlossen der Bundesrat (Vertreter der Regierungen) und der Reichstag. Dieser ging aus allgemeinen, gleichen, geheimen und direkten Wahlen hervor, hatte aber keinen Einfluß auf die Ernennung des Bundeskanzlers, der ausschließlich an das Vertrauen des Monarchen gebunden war.

Bismarcks Erfolg veranlaßte die Mehrzahl seiner Gegner im preußischen Abgeordnetenhaus, sich mit ihm zu versöhnen.

Österreich wurde 1867 umgestaltet: Aus dem Habsburgerstaat entstanden zwei Staaten. Der Kaiser von Österreich war gleichzeitig König von Ungarn. Diese „Doppelmonarchie“ bestand bis 1918.

Als ein Prinz des Hauses Hohenzollern die spanische Krone angeboten erhielt, fühlte sich Frankreich von einer Umklammerung bedroht.

Der Deutsch-Französische Krieg von 1870/71 brachte die militärische Niederlage Frankreichs, das daraufhin zur Republik wurde (Dritte Republik). Der Friedensvertrag enthielt als wichtigste Bestimmung die Abtretung Elsaß-Lothringens an den Sieger. Diese Annexion war für das deutsch-französische Verhältnis eine schwere Belastung.

Noch während des Krieges, am 18. Januar 1871, wurde in Versailles der preußische König von den deutschen Fürsten zum deutschen Kaiser proklamiert. Die Verfassung des Norddeutschen Bundes wurde zur Reichsverfassung.

1862	Otto von Bismarck wird preußischer Ministerpräsident, Verfassungskonflikt
1866	Preußisch-österreichischer Krieg
1867	Umwandlung Österreichs zur Doppelmonarchie „Österreich-Ungarn“
1866–67	Gründung des Norddeutschen Bundes
1870–71	Deutsch-Französischer Krieg
1870	3. Republik in Frankreich
1871	Gründung des Deutschen Reiches

Begriffe: Budgetrecht, Bundesrat, Doppelmonarchie, Kommune, Norddeutscher Bund, Panslawismus, Reichstag, Ultimatum

Bismarck und die Politik der Europäischen Mächte

Grundzüge der Außenpolitik Bismarcks

Die Gründung des Deutschen Reiches hatte die Machtverhältnisse in Europa verändert. In der Mitte Europas stand jetzt ein Staat, dessen wirtschaftliche und militärische Kraft Frankreich und Österreich-Ungarn überlegen war. Es mußte das Ziel der deutschen Politik sein, den erreichten Zustand zu bewahren. Bismarck betonte, das Deutsche Reich sei ein „saturierter Staat", also ohne expansive Wünsche.
Bismarck rechnete mit einer langen Dauer der französischen Revanche-Gedanken wegen des Verlustes von Elsaß-Lothringen. Da aber Frankreich allein Deutschland militärisch nicht gewachsen war, sollte die deutsche Politik jede Bindung Frankreichs an eine andere Großmacht zu verhindern suchen. Ein wichtiger Faktor der europäischen Politik war zudem die Spannung zwischen Rußland und Österreich-Ungarn, die sich aus ihrem Interessengegensatz auf dem Balkan ergab. Hinzu trat der Gegensatz zwischen Rußland und England wegen der sich überschneidenden Interessen im Vorderen Orient und in Asien. England hielt sich aus europäischen Bündnisverpflichtungen heraus und widmete sich dem Ausbau seines Weltreichs („splendid isolation").
Bismarck versuchte Frankreich zu isolieren und die übrigen Mächte an Deutschland zu binden oder doch an einer gegen Deutschland gerichteten Politik zu hindern.

Die europäische Politik bis zum Berliner Kongreß 1878

Das Verhältnis zwischen dem Deutschen Reich und Frankreich war nach 1871 meist gespannt. Vorerst gelang es dem Reichskanzler, Frankreich isoliert zu halten. Dem diente das „Drei-Kaiser-Abkommen", das Bismarck 1873 zwischen dem Deutschen Reich, Österreich-Ungarn und Rußland zustande brachte. Es sah vor, daß sich die Monarchen bei einem Angriff einer anderen europäischen Macht über ihre Maßnahmen verständigen sollten.
Bereits 1877 stießen indessen die Interessen Rußlands und Österreich-Ungarns auf dem Balkan so aufeinander, daß das „Drei-Kaiser-Abkommen" seine Wirksamkeit zu verlieren drohte. 1875 war in der Herzegowina ein Aufstand gegen die Türken ausgebrochen, der den ganzen Balkan in Unruhe versetzte. In Rußland hatte die panslawistische Bewegung Einfluß auf die Regierung gewonnen. Der Panslawismus erstrebte die Einigung aller Slawen unter der Führung des Zaren. Deshalb führte Rußland 1877/78 einen Krieg gegen die Türkei und zwang sie im März 1878 zu einem Frieden, der den europäischen Besitz der Türkei zerschlug. Es sollten mehrere, meist slawische Staaten entstehen, die von Rußland abhängig gewesen wären. Diese Ausdehnung der russischen Macht widersprach den Interessen Österreich-Ungarns und Englands. Die Doppelmonarchie fühlte sich vom Balkan abgedrängt, England fürchtete die russische Macht in der Nähe der Meerengen und des Mittelmeeres. Die *„Orientfrage"* war ungelöst.

Der Berliner Kongreß 1878

Ein europäischer Krieg drohte. Diese Gefahr bannte 1878 der Berliner Kongreß. Deutschland war als Vermittler geeignet, da es auf dem Balkan keine eigenen Interessen hatte. Als „ehrlicher Makler" suchte Bismarck die gefährlichen Gegensätze zwischen den Großmächten auszugleichen, ohne das deutsche Gewicht zugunsten einer Macht in die Waagschale zu werfen und sich dadurch mit den übrigen zu verfeinden.
Der Kongreß änderte die im russisch-türkischen Frieden vorgesehene Balkanregelung. Die Türkei behielt umfangreiche europäische Gebiete, Rußland mußte sich mit Teilen Bessarabiens und Batum begnügen. Österreich-Ungarn erhielt das Recht, Bosnien und die Herzegowina militärisch zu besetzen.

 ▷ 118

Der Berliner Kongreß 1878. Vor dem Tisch von links nach rechts: Graf Karoly (Österreich-Ungarn), Fürst Gortschakow (sitzend, Rußland), Disraeli (Großbritannien), Graf Andrassy (Österreich-Ungarn), Fürst Bismarck, Graf Schuwalow (Rußland), Lord Salisbury (Großbritannien) und M. Ali Pascha (Türkei). – (Gemälde von A. von Werner)

Die englische Zeitung „Morning Advertiser" schrieb 1882:

„Es ist merkwürdig, ... wie, wenn immer irgendeine Schwierigkeit in Europa entsteht, die Augen aller Leute auf Bismarck gerichtet sind. Wie denkt er über die Sache? Was wird er tun? Für wen wird er Partei ergreifen? Das sind die allgemeinen Fragen. Und in sehr kurzer Zeit folgen diesen Fragen des Publikums Fragen ähnlicher Art seitens der auswärtigen Minister Europas, welche ihre Vertreter in Berlin anweisen, wenn möglich, Fürst Bismarcks Ansichten über die Sache zu ermitteln. Berlin ist somit der Mittelpunkt des diplomatischen Verkehrs geworden ... Die Macht Deutschlands und das Verbleiben des Fürsten Bismarck an der Spitze der deutschen Angelegenheiten bilden die beste Sicherheit, welche Europa für die friedliche Lösung der vielen schwierigen Fragen hat, die zu lösen seine Diplomatie bisher ermangelte."

(Heinrich Ritter von Poschinger, Fürst Bismarck und die Diplomaten 1852–1890. Hamburg 1900, S. 450)

1. Schildere den Eindruck, den die Abbildungen dieser Seite und der Zeitungsartikel von der Rolle Bismarcks und seiner Politik vermitteln.
2. Fertige eine Faustskizze an, in der die Gegensätze zwischen den europäischen Großmächten sichtbar werden. Berücksichtige dabei auch die Orientfrage.
3. Wie beeinflußten Verlauf und Ergebnis des Berliner Kongresses die Stellung Bismarcks und des Deutschen Reiches in der europäischen Politik?

„Bismarck als Weichensteller" (Englische Karikatur, „Punch" vom 4. Mai 1878)

Der Balkan nach dem Berliner Kongreß

Grenze des Osmanischen Reiches vor 1878

Grenze des Osmanischen Reiches nach 1878

1878 von Österreich-Ungarn besetzt

Die beiden slawischen Staaten Serbien und Montenegro wurden vergrößert; ein dritter, Bulgarien wurde neu gebildet. England erwarb Zypern von der Türkei. Diese Regelung der Balkanfrage enttäuschte die Anhänger des Panslawismus in Rußland; man gab Bismarck die Schuld an dem Ergebnis des Kongresses. Das Drei-Kaiser-Abkommen von 1873 war hinfällig geworden. Der deutsche Reichskanzler mußte neue Sicherungen suchen, um das Erreichte zu erhalten.

Bismarcks Bündnissystem

In einer Äußerung aus dem Jahr 1877 zeigte Bismarck in großen Umrissen, welche Aufgaben der deutschen Politik gestellt waren. Er sprach von einem Bild, welches ihm vorschwebte: „... nicht das irgendeines Ländererwerbes, sondern das einer politischen Gesamtsituation, in welcher alle Mächte außer Frankreich unser bedürfen und von Koalitionen gegen uns durch ihre Beziehungen zueinander nach Möglichkeit abgehalten werden." Diesem Zweck diente der 1879 geschlossene „Zweibund" zwischen Deutschland und Österreich-Ungarn. Es war ein geheimer Defensivvertrag: Beide Mächte sollten sich bei einem Angriff Rußlands gegenseitig unterstützen, beim Angriff einer anderen Macht wohlwollende Neutralität wahren. Der Zweibund sollte Rußland zur Ruhe zwingen. Kaum war er abgeschlossen, suchte Bismarck wieder engere Beziehungen zwischen Berlin und Petersburg zu knüpfen. 1881 gelang der Abschluß eines neuen Bündnisses zwischen dem Reich, Österreich-Ungarn und Rußland (Drei-Kaiser-Bund, 1884 verlängert).
Die Gründung des Dreibunds zwischen Deutschland, Österreich und Italien 1882 brachte eine zusätzliche Sicherung für Österreich, da damit ein gleichzeitiger Angriff Rußlands und Italiens auf Österreich-Ungarn ausgeschlossen war (erneuert 1887).
Im Frühjahr 1887 trafen England, Italien und Österreich-Ungarn ein Abkommen über die Behandlung politischer Probleme im westlichen Mittelmeergebiet. Diese „Mittelmeer-Entente" sah die Erhaltung des bestehenden Zustandes (status quo) im Orient, also vor allem

Bismarcks Bündnis-system

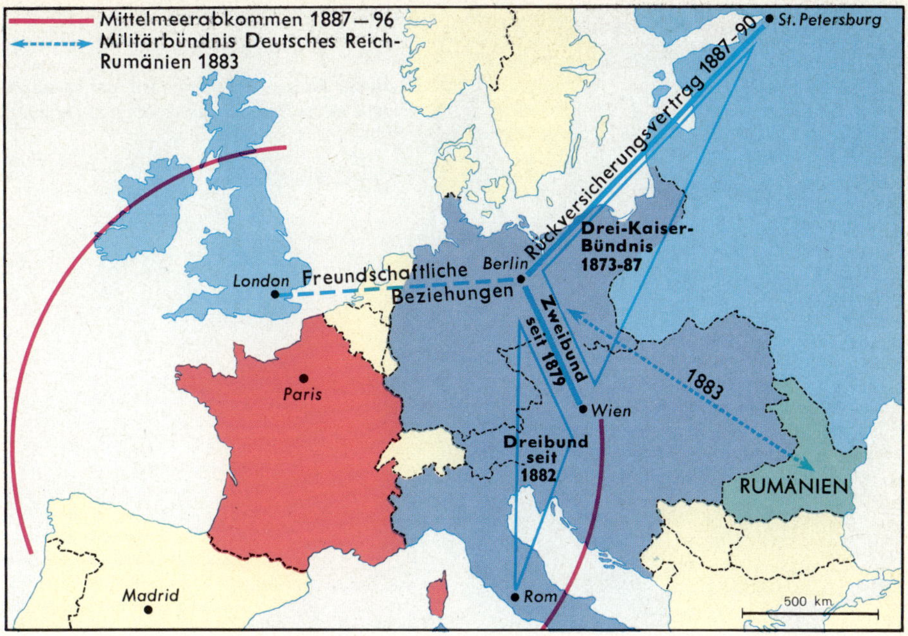

4. Erläutere die Farbgebung der Karte und erkläre, welches Ziel der Bündnispolitik Bismarcks ablesbar ist.

Das „Dreikaiserbündnis“ verpflichtete die drei Staaten zu wohlwollender Neutralität, falls einer von ihnen in einen Krieg mit einer vierten Macht verwickelt werden sollte. In einem Zusatzprotokoll zu dem geheimgehaltenen Vertrag wurde der Balkan in eine russische und eine österreichische Interessensphäre eingeteilt. Der Vertrag schützte Deutschland vor einem Zweifrontenkrieg. Sein Wert blieb beschränkt, da er den russisch-österreichischen Gegensatz auf dem Balkan nicht beheben konnte.
Der Dreibund, die Erweiterung des Zweibundes von 1879, sah vor: Unterstützung Italiens bei einem französischen Angriff durch Österreich-Ungarn und Deutschland; italienische Hilfe bei einem Angriff Frankreichs auf das Reich; gegenseitige Hilfe aller drei Vertragspartner beim Angriff mehrerer Mächte, wohlwollende Neutralität beim Angriff einer anderen Macht. Ausdrücklich wurde vereinbart, daß sich der Vertrag nicht gegen England richte. – 1883 schloß Rumänien ein Bündnis mit den Dreibundmächten.
Der Rückversicherungsvertrag war ein Neutralitätsabkommen für den Fall eines österreichisch-ungarischen Angriffs auf Rußland oder eines französischen Angriffs auf Deutschland. Ein „ganz geheimes Zusatzprotokoll“ verpflichtete Deutschland zu wohlwollender Neutralität bei einem Zugriff Rußlands auf die Meerengen.

---

der unabhängigen Türkei, vor. Bismarck hatte sich um das Zustandekommen der geheimgehaltenen Mittelmeer-Entente bemüht, weil sie England an die Dreibundmächte heranzog.
Die Jahre 1885/86 waren unruhig. Ein Krieg zwischen Bulgarien und Serbien veranlaßte Rußland und Österreich zum Eingreifen. Bismarck mußte eine neue Sicherung der deutschen Ostflanke suchen. Im Sommer 1887 wurde der geheime *„Rückversicherungsvertrag“* zwischen dem Reich und Rußland unterzeichnet. Rußland hatte diesen Vertrag gewünscht, um der Isolierung gegenüber den Staaten der Mittelmeer-Entente zu entrinnen und einen Rückhalt für seine Balkanpolitik zu gewinnen.
Der Rückversicherungsvertrag bildete den Anschluß des europäischen Bündnissystems, das Bismarck entworfen hatte. Es beruhte letztlich darauf, daß die einzelnen Bündnisverpflichtungen dazu dienten, den Ernstfall, bei dem sie in Kraft treten sollten, gerade auszuschließen. So erklärt sich auch der Widerspruch zwischen der Mittelmeer-Entente, die die Meerengen in der Hand der Türkei sichern sollte, und dem Rückversicherungsvertrag, der sie dem russischen Zugriff preisgab. Aber beide Verträge banden die beteiligten Mächte derartig, daß der Bündnisfall nicht eintrat. Das entsprach den Interessen des Deutschen Reiches und sicherte den Frieden in Europa. Indem Bismarck in den Verträgen nur dem Angegriffenen die Hilfe des Deutschen Reiches zugesichert hatte, war wegen der Stärke des Reiches eben dieser Angriff unwahrscheinlich geworden. Deutschland hatte sich den Vorteil bewahrt, stets in der „Hinterhand“ zu sein.

„Unser Stolz – Wie stehen wir nun in der Welt da?" (Karikatur in der Berliner Zeitschrift „Kladderadatsch", 1884).

Die deutsche Kolonialpolitik

Bismarck wollte für das Deutsche Reich keine Kolonien erwerben. Denn Kolonialpolitik mußte zum Konflikt mit den Interessen anderer Mächte führen, da die Erde weitgehend unter den Kolonialmächten aufgeteilt war. Einmischung in die Weltpolitik konnte die europäische Sicherung des Reiches gefährden. Trotzdem stellte er 1884 und 1885 einige Gebiete Afrikas und Neuguineas unter den Schutz des Reiches, als Kaufleute diese Gebiete erworben und Handelsniederlassungen gegründet hatten, für die sie den Schutz des Staates wünschten. Die Verwaltung der Schutzgebiete blieb zunächst Sache der Handelsfirmen. Als die für die Erwerbung von Kolonien günstige außenpolitische Situation (kolonialpolitische Spannungen zwischen England und Frankreich bzw. England und Rußland) 1885 endete, gab auch Bismarck sofort jede überseeische Politik auf, um Reibereien mit den großen Kolonialmächten zu vermeiden. Erst nach 1890 – nach Bismarcks Entlassung – sah die offizielle deutsche Politik den Kolonialbesitz als erwünschte Erweiterung des deutschen Herrschaftsbereiches und als Vergrößerung des deutschen Prestiges in der Welt an.

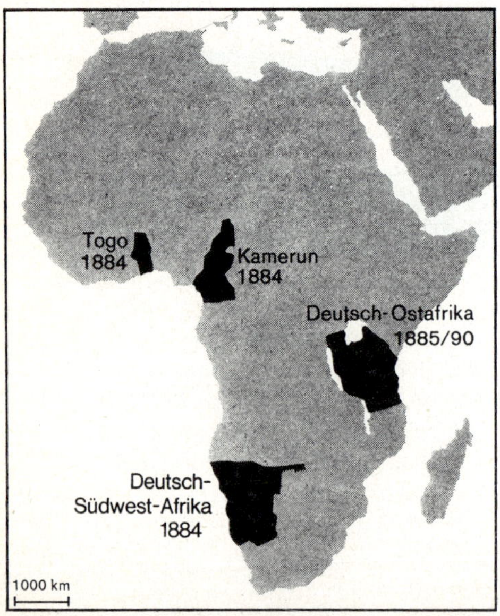

Die deutschen Kolonien in Afrika

In seinen Erinnerungen schrieb Bismarck:

„Ewige Dauer ist keinem Vertrage zwischen Großmächten gesichert, und es wäre unweise, ihn als sichre Grundlage für alle Möglichkeiten betrachten zu wollen, durch welche in Zukunft die Verhältnisse, Bedürfnisse und Stimmungen verändert werden können, unter welchen er zu Stande gebracht wurde.“

(Otto von Bismarck, a. a. O., Bd. 15, S. 416)

5. Warum gründete Bismarck seine Außenpolitik trotzdem auf Verträge (gestützt auf eine starke Armee)?

Aus den Gedanken, die Bismarck am 15. Juni 1877 seinem Sohn diktierte, sind die Grundzüge seiner Außenpolitik erkennbar:

„Ein französisches Blatt sagte neulich von mir, ich hätte ‚le cauchemar des coalitions‘ (ein Alptraum über Koalitionen); diese Art Alp wird für einen deutschen Minister noch lange, und vielleicht immer, ein sehr berechtigter bleiben. Koalitionen gegen uns können auf westmächtlicher Basis mit Zutritt Österreichs sich bilden, gefährlicher vielleicht noch auf russisch-österreichisch-französischer; eine große Intimität zwischen zweien der drei letztgenannten Mächte würde der dritten unter ihnen jederzeit das Mittel zu einem sehr empfindlichen Drucke auf uns bieten. In der Sorge vor diesen Eventualitäten, nicht sofort, aber im Laufe der Jahre, würde ich als wünschenswerte Ergebnisse ... für uns ansehen: 1. Gravitierung der russischen und österreichischen Interessen und gegenseitigen Rivalitäten nach Osten hin, 2. der Anlaß für Rußland, eine starke Defensivstellung im Orient und an seinen Küsten zu nehmen und unseres Bündnisses zu bedürfen, 3. für England und Rußland ein befriedigender status quo, der ihnen dasselbe Interesse an Erhaltung des Bestehenden gibt, welches wir haben, 4. Loslösung Englands von dem uns feindlich bleibenden Frankreich wegen Ägyptens und des Mittelmeers, 5. Beziehungen zwischen Rußland und Österreich, welche es beiden schwierig machen, die antideutsche Konspiration gegen uns gemeinsam herzustellen, zu welcher zentralistische oder klerikale Elemente in Österreich etwa geneigt sein möchten.

Wenn ich arbeitsfähig wäre, könnte ich das Bild vervollständigen und feiner ausarbeiten, welches mir vorschwebt; nicht das irgend eines Ländererwerbes, sondern das einer politischen Gesamtsituation, in welcher alle Mächte außer Frankreich unser bedürfen, und von allen Koalitionen gegen uns durch ihre Beziehungen zueinander nach Möglichkeit abgehalten werden.“

(Albrecht Mendelssohn-Bartholdy / Friedrich Timme [Hrsg.], Die Auswärtige Politik des deutschen Reiches 1871–1914, 4 Bde., Berlin 1928, Bd. 1, S. 58 f.)

6. Untersuche, was an Bismarcks praktischer Bündnispolitik diesen Zielen entspricht.
7. Von welchen Voraussetzungen ging Bismarck bei der Errichtung seines außenpolitischen Bündnissystems aus (vgl. obige Quelle)?
8. Wodurch wurde das komplizierte Bündnisgeflecht Bismarcks ermöglicht, wodurch gefährdet? Beachte besonders den Rückversicherungsvertrag.
9. Warum stand Bismarck der Kolonialpolitik zurückhaltend gegenüber?

Zum Wiederholen und Nachschlagen

Bismarcks Außenpolitik suchte den in Europa seit 1871 bestehenden Zustand zu bewahren, da jede Machtverschiebung für das Deutsche Reich gefährlich werden konnte. Frankreich sollte möglichst isoliert bleiben. Die übrigen europäischen Großmächte suchte er an Deutschland zu binden. Die politische Weltlage war durch Gegensätze zwischen Österreich-Ungarn und Rußland wegen der Balkan- und Orientfrage und zwischen Rußland und England wegen der Orientfrage und wegen Asien bestimmt. Auf dem Berliner Kongreß 1878 gelang Bismarck ein vorübergehender Ausgleich. Die achtziger Jahre brachten den Ausbau eines komplizierten europäischen Bündnissystems. Die panslawistische Bewegung in Rußland strebte die Zusammenfassung aller Slawen in einem Staat an. Bismarck mußte verhindern, daß diese Bewegung Brücken nach Frankreich schlug und dem Reich damit ein Zweifrontenkrieg drohte. Bismarck zögerte beim Erwerb von Kolonien wegen der damit für Deutschland verbundenen außenpolitischen Gefahren. Erst nach seiner Amtszeit betrieb die deutsche Regierung aus Prestigegründen eine aktive Kolonialpolitik.

1873	Drei-Kaiser-Abkommen: Deutsches Reich – Österreich-Ungarn – Rußland
1878	Berliner Kongreß
1879	Zweibund Deutsches Reich – Österreich-Ungarn
1881	Drei-Kaiserbündnis Deutsches Reich – Österreich-Ungarn – Rußland (1884 erneuert)
1882	Italien tritt dem Zweibund bei: Dreibund
1887	Mittelmeer-Entente England – Österreich-Ungarn – Italien
1887	Rückversicherungsvertrag Deutsches Reich – Rußland

Begriffe: Orientfrage, Rückversicherungsvertrag

England in der victorianischen Zeit

Die Innenpolitik

Als 1837 die neunzehnjährige Königin Victoria den englischen Thron bestieg, befand sich das Land mitten in den sozialen Erschütterungen, die die Industrialisierung ausgelöst hatte. Bei ihrem Tode 1901 war Großbritannien eine parlamentarische Monarchie, in der sich durch schrittweise Reformen die sozialen Verhältnisse allmählich gebessert hatten.
Der beherrschende Einfluß des Adels auf das politische Leben ging durch drei Parlamentsreformen verloren. 1832 wurde das Wahlrecht vom Grundbesitz gelöst und an einen Zensus geknüpft; dadurch erhielten die Unternehmer das Wahlrecht; 1867 wurde jeder Wohnungsbesitzer in der Stadt wahlberechtigt, wodurch etwa 35% der erwachsenen englischen Männer das Wahlrecht besaßen; 1884 erhielten auch die Wohnungsinhaber auf dem Land das Wahlrecht. Damit waren etwa 60% der erwachsenen Männer wahlberechtigt, darunter auch Arbeiter, allerdings durch das Mehrheitswahlsystem benachteiligt. Nach dieser Wahlreform war Großbritannien fast eine Demokratie mit allgemeinem, gleichem und geheimem Wahlrecht. Das Parlament (Unterhaus) hatte die entscheidende Schlüsselstellung, weil die jeweils stärkste Partei Premierminister und Regierung stellte. Die Regierung hing also vom Vertrauen des Parlamentes ab und dieses von den Wählerstimmen. So war England im 19. Jahrhundert ein parlamentarisch-demokratisch regierter Staat geworden, ohne eine genau umschriebene Verfassung zu haben. Es hatte einen König, der nicht über Machtmittel verfügte wie der konstitutionelle Monarch in Deutschland. Doch die Tradition gab ihm einen festen Rückhalt.

Die Lösung der sozialen Probleme wurde durch Reformen begonnen. Die Lehre von Karl Marx gewann in England kaum Anhänger. 1900 entstand – aus den Gewerkschaften hervorgehend – eine politische Arbeiterpartei: die *Labour Party,* in der marxistische Gedanken nur eine Nebenrolle spielten.
Für die Durchführung der Reformen setzten sich die beiden großen Parteien ein, die das politische Leben im 19. Jahrhundert bestimmten, die Liberalen und die Konservativen. Die Liberalen wollten alles dem freien Spiel der Kräfte anheimstellen, während die Konservativen an staatliche Maßnahmen dachten. Da aber nach der Erweiterung des Wahlrechtes beide Parteien auf die Stimmen der Massen angewiesen waren, verwischten sich die Gegensätze langsam. Viele soziale Verbesserungen kamen mehr aus politischer Notwendigkeit als aus Einsicht in die soziale Lage zustande. Sie wurden durch den großen Reichtum des Kolonialreichs ermöglicht.
Daß trotz des häufigen Wechsels liberaler (William E. Gladstone, 1809–98) und konservativer (Benjamin Disraeli 1804–81) Regierungen die politische Entwicklung Englands in Innen- und Außenpolitik kontinuierlich verlief, ist nicht zuletzt darauf zurückzuführen, daß die beiden englischen Parteien weitgehend ohne weltanschauliche Vorgaben politische Ziele verfolgten und verhältnismäßig vorurteilsfrei das Zweckmäßige oder Notwendige zu tun wußten.

Das britische Weltreich

Am Ende des 19. Jahrhunderts war der Ausbau des britischen Weltreiches abgeschlossen. Erst jetzt traten mit den USA, dem Deutschen Reich und Japan neue Rivalen auf. Die Abhängigkeit der Industrie von Rohstoffeinfuhren und die Notwendigkeit billiger Getreideimporte ließen die Sicherung der Seewege durch Stützpunkte geraten sein. Imperialistisches Denken (vgl. S. 136 f.) führte schließlich zur Eingliederung neuer Kolonien in das Weltreich, teilweise nach hartem Kampf gegen die Einheimischen, wie 1882 in Ägypten, und 1899–1902 im Krieg gegen die weißen Buren in Südafrika.
1875 erwarb England ein großes Aktienpaket der Suezkanal-Aktiengesellschaft und hatte damit die Kontrolle über die wichtige Wasserstraße gewonnen, die 1869 von Franzosen vollendet worden war. Zusammen mit der Erwerbung Zyperns 1878 und der Besetzung Ägyptens 1882 (seit 1517 türkisch) war der verkürzte Seeweg nach Indien gesichert.

Indien ist ein Land mit alter Kultur. Seit dem 3.–2. Jahrtausend v. Chr. sind Zeugnisse einer Hochkultur bekannt. Die Zersplitterung in viele Reiche, der Wechsel und das Nebeneinander mehrerer Religionen (Hinduismus, Buddhismus, Islam) machen die jahrtausendelange Geschichte des Landes unübersichtlich. Seit dem 16. Jahrhundert griffen Europäer immer stärker in die Geschicke des Landes ein, das in eine

Königin Victoria im Kreise von Verwandten. Links sitzend ihr Enkel, der deutsche Kaiser Wilhelm II., neben ihm stehend Zar Nikolaus II., ferner Mitglieder der Herrscherhäuser von Rußland, Rumänien und anderer europäischer Fürstenhäuser (Fotografie 1894).

1. Vergleiche die Kleidung mit Abbildungen aus früherer Zeit. Was fällt dir auf? Suche eine Erklärung dafür.

Einige Zahlen zeigen, wie sehr das britische Weltreich vom Handel profitierte. Die englische Einfuhr war 1900 mit 523 Millionen Pfund größer als die Frankreichs (188 Mill. Pfund) und Deutschlands (288 Mill. Pfund) zusammen. Die Tonnage der englischen Handelsflotte betrug 1890 9,6 Mill. Brutto-Register-Tonnen, die Deutschlands, Frankreichs und der USA zusammen nur 3,3 Mill. Brutto-Register-Tonnen (1905: England 17 Mill. BRT gegenüber 7,9 Mill. BRT). Der Suezkanal wurde zwischen 1880 und 1890 zu 80% von britischen Schiffen benutzt.

2. Kennst du „Oliver Twist" oder „David Copperfield" von Charles Dickens? Dann erzähle etwas über das Leben in England im vorigen Jahrhundert.
3. Warum war die Beseitigung der schlimmsten sozialen Mißstände in England mit weniger harten Auseinandersetzungen als auf dem Kontinent verbunden?
4. Stelle verschiedene Seiten englischer Politik gegenüber den Einheimischen in den Kolonien zusammen und versuche, die Auswirkungen zu beurteilen.
5. Zeige, wie die Verbindung der Kolonien mit England gestaltet wurde.

Vielzahl von Fürstenherrschaften gegliedert war. Im Jahre 1600 wurde die britische ostindische Kompanie gegründet, die als private Gesellschaft die Grundlage für die Vorherrschaft Englands in Indien legte. Der Widerstand der Inder gegen die englische Vorherrschaft verursachte im 19. Jahrhundert mehrere Kriege; dabei gingen alle Rechte der ostindischen Kompanie an die englische Krone über, deren Herrschaft durch einen Vizekönig für Indien ausgeübt wurde.

Die weißen Siedlerkolonien erhielten frühzeitig weitgehende Selbständigkeit im Rahmen des Weltreiches. 1867 wurde Kanada wie vorher schon Neufundland 1855 *Dominion* des Britischen Weltreiches. Es erhielt ein eigenes Parlament, eine eigene Regierung und war dem Mutterland weitgehend gleichgestellt. Australien, Neuseeland und die Südafrikanische Union erlangten nach 1900 den gleichen Status als Dominions. Das einigende Band blieben neben der englischen Krone Wirtschafts- und Zollpräferenzen. So wandelte sich das Empire zu einem freiwilligen Zusammenschluß, dem „British Commonwealth of Nations" (1926).

Zum Wiederholen und Nachschlagen

Während der langen Regierungszeit der englischen Königin Victoria (1837–1901) vollzog sich in England der Übergang zu einer nahezu demokratisch-parlamentarischen Staatsform. Soziale Reformen und ein gewisser Wohlstand ließen es in England zu keinen schweren sozialen Erschütterungen mehr kommen. Das britische Weltreich, als dessen wertvollster Teil Indien galt, wurde ausgebaut. Durch das rechtliche Zugeständnis von Selbstregierungen für die weißen Siedlerkolonien (Dominions) wurde das Reich erhalten. Die Krone blieb das einigende Band des British Commonwealth of Nations, dem freiwilligen Zusammenschluß der ehemaligen Kolonien.

1867 Kanada wird Dominion

Begriffe: Commonwealth, Dominion, Labour Party

Rußland im 19. Jahrhundert

Zwischen Autokratie und Freiheitsstreben

Im Rußland des 19. Jahrhunderts entschied allein der Wille des Herrschers über die Politik des Staates. Der Zar regierte als *Autokrat* (Selbstherrscher). Je länger er mit Reformen zögerte, um so mehr erschien die Revolution als einziger Ausweg.

Die zaristische Geheimpolizei sollte jeden Ansatz einer Opposition aufspüren und eine scharfe Zensur die Verbreitung unerwünschter Gedanken verhindern. Trotzdem wuchs der Widerstand der Intelligenz. Ein Teil suchte die Verhältnisse nach westlichen Vorbildern zu ändern *(Westler),* andere wollten eine Erneuerung aus der Tradition des russischen Volkes erreichen *(Slawophile).*

Zar Alexander II. (1855–81) leitete Reformen ein. Die Unterdrückungspolitik wurde gelok-
1861 kert. 1861 hob ein Erlaß des Zaren die Leibeigenschaft auf.

Leibeigene Bauern gab es in Rußland seit Jahrhunderten. Gebietsweise war über die Hälfte der Bevölkerung leibeigen. Der adlige Grundbesitzer war unumschränkter Herr der Bauern, über die er wie über Sklaven verfügen konnte. Durch die Aufhebung der Leibeigenschaft wurde der Bauer persönlich und rechtlich frei, hatte aber meist zur persönlichen Verfügung weniger Land als vorher und sollte dafür noch jahrzehntelang Zahlungen an den Gutsherrn leisten. Der gemeinsame Landbesitz eines Dorfes, der *Mir,* wurde aus Gutsbesitz vergrößert und zur Nutzung jährlich entsprechend der Kopfzahl der männlichen Familienmitglieder neu verteilt. Je mehr die Bevölkerung eines Dorfes wuchs, desto weniger Land erhielt der einzelne. Die dörfliche Selbstverwaltung scheiterte und viele verarmte Bauern wanderten als Arbeitskräfte in die Städte ab. Die Industrialisierung kam bis 1890 sehr langsam voran. Von 1800–1860 verdoppelte sich die Eisenerzeugung, während sie sich in England im gleichen Zeitraum um das Vierundzwanzigfache vergrößerte.

Auch andere Reformen des „Zar-Befreiers“ Alexander II. blieben in den Anfängen stecken. An der 1870 gewährten Selbstverwaltung großer Städte hatte nur die reiche Bevölkerung Anteil. So blieb die Opposition wach. Seit 1866 begannen die Radikalen mit Attentaten auf den Zaren. 1881 erlag Alexander II. einem Bombenanschlag. Seine Nachfolger blieben bei der autokratischen Regierungsweise.

Die russische Gesellschaft im 19. Jahrhundert

Kennzeichnend für die russische Gesellschaft war das Nebeneinander von zwei Bevölkerungsschichten, einer kleinen Oberschicht, deren Lebenshaltung westeuropäische Züge aufwies, und einer Masse abhängiger und dumpf dahinlebender Bauern, gedrückt vom grundbesitzenden Adel und der Willkür der Beamten preisgegeben. 1836 zählte man in Rußland 45 Millionen Leibeigene, 4,5 Millionen Bürger und eine halbe Million Adlige. Bauernaufstände waren häufig. Die Bauern wollten Land besitzen. Da die Reform von 1861 gerade dieses Ziel nicht erreichte, wurde sie die Ursache weiterer Verarmung und neuer Unruhen. Auch verhinderte die Bindung der Bauern an den Mir die Einführung moderner Anbaumethoden. Die Bauern, also 90% der Bevölkerung, verehrten den Zaren vor allem als Haupt der *Orthodoxen Kirche.* Dieser *Cäsaropapismus* unterschied den russischen Staat von den westeuropäischen Ländern wesentlich. Westeuropäisches Denken hatte sich nur in einem verhältnismäßig kleinen Kreis adliger und bürgerlicher *Intellektueller* (Menschen, die sich um Ausbildung ihres Geistes bemühen) verbreitet. Manche von ihnen wurden Mitglieder von Geheimbünden, die die Umgestaltung Rußlands anstrebten. die *Narodniki* (Volksfreunde) z. B. waren von der Lebenskraft der russischen Bauern überzeugt, gingen in die Dörfer und begannen dort ihre revolutionäre Tätigkeit.

Diese Opposition neigte zur Ablehnung aller bestehenden Ordnung und Herrschaft *(Anarchisten)* und verwarf die ganze vorherrschende Moral *(Nihilisten).* Sozialistische und kommunistische Gedanken fanden unter Studenten und Intellektuellen mehr und mehr Anhänger. Der Staat versagte vor den sozialen Problemen. Statt dessen suchte die Regierung von den offensichtlichen Mißständen durch panslawistische Propaganda abzulenken und betrieb eine Russifizierungspolitik gegen die nichtrussischen Volksteile, wobei es verschiedentlich zu *Pogromen* kam. (Ausschreitungen gegen Menschen anderen Glaubens oder anderen Volkstums, besonders der Juden).

Russische Gutsbesitzer beim Kartenspiel (Zeichnung von Gustave Doré).

1. Was bedeuten die Bündel auf dem Tisch?

Inserat in der „Moskauer Zeitung" 1801:

„Es werden verkauft drei Kutscher, stattlich und gut geschult, und zwei Mädchen von 18 und 15 Jahren, beide von hübschem Äußeren und mit allerlei Handarbeit wohl vertraut. In demselben Haus verkauft man zwei Haarkünstler; der eine ist 21 Jahre alt, kann lesen, schreiben und ein musikalisches Instrument spielen, ist auch als Jägerbursche verwendbar, der andere kann Herren und Damen frisieren. Im gleichen Hause werden Pianofortes und Orgeln abgegeben."

(Valentin Gitermann, Geschichte Rußlands, Hamburg 1949, Bd. 2, S. 490)

2. Erläutere den Text dieses Inserates; unterscheide dabei zwischen den Begriffen Leibeigener und Sklave.

Als preußischer Gesandter berichtete Bismarck 1862 aus St. Petersburg, der Zar und die Regierung teilten die „Überzeugung, daß es so, wie es ist, in Rußland nicht bleiben könne, daß durchgreifende politische Veränderungen notwendig seien ... Von der Notwendigkeit, ‚daß etwas geschehen müsse', ist jedermann durchdrungen; da aber niemand anzugeben weiß, was geschehen soll, so ist kaum anzunehmen, daß gerade das Wünschenswerte geschehen werde."

(Otto von Bismarck, a. a. O., Bd. 3, S. 345 f.)

3. Überlege, welche Entwicklung sich leicht aus einer solchen Situation ergeben kann.
4. Nenne Unterschiede zwischen dem zaristischen Herrschaftssystem und anderen europäischen Regierungssystemen des 19. Jahrhunderts.
5. Vergleiche Auswirkungen der Aufhebung der Leibeigenschaft in Rußland und Preußen (1807).
6. Erinnere dich, wie seit Peter dem Großen das Verhältnis zwischen dem Zaren und der orthodoxen Kirche war; berücksichtige die politischen Auswirkungen.

Zum Wiederholen und Nachschlagen

Die autokratische Herrschaft der Zaren blieb im 19. Jahrhundert erhalten. Reformen, so 1861 die Aufhebung der Leibeigenschaft, waren ohne nachhaltigen Erfolg. Der Despotismus zwang die Opposition in den Untergrund. In der zweiten Jahrhunderthälfte gehörten Attentate zum politischen Alltag. Radikale Sozialisten gewannen Anklang. Viele erhofften die Genesung des Staates aus der Kraft des russischen Bauerntums. Die russische Literatur des 19. Jahrhunderts gibt ein eindringliches Bild der Zeit.

1861 Aufhebung der Leibeigenschaft in Rußland

Begriffe: Anarchisten, Autokratie, Cäsaropapismus, Intellektuelle, Leibeigene, Mir, Narodniki, Nihilisten, Orthodoxe Kirche, Pogrom, Slawophile, Westler

Das innenpolitische System des deutschen Kaiserreiches

Bismarcks Stellung zu den Parteien

Nach der Reichsverfassung (vgl. S. 111) war der vom Kaiser ernannte Reichskanzler nur auf das Vertrauen des Monarchen angewiesen, nicht auf die Parteien. Doch besaß der Reichstag das *Budgetrecht* (Festsetzung des Staatshaushalts). Hier mußte der Kanzler die Zustimmung der Mehrheit des Reichstags erlangen. Als Reichskanzler spielte Bismarck die Parteien gegeneinander nach taktischen Gesichtspunkten aus. Seine Überzeugung war: „Die Parteien sind mir gleichgültig." Auf diese Weise war es unmöglich, Parteien zu verantwortlicher Mitarbeit am Staat heranzuziehen. Das Deutsche Reich hatte zwar das demokratischste Wahlgesetz seiner Zeit, aber gleichzeitig eine vom Volkswillen nahezu unabhängige Regierung.

Im Deutschen Reichstag gab es bis zum Ersten Weltkrieg fünf größere Parteien: die Konservativen, deren Anhänger vor allem Großgrundbesitzer und Militärs waren; hinter den Nationalliberalen standen Großbürgertum und Wirtschaft; das *Zentrum* war eine katholische Partei mit stark konfessionellen Zielen; viele Leute aus dem Mittelstand wählten die Fortschrittspartei (zeitweise auch Freisinnige Partei genannt), die eine parlamentarische Regierungsform wollte; die Sozialdemokraten fanden viele Anhänger unter den Arbeitern.

Der Kulturkampf

1870 – im selben Jahr, in dem der Papst den weltlichen Besitz, den Kirchenstaat, verlor – hatte das Vatikanische Konzil das Unfehlbarkeitsdogma verkündet: wenn der Papst in Fragen des Glaubens und der Sitte eine Lehre „ex cathedra" für die ganze Kirche verkünde, sei er unfehlbar. Als katholische Religionslehrer in Deutschland dieses Dogma nicht annahmen, fanden sie als Beamte Rückhalt beim Staat. Bismarck hoffte, mit Hilfe dieser „Altkatholiken" die katholische Zentrumspartei zu spalten. Das Zentrum verlangte, daß „altkatholische" Religionslehrer als Beamte untragbar seien.

Daran entzündete sich die Auseinandersetzung mit der katholischen Kirche. Die Liberalen sprachen von der Bedrohung der Kultur durch kirchliche Bevormundung. Dieser *„Kulturkampf"* fand seinen Höhepunkt in zahlreichen Gesetzen, die die Kirche aus dem öffentlichen Leben zurückdrängen sollten. Aber Bismarck erreichte sein Ziel nicht. Aus den Reichstagswahlen ging das Zentrum gestärkt hervor. 1876 waren in Preußen alle Bischöfe festgenommen oder ausgewiesen, zahlreiche widerstrebende Geistliche wurden inhaftiert. In den polnisch bevölkerten Teilen Preußens war der Kulturkampf antipolnisch geprägt und sollte die Germanisierung fördern. Dies scheiterte an der Haltung der katholischen polnischen Bevölkerung. In ganz Preußen hielt die katholische Bevölkerung weiter zur Kirche. Als Bismarck das Zentrum für andere politische Aktionen brauchte, lenkte er ein (1878).

Viele Maßnahmen wurden rückgängig gemacht. Einige blieben bestehen: Nur die *Zivilehe,* vor dem Standesbeamten geschlossen, war staatlich rechtsgültig; Geistliche, die von der Kanzel „Angelegenheiten des Staates in einer den öffentlichen Frieden gefährdenden Weise" behandelten, konnten mit Gefängnis bestraft werden („Kanzelparagraph"); die Schulaufsicht, die bisher den Kirchen zustand, wurde vom Staat übernommen; der Jesuitenorden blieb verboten.

Die Schutzzollpolitik

1878 vollzog Bismarck eine Wendung in der Wirtschaftspolitik. Der Freihandel war für die deutsche Wirtschaft nachteilig, da billige Getreideeinfuhren aus Rußland und Übersee sowie Importe von Eisenerzeugnissen aus England auf die Preise drückten. Mit Hilfe der Konservativen und der eben noch bekämpften Zentrumspartei erreichte Bismarck vom Reichstag die Zustimmung zu Schutzzöllen auf Getreide, Vieh, Eisen und Holz. Darüber zerbrach Bismarcks Bund mit den Nationalliberalen. Gleichzeitig wurden Zölle auf Genußmittel wie Tee, Kaffee und Tabak gelegt, um dem Reich Einnahmen zu verschaffen, was aber die föderalistische Zentrumsfraktion erschwerte, indem sie durchsetzte, daß das Reich die neuen Zolleinnahmen mit den Bundesstaaten teilen mußte.

So blieb das Reich, dessen Einnahmen nur aus indirekten Steuern und Zöllen bestanden, weiterhin ein „lästiger Kostgänger der Bundesstaaten". Bismarck hat in diesen Jahren gelegentlich den Gedanken geäußert, den Reichstag auszuschalten oder das Wahlverfahren so zu

▷ 128

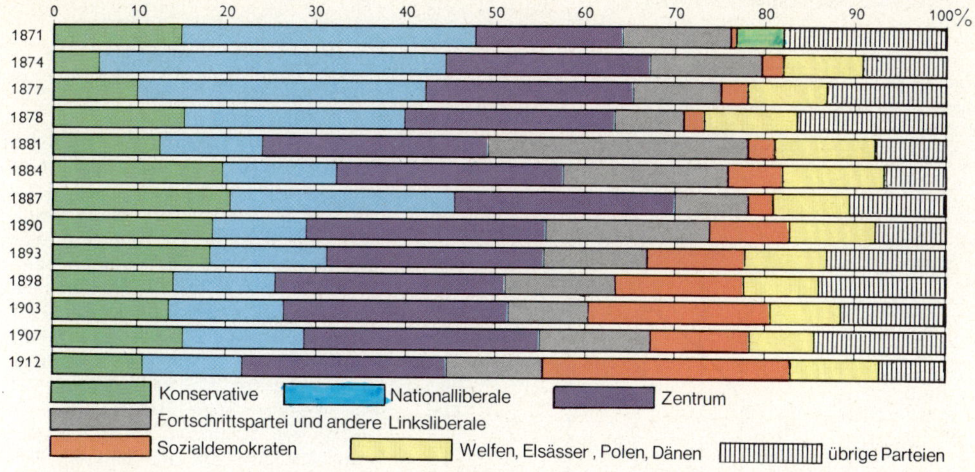

Ergebnisse der Reichstagswahlen (Abgeordnetensitze) 1871–1912 (vgl. auch Abb. auf S. 128) (Cuno Hockenbach, Das deutsche Reich von 1918 bis heute. Berlin 1933, S. 84 und Walter Tormin, Geschichte der deutschen Parteien seit 1848. Stuttgart 1966, S. 282 ff.)

Am 5. 6. 1878 schrieb der Schriftsteller Theodor Fontane an seine Frau:

„Du fragst, wie man früher solcher Bewegungen Herr geworden ist? Darauf ist nicht direkt zu antworten; denn solche Bewegungen hat es früher nicht gegeben. Wie war es früher? ... Man befand sich einer stupiden Menge gegenüber. Das ist jetzt anders. Millionen von Arbeitern sind gerade so gescheit, so gebildet, so ehrenhaft wie Adel und Bürgerstand; vielfach sind sie ihnen überlegen. Der junge R. ist ein Tischlergeselle; glaubst Du, daß er verschiedenen jungen Leuten aus unserer Bekanntschaft nachsteht? Gewiß nicht. Nun ist der junge R. zwar zufällig ein Bürgerssohn, er könnte aber auch der Sohn einer alten Waschfrau sein. Dann hättest du den echten Repräsentanten des vierten Standes ... Sie vertreten nicht bloß Unordnung und Aufstand, sie vertreten auch Ideen, die zum Teil ihre Berechtigung haben.“

(Theodor Fontane, Von Dreißig bis Achtzig, hrsg. v. Hans-Heinrich Reuter. München 1975, S. 215)

1. Meinst du, daß Fontane recht hat? Begründe deine Ansicht. Überlege, welche politischen Folgerungen sich daraus ergeben.
2. Wo kommen diese Wähler her? Wie sehen sie aus? Wie verhalten sie sich? Was mögen sie wählen? Was könnte der Zeichner beabsichtigen? Erinnere dich an den Unterschied zwischen dem preußischen Dreiklassenwahlrecht und dem Wahlrecht zum deutschen Reichstag (s. S. 90 u. 110). Woran erkennst du, daß der Zeichner Reichstagswähler und nicht preußische Landtagswähler abbildet?
3. Welche Auswirkungen hatten die Ergebnisse der Reichstagswahlen (entsprechend der Reichsverfassung) auf Regierungsbildung und Regierungspolitik?
4. Ordne in einer vereinfachenden Tabelle den Parteien die im Text erwähnten Begriffe aus der Wirtschaftspolitik zu und kennzeichne, was sie fordern und was sie ablehnen.
5. Welche Bedeutung konnten die Parteien im Rahmen der Reichsverfassung erlangen? Vergleiche damit die Stellung der Parteien in einer westlichen Demokratie der Gegenwart.
6. Stelle den Unterschied zwischen Freihandels- und Schutzzollpolitik dar. Ordne jedem Begriff bestimmte Interessentengruppen zu.

Reichstagswähler (Zeichnung von Th. Th. Heine in der Zeitschrift „Simplicissimus“) ▷

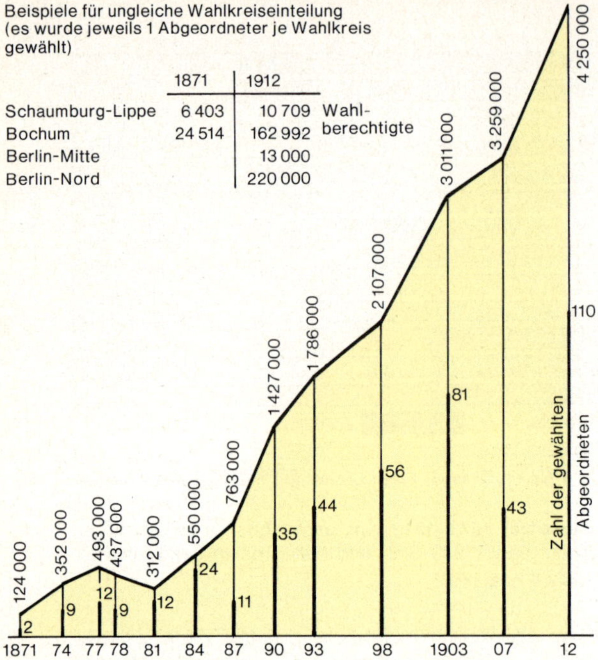

	1871	1912	
Schaumburg-Lippe	6 403	10 709	Wahl-
Bochum	24 514	162 992	berechtigte
Berlin-Mitte		13 000	
Berlin-Nord		220 000	

Stimmenzuwachs der SPD 1871–1912

(Friedrich-Wilhelm Henning, Die Industrialisierung in Deutschland 1800–1914. Paderborn 1973, S. 271)

Die Wahl erfolgte nach absolutem Mehrheitswahlrecht: Erreichte ein Kandidat im ersten Wahlgang nicht die absolute Mehrheit, so fand zwischen den beiden Kandidaten mit den meisten Stimmen eine Stichwahl statt. Infolge dieses Wahlsystems entsprach die Zahl der Stimmen, die eine Partei erhielt, nicht der Zahl ihrer Abgeordneten. Das zeigt z. B. das Ergebnis der Reichstagswahl von 1898: Bei einer Bevölkerung von 52,2 Mio. gab es 11,4 Mio. Wahlberechtigte (Männer über 25 Jahren), von denen sich 7,7 Mio. an der Wahl beteiligten. Die drei stärksten Parteien waren:

Sozialdemokraten:
2,107 Mio. Stimmen — 56 Abgeordnete
Zentrum:
1,455 Mio. Stimmen — 102 Abgeordnete
Deutsch-Konservative:
0,859 Mio. Stimmen — 56 Abgeordnete

ändern, daß er gefügiger hätte werden müssen. Die Schutzzollpolitik förderte die wirtschaftliche Entwicklung, erhöhte aber gleichzeitig die Preise, ohne daß eine Erhöhung der Reallöhne gefolgt wäre. Erst ab 1883 stieg die Kaufkraft der Löhne allmählich, was sofort einen Rückgang der Auswanderungsquote zur Folge hatte (vgl. S. 93). Infolge des schwachen Binnenmarktes wurde die deutsche Industrie vom Export abhängig. Das engte den Spielraum der Politik ein. Außenpolitisch belastete der Schutzzoll auf Getreide das deutsch-russische Verhältnis, da der russische Getreideexport stark zurückging.

Das Sozialistengesetz

1863 hatte Lassalle den „Allgemeinen Deutschen Arbeiterverein" gegründet, dessen Ziel die Beteiligung der Arbeiter an der Regierung war. 1869 war in Eisenach die Sozialdemokratische Arbeiterpartei entstanden, in der marxistische Gedankengänge vorherrschten (vgl. S. 72 ff.). Beide Gruppen vereinigten sich 1875 in Gotha. Die neue Sozialistische Arbeiterpartei Deutschlands betonte den internationalen Charakter der Arbeiterbewegung und wollte den Umsturz der bestehenden Ordnung. Andererseits hatten die Anhänger Lassalles durchgesetzt, daß die Ziele der Partei nur „mit allen gesetzlichen Mitteln" angestrebt werden sollten, was die Kritik von Marx und Engels hervorrief. Maßgeblichen Einfluß in der Partei, die seit 1891 *Sozialdemokratische Partei* Deutschlands hieß, hatten Wilhelm Liebknecht (1826–1900) und August Bebel (1840–1913).

1878 erfolgten zwei Attentate auf Kaiser Wilhelm I., die Bismarck Gelegenheit gaben, gegen die Sozialdemokraten vorzugehen, obwohl keine Beziehung zwischen ihnen und den Attentätern nachgewiesen wurde. Aber Bismarck war überzeugt, daß die Sozialdemokraten, mehr noch als die Zentrumsleute, „Reichsfeinde" seien, deren staatsgefährdende Betätigung es zu unterbinden galt. Der 1878 neugewählte Reichstag nahm ein „Gesetz gegen die gemeingefährlichen Bestrebungen der Sozialdemokratie" an. Die Nationalliberalen hatten unter dem Druck der öffentlichen Meinung, die über die Attentate auf den beliebten Kaiser empört war, nachgegeben; Zentrum und Linksliberale stimmten aber dagegen. Das Gesetz verbot alle „sozialdemokratischen, sozialistischen oder kommunistischen" Versammlungen und Vereinigungen und auch die Gewerkschaften. Die Parteipresse wurde verboten, Sozialisten konnten ausgewiesen werden. Aber die Sozialdemokraten durften sich weiter an den Reichstagswah-

▷ 130

Aus dem Gothaer Programm der Sozialistischen Arbeiterpartei Deutschlands (1875):

„In der heutigen Gesellschaft sind die Arbeitsmittel Monopol der Kapitalistenklasse, die hierdurch bedingte Abhängigkeit der Arbeiterklasse ist die Ursache des Elends und der Knechtschaft in allen Formen. Die Befreiung der Arbeit erfordert die Verwandlung der Arbeitsmittel in Gemeingut der Gesellschaft ... Von diesen Grundsätzen ausgehend, erstrebt die sozialistische Arbeiterpartei Deutschlands mit allen gesetzlichen Mitteln den freien Staat und die sozialistische Gesellschaft, die Zerbrechung des ehernen Lohngesetzes durch die Abschaffung des Systems der Lohnarbeit, die Aufhebung der Ausbeutung in jeder Gestalt, die Beseitigung aller sozialen und politischen Ungleichheit. Die sozialistische Arbeiterpartei Deutschlands, obgleich zunächst im nationalen Rahmen wirkend, ist sich des internationalen Charakters der Arbeiterbewegung bewußt und entschlossen, alle Pflichten, welche derselbe den Arbeitern auferlegt, zu erfüllen, um die Verbrüderung aller Menschen zur Wahrheit zu machen.“

(Klaus-Peter Schulz, Proletarier, Klassenkämpfer, Staatsbürger. München 1963, S. 229 f.)

7. Weise nach, ob dieser Programmauszug Gedanken aus der Lehre von Karl Marx enthält.

Am 9. Oktober 1878 sagte Bismarck im Reichstag:

„Ich habe bestimmte, positive, praktische Ziele, nach denen ich strebe, zu denen mir mitunter die Linke, mitunter die Rechte geholfen hat ... ich gehe mit dem, der mit den Staats- und Landesinteressen nach meiner Überzeugung geht; die Fraktion, der er angehört, ist mir vollständig gleichgültig.“

(Otto von Bismarck, a. a. O., Bd. 12, S. 6)

8. Beurteile Bismarcks Haltung zu den Parteien; beachte dabei die Gründe und die möglichen Auswirkungen.

Ende 1878 äußerte Bismarck in einem Gespräch:

„Jetzt habe ich ein Ziel, und den Weg dahin werde ich finden. Harte Kämpfe wird es kosten – um so besser ... Deutschland voranschreitend auch auf der Bahn der sozialen Reform ... wahrlich ein Gedanke, ‚des Schweißes der Edlen wert!‘ Aber die meisten von ihnen wollen nicht schwitzen, da liegt der Hund begraben!“

(Karl Jantke, Der vierte Stand. Freiburg 1955, S. 217)

9. Überlege, welche Schwierigkeiten Bismarck meint.

Bismarck und „Jack in the box“ (Karikatur der englischen Zeitschrift „Punch“, 1878)

10. Was will der Zeichner (1878!) andeuten? Beachte die Aufschrift auf dem Kasten und das Aussehen des Jack.

Herkunft der Staatseinnahmen des Deutschen Reiches (in %)

	1874	1913
Zölle	28	31
Verbrauchssteuern	41	43
Beiträge der Bundesstaaten	18	2
Anleihe (Schulden)	–	5

Die Einnahmen betrugen insgesamt
1874: 370 Mill. Mark
1913: 2 205 Mill. Mark

(Friedrich-Wilhelm Henning, Die Industrialisierung in Deutschland 1800–1914. Paderborn 1973, S. 262)

11. Erkundige dich, warum ein Vergleich mit entsprechenden Zahlen aus der Gegenwart in der Bundesrepublik Deutschland nicht möglich oder sinnvoll ist (z. B. Einnahmen des Bundes 1980: 188,1 Mrd. DM).

12. Erläutere das Schaubild über den Stimmenzuwachs der SPD. Unterrichte dich über Grundzüge des heute gültigen Wahlrechts in England, Frankreich und der Bundesrepublik Deutschland.

13. Überlege, warum der sozialdemokratische Kandidat in der Stichwahl zum Reichstag oft unterlag.

14. Beurteile die Auswirkungen von Sozialistengesetz und Kulturkampf auf die innenpolitische Lage in Deutschland.

15. Welche Folgen hatte Bismarcks Regierungsweise für die spätere innenpolitische Entwicklung im Deutschen Reich?

len beteiligen. Und sie gewannen immer mehr Wähler: 1887 waren es 763 000, 1890 bereits 1,4 Millionen. So war die Partei in der Theorie marxistisch und revolutionär, in der Praxis trieb sie im Parlament auf Reformen zielende Politik. Das Sozialistengesetz hatte sich als Fehlschlag erwiesen. Die Partei war nicht zerschlagen, jedoch der Gegensatz der Arbeiterschaft zum Staat und seinen herrschenden Schichten war größer geworden. 1890 wurde das Gesetz aufgehoben.

Die soziale Gesetzgebung

Um den Sozialdemokraten den Wind aus den Segeln zu nehmen, erließ das Reich eine Reihe sozialer Gesetze (1883–89), die den Arbeitern größere Sicherheit boten als in jedem anderen Land damals. Krankenversicherung, Unfallversicherung, Invaliditäts- und Altersversicherung verhinderten in Zukunft, daß der arbeitsunfähig gewordene Arbeiter hilflos der Armut preisgegeben war *(Sozialversicherung)*. Das erforderliche Geld wurde von Arbeitern, Unternehmern und Staat gemeinsam aufgebracht. Bismarcks soziales Gesetzgebungswerk war eine Hilfe „von oben", die den Arbeiter an den Staat binden sollte. Da aber das Anliegen der Arbeiter und ihrer Partei, der Sozialdemokratie, die politische Gleichberechtigung war, genügte die soziale Gesetzgebung allein noch nicht zur Versöhnung mit dem Staat.
Bismarcks Staat stützte sich vornehmlich auf Adel, Militär und Großbürgertum, während Kleinbürger, Angestellte und Arbeiter kaum an politischen und administrativen Entscheidungen beteiligt waren. Es sollte später verhängnisvoll werden, daß der deutsche Reichsbürger niemals zur verantwortlichen Mitarbeit am Staat aufgefordert worden war. Zu lange war er daran gewöhnt, Politik als eine Sache derer „da oben" anzusehen, die ihn nichts anging.

Bismarcks Entlassung

1888 starb der alte Kaiser. Sein schwerkranker Sohn, Kaiser Friedrich III., regierte nur drei Monate. Dann folgte der 29jährige Enkel, Kaiser Wilhelm II. Zwischen ihm und dem greisen Kanzler traten bald Spannungen auf.
Der junge Kaiser wollte ein „persönliches Regiment" ausüben. Anlaß zum Bruch bot sich bald. Bismarck wollte das Sozialistengesetz erneuern lassen; der Kaiser widersetzte sich und wollte statt dessen die Sozialgesetzgebung ausbauen. Hinter dieser sachlichen Auseinandersetzung stand das Ringen um die Macht zwischen Kaiser und Kanzler. Andere Streitpunkte kamen hinzu, so daß Wilhelm II. Bismarck aufforderte, sein Entlassungsgesuch einzureichen.
Am 20. März 1890 schied Bismarck aus dem Amt. Bis zu seinem Tode 1898 verfolgte er grollend die Politik seiner Nachfolger.

▷ 132

DROPPING THE PILOT

Der Lotse geht von Bord. Karikatur auf die Entlassung Bismarcks in der englischen Zeitschrift „Punch", 1890.

In Bismarcks Reichstagsrede vom 20. März 1884 wird deutlich, wie er die soziale Frage verstand:

„Der eigentliche Beschwerdepunkt des Arbeiters ist die Unsicherheit seiner Existenz; er ist nicht sicher, daß er immer Arbeit haben wird, er ist nicht sicher, daß er immer gesund ist, und er sieht voraus, daß er einmal alt und arbeitsunfähig sein wird. Verfällt er aber der Arbeit auch nur durch eine längere Krankheit, so ist er darin nach seinen eigenen Kräften vollständig hilflos, und die Gesellschaft erkennt ihm gegenüber bisher eine eigentliche Verpflichtung außer der ordinären Armenpflege nicht an, auch wenn er noch so treu und fleißig die Zeit vorher gearbeitet hat. Die ordinäre Armenpflege läßt aber viel zu wünschen übrig ... Wenn wir in den Berliner Zeitungen lesen von Selbstmord aus Nahrungssorgen, von Leuten, die direkt Hungers gestorben sind und sich aufgehängt haben, weil sie nichts zu essen gehabt haben, von Leuten, die in der Zeitung ankündigen, sie wären obdachlos hinausgeworfen und hätten kein Unterkommen, so sind das lauter Dinge, die wir vom Lande nicht kennen und nicht verstehen ... Für den Arbeiter ist das immer eine Tatsache, daß der Armut und der Armenpflege in einer großen Stadt zu verfallen gleichbedeutend ist mit Elend, und diese Unsicherheit macht ihn feindlich und mißtrauisch gegen die Gesellschaft. Das ist menschlich nicht unnatürlich, und solange ihm der Staat da nicht entgegenkommt, oder solange er zu dem Entgegenkommen des Staates kein Vertrauen hat, solange ihm dies Vertrauen zur Ehrlichkeit des Staates durch die Verdächtigungen der Regierung genommen wird, da wird er, wo er es finden mag, immer wieder zum sozialistischen Wunderdoktor laufen."

(Otto von Bismarck, a. a. O., Bd. 12, S. 438 f.)

16. Stelle die hier genannten Motive zusammen, die Bismarck zur Sozialgesetzgebung veranlaßten

In seinen Erinnerungen schildert Bismarck seine letzten Tage in Berlin:

„Am 26. März verabschiedete ich mich bei dem Kaiser. S. M. sagte, ‚nur die Sorge für meine Gesundheit' habe ihn bewogen, mir den Abschied zu erteilen. Ich erwiderte, meine Gesundheit sei in den letzten Jahren selten so gut gewesen wie im vergangenen Winter ... am 29. März verließ ich Berlin ... unter den vom Kaiser im Bahnhof angeordneten militärischen Ehrenbezeigungen, die ich ein Leichenbegängnis erster Klasse mit Recht nennen konnte."

(Otto von Bismarck, a. a. O., Bd. 15, S. 514)

17. Wie beurteilt Bismarck die Vorgänge um seine Entlassung?

In der Reichstagsrede vom 11. Januar 1887 hatte Bismarck gesagt:

„Die ganze orientalische Frage ist für uns keine Kriegsfrage. Wir werden uns wegen dieser Frage von niemand das Leitseil um den Hals werfen lassen, um uns mit Rußland zu brouillieren" (überwerfen).

(Otto von Bismarck, Die großen Reden, hrsg. v. Lothar Gall. Berlin 1981, S. 279)

18. Nenne die Gründe für Bismarcks Haltung. Vergleiche mit den Ausschnitten aus Reden Kaiser Wilhelms II. auf S. 137.

Als der Kaiser 1894 den 75jährigen Fürsten zu Hohenlohe-Schillingsfürst zum Kanzler ernannte, erklärte Generalfeldmarschall von Waldersee:

„Über die Wahl Hohenlohes herrscht, man kann sagen, allgemeines Erstaunen. Nach meiner Meinung ist er überhaupt nur möglich, wenn man ihm einen Vizekanzler für die eigentliche Arbeit zur Seite stellt. Natürlich wird er dem Kaiser zunächst durch seine Schwäche und Nachgiebigkeit sehr angenehm sein."

(Alfred von Waldersee, Denkwürdigkeiten des Generalfeldmarschalls, hrsg. v. Otto Meisner. Stuttgart 1923, Bd. 2, S. 329)

1896 schrieb der Kaiser an den Reichskanzler, den er als Fürsten duzte, über das Amt des Kanzlers:

„Er ist eben nicht auf Wunsch oder mit Mandat der einen oder andern Partei der Kammer ins Amt gelangt. Sondern meine Minister sind eben durch Allerhöchstes Vertrauen ganz frei von mir berufen; und solange sie dieses Vertrauen besitzen, brauchen sie sich um alles andere nicht zu kümmern. Sie sind eben besser als in andern constitutionellen Staaten gestellt. Ich wäre Dir sehr dankbar, wenn Du diesen Grundsatz gelegentlich recht präzis dem Ministerium ins Gedächtnis riefest, da constitutionelle Anwandlungen den Einen oder den Anderen, bei dem sittenverderbenden Umgang mit Parlamenten, zuweilen ergreifen."

(Chlodwig zu Hohenlohe-Schillingsfürst, Denkwürdigkeiten der Reichskanzlerzeit, hrsg. v. Karl Alexander von Müller. Stuttgart 1931, S. 218)

19. Skizziere nach der Reichsverfassung das Verhältnis des Kanzlers zum Kaiser und zum Parlament. Was meint der Kaiser, wenn er von „constitutionellen Anwandlungen" spricht?

Ein sozialdemokratischer Journalist beurteilte das Regierungssystem unter Wilhelm II. später so:

„Deutschland war, als der Weltkrieg begann, das wirtschaftlich stärkste, das best verwaltete, und am schlechtesten regierte Land Europas."

(Friedrich Stampfer, Die vierzehn Jahre der ersten deutschen Republik. Karlsbad 1936, S. 7)

20. Belege mit konkreten Einzelheiten, worauf sich der Journalist bei seiner letzten Wertung bezieht.

21. Welche politischen und sozialen Wirkungen hatte die Sozialgesetzgebung Bismarcks?

Kaiser Wilhelm II.

Anläßlich der Taufe eines Kriegsschiffes, die ein bayerischer Prinz vornahm, sagte Wilhelm II. am 3. Juli 1900:

„Eure Königliche Hoheit haben sich ... überzeugen können, wie mächtig der Wellenschlag des Ozeans an unseres Volkes Tore klopft und es zwingt, als ein großes Volk seinen Platz in der Welt zu behaupten, mit einem Wort: zur Weltpolitik ... Der Ozean ist unentbehrlich für Deutschlands Größe. Aber der Ozean beweist auch, daß auf ihm in der Ferne, jenseits von ihm, ohne Deutschland und ohne den Deutschen Kaiser keine große Entscheidung mehr fallen darf."

(Ernst Johann, Reden des Kaisers. München 1966, S. 89)

Kaiser Wilhelm II. sagte 1892 in einer Rede:

„Zu Großem sind wir noch bestimmt, und herrlichen Tagen führe ich Euch noch entgegen. Lassen Sie sich nur durch keine Nörgeleien und durch mißvergnügliches Parteigerede Ihren Blick in die Zukunft verdunkeln ... Mit Schlagwörtern allein ist es nicht getan, und den ewigen mißvergnüglichen Anspielungen über den neuen Kurs und seine Männer erwidere ich ruhig und bestimmt: ‚Mein Kurs ist der richtige und er wird weitergesteuert!'"

(Ernst Johann, a. a. O., S. 58)

22. Beschreibe die Haltung, in der der Kaiser sich photographieren ließ. Überlege, welcher Eindruck mit der Veröffentlichung eines solchen Bildes bewirkt werden sollte.

23. Stelle diese beiden Äußerungen zur deutschen Außenpolitik den in den vorhergehenden Kapiteln abgedruckten Äußerungen Bismarcks über die deutsche Außenpolitik gegenüber und beurteile das Ergebnis.

Der „Neue Kurs"

Zwei Tage nach Bismarcks Entlassung verkündete der Kaiser: „Das Amt des wachthabenden Offiziers auf dem Staatsschiff ist mir zugefallen. Der Kurs bleibt der alte, und nun voll Dampf voraus!" Aber in Wirklichkeit steuerte der Kaiser einen „Neuen Kurs". Als Reichskanzler ernannte er einen alten General, auf dessen Gehorsam er rechnen konnte. Seine erste außenpolitische Handlung war die Nichterneuerung des Rückversicherungsvertrages mit Rußland. Bismarcks Nachfolger wollte die Bündnisverflechtung vereinfachen. Dadurch kam es zu der Blockbildung in Europa, die Bismarck hatte vermeiden wollen. Rußland wurde zur Annäherung an Frankreich getrieben. Bereits 1892 schlossen Frankreich und Rußland eine Militärkonvention mit gegenseitigem Hilfsversprechen. Die von Bismarck gefürchtete Zweifrontenbedrohung war eingetreten. In den folgenden Jahren suchte die deutsche Politik immer wieder eine engere Bindung an England als Gegengewicht. Da jedoch der Kaiser gleichzeitig imperialistische Weltpolitik zu treiben begann, wurden neue weltweite Konfliktstoffe heraufbeschworen.

Innenpolitisch gab sich der junge Monarch zunächst als „Arbeiterkaiser", indem er die soziale Gesetzgebung weiterführen ließ und das Sozialistengesetz abbaute. Aber als 1894 die Sozialdemokraten bei ihrer Ablehnung des bestehenden Staates und seiner Politik blieben, rief er: „Auf zum Kampfe für Religion, für Sitte und Ordnung, gegen die Parteien des Umsturzes!" Doch der Reichstag, in dem die Sozialdemokraten stärker wurden, billigte die entsprechenden Gesetzesvorlagen nicht.

Karikatur auf das kindliche Vertrauen des Bürgers zur Obrigkeit (Satirische Zeitschrift „Simplicissimus").

In einem 1909 erschienenen Buch heißt es:

„Eine stilgerechte Krönung findet das großpreußische Regierungssystem in der fulminanten Helmspitze des Schutzmanns. Von ihr kommt dem Bürger die Erleuchtung. Willst du genau erfahren, was sich ziemt, so frage man nur beim edlen Schutzmann an. Nicht ohne heiteres Verständnis zu finden, sprach ein Abgeordneter im Reichstag von ‚Sr. Majestät dem Schutzmann' ... Daß sich der Schutzmann bei uns solch überragender Autorität erfreut, hat seine guten Gründe. Begleitet und umhegt er doch den Staatsbürger von der Wiege bis zur Bahre."

(Jeannot Emil von Grotthuß, Aus deutscher Dämmerung. Stuttgart ²1909, S. 175, 195)

24. Karikaturen wollen durch Übertreibung verdeutlichen. Welche Aussage machen Quelle und Karikatur?

25. Unterscheide zwischen tieferen Ursachen und unmittelbarem Anlaß der Entlassung Bismarcks.

26. Inwiefern beginnt nach der Entlassung Bismarcks eine Umschichtung des europäischen Bündnissystems?

Zum Wiederholen und Nachschlagen

Nach 1871 war Bismarck auf die Zusammenarbeit mit dem Reichstag angewiesen, da er dessen Zustimmung zum Budget brauchte. Der Kanzler spielte die Parteien gegeneinander aus. Im „Kulturkampf" versuchte er vergebens, den Einfluß des politischen Katholizismus zu vermindern; ebensowenig gelang die Ausschaltung der Sozialdemokraten mit Hilfe des Sozialistengesetzes. Beide Parteien gingen aus den innenpolitischen Kämpfen gestärkt hervor. Die soziale Gesetzgebung der achtziger Jahre gab den Arbeitern eine vom Staat gewährleistete Sicherheit für Alter, Krankheit und Invalidität. Durch soziale Besserstellung hoffte Bismarck vergeblich, die Arbeiter an seinen Staat zu binden. In der Wirtschaftspolitik vollzog Bismarck 1878 die Wendung vom Freihandel zum Schutzzoll, um die deutsche eisenverarbeitende Industrie und die Landwirtschaft vor billiger ausländischer Konkurrenz zu schützen. – Bismarcks Innenpolitik ermöglichte den Bürgern keine verantwortliche Mitarbeit am Staat. Als 1888 der junge Kaiser Wilhelm II. den Thron bestieg, wollte er selbst regieren. Hinzu kamen sachliche Gegensätze zwischen Kaiser und Kanzler in der Frage der sozialen Gesetzgebung. Am 20. März 1890 wurde Bismarck entlassen. Der „neue Kurs" der kaiserlichen Politik brachte außenpolitisch die Nichterneuerung des Rückversicherungsvertrages. Dadurch wurde Rußland zum Abschluß einer Militärkonvention mit Frankreich getrieben (1892), womit die Möglichkeit der Zweifrontenbedrohung des Deutschen Reiches gegeben war. Die imperialistische Weltpolitik des Reiches schuf weitere Konfliktstoffe. Innenpolitisch führte der Kaiser die soziale Gesetzgebung weiter, nahm aber bald gegen die Sozialdemokraten Stellung.

1871–78	„Kulturkampf"
1878	Schutzzollgesetze
1878–90	Sozialistengesetz
1883–89	Soziale Gesetzgebung

Begriffe: Budgetrecht, Kulturkampf, Sozialdemokratische Partei, Sozialversicherung, Zentrumspartei, Zivilehe

Imperialistische Expansion:

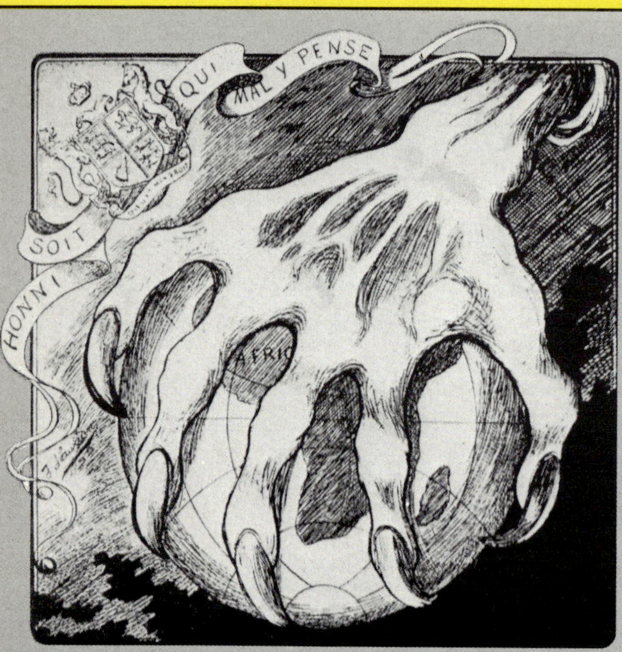

Der Erdball in den Krallen Englands. Die Inschrift gibt den Leitspruch des englischen Hosenbandordens wieder: „Verachtet sei, wer schlecht darüber denkt!" – Diese französische Karikatur erschien 1899 aus Anlaß des französisch-englischen Konfliktes in Afrika.

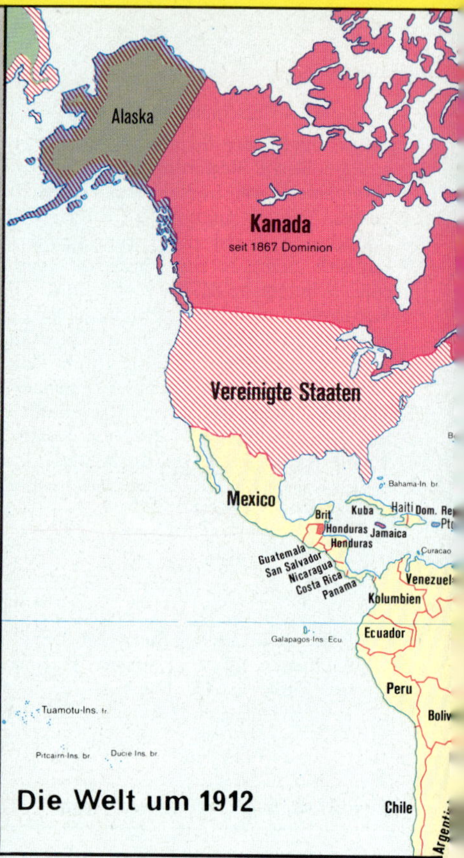

Die Welt um 1912

Koloniale Besitzungen europäischer Staaten um 1815

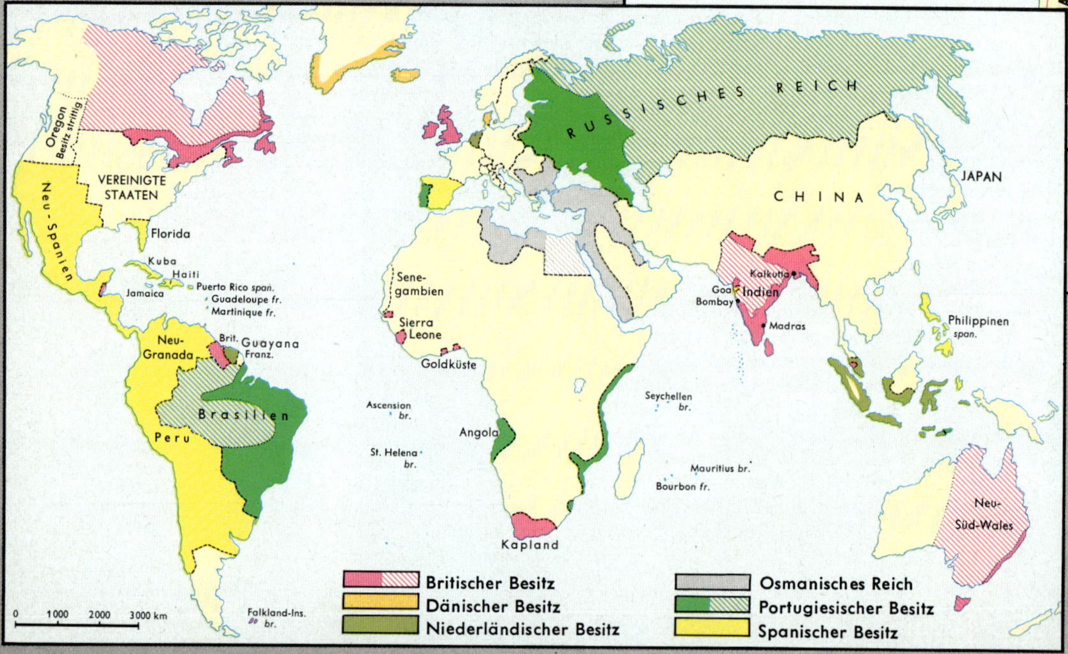

Die Aufteilung der Welt

Sendungsbewußtsein/Blut, Aggressivität, Machtstreben
wirtschaftl. Bereicherung / Amerika [illegible]

Selbständige Staaten, die keine imperialistischen Mächte sind

Besitzungen der imperialistischen Mächte:

- amerikanisch (USA)
- belgisch
- britisch
- dänisch
- deutsch
- französisch
- italienisch
- japanisch
- niederländisch
- portugiesisch
- russisch
- spanisch

Größe und Einwohnerzahl einiger imperialistischer Staaten und ihrer Besitzungen 1899

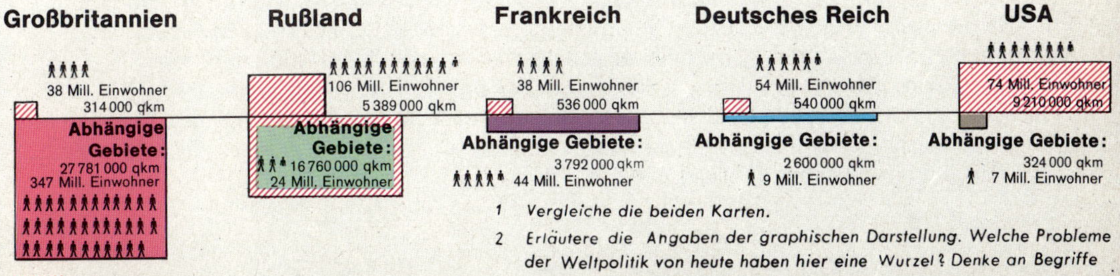

Mutterländer

1 *Vergleiche die beiden Karten.*

2 *Erläutere die Angaben der graphischen Darstellung. Welche Probleme der Weltpolitik von heute haben hier eine Wurzel? Denke an Begriffe wie Entwicklungsländer, Nord-Süd-Konflikt.*

Der Imperialismus um die Jahrhundertwende

Vom Kolonialreich zum Weltreich

Zu Beginn der Neuzeit hatten europäische Entdecker und Seefahrer bisher unbekannte Teile der Erde entdeckt. Ihnen waren Eroberer, Missionare und Kaufleute gefolgt und hatten Gebiete erobert, Missionsstationen und Handelsniederlassungen errichtet. Daraus waren die Kolonialreiche entstanden. Häufig waren private Handelsgesellschaften die Träger der ersten Kolonialtätigkeit. Auch die deutsche Kolonialpolitik hatte in dieser Weise begonnen (vgl. S. 120). Fast alle Kolonialerwerbungen dieser Art erfolgten ohne festen politischen Plan und nach der Regel: „The flag follows the trade".
In den letzten Jahrzehnten des 19. Jahrhunderts änderte sich das. Die großen Industriestaaten betrieben jetzt aktive Kolonialpolitik und suchten einen möglichst umfangreichen Herrschaftsraum außerhalb der nationalen Grenzen zu gewinnen. Bisher für nutzlos angesehene Teile der Erde gewannen dabei für die Kolonialpolitiker strategische Bedeutung. Der Wettlauf der europäischen Staaten nach den noch nicht unter ihnen verteilten Gebieten der Erde wurde immer schneller: 1876 waren erst 10,8% von Afrika in europäischem Besitz, 1900 waren es 90,4%. Jede Kolonialmacht strebte nach Weltgeltung, jedes Kolonialreich wollte als Weltreich (Imperium) angesehen werden.
Dieses imperialistische Ausdehnungsstreben der Industriestaaten am Ende des neunzehnten Jahrhunderts unterschied sich von früheren Eroberungen. Erst die sprunghaften Fortschritte in der Technik und die stark anwachsende Industrieproduktion ermöglichten die Durchdringung und Beherrschung großer Räume; gleichzeitig war die wirtschaftliche Entfaltung auch eine der Ursachen für die imperialistische Ausdehnungspolitik: Kolonien und *Einflußzonen* erweiterten den einheimischen Markt und erschlossen neue Rohstoffquellen. Für die Abgrenzung der *Interessensphären* der Großmächte waren wirtschaftliche Überlegungen ebenso wichtig wie machtpolitische. Der *Imperialismus,* das rücksichtslose Streben nach weltweiter politischer, wirtschaftlicher, kultureller Macht und Geltung, beherrschte Politik und Denken. Keine Großmacht um 1890 war frei davon. Auch bedeutende Denker waren anfällig für diese *Ideologie,* eine durch Vorurteile eingegrenzte Weltanschauung.
Unter den europäischen Staaten trieb Deutschland als spät entstandener Nationalstaat zuletzt imperialistische Politik und wurde zum späten Konkurrenten der anderen imperialistischen Großmächte.

Die Herrschaft der imperialistischen Mächte über Afrika

In vielen Teilen der Welt stießen die imperialistischen Staaten vornehmlich auf den Widerstand, den sie sich aus Rivalität gegenseitig bereiteten. Das geschah besonders ausgeprägt in Afrika. Dort zerstörte die Fremdherrschaft die überkommenden Lebensformen der Eingeborenen. Der Übergang zur europäisch-technisierten Lebensweise bedrohte ihre bisherige Lebensform.
In Afrika bestanden seit dem 15. Jahrhundert vornehmlich Handelsstützpunkte an der Küste, die zuerst von den Portugiesen angelegt worden waren. Erst nach 1880 begann die Aufteilung des ganzen Kontinents. Sie war um 1900 abgeschlossen: In einem Gebiet, das dreimal so groß ist wie Europa, gab es nur zwei selbständige Eingeborenenstaaten: Abessinien und Liberia. Frankreich und England hatten die umfangreichsten Kolonien in Afrika erworben. England strebte ein zusammenhängendes Kolonialgebiet in der Nord-Süd-Linie Kap-Kairo an, Frankreich drang von seinen riesigen westafrikanischen Besitzungen immer weiter nach Osten vor. 1898 stießen die beiden Mächte in Faschoda am Nil aufeinander. Nur durch Frankreichs Verzicht auf den Sudan wurde ein Krieg vermieden. Seit dieser Zeit begann eine Annäherung zwischen England und Frankreich.

 ▷ 138

Der neue „Rhodes-Koloß", der Afrika von Kapstadt bis Kairo überspannt. (Aus „Punch" 1892)

Der Draht, den Cecil Rhodes (Premierminister der Kapkolonie) hält, stellt die gerade vollendete Telegraphenlinie Kap–Kairo dar.

1. Was zeigt die Anspielung auf eines der sieben Weltwunder der Antike, auf den Koloß von Rhodos (vgl. die Quelle auf S. 141)?

Kaiser Wilhelm II. sagte in einer Rede am 18. 6. 1897:

„Der Dreizack gehört in unsere Faust . . . So ist es Mein Wunsch, daß Gott es Mir verleihen möge, . . . der Welt den Frieden zu erhalten, der ja erst existiert, seitdem das Deutsche Reich wieder da ist, desgleichen aber nach außen die Ehre des Reiches in jeder Weise hochhalten zu können, unserer vaterländischen Arbeit und der Industrie die produzierenden Stände, die Absatzgebiete zu sichern und zu erhalten, die wir brauchen."

Der deutsche Kaiser Wilhelm II. entließ ein deutsches Expeditionskorps für China am 2. Juli 1900 mit folgenden Worten:

„Ihr habt gute Kameradschaft zu halten mit allen Truppen, mit denen ihr dort zusammenkommt. Russen, Engländer, Franzosen, wer es auch sei, sie fechten alle für die eine Sache, für die Zivilisation. Wir denken auch noch an etwas Höheres, an unsere Religion und die Verteidigung und den Schutz unserer Brüder da draußen, welche zum Teil mit ihrem Leben für ihren Heiland eingetreten sind."

(Ernst Johann [Hrsg.], a. a. O., S. 71, 87)

Bei der Verabschiedung weiterer Truppen hielt der Kaiser wenige Wochen darauf (27. 7.) eine Rede, die berüchtigt geworden ist:

„Pardon wird nicht gegeben, Gefangene werden nicht gemacht! Wie vor tausend Jahren die Hunnen unter ihrem König Etzel sich einen Namen gemacht haben, der sie noch jetzt in Überlieferung und Märchen gewaltig erscheinen läßt, so möge der Name Deutscher in China auf tausend Jahre durch euch in einer Weise bestätigt werden, daß niemals wieder ein Chinese es wagt, einen Deutschen auch nur scheel anzusehen."

(Wilhelm II., Die Reden in den Jahren 1888–1905, hrsg. v. Johannes Penzler, 4 Bde., Leipzig o. J., Bd. 2, S. 40)

2. Diese Rede wurde – wie auch andere – in verschiedenen Versionen veröffentlicht. Warum wohl?
3. Untersuche die drei Ausschnitte aus Reden des Kaisers auf ihre Stimmigkeit, auf ihre beabsichtigte und ihre vermutliche Wirkung in der Weltöffentlichkeit.

Der „Alldeutsche Verband" schrieb 1890:

Wir können verlangen, daß uns der Preis zufalle, . . . und dieser Preis ist: einem Herrenvolk anzugehören, das seinen Anteil an der Welt sich selber nimmt und nicht von der Gnade und dem Wohlwollen eines anderen Volkes zu empfangen sucht. Deutschland wach auf!"

(Harry Pross [Hrsg.], Die Zerstörung der deutschen Politik. Frankfurt/M. 1959, S. 122 f.)

4. Schlage in verschiedenen Büchern nach, wie der Begriff Ideologie erläutert wird. Versuche in einer eigenen Erklärung das diesen Erläuterungen Gemeinsame wiederzugeben. Achte darauf, daß du jedes Wort, das du dabei benutzt, genau erklären kannst.
5. Welche Folgen hatte die imperialistische Politik der Großmächte für die Völker in den Kolonialgebieten und Einflußzonen?
6. Inwiefern kann man den Imperialismus als eine Ideologie bezeichnen?
7. Zeige den Zusammenhang zwischen Nationalismus und Sendungsbewußtsein.

Die imperialistische Expansion Japans und der USA

Neben den europäischen Großmächten waren gegen Ende des Jahrhunderts auch zwei überseeische Staaten zur imperialistischen Politik übergegangen: Japan und die USA.
Japan hatte bis 1853 völlig abgeschlossen gelebt. Dann aber erzwang ein amerikanischer Flottenverband den Abschluß eines Handelsvertrages und die Öffnung des Landes für Weiße. Japan verwandelte sich schnell in einen modernen Industriestaat. Der rasche Bevölkerungsanstieg förderte den imperialistischen Expansionsdrang, der vor allem auf Korea und China gerichtet war. Großbritannien schloß als erste europäische Großmacht ein Bündnis mit Japan (1902), um sich eine Rückendeckung gegen Rußland und die USA zu schaffen.
Nachdem die USA ihr eigenes Staatsgebiet in Nordamerika etwa um 1890 voll erschlossen hatten, griffen auch sie über ihre Grenzen hinaus. Die Wirtschaft hatte Absatzmärkte in Ostasien gefunden, die Politik sicherte die Handelswege durch den Pazifik, indem sie Flottenstützpunkte errichtete, so 1884 auf Hawaii. 1898 unterstützten die USA einen Aufstand der Kubaner gegen die spanische Kolonialmacht und gerieten in einen Krieg mit Spanien; nach dem Sieg nahmen sie die ehemals spanischen Inseln Puerto Rico und die Philippinen in Besitz und besetzten Kuba. Der Bau des Panamakanals (1914 eröffnet), über den sie sich das Verfügungsrecht vorbehielten, gab den USA auch in Mittelamerika einen überragenden politischen und wirtschaftlichen Einfluß *(„Dollarimperialismus“)*.

China als Ziel imperialistischer Politik

Neben Japan und den USA versuchten auch Rußland, England und andere europäische Staaten im Fernen Osten Fuß zu fassen. Sie annektierten Häfen in China und ließen sich Sonderrechte einräumen, die das machtlose China zugestehen mußte.
In China gab es schon im 2. Jahrtausend v. Chr. einen Staat und seit dem 1. Jahrtausend v. Chr. ein einheitlich verwaltetes Kaiserreich, das 1911/12 durch eine republikanische Revolution beseitigt wurde. Schon im Altertum hatte über die asiatischen „Seidenstraßen“ ein Handel mit Europa bestanden, aber erst durch die Reisen des Venezianers Marco Polo im 13. Jahrhundert hatte man im Westen etwas Genaueres über China erfahren. In den folgenden Jahrhunderten gingen wiederholt christliche Missionare in das Land, aber China schloß sich doch von der europäischen Welt ab. Das änderte sich erst nach dem Krieg von 1840–42, dem Opiumkrieg, den England gegen China führte, als das Land wegen der verheerenden Wirkung des Rauschgiftes die Opiumeinfuhr verhindern wollte. Nach der Niederlage mußte China Hongkong an England abtreten und das Land dem europäischen Handel öffnen. Von inneren Unruhen verwüstet, mußte das machtlose China zusehen, wie die imperialistischen Mächte sich einnisteten: von Norden die Russen, von Osten die Japaner, von Süden und an den Küsten Engländer, Franzosen und schließlich auch Deutsche und Amerikaner. Als sich der Haß gegen die Fremden 1900 in einem Aufstand des Geheimbundes der Boxer entlud, schlugen alle Großmächte gemeinsam im Boxerkrieg gegen China los. China geriet durch eine gewaltige Verschuldung in immer größere Abhängigkeit von den imperialistischen Gläubigern. Die Staatsschuld betrug 1895 etwa 7 Millionen englische Pfund, 1914 aber schon 105 Millionen.
Im mittleren Osten drückte das russische Reich seine Grenzen immer näher an das englische Indien heran, so daß der englisch-russische Gegensatz sich vergrößerte. Das imperialistische Machtstreben der Staaten führte zu einer Weltlage, in der europäische Fragen nicht mehr allein entscheidend waren.

Nationalismus und Sozialdarwinismus

Ausbeutung der Beherrschten, militärische Macht und Erfolge im politischen und wirtschaftlichen Konkurrenzkampf galten als Ausdruck nationaler Größe. Im 19. Jahrhundert hatte sich der Gedanke des Nationalstaates durchgesetzt. Aber seine Verwirklichung führte zu seiner Übersteigerung. Für viele war Kolonialbesitz in Übersee unabdingbare Voraussetzung

▷ 140

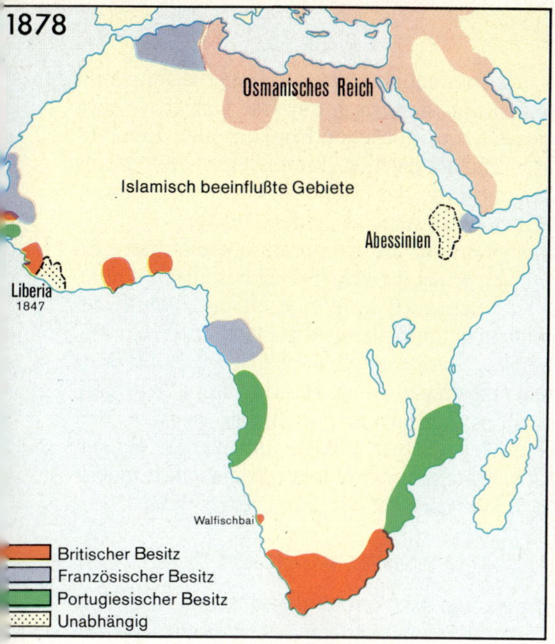

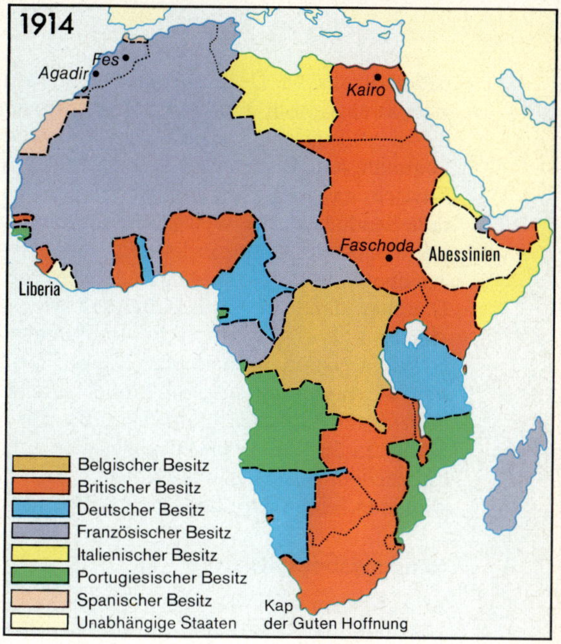

Kolonien und unabhängige Staaten in Afrika

8. Untersuche auf den Karten den Anteil der europäischen Staaten an der Inbesitznahme Afrikas. Ziehe zum Vergleich eine physikalische Karte Afrikas hinzu.
9. Warum ist die einfache Übertragung von Gedanken der Biologie auf die Geschichte und auf menschliches Verhalten in der Geschichte fragwürdig?

„A Humorous Diplomatic Atlas of Europe and Asia." Japanisches Flugblatt von 1904 nach einer englischen Karikatur von 1877. Im englischen Text links oben heißt es unter anderem: „Black Octopus is a name newly given to Russia by a certain prominent Englishman. For the black octopus is as avaricious that he stretches out his eight arms in all directions, and seizes up everything that comes within his reach, but as it sometimes happens he gets wounded seriousley even by a small fish, owing to his too much covetousness . . . Wait and see! The ugly Black Octopus! Hurrah! Hurrah! for Japan . . ."

10. Beschreibe die Abbildung. Beachte dabei, wie die einzelnen Länder und ihre unterschiedlichen Beziehungen zum Polypen dargestellt sind. Was bedeuten die Totenköpfe?

nationaler Größe. Der *Nationalismus* steigerte sich zum nationalistischen Imperialismus und zum Streben nach *Weltmacht*. Selbst wirtschaftlich und strategisch nutzlose Gebiete – etwa die südafrikanische Kalahariwüste – wurden besetzt, um möglichen Konkurrenten zuvorzukommen. Jede Erweiterung kolonialer Territorien und der eigenen „Interessensphäre" galt als Zuwachs an *Prestige*. Es breitete sich die Überzeugung aus, das eigene Volk habe eine besondere Sendung in der Welt zu übernehmen, weil es höherstehe als andere Völker.
Die Politik des nationalistischen Imperialismus minderte die Kompromißbereitschaft und gewöhnte die Völker an den Gedanken, daß nur ein Krieg die Gegensätze beseitigen könne. Dahinter stand die Auffassung, daß wie im Tierreich auch in Wirtschaft und Politik der „Kampf ums Dasein" herrsche. In diesem ständigen Kampf aller gegen alle könnten nur die stärksten Nationen überleben. Die auf die Biologie bezogenen Gedanken Charles Darwins (vgl. S. 64) wurden auf Politik und Gesellschaft übertragen (Sozialdarwinismus). Wer vom „Recht des Stärkeren" sprach, mußte die Macht verherrlichen. Für ihn lag es nahe, den Stärkeren als den Besseren anzusehen und die Menschen in höhere und niedere Rassen einzuteilen. Der Engländer Houston Stewart Chamberlain verbreitete um die Jahrhundertwende in seinen Schriften den Mythos von der Überlegenheit der „nordischen Rasse".

Sendungsbewußtsein

Je mehr man vom Wert der eigenen Nation überzeugt war, um so unduldsamer versuchte man anderen Völkern die eigene Lebensform aufzudrängen. Ähnlich den russischen Panslawisten gab es in Deutschland eine „alldeutsche" Bewegung, die alle Länder mit ehemals deutscher Bevölkerung in ein deutsches Imperium eingliedern wollte. In allen Großmächten wuchs am Ende des Jahrhunderts ein *Sendungsbewußtsein* heran, das die Ausbreitung der eigenen Macht als segensreich für die Menschheit hinstellte. Man redete sich ein und glaubte auch bald daran, daß es die geschichtliche Aufgabe des eigenen Volkes sei, den „Farbigen" die europäische Kultur und Zivilisation zu vermitteln. Machtdenken und nationalistische Überheblichkeit gingen eine gefährliche Verbindung ein.

Weltwirtschaft

Die Erschließung neuer Verkehrswege und die Reichweite der neuen Beförderungsmittel ermöglichten in der zweiten Jahrhunderthälfte einen immer umfangreicheren Warenaustausch zwischen den Wirtschaftsräumen der Erde, die schließlich zu einem einzigen Handelsraum zusammenwuchsen. Die Abhängigkeit der Nationalwirtschaften untereinander war nicht mehr rückgängig zu machen. Das bedeutete eine immer stärkere Verflechtung von Wirtschaft und Politik.
Auch die Technisierung des Kriegswesens gab der Wirtschaft erhöhte politische Bedeutung: Zwischen den Rüstungsausgaben und dem Wachstum der Stahlindustrie bestand ein enger Zusammenhang. Immer häufiger beteiligten sich Großunternehmen eines Landes an Wirtschaftsprojekten in anderen Staaten, ebenso finanzierten Großbanken Unternehmen in aller Welt. Alle Handelspartner zogen aus dieser Ausdehnung des Welthandels Nutzen, aber wenn irgendwo Krisen auftraten, mußte jeder mit Rückwirkungen im eigenen Bereich rechnen. Der Einfluß großer Industrieunternehmen auf die Politik nahm zu.
Weit umfangreicher als der Handel der Industriestaaten mit ihren Kolonien wurden Handel und Kapitalverkehr der Industriestaaten untereinander. Selbst England exportierte 1913 nur 19% seiner Produkte in seine Kolonien. Dem weit verbreiteten Glauben an die wirtschaftliche Notwendigkeit des Kolonialbesitzes entsprach seine tatsächliche Bedeutung nicht. Frankreich hatte vor 1914 etwa doppelt soviel Kapital in Rußland wie in seinen Kolonien investiert.

Telefone auf der Welt		Telegramme in Europa		Briefsendungen	
1876	580	1860	8,9 Mill.	1875	144 Mill.
1912	12,5 Mill.	1910	über 1 Mrd.	1913	2,4 Mrd.

Cecil Rhodes (1853–1902), der große Gebiete für England erwarb, erklärte:

„Ich behaupte, daß wir das erste Volk der Welt sind und daß es um so besser für die menschliche Rasse ist, je mehr von der Welt wir bewohnen ... Darüber hinaus bedeutet es einfach das Ende aller Kriege, wenn der größere Teil der Welt in unserer Herrschaft aufgeht ... Da (Gott) offenkundig das englisch sprechende Volk zu seinem auserwählten Werkzeug formt, durch welches er einen Zustand der Gesellschaft hervorbringen will, der auf Gerechtigkeit, Freiheit und Frieden gegründet ist, muß er offensichtlich wünschen, daß ich tue, was ich kann, um jenem Volk so viel Spielraum und Macht wie möglich zu geben.“

G. Hanotaux, französischer Außenminister in den neunziger Jahren, schrieb, die Errichtung des französischen Imperiums bedeute, „jenseits der Meere in Landstrichen, die gestern barbarisch waren, die Prinzipien einer Zivilisation zu verbreiten, deren sich zu rühmen eine der ältesten Nationen des Globus wohl das Recht besitzt ... Es handelt sich darum, unsere Sprache, unsere Sitten, unser Ideal ... inmitten der stürmischen Konkurrenz der anderen Rassen, die alle auf demselben Wege vorgehen, zu schützen. Die französische Ausdehnung hatte zu allen Zeiten zivilisatorischen und religiös-missionarischen Charakter.“

Der russische Dichter F. Dostojewski (1821–81) meinte:

„Jedes große Volk, das lange leben will, glaubt und muß glauben, daß in ihm und nur in ihm allein das Heil der Welt ruhe, daß es nur dazu lebe, um an der Spitze der anderen Völker zu stehen, um sie alle in sich aufzunehmen.“

Aus einer Schrift des amerikanischen Politikers A. J. Beveridge von 1898:

„Mitamerikaner! Wir sind Gottes auserwähltes Volk ... es liegt an uns, der Welt ein Beispiel von Recht und Ehre zu geben ... Wir können uns nicht von irgendeinem Stück Land zurückziehen, wo die Vorsehung unser Banner entfaltet hat. An uns ist es, jenes Stück Land für die Freiheit und Zivilisation zu retten.“

(Ludwig Zimmermann [Hrsg.], Der Imperialismus. Stuttgart 1971, S. 9 f., 17, 25, 50)

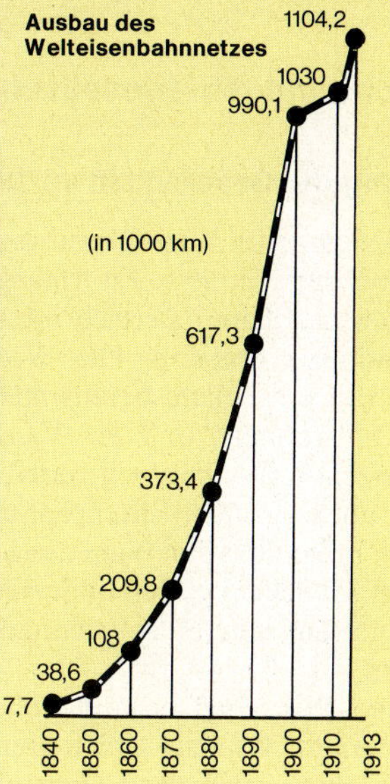

Eisenbahnreisende auf der Welt

1882	2,3 Mill.
1905	4,97 Mill.

Gesamttonnage der Dampfschiffe der Welt

1850	279000 BRT
1900	22,4 Mill. BRT
1910	37,3 Mill. BRT

11. Suche in den Textauszügen nach Gemeinsamkeiten; stelle die entsprechenden Formulierungen nebeneinander (vgl. auch S. 137).

12. Berichte, welche Veränderungen in Alltag und Wirtschaft in diesen Zahlen erkennbar sind.

13. Erkläre, was man unter „Dollarimperialismus“ versteht. Zu welcher anderen Form des Imperialismus soll der Begriff als Unterscheidung dienen?

Zum Wiederholen und Nachschlagen

Am Ende des 19. Jahrhunderts führte die Übersteigerung des Nationalgedankens zu Nationalismus und Imperialismus. Beeinflußt von Gedanken des Sozialdarwinismus hielten viele Menschen ihr eigenes Volk für besser als andere und deshalb zur Herrschaft berufen. Daraus entwickelte sich ein Sendungsbewußtsein, das die eigene Lebensform verbreiten wollte. Die imperialistische Politik drängte nach Erweiterung des eigenen Machtbereiches. Sie ergriff alle großen Staaten. Im Zuge dieser Politik wurde der größte Teil der Erde unter den europäischen Staaten, den USA und Japan aufgeteilt. Dadurch entstanden überall in der Welt neue Reibungsflächen. Europäische Probleme waren nicht mehr allein entscheidend. Wirtschaftliche Fragen gewannen zunehmend Einfluß auf die Politik.

Begriffe: Dollarimperialismus, Einflußzone, Ideologie, Imperialismus, Interessensphäre, Nationalismus, Prestige, Sendungsbewußtsein, Sozialdarwinismus, Weltmacht

Die europäische Industriegesellschaft

Die Umschichtung der Gesellschaft im 19. Jahrhundert

Durch Industrialisierung und Bevölkerungsvermehrung veränderten sich im 19. Jahrhundert die gesamten Lebensverhältnisse. Zu Anfang des Jahrhunderts lebten die meisten Menschen noch in dem überschaubaren Bereich ihrer Gemeinde, im Kreise einer *„Großfamilie“*, die mehrere Generationen umfaßte. Die Wohnstätte war zumeist auch Arbeitsstätte. 1910 dagegen wohnte in Deutschland bereits mehr als die Hälfte der Bevölkerung in Gemeinden mit über 5 000 Einwohnern und ein Viertel in den neuen Großstädten. Wohnung und Arbeitsplatz, Freizeit und Arbeitszeit waren nunmehr geschieden; die *„Kleinfamilie“* bestand in der Regel nur noch aus dem Elternpaar und den unselbständigen Kindern. Die Großstadt gewährte größere Freiheit in der Wahl des Berufes, des Lebensstiles und des Konsums. Aber die menschlichen Kontakte wurden unpersönlicher. Die gewonnenen Freiheiten zwangen die Menschen zu selbständigen Entscheidungen, zu denen ihnen zuverlässige Maßstäbe oder Vorbilder fehlten.

Die kapitalistische Wirtschaftsordnung blieb für viele Menschen undurchschaubar. Die Macht des „anonymen“ Kapitals schien grenzenlos; Großbetriebe, Großbanken und Warenhäuser bedrohten die Existenz der Handwerksbetriebe und der kleinen Geschäftsleute. Auch fehlte ihnen Geld oder Wendigkeit, sich der modernen Wirtschaftsweise und ihren Arbeitsmethoden anzupassen.

Nicht mehr Herkunft, sondern Leistung bestimmte in zunehmendem Maße die Lage des einzelnen in der Gesellschaft. Das führte zur sozialen *„Mobilität“*, zum Aufstieg oder auch zum Abstieg einzelner Schichten an Ansehen und Einfluß. Die schmale Schicht erfolgreicher Großbürger – Industrielle, Bankiers, Kaufleute – gewann beherrschenden Einfluß auf die wirtschaftliche Entwicklung und auch auf die Politik. Demgegenüber trat der Adel zurück. Der „alte“ *Mittelstand* – Bauern, mittlere und kleine Selbständige in Handwerk und Handel – sah sich durch die Kräfte des „Kapitals“ und den Druck des Proletariats bedroht. Indessen kam ein „neuer“ Mittelstand auf: Mit der Ausdehnung der Verwaltung in Staat und Gemeinden, aber auch in der Industrie erhöhte sich die Anzahl der Angestellten sprunghaft. Diese Schicht orientierte sich in ihrer Lebensweise am Bürgertum und betonte ihren Abstand vom Arbeiter, obwohl die Bezahlung oft ebenso dürftig war. Tatsächlich unterschied sich der Angestellte vom Arbeiter nur in bezug auf gewisse soziale Aufstiegschancen. Diese waren dem Arbeiterstand meist verwehrt, er bildete die gesellschaftliche *„Unterschicht“*; sie umfaßte um die Jahrhundertwende in den meisten Industriestaaten mehr als die Hälfte aller Erwerbstätigen.

Kaum konnte der Wohnungsbau den Zug der Menschenmasse in die Großstädte bewältigen, immer neue „Arbeiterviertel“ entstanden. Kapitalgesellschaften oder vermögende Privatleute errichteten „Mietskasernen“, die nur die notwendigsten sanitären Einrichtungen aufwiesen. Selbst der Platz zwischen den Straßen wurde ausgenutzt: Nur enge Hinterhöfe trennten die Wohnblocks voneinander. In manche Wohnungen fiel nie ein Sonnenstrahl. Die Arbeiterviertel lagen überwiegend in der Nähe der Fabrikbetriebe. Altstadt und „City“ trennten sie von den Wohnstätten des Bürgertums, in denen sich aber auch soziale Abstufungen erkennen ließen, bis hin zum Villenviertel des Großbürgertums.

Zu der Trennung der Wohnviertel kam noch die Trennung der Bildungseinrichtungen. Eine höhere Schulbildung war den Kindern des Bürgertums vorbehalten, gemeinsame Grundschulen gab es kaum. Dabei war bei vielen Arbeitern ein Verlangen nach Erweiterung ihres Wissens vorhanden. Aus ihrer Initiative entstanden Arbeiterbildungsvereine, deren Programme durch die sozialistischen Lehren, aber auch durch die großen Fortschritte in den Naturwissenschaften beeinflußt wurden.

Die Kluft zwischen Bürgertum und Arbeiterschaft war groß. Viele Bürger unterschieden kaum zwischen Arbeiterschaft und Asozialen.

Das 19. Jahrhundert brachte eine Unzahl von Vereinigungen aller Art hervor. Der Mensch,

▷ 144

Wohnungselend in Berlin (Zeichnung von K. Eckwall, 1872)

1. Beschreibe die Personen (Tätigkeit, Kleidung), ordne sie bestimmten Gesellschaftsschichten zu, und erinnere dich an das Wahlrecht zum preußischen Landtag und zum Deutschen Reichstag.
2. Nenne Ursachen und Ziele der Frauenbewegung. Erläutere, was in diesem Zusammenhang unter Gleichberechtigung verstanden werden sollte.
3. Sieh dir die Stadt, in der oder in deren Nähe du lebst, daraufhin an, ob die Reste der unterschiedlichen Wohnviertel aus der Zeit um 1900 noch erkennbar sind.
4. Fasse zusammen, worin sich Mittelstand und Unterschicht unterschieden oder auch unterscheiden wollten.
5. Zähle wichtige Veränderungen auf, die sich in den Industriegesellschaften bis zum Ende des 19. Jahrhunderts vollzogen hatten.

Frauenarbeit in einer Telefonzentrale am Ende des 19. Jahrhunderts. (Zeitgenössische Zeichnung)

der nicht mehr in einer überschaubaren Umwelt lebte, mußte sich, wenn er seine Interessen zur Geltung bringen wollte, mit Gleichgesinnten zusammenschließen. Dabei entstanden neben vielen kleinen Vereinen mächtige *Interessenverbände,* die in Wirtschaft und Politik um Einfluß rangen. In der Folgezeit wurde das Gewicht der Mitgliedermassen oder die finanzielle Macht dieser Verbände entscheidend. Rivalitäten waren selbstverständlich. Gewerkschaften standen gegen Unternehmerverbände, Agrarier suchten ihre Stellung gegenüber dem wachsenden Einfluß der Industrie zu behaupten, die Verbände des Mittelstandes verteidigten dessen Interessen gegen die anderen Gruppen.
Auch die Stellung der Frau wandelte sich im 19. Jahrhundert. Rechtlich war die Frau dem Mann untergeordnet. Den Frauen aus dem Bürgertum war Berufstätigkeit weitgehend verwehrt. Ihr Arbeitsbereich beschränkte sich auf Haushaltsführung und Kindererziehung. Dagegen wandte sich eine „Frauenbewegung". Die *„Emanzipation"* der Frau, ihre Befreiung aus überkommenen Fesseln, der Zugang zur akademischen Ausbildung und zu vielen Berufen, die bis dahin dem Mann vorbehalten waren, wurde gegen viele Widerstände durchgesetzt. Die rechtliche und politische Gleichstellung wurde erst im 20. Jahrhundert erreicht.
Zu Beginn des 19. Jahrhunderts war in den meisten Staaten Politik nur eine Angelegenheit des Adels. Dessen Einfluß wurde von der bürgerlichen Oberschicht zurückgedrängt. Das Anschwellen der neuen Schichten der Arbeiter und Angestellten und ihre Zusammenschlüsse zu Interessenverbänden und Parteien ergaben um 1900 Kräftepotentiale, deren Forderungen berücksichtigt werden mußten. Der Wandel in der Gesellschaftsordnung zog eine innenpolitische Weiterentwicklung zur parlamentarischen Demokratie nach sich.
Dieser Prozeß war in England am weitesten fortgeschritten, in Rußland am wenigsten. In Deutschland gab es eine Sonderentwicklung: Die Industrialisierung setzte hier später ein als in den westlichen Industriestaaten, war dann aber besonders intensiv. Der Staat war hier von Anfang an beteiligt, sowohl durch Gesetze, die die schlimmsten negativen sozialen Auswirkungen verhinderten, als auch durch Großaufträge und Gründungen von Großbetrieben – oder durch Beteiligung an ihnen –, vor allem im Verkehrsbereich und in der Schwerindustrie. Die autoritäre Stellung der Staatsführung und die feudale Führungsschicht des Deutschen Reiches behielten ihren Einfluß.
Gesellschaftliches Leitbild im Kaiserreich war weniger der erfolgreiche Großbürger als der Reserveoffizier: Der deutsche Bürger glaubte, sein Ansehen nur in enger Beziehung zum Staat sichern und erweitern zu können, und zwar suchte er die Berührungsstelle gerade dort, wo der Staat zwangsläufig am wenigsten demokratische Formen entwickelte: im Heer.
Um die Jahrhundertwende wurde die imperialistische Ideologie vornehmlich von der Führungsschicht und dem gehobenen Bürgertum vertreten. Erfolgreiche imperialistische Außenpolitik erschien als geeignetes Mittel, um von sozialen inneren Schwierigkeiten abzulenken oder sie mit Hilfe des durch die imperialistische Politik erhofften wirtschaftlichen Aufschwungs zu überwinden.

Antisemitismus 3 Arten:

Die Stellung der Juden

Eine Gruppe, auf die sich manche der sozialen Spannungen entluden, waren die Juden. Sie wurden von einem Teil des nationalistisch gesonnenen Bürgertums für alles verantwortlich gemacht, woran man Anstoß nahm.
Im späten Altertum und im Mittelalter waren die Juden häufig aus religiösen Gründen verfolgt worden, später aus Neid, weil ihnen als Nichtchristen das Zinsnehmen gestattet war und einige von ihnen dabei reich wurden. Erst im 19. Jahrhundert war ihnen, durch die Gedankenwelt der Aufklärung und des Liberalismus bewirkt, die bürgerliche Gleichstellung gewährt worden. Aber zur selben Zeit regte sich erneut der Judenhaß, besonders bei den Angehörigen des alten Mittelstandes. Das hatte wirtschaftliche und soziale Gründe.
Die Juden waren nicht von ständischen und wirtschaftlichen Traditionen belastet; sie konnten sich, nachdem sie ihre bürgerliche Gleichberechtigung erlangt hatten, vor allem den Wirtschaftsbereichen zuwenden, deren starkes Wachstum vorauszusehen war, und einige

▷ 146

Halb gepökelt, halb gebraten —
Socialisten, Demokraten —
Stehplatz, Tabakrauch in Masse —
Also fährt man **vierter Klasse**.

Dritte Klasse muß oft schwitzen,
Aber darf auf Bänken sitzen.
Zwar kein Platz für Staatsminister,
Aber gut für Reichsphilister.

Wenn Coupé nicht überfüllt ist
Und zu stark nicht qualmverhüllt ist,
Vis-à-vis auch jung und niedlich —
Zweite Klasse — sehr gemüthlich.

Erste Klasse — welch Behagen
Ausgestreckt durch Welt zu jagen,
Weil in erster Klasse hausend
Nur die oberen Zehntausend.

Eisenbahnfahrt (aus der Zeitschrift „Kladderadatsch" vom 9. August 1885)

6. Welche Verhältnisse spiegeln sich in den Zeichnungen und Versen?

Wohnungselend in Hamburg am Ende des Jahrhunderts. In den Arbeitervierteln waren hinter dem an der Straße gelegenen Haus oft ein Hinterhaus und Seitenhäuser um einen engen Hof gebaut.

◁ **Schilder an einer Haustür (Berlin, um 1900).** Bürgerhäuser hatten meist zwei getrennte Hauseingänge.

aus rassischen Gründen

verfügten über Kapital, das dem Mittelstand häufig fehlte. Verhältnismäßig oft ergriffen sie angesehene freie Berufe (z. B. Ärzte, Juristen).
Es war naheliegend, daß man die Schuld für geschäftliche Mißerfolge und sozialen Abstieg nicht bei sich selbst sondern bei dem neuen Konkurrenten suchte. Dessen Erfolge führte man nicht auf persönliche Tüchtigkeit zurück, sondern auf die Verbindung mit einem geheimnisvollen jüdischen „Finanzkapital". Auch die Bedrohung ihrer Existenz durch die sich organisierende Industriearbeiterschaft, die viele Bürger befürchteten, verstärkte den Judenhaß, da unter den Wortführern des Proletariats Juden eine herausragende Rolle spielten.
Neben die religiöse und wirtschaftliche Wurzel des Judenhasses trat in der 2. Hälfte des 19. Jahrhunderts die rassische. Aus ihr stammt der Begriff *„Antisemitismus"*. Der französische Graf Gobineau (1814–1882) schrieb einen „Versuch über die Ungleichheit der Menschenrassen". Mit scheinwissenschaftlichen Argumenten wurde die Existenz menschlicher Rassen behauptet, die sich geistig und moralisch grundlegend unterscheiden sollten. Nur die weiße Rasse, insbesondere ihr germanischer Zweig, die Arier (ein Begriff aus der Sprachforschung), habe schöpferische Begabungen hervorgebracht. Diese „geschichtsbiologische" Lehre war nicht überraschend für eine Zeit, da Europa sich anschickte, Afrika und Asien vollends zu unterwerfen.
Im Antisemitismus zeigte sich die verhängnisvolle Neigung der Gesellschaft, Minderheiten nicht nur zu mißachten, sondern zu verdächtigen und zu verfolgen. In der 2. Hälfte des 19. Jahrhunderts kam vor allem in Rußland (1881 Pogrome = Massenverfolgungen) und Frankreich (vgl. S. 114 f.) der Judenhaß gefährlich zum Ausbruch.

▷ 148

Entwicklung der Beschäftigtenzahl in einzelnen Gewerbezweigen in Deutschland

(Friedrich-Wilhelm Henning, Die Industrialisierung in Deutschland 1800–1914. Paderborn 1973, S. 23)

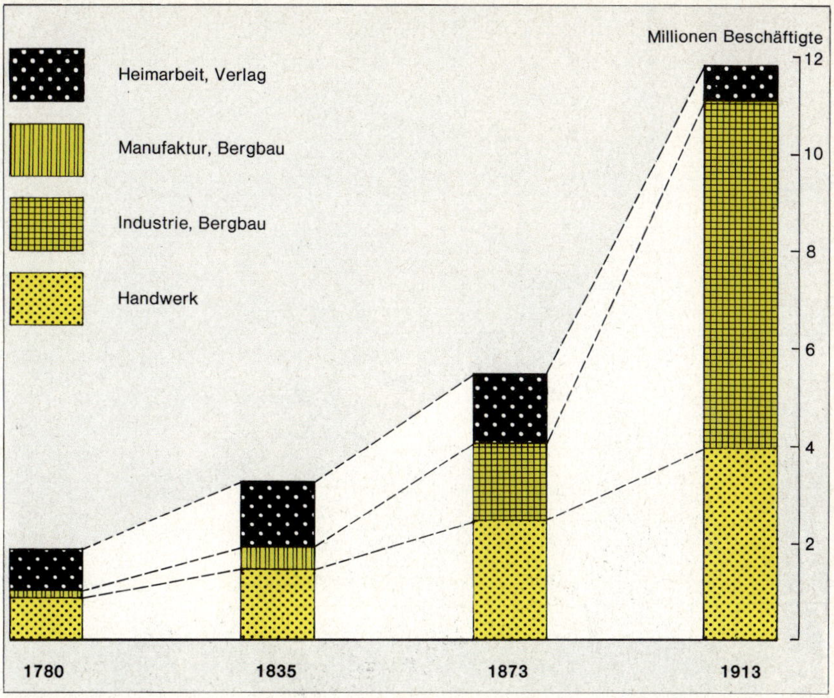

7. Fasse zusammen, was du aus den Tabellen auf dieser Seite über Veränderungen in Beruf und Lebensweise der Menschen im 19. Jahrhundert entnehmen kannst. Berücksichtige die Bevölkerungsentwicklung im 19. Jahrhundert (vgl. S. 35).

Berufstätige im Deutschen Reich

1. Von 100 Berufstätigen waren tätig als:

	Selbständige	Mithelfende Angehörige	Angestellte	Lohnarbeiter
1882	32	?	1,9	66,1
1907	22,3	17,4	5,2	55,1

2. Von 100 Berufstätigen waren beschäftigt in:

	Land- u. Forstwirtschaft	Bergbau u. Industrie	Handel u. Verkehr
1882	42,5	35,5	10
1895	35,8	39,1	11,9
1907	28,6	42,8	13,4

3. Von 100 Berufstätigen waren beschäftigt in Betrieben mit ... Personen:

	bis 5 Pers.	6–50 Pers.	über 50 Pers.
1882	55,1	18,6	26,3
1895	39,9	23,8	36,3
1907	29,5	25	45,5

4. In der gleichen Zeit stieg die Zahl der Großbetriebe mit

51– 200 Pers.	von 8 000 auf 26 000
201–1 000 Pers.	von 1 750 auf 5 340
über 1 000 Pers.	von 127 auf 506

(1, 2, 4: Hermann Aubin / Wolfgang Zorn, Handbuch der Deutschen Wirtschafts- u. Sozialgeschichte, Bd. 2. Stuttgart 1976, S. 614, 623; 3: Werner Sombart, Die deutsche Volkswirtschaft im Neunzehnten Jahrhundert. Berlin [4]1919, S. 505)

Die Zeitschrift „Gartenlaube" berichtete 1893:

„Dem Wiener Vorgang folgend, wurde am 16. September d. J. das erste deutsche Mädchengymnasium in Karlsruhe eröffnet ... der Lehrplan schließt sich genau demjenigen des Knabengymnasiums an, da er das gleiche Ziel, Reife zur Universität bezweckt ... die Schulstunden fallen sämtlich auf den Nachmittag, so daß die Vormittage sowohl für die häusliche Beschäftigung als für die Schularbeiten frei sind, somit das gesundheitsschädliche Arbeiten in die Nacht hinein völlig vermieden wird. Auf diese Weise und mit Hilfe der sechs wöchentlichen Turnstunden läßt sich hoffen, daß von Überanstrengung der jugendlichen Schülerinnen keine Rede sein kann ... Die Gründer der Anstalt hoffen, daß ... die Universitätsthore (den späteren Abiturientinnen) geöffnet sein werden."

(Magdalene Zimmermann [Hrsg.], Die Gartenlaube als Dokument ihrer Zeit. München 1967, S. 130 f.)

8. Überlege, welche Bedeutung die Errichtung des ersten Mädchengymnasiums für die gesellschaftliche Entwicklung hatte.

9. Der Judenhaß im Mittelalter und im 19. Jahrhundert hatten sowohl gemeinsame als auch sehr unterschiedliche Wurzeln. Nenne sie.

10. Was machen die beiden Abbildungen auf S. 146 in ihrer Gegensätzlichkeit deutlich?

11. Welches Bild der Gesellschaft läßt sich aus damals häufigen Türschildern (S. 146) ablesen?

12. Wodurch gewannen Interessenverbände neben politischen Parteien zunehmend auch politisches Gewicht? Wie ist das heute?

Die Darstellung der Gesellschaft in Roman und Drama

Alle Probleme, die die Menschen in den Jahrzehnten vor dem Ersten Weltkrieg bewegten, fanden ihren Niederschlag in der Literatur, vor allem im Roman. Nie vorher hatte es eine solche Fülle genauer und breiter Darstellungen der Wirklichkeit gegeben, wie sie die großen europäischen Erzähler des 19. Jahrhunderts boten (z. B. Balzac, Dickens, Dostojewski, Tolstoi). In Romanen wie – z. B. im deutschsprachigen Raum – den „Buddenbrooks" von Thomas Mann (1875–1955) oder „Der Untertan" von Heinrich Mann (1871–1950) wird die Brüchigkeit der bürgerlichen Gesellschaft deutlich.
Auf den Bühnen wurde eine Reihe gesellschaftskritischer Dramen gespielt. Ihre Autoren – vor allem der Norweger Henrik Ibsen (1828–1906) und der Deutsche Gerhart Hauptmann (1862–1946) – prangerten Mißstände an, von denen ihre Umwelt durchsetzt war. Die Literatur dieser Jahre macht sichtbar, wie wenig die Gesellschaft gefestigt war, die innerhalb einiger Jahrzehnte eine gewaltige Umwälzung durchgemacht hatte.

Überdruß an der Zivilisation

Die ständige Verbesserung der materiellen Lebensbedingungen verführte viele Menschen zu einer vorwiegend materialistischen Denkweise, zumal es auch den christlichen Kirchen kaum gelungen war, die Menschen des 19. Jahrhunderts anzusprechen oder Entscheidendes zur Lösung ihrer Probleme beizutragen. Doch mehrten sich gegen Ende des Jahrhunderts Anzeichen eines Unbehagens. Man war der Zivilisation überdrüssig geworden und wollte ihr das Ursprüngliche, Kräftige, Natürliche entgegenstellen. So knüpfte der von Berliner Gymnasiasten 1898 gegründete „Wandervogel" an Vorstellungen der Romantik an und versuchte romantisches Freundschaftsgefühl, romantische Wanderlust und alten Volksbrauch wieder zu erwecken – in einer Zeit der großstädtischen Industriegesellschaft. Ähnliche Gruppen der *„Jugendbewegung"* fanden viele Anhänger, vor allem bei Gymnasiasten und Studenten in Deutschland.

◁ **Frühlingsabend auf der Karl-Johan-Straße in Oslo.** Gemälde von Edvard Munch, 1892 (Billedgalleri, Bergen).

Gauguin schilderte seine Eindrücke vom Hafen bei der Ankunft:

„Das Leben zu Pepeete wurde mir bald zur Last. das war ja Europa, von dem ich mich zu befreien geglaubt hatte! – und dazu noch unter . . . der bis zur Karikatur grotesken Nachahmung unserer Sitten, Moden, Laster und Kulturlächerlichkeiten. Sollte ich einen so weiten Weg gemacht haben, um das zu finden, gerade das, dem ich entflohen war?“

Nach Jahren des Lebens im Landesinnern notierte er:

„Ja, die Wilden, diese Unwissenden, haben den alten Kulturmenschen vieles gelehrt, vieles an Erkenntnis des Lebens und der Kunst, glücklich zu sein: vor allem haben sie mich gelehrt, mich selber besser zu kennen, ich habe von ihnen nur tiefste Wahrheit gehört.“

(Paul Gauguin, Noa Noa. Frankfurt/M. 1958, S. 6 f., 134)

13. Welche Problematik wird in Gauguins Worten deutlich?

14. Als letztes Bild in der Südsee malte Gauguin ein verschneites nordfranzösisches Dorf. Versuche das zu verstehen.

15. Vergleiche die beiden Gemälde von Munch und Gauguin. Welche Probleme der Menschen vom Ende des Jahrhunderts finden in ihnen ihren Ausdruck?

16. Warum ist eine zurückhaltende Einstellung zu manchen Erscheinungen der modernen Zivilisation ebenso notwendig wie bedenklich?

Das weiße Pferd. Gemälde von Paul Gauguin 1898 (Galerie du Jeu de Paume, Paris). Der französische Maler wollte der europäischen Zivilisation entfliehen, gab deshalb seinen Beruf als Börsenagent auf und lebte mehrere Jahre unter Eingeborenen in der Südsee.

Zum Wiederholen und Nachschlagen

Mit Industrialisierung und Bevölkerungsvermehrung wandelte sich im 19. Jahrhundert die Gesellschaft. Das Leben in den großen Städten bot den Menschen mehr Freiheiten, vermehrte aber auch ihre Verhaltensunsicherheit. Der Adel verlor in den meisten Industrieländern seinen Einfluß, das Großbürgertum gewann eine maßgebliche Stellung. Das Aufkommen neuer Schichten, der Arbeiter und Angestellten, schränkte diese Stellung wieder ein. Große Interessenverbände entstanden. Dem gesellschaftlichen Wandel entsprach im politischen Bereich eine Entwicklung zur parlamentarischen Demokratie. Die Frauenbewegung führte zu ersten Erfolgen bei der Emanzipation der Frau.
Im Antisemitismus zeigte sich die verhängnisvolle Neigung der Gesellschaft, Minderheiten zu mißachten und zu verfolgen.
Am Ende des Jahrhunderts regte sich in vielen Menschen ein Gefühl des Überdrusses an der Zivilisation.

Begriffe: Antisemitismus, Emanzipation, Großfamilie, Interessenverband, Jugendbewegung, Kleinfamilie, Mittelstand, Unterschicht

Der Weg in den Krieg

Spannungen zwischen den Großmächten um die Jahrhundertwende

Stärker als vorher verflochten sich zu Beginn des 20. Jahrhunderts die weltpolitischen Gegensätze mit dem Kräftespiel in Europa. Hier war das von Bismarck aufgebaute Bündnissystem nach seiner Entlassung schnell zerfallen. Kennzeichen der beginnenden bündnispolitischen
1892 Neuorientierung war das 1892 geschlossene russisch-französische Bündnis. Frankreich kam aus der Isolierung heraus; das Reich geriet in eine schwierige Mittellage hinein. So lange die vielfältigen Spannungen zwischen den Großmächten anhielten, war keine unmittelbare Gefahr gegeben. Spannungen herrschten vor allem zwischen England und Frankreich wegen einander zuwiderlaufender Interessen in Nordafrika, zwischen Rußland und England wie zwischen Rußland und Japan wegen Ostasien, zwischen England und Rußland wegen des Vorderen Orients, zwischen Rußland und Österreich-Ungarn wegen des Balkans.

Nachdem die USA zur Großmacht im pazifischen Raum geworden waren, lagen sie mit Japan im Wettstreit um den größeren Einfluß in Ostasien. Die Rivalitäten der europäischen Mächte flauten nur in Augenblicken gemeinsamer Abwehr gegen japanische und amerikanische Expansion ab. So hatte man 1895 gemeinsam Japan gezwungen, trotz seines Sieges über China auf größere Eroberungen zu verzichten. Aber als die Russen eine Hegemonie in Ostasien anstrebten, verbündete sich 1902 England mit Japan, um das zu verhindern. Gedeckt durch dieses Bündnis, überfiel Japan 1904 die russische Flotte in dem erst 1898 besetzten
1905 Hafen Port Arthur. 1905 gewannen die Japaner den Krieg. Zum erstenmal hatte ein asiatischer Staat eine europäische Großmacht besiegt.

Nach der Niederlage gab Rußland seine Ostasienpolitik auf. Diese Wendung verringerte die
1907 Spannungen zwischen England und Rußland. 1907 schlossen beide Staaten ein Übereinkommen, wonach Persien in drei Interessensphären aufgeteilt wurde, deren mittlere als neutrales Niemandsland die beiden rivalisierenden Großmächte trennte. Dieser Ausgleich bedeutete für Deutschland das Ende der Hoffnung, die Gegensätze zwischen England und Rußland zu seinen Gunsten als „Zünglein an der Waage" ausnutzen zu können.

1904 Ein ähnliches Übereinkommen ohne festen Bündnischarakter hatten 1904 England und Frankreich geschlossen. Beide Mächte hatten die Abgrenzung ihrer Interessengebiete in Nordafrika vereinbart. Auch diese Abmachung war kein militärisches Bündnis. Aber schon ihre Bezeichnung als *„Entente cordiale"* (Herzliches Einvernehmen) deutete die Veränderung der politischen Kraftfelder und die Vereinsamung Deutschlands an.

Deutsch-englische Bündnisverhandlungen und Flottenbau

Die britischen Ententen wurden von deutscher Seite als planmäßige *„Einkreisungspolitik"* betrachtet. Diesem Vorwurf wurde entgegengehalten, die Abkommen richteten sich nicht gegen Deutschland. Sie sollten weltpolitische Spannungen andernorts beseitigen, nachdem die Versuche um eine deutsch-englische Verständigung gescheitert waren. Gespräche darüber hatten seit 1898 stattgefunden. Bis dahin war Großbritannien als einzige europäische Großmacht bündnisfrei geblieben. Diese *„splendid isolation"* war aber nicht mehr durchzuhalten, nachdem neben Rußland auch Japan und die USA als Konkurrenten Englands in Ostasien aufgetreten waren. Hinzu kamen deutsche Ansprüche in Ostasien und die deutsche Unterstützung der Türkei (Bau der Bagdadbahn). Da die Gegensätze zum Reich vergleichsweise gering waren, suchte der englische Kolonialminister eine Annäherung. Aber die Reichsregierung verlangte alles oder nichts, also ein förmliches Bündnis zwischen England und dem Dreibund Deutschland-Österreich-Italien. Dazu war England nicht bereit, da es sich nicht in die kontinental-europäischen Spannungen hineinziehen lassen wollte. In Deutschland glaubte man warten zu können. Ein englischer Ausgleich mit Rußland und Frankreich galt als ausgeschlossen. Als er 1904 und 1907 kam, war das Reich in eine selbstverschuldete Isolierung geraten.

Admiral von Tirpitz, der den deutschen Schlachtflottenbau entscheidend vorantrieb, erklärte 1900:

„Deutschland muß eine Flotte von solcher Stärke haben, daß selbst für die größte Flotte ein Krieg mit ihm ein solches Risiko in sich schließen würde, daß ihre eigene Überlegenheit gefährdet wäre. Für diesen Zweck ist es nicht absolut notwendig, daß die deutsche Flotte ebenso groß ist wie die der größten Seemacht, weil in der Regel eine große Seemacht nicht in der Lage sein wird, ihre ganze Kraft gegen uns zu konzentrieren. Aber selbst, wenn es ihr gelingen sollte, uns mit überlegenen Kräften entgegenzutreten, würde der Feind durch seine Überwindung des Widerstandes der deutschen Flotte so erheblich geschwächt werden, daß dann trotz des etwa errungenen Sieges die eigene Machtstellung zunächst nicht mehr durch eine ausreichende Flotte gesichert wäre.“

(Walter Hubatsch, Die Ära Tirpitz. Göttingen 1955, S. 56)

„Der kochende Kessel“. (Karikatur aus der englischen Zeitschrift „Punch“, 1908)

1. Zeige, welche politischen und militärischen Überlegungen Tirpitz mit dem Schlachtflottenbau verbindet. Was bedeutet der von ihm entwickelte „Risikogedanke“?
2. Nenne die gemeinsamen Ursachen der verschiedenen Spannungen zwischen den Großmächten.
3. Aus welchen Gründen betrieb Deutschland eine intensive Flottenrüstung?
4. Warum scheiterten die deutsch-englischen Bündnisverhandlungen?
5. Wer versucht, den Deckel auf dem Kessel zu halten? Nenne die „Balkan Troubles“.

Seit 1898 belastete der Bau einer großen deutschen Kriegsflotte das deutsch-englische Verhältnis. Kaiser Wilhelm II. sah in der Flotte die Grundlage einer Weltmachtstellung. Admiral von Tirpitz plante die *Schlachtflotte* vornehmlich für den Kampf in der Nordsee, da Deutschland zu wenig überseeische Stützpunkte für einen Kreuzerkrieg besaß. Die Flotte sollte so groß sein, daß ein Angriff auf sie auch für England ein „Risiko“ bedeuten würde. England war bemüht, seine Flotte so groß zu halten, wie die beiden nächst starken Flotten zusammen. Tirpitz hoffte, England sei nicht imstande, diesen *„Two-power-standard“* beim Wettrennen im Bau von *Großkampfschiffen* finanziell durchzuhalten.

Bei neuen Flottenverhandlungen forderte Deutschland als Preis für eine Verlangsamung seines Flottenbaus ein britisches Neutralitätsversprechen. Zu einem direkten Neutralitätsvertrag war England nicht bereit, da es seine Entschlußfreiheit wahren und sich nicht fest an Deutschland binden wollte. Im Gegensatz zur Reichsregierung lehnten der Kaiser und Tirpitz jede Einschränkung des Flottenbaus ab. Die Gespräche des englischen Kriegsministers Haldane 1912 in Berlin blieben somit ergebnislos. Das gegenseitige Mißtrauen wuchs.

Das deutsche Volk stimmte dem Flottenbau teilweise begeistert zu. Dem mitgliederstarken „Deutschen Flottenverein“ galt die Kriegsflotte als Zeichen deutscher Weltgeltung und sicherer Schutz des wachsenden deutschen Handels, den man durch den „Handelsneid“ der Engländer bedroht glaubte.

Die europäischen Bündnisse vor dem Ersten Weltkrieg

6. Welche Verträge und Übereinkommen deuten die Linien zwischen den Hauptstädten an?

Krisen

In dem Jahrzehnt vor 1914 spitzte sich die Lage in Europa viermal besonders krisenhaft zu.
Durch die Entente cordiale fühlte sich Frankreich ermutigt, seinen Einfluß auf das Sultanat
Marokko auszudehnen. Deutschland protestierte dagegen. Ein demonstrativer Besuch des
1905/06 Kaisers in Tanger unterstrich das deutsche Interesse an der Marokkofrage. Aber die vom
Reich geforderte internationale Konferenz von Algeciras 1906 gab den Franzosen praktisch
freie Hand in Marokko. Nur Österreich hatte Deutschland unterstützt.

1908 Erfolgreicher schien die deutsche Diplomatie in der bosnischen Krise von 1908 zu sein. Nach der Revolution der *„Jungtürken“,* die aus der Türkei einen modernen Verfassungsstaat machen wollten, fürchtete Österreich um seine Stellung auf dem Balkan. Es annektierte deshalb die seit 1878 besetzten ehemals türkischen Gebiete Bosnien und Herzegowina. Aber auch das Königreich Serbien erhob Anspruch auf die Gebiete und veranlaßte Rußland als Schutzmacht aller Slawen zu einem scharfen Protest. Da stellte sich Deutschland bedingungslos hinter Österreich. Rußland, noch geschwächt vom japanischen Krieg, mußte die österreichische *Annexion* hinnehmen, da England und Frankreich nicht bereit waren, um Bosniens willen Krieg zu führen. Deutschland hatte, wie der Kaiser sagte, in *„Nibelungentreue“* zu Österreich gestanden. Aber die enge Bindung an diesen letzten Bundesgenossen brachte das Reich in zunehmende Abhängigkeit von ihm.

1911 Zur zweiten Marokkokrise 1911 kam es, als französische Truppen wegen innerer Unruhe die marokkanische Hauptstadt Fes besetzten. Die deutsche Regierung schickte ein Kanonenboot nach Agadir. Damit wollte sie auf ihr Mitspracherecht pochen. Deutschland wollte den Franzosen Marokko überlassen, verlangte aber dafür die französische Kongokolonie. Da stellte sich der englische Schatzkanzler Lloyd George in einer aufsehenerregenden Rede auf Frankreichs Seite. Marokko wurde französisches *Protektorat;* Deutschland mußte sich mit einer unbedeutenden Vergrößerung seiner Kolonie Kamerun zufrieden geben. Der enge Zusammenhalt der Entente wurde 1912 durch eine militärische Übereinkunft verstärkt: Großbritannien überließ Frankreichs Flotte den Schutz des Mittelmeers; dafür übernahm die englische Flotte die Sicherung der französischen Kanalküste. Damit waren im Falle eines europäischen Konfliktes beide Staaten miteinander militärisch verkettet.

1911 griffen die Italiener die Türken an und entrissen ihr nordafrikanische Gebiete. Die
1912 Schwäche der Türkei nutzten die Staaten des Balkanbunds 1912 aus (Serbien, Bulgarien,
Griechenland, Montenegro). Sie eroberten fast das ganze europäische Gebiet der Türkei,

▷ 154

Französische Karikatur zur Marokkokrise (Wem soll Marokko gehören?)

7. Suche alle Veränderungen der Staatsgebiete auf dem Balkan. Auf wessen Kosten erfolgte die politische Neugliederung?
8. Nenne die Ursachen der bedrohlichen Lage auf dem Balkan.
9. Nenne die vier großen Krisen zwischen 1905 und 1912 und ihre Ergebnisse.
10. Wer verfolgt Marokko auf der Karikatur oben?

Der Balkan 1908 und 1913

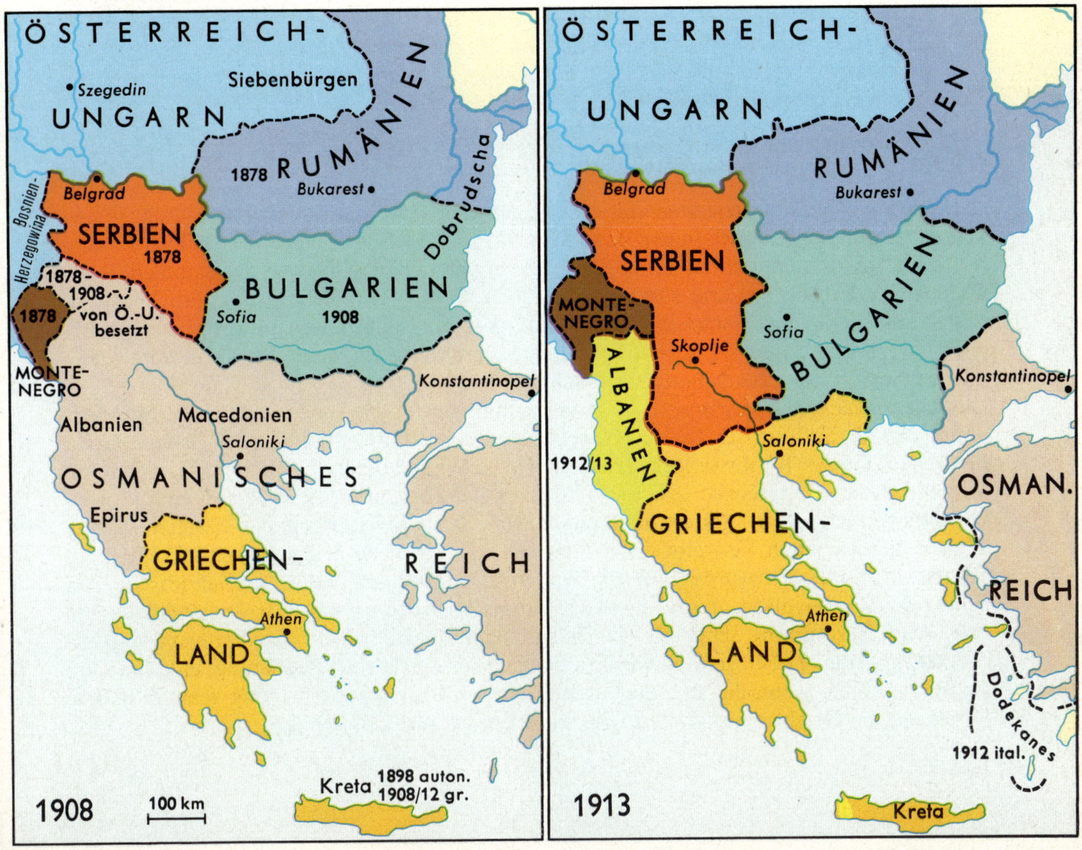

„Wie sollen wir uns da die Hand geben?" Karikatur zum Flottenwettrüsten in der satirischen Zeitschrift „Simplicissimus", 1912.

Friedrich von Holstein, ein sehr einflußreicher politischer Beamter, schrieb 1906 dem deutschen Gesandten in Peking:

„1. je stärker wir zur See rüsten, desto fester drücken wir England an Frankreich heran;
2. wir können, selbst wenn wir die Steuern verdreifachen, niemals eine Flotte herstellen, die der englisch-französischen, ja auch nur der englischen allein gewachsen ist ... (Ein deutscher Diplomat) sagte mir im Sommer ...: ‚Ja, die Flotte das ist die größte Gefahr.' Die Gefahr wird dadurch vergrößert, daß beim Schiffbau (Panzerplatten usw.) ungezählte Millionen zu verdienen sind, viel mehr als bei den Kolonien. Nicht jeder, der nach Schiffen schreit, ist ein uneigennütziger Patriot."

(Friedrich von Holstein, Die geheimen Papiere Friedrich von Holsteins, hrsg. v. Werner Frauendienst, 4 Bde., Göttingen 1961, Bd. 4, S. 406)

konnten sich jedoch nicht über die Verteilung der Beute einigen. 1913 schlugen Serbien und Griechenland ihren vorjährigen Verbündeten, Bulgarien. Die zu erwartende Vergrößerung Serbiens bis zur Adria veranlaßte Österreich zu der Drohung, bewaffnet einzugreifen, wenn Serbien Anteil an der Küste gewänne. Rußland unterstützte seinen serbischen Verbündeten. Die Vermittlung Deutschlands und Englands konnte die Kriegsgefahr noch einmal bannen. Serbien erhielt keinen Zugang zur Adriaküste. Aus dem umstrittenen Gebiet entstand das unabhängige Albanien. Die zweite Balkankrise hatte die Spannungen zwischen Österreich und Rußland verschärft.

Wettrüsten und Friedenskonferenzen

Die ständigen Krisen steigerten das *Wettrüsten* der Großmächte. England trieb seinen Schlachtschiffbau energisch nach dem Motto „Two keels for one" voran. Deutschland erweiterte sein Bauprogramm, konnte aber den englischen Vorsprung nicht einholen.
Frankreich, Deutschland und Rußland vergrößerten 1913 ihre Heeresstärke erheblich, das bevölkerungsschwache Frankreich durch Verlängerung der Dienstzeit auf drei Jahre. Frankreich unterstützte die russische Aufrüstung durch große Anleihen, die vor allem dem strategischen Ausbau des Eisenbahnnetzes dienten.
Die Kriegsgefahr ließ *pazifistische Ideen* an Einfluß gewinnen. Schon um die Jahrhundertwende war die Stiftung des *Friedens-Nobelpreises* erfolgt. 1905 erhielt ihn die Österreicherin Bertha von Suttner für ihr vielgelesenes Buch „Die Waffen nieder!" Auf Wunsch des Zaren wurden Friedenskonferenzen 1899 und 1907 nach Den Haag einberufen. Russen und Engländer schlugen hier Rüstungsbeschränkungen vor. Zur Erleichterung der übrigen Mächte lehnten die deutschen Vertreter diese Vorschläge als Eingriffe in die Entschlußfreiheit der Staaten ab. Immerhin wurde 1907 die *Haager Landkriegsordnung* unterzeichnet, die den Schutz der Zivilbevölkerung und ihres Eigentums im Krieg vorsah. Das Zustandekommen einer Seekriegsordnung scheiterte an Einsprüchen Englands. Der *Internationale Schiedsgerichtshof*, der ins Leben gerufen wurde, erlangte kaum praktische Bedeutung; er konnte nur zusammentreten, wenn die streitenden Parteien sich über seine Anrufung geeinigt hatten. Damit war die Gefahr eines großen Krieges in Europa nicht zu bannen.

Aus einem Artikel in der englischen Zeitschrift Saturday Review vom 11. 9. 1897:

„In Transvaal, am Kap, in Zentralafrika, in Indien und im Osten, auf den Inseln der Südsee und im fernen Nordwesten, wo immer – und wo ist das nicht? – der Bibel die Flagge gefolgt ist und der Flagge der Handel folgte, da kämpft der deutsche Handlungsreisende mit dem englischen Hausierer. Ist irgendwo ein Bergwerk auszubeuten, eine Eisenbahn zu bauen, ein Eingeborener von der Brotfrucht zu Fleischkonserven zu bekehren, von der Enthaltsamkeit vom Alkohol zum Branntweinhandel, kämpfen der Engländer und der Deutsche darum, der Erste zu sein. Eine Million kleiner Streitigkeiten häufen sich zur größten Kriegsursache, die die Welt je gesehen hat."

(Johannes Bühler, Deutsche Geschichte, Berlin 1960, Bd. 6, S. 230)

11. Überlege, was die Erwähnung von Bibel, Flagge, Handel besagt.

12. Wäge die Argumente für (vgl. S. 150 f.) und gegen den deutschen Flottenbau (Quelle S. 154) gegeneinander ab.

13. Inwiefern ist der Schlachtflottenbau ein Beispiel für die enge Verknüpfung von moderner Rüstung, Wirtschaft und Politik?

14. Was führte zum Abbau der Gegensätze zwischen England und Frankreich und zwischen England und Rußland?

15. In welchen Gegensatz wurde Deutschland durch seine enge Bindung an Österreich hineingezogen?

Verteilung der Staatsausgaben in einigen europäischen Staaten (prozentualer Durchschnitt von 1900 bis 1913)

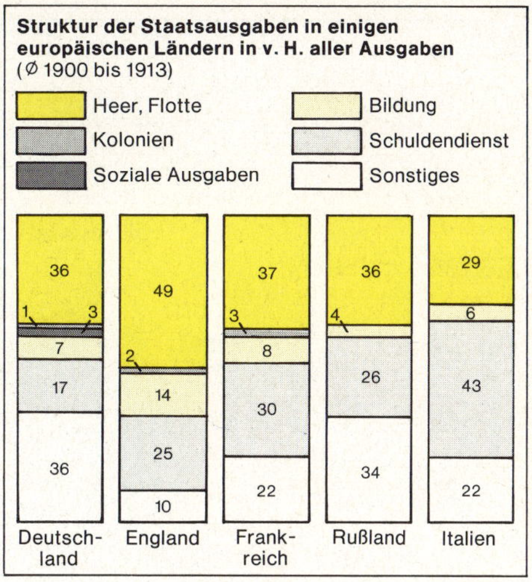

(Friedrich-Wilhelm Henning, Die Industrialisierung in Deutschland 1800–1914. Paderborn 1973, S. 264)

16. Erläutere das Schaubild. Berücksichtige dabei, daß die Staatsschulden überwiegend durch Militärausgaben entstanden.

17. Warum beendeten die Friedenskonferenzen weder das Wettrüsten noch verringerten sie die Kriegsgefahr?

18. Beurteile die Erfolge der Friedensbewegung.

Zum Wiederholen und Nachschlagen

Wegen seiner Spannungen mit Frankreich und Rußland war England geneigt, sich mit Deutschland zu verständigen. Die deutsche Regierung glaubte, Englands direkten Anschluß an den Dreibund fordern zu können. Daran scheiterten die Verhandlungen. Der deutsche Schlachtenflottenbau verschlechterte das Verhältnis zwischen beiden Ländern. England verständigte sich mit Frankreich in der „Entente Cordiale" über Nordafrika.
Der russisch-japanische Krieg endete 1905 mit einer russischen Niederlage. Daraufhin gab Rußland seine Ausdehnungspolitik in Asien auf und wandte sein Interesse erneut dem Balkan zu. Deutschland war weitgehend vereinsamt und auf Österreich angewiesen. Mehrere schwere Krisen waren Ausdruck der gespannten europäischen Situation. In den Marokkokrisen konnte sich Deutschland gegen die Ententemächte nicht durchsetzen, in den Balkankrisen unterstützte es mit Erfolg die österreichische Politik und machte sich damit endgültig Rußland zum Gegner.

1892	Französisch-russisches Bündnis
1904	Englisch-französische Entente
1904/05	Russisch-japanischer Krieg
1905/06	Erste Marokkokrise
1907	Englisch-russische Entente
1908	Bosnische Krise
1911	Zweite Marokkokrise
1912/13	Balkankriege

Begriffe: Annexion, Einkreisungspolitik, Entente cordiale, Friedens-Nobelpreis, Großkampfschiffe, Haager Landkriegsordnung, Internationaler Schiedsgerichtshof, Jungtürken, Nibelungentreue, Pazifismus, Protektorat, Schlachtflotte, Splendid isolation, Two-power-standard, Wettrüsten

Der Erste

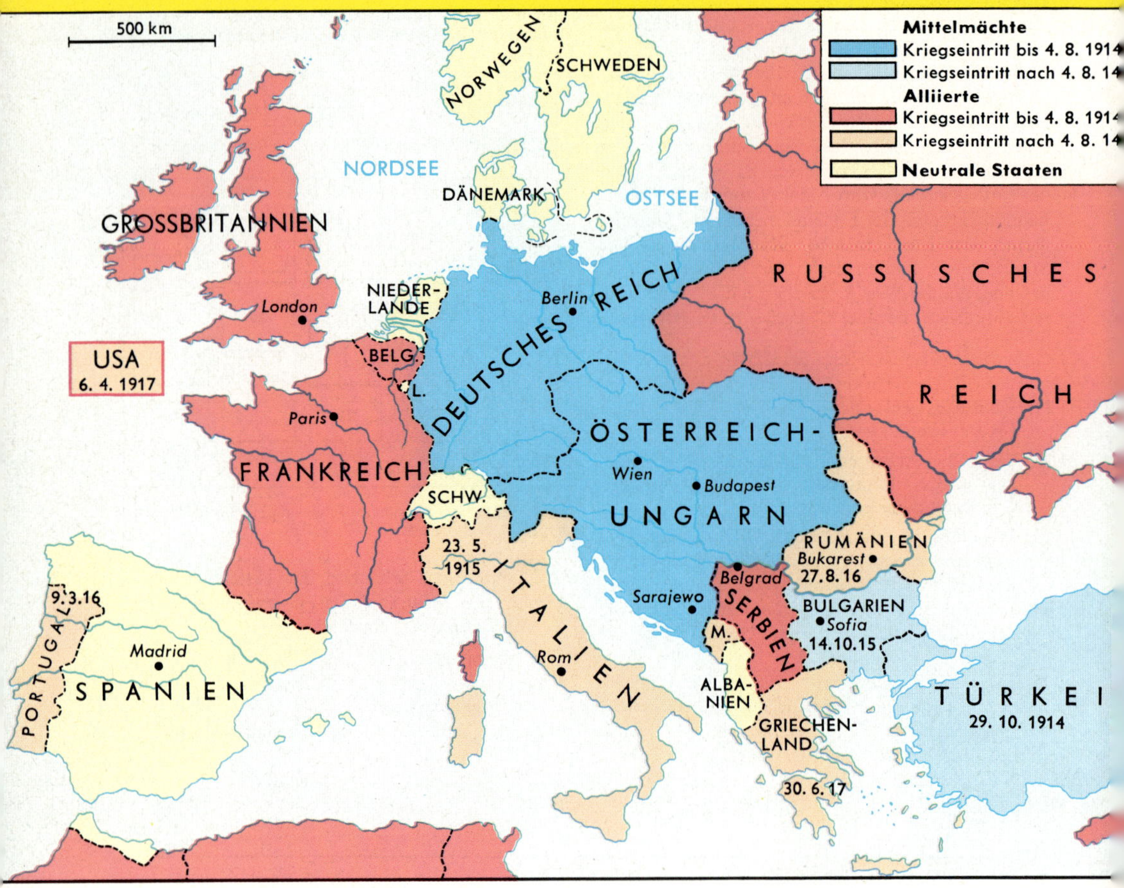
500 km
Mittelmächte
Kriegseintritt bis 4. 8. 1914
Kriegseintritt nach 4. 8. 14
Alliierte
Kriegseintritt bis 4. 8. 1914
Kriegseintritt nach 4. 8. 14
Neutrale Staaten
NORWEGEN
SCHWEDEN
NORDSEE
DÄNEMARK
OSTSEE
GROSSBRITANNIEN
London
NIEDER-LANDE
BELG.
L.
USA
6. 4. 1917
Berlin
DEUTSCHES REICH
RUSSISCHES REICH
Paris
FRANKREICH
ÖSTERREICH-UNGARN
Wien
Budapest
SCHW.
23. 5. 1915
ITALIEN
RUMÄNIEN
Bukarest
27.8.16
Belgrad
SERBIEN
Sarajewo
BULGARIEN
Sofia
14.10.15
M.
9.3.16
PORTUGAL
Madrid
SPANIEN
Rom
ALBA-NIEN
GRIECHEN-LAND
30. 6. 17
TÜRKEI
29. 10. 1914

Weltkrieg

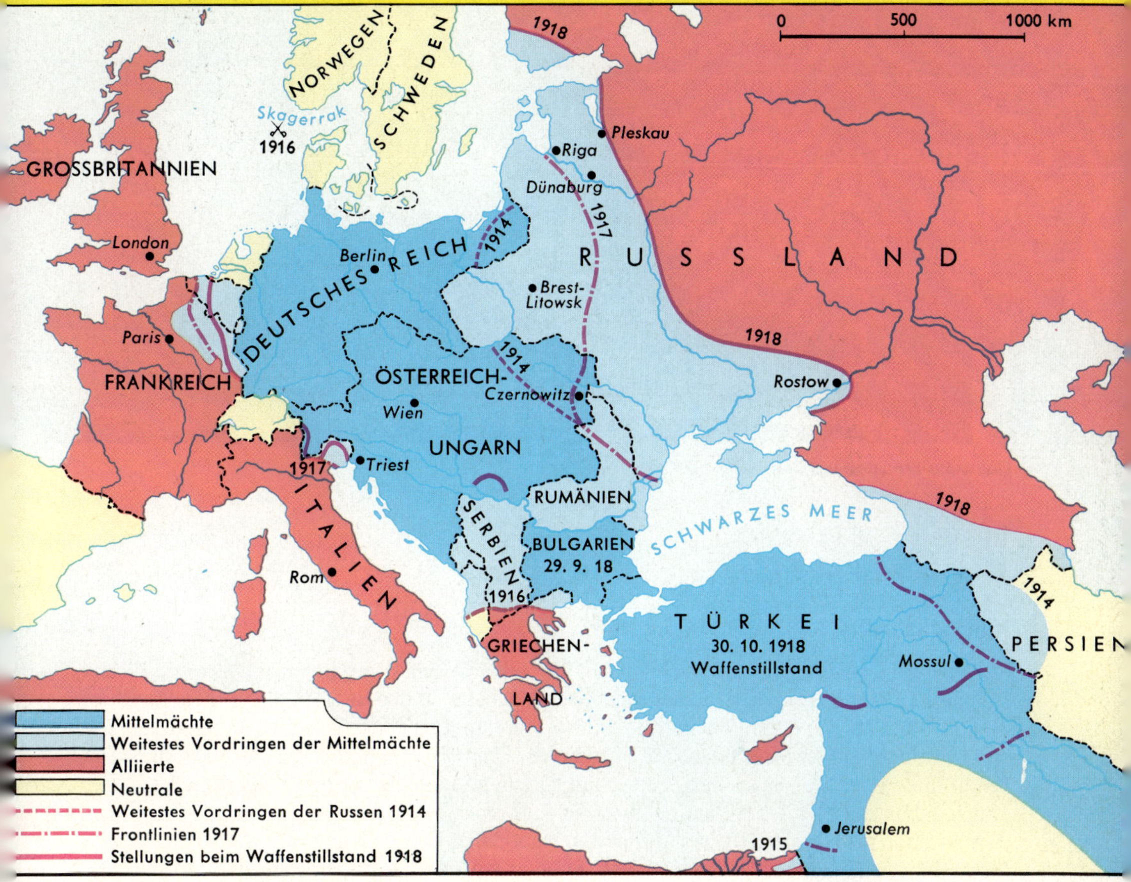

Deutsches Reich	++++++++++ ++++++++	1,8 Mio.
Österreich-Ungarn	++++++++++ ++	1,2 Mio.
Rußland	++++++++++ +++++++	1,7 Mio.
Frankreich	++++++++++ ++++	1,385 Mio.
Großbritannien	++++++++++	0,947 Mio.
USA	+	0,115 Mio.

Gefallene des Ersten Weltkriegs: 7,94 Mio. (mit Italien und Türkei)
(Der Große Ploetz, Würzburg [29]1980, S. 848)

1. Bedenke, was sich hinter diesen Zahlenangaben verbirgt.
2. Versuche die Empfindung auszudrücken, die die beiden Abbildungen in dir bewirken.

Käthe Kollwitz: Gefallen! (Lithographie) ▷

◁ **Schlachtfeld**

Deutsche Soldaten auf dem Weg zur Front

Die Jahre 1914–1918

Kriegsausbruch

Serbien war aus den Balkankriegen von 1913 gestärkt hervorgegangen. Die großserbische Propaganda erhob Anspruch auf österreichische Gebiete, in denen Serben wohnten; darüberhinaus forderte sie einen Staat aller Südslawen (Jugoslawen). Rußland unterstützte die serbische Politik. Der österreichische Thronfolger Franz Ferdinand wollte den Vielvölkerstaat retten, indem er die slawischen Völker der Doppelmonarchie an der Regierung beteiligte. Daher sahen die serbischen Nationalisten in ihm eine Gefahr.

28. 6. 1914 Am 28. Juni 1914 ermordete ein serbischer Nationalist den Thronfolger und seine Frau in Sarajewo, der Hauptstadt Bosniens. Das Attentat wurde in Europa einhellig verurteilt. Die Wiener Regierung reagierte nur zögernd. Sie fürchtete ein Eingreifen Rußlands. Die deutsche Regierung fürchtete, daß eine Nachgiebigkeit Österreichs die Stellung des Reiches schwächen würde. Deshalb versicherte sie am 6. Juli Österreich ihrer unbedingten Bündnistreue. Mit dieser „Blankovollmacht" für Österreich, die Rußland abschrecken sollte, nahm sie das Risiko eines Krieges in Kauf. Reichskanzler Bethmann Hollweg meinte später, angesichts der vorhersehbaren Rüstungsentwicklung sei es der für das Reich „am wenigsten ungünstige" Zeitpunkt gewesen. Erst am 23. Juli stellte Österreich Serbien ein scharf gehaltenes *Ultimatum.* Als Belgrad gegen die Untersuchung der Hintergründe des Mordes durch österreichische Beamte Einwände erhob, mobilisierte Österreich. Englische Vermittlungsversuche scheiterten. Am 28. Juli erklärte Österreich Serbien den Krieg.

Jetzt mobilisierte Rußland seine Truppen. Deutschland sandte an Rußland ein Ultimatum, das den Widerruf der *Mobilmachung* forderte, und eine Aufforderung an Frankreich, seine Neutralität zu erklären. Rußland antwortete gar nicht, Frankreich ausweichend. Die Ereignisse entwickelten sich aus der Logik der Bündnissysteme und dann aus dem Vorrang militärischer Überlegungen.

Der deutsche Kriegsplan, nach dem verstorbenen Generalstabschef *„Schlieffenplan"* genannt, ging davon aus, daß zwischen Mobilmachung und Kriegsbereitschaft des russischen Heeres eine längere Zeit verstreiche. In diesem Zeitraum sollte Frankreich besiegt werden, um den

▷ 160

Französische Soldaten marschieren aus Paris zur Front ab

1. Untersuche, welche Stimmung sich in beiden Fotografien spiegelt. Auf welches Kriegsverständnis deuten die Inschriften hin?

Das Kräfteverhältnis der Kriegsgegner:

	Einwohner	ges. Truppenstärke
Großbritannien	45,1 Mio. (1909)	9,0 Mio.
Frankreich	39,3 Mio. (1909)	9,0 Mio.
Rußland	145,0 Mio. (1913)	12,0 Mio.
Deutsches Reich	64,6 Mio. (1909)	11,0 Mio.
Österreich-Ungarn	51,3 Mio. (1910)*	7,8 Mio.
USA	91,9 Mio. (1910)*	4,8 Mio.

Rüstungsausgaben in Mio. Dollar

	1907–08	1913–14
Großbritannien	291,8	385,0
Frankreich	243,7	277,2
Deutsches Reich	290,5	352,7

Bestand an Großkampfschiffen (Dreadnoughts) bei Kriegsausbruch

		Im Bau
Großbritannien	29	16
Frankreich	4	8
Rußland	–	12
Deutsches Reich	20	8
Österreich-Ungarn	3	1

(Der Große Ploetz, a. a. O., S. 735, 737, 835, 836. – * Werner Köllmann, Raum und Bevölkerung in Neuerer und Neuester Zeit. Würzburg 1965, S. 32, 97, 125 – B. Weyer, Taschenbuch der Kriegsflotten, XVI. Jg. München 1915, S. 6 bis 10, 36–44, 64–66, 112, 120 ff., 130)

2. Stelle in Tabellen die Verbündeten der kriegführenden Parteien zusammen. Ordne ihnen die Zahlenangaben zu und werte das Ergebnis.

Telegramm des deutschen Reichskanzlers an den deutschen Botschafter in Wien vom 6. Juli 1914: „Kaiser Franz Joseph könne sich ... darauf verlassen, daß Seine Majestät im Einklang mit seinen Bündnispflichten und seiner alten Freundschaft treu an der Seite Österreich-Ungarns stehen werde.“

(Graf Max Montgelas / Walter Schücking [Hrsg.], Die Deutschen Dokumente zum Kriegsausbruch 1914, neue Ausgabe, 4 Bde., Berlin 1927, Bd. 1, S. 32)

Am 18. Juli 1914 schrieb der deutsche Außenminister dem deutschen Botschafter in London (privat):

„Auch darüber, ob wir bei dem Bündnis mit dem sich immer mehr zersetzenden Staatengebilde an der Donau ganz auf unsere Rechnung kommen, läßt sich diskutieren, aber ich sage da mit dem Dichter: ... ‚Wenn Dir die Gesellschaft nicht mehr paßt, such Dir eine andre, wenn Du eine hast.‘ ... Wir müssen sehen, den Konflikt zwischen Österreich und Serbien zu lokalisieren. Ob dies gelingen kann, wird zunächst von Rußland und in zweiter Linie von dem mäßigenden Einfluß seiner Ententebrüder abhängen ... Läßt sich die Lokalisierung nicht erreichen und greift Rußland Österreich an, so tritt der casus foederis (Bündnisfall) ein, so können wir Österreich nicht opfern. Wir stünden dann in einer nicht gerade proud zu nennenden Isolation.“

(Graf Max Montgelas / Walter Schücking [Hrsg.], a. a. O., Bd. 1, S. 92 f.)

3. Schildere auf Grund dieser Quellen, wie deutsche Diplomaten in den entscheidenden Julitagen 1914 die Lage einschätzten.

Zweifrontenkrieg zu verhindern. Somit verringerte jeder Mobilmachungstag in Rußland die Aussicht auf einen Erfolg des deutschen Kriegsplans. Deshalb erklärte Deutschland am

1. 8., 3. 8., 4. 8. 1914

1. August Rußland und am 3. August Frankreich den Krieg. Dem Schlieffenplan entsprechend marschierte Deutschland sogleich in das neutrale Belgien ein, um die französischen Festungen zu umgehen. Im Reichstag begründete der Reichskanzler diesen Rechtsbruch mit Notwehr. Der völkerrechtswidrige Einmarsch in Belgien und die Gefahr für die Kanalküste veranlaßten England, Deutschland am 4. August den Krieg zu erklären. Kriegserklärungen Englands und Frankreichs gegen Österreich folgten.

Die Kriegsschuldfrage

Durch ihre Kriegserklärungen und vor allem durch den deutschen Einmarsch in Belgien hatten sich die *Mittelmächte* Deutschland und Österreich-Ungarn in den Augen vieler Völker ins Unrecht gesetzt. Der *Propaganda* der *Alliierten* fiel es deshalb nicht schwer, sie als Alleinschuldige am Kriegsausbruch hinzustellen und sie für alle Kriegsschäden haftbar zu machen.
Die Deutschen haben sich leidenschaftlich gegen diesen Vorwurf gewehrt. Die Historiker haben nachgewiesen, daß alle Großmächte eher das Risiko des Krieges eingingen, als Einbußen an Ansehen und Einfluß hinzunehmen. Die Reichsregierung aber war zu einem hohen Kriegsrisiko bereit, weil sie eine rasche Verschiebung des Kräfteverhältnisses zuungunsten Deutschlands befürchtete. Ein Teil der Historiker meint sogar nachweisen zu können, daß die deutschen Politiker daher 1914 den Krieg als letzte Chance ansahen und ihn deshalb bewußt begannen. In diesem Zusammenhang ist die Gewichtung der deutschen Blankovollmacht an Österreich und der russischen Generalmobilmachung als der beiden Schritte, die die Entwicklung unumkehrbar machten, unterschiedlich.

Angriffe in den ersten Kriegsmonaten

Dem Schlieffenplan entsprechend erfolgte der deutsche Flankenstoß über Belgien. Im September kam der Angriff an der Marne zum Stehen. Die deutsche Westarmee war für die geplanten Aktionen zu schwach, da Truppen nach Ostpreußen abgezogen werden mußten, weil dort die Russen schneller als erwartet eingefallen waren. Sie wurden bei Tannenberg unter der Führung des Generalobersten von Hindenburg und seines Generalstabchefs Ludendorff geschlagen. Ostpreußen wurde zurückgewonnen, aber gleichzeitig verloren die Österreicher große Teile Galiziens an die Russen. Auch dorthin mußten deutsche Truppen geschickt werden. Bereits im November erkannte der Generalstab, daß ein deutscher Sieg in offener Feldschlacht nicht mehr zu erreichen war. Im Westen erstarrte die Front Ende 1914 im *Stellungskrieg,* im Osten kamen die Offensiven im Laufe des Jahres 1915 zum Stillstand.

Stellungskrieg und Materialschlachten

Mit dem Schwinden der Hoffnung auf offensive Erfolge gewann die Suche nach Verbündeten an Bedeutung. Die Mittelmächte gewannen die schwache Türkei und Bulgarien, die Entente Italien, dem u. a. der Erwerb Südtirols versprochen wurde, und Rumänien.
Seit 1915 zeigte sich in den verlustreichen *Materialschlachten* an der Westfront ein neues Bild des Krieges. Millionenheere waren aufgeboten, deren Feuerkraft mit allen Mitteln der Technik gesteigert wurde. Maschinengewehrgarben und das Trommelfeuer unzähliger Geschütze zwangen die Soldaten, sich in einem System von Schützengräben tief in die Erde einzugraben. Ein Geländegewinn von einem Kilometer Tiefe galt schon als Erfolg, auch wenn er Verluste in bisher unvorstellbarer Höhe gefordert hatte. Die Soldaten wurden zum „Menschenmaterial".
Von Februar bis Juni 1916 griffen die Deutschen die französische Festung Verdun an, um die französische Armee in einer riesigen Abnutzungsschlacht „ausbluten" zu lassen. Aber die „Hölle von Verdun" kostete jede Seite weit über 300 000 Menschen, ohne einer einen Vorteil zu bringen.
Ähnlich verlustreich und ergebnislos war im Sommer 1916 die große Offensive der Engländer

▷ 162

Am 24. Juli 1914 telegrafierte der deutsche Botschafter in London nach Berlin. Nachdem der englische Premierminister Grey den Text des österreichischen Ultimatums an Serbien erhalten hatte, hatte er mit dem deutschen Botschafter gesprochen. Dieser berichtet:

„Die Gefahr eines europäischen Krieges sei, falls Österreich serbischen Boden betrete, in nächste Nähe gerückt. Die Folgen eines solchen Krieges zu viert, er betonte ausdrücklich die Zahl vier, und meinte damit Rußland, Österreich-Ungarn, Deutschland und Frankreich, seien vollkommen unabsehbar. Wie auch immer die Sache verlaufe, eines sei sicher, daß nämlich eine gänzliche Erschöpfung und Verarmung Platz greife, Industrie und Handel vernichtet und die Kapitalkraft zerstört würde. Revolutionäre Bewegungen wie im Jahre 1848 infolge der darniederliegenden Erwerbstätigkeit würden die Folge sein."

(Graf Max Montgelas / W. Schücking [Hrsg.], a. a. O., Bd. 1, S. 155)

4. Schildere auf Grund dieser Quellen, wie deutsche Diplomaten in den entscheidenden Julitagen 1914 die Lage einschätzten.

In der Reichstagssitzung vom 4. August 1914 stimmte die SPD den Kriegskrediten zu:

„Die Folgen der imperialistischen Politik, durch die eine Ära des Wettrüstens herbeigeführt wurde und die Gegensätze zwischen den Völkern sich verschärften, sind wie eine Sturmflut über Europa hereingebrochen ... Jetzt stehen wir vor der ehernen Tatsache des Krieges. Uns drohen die Schrecknisse feindlicher Invasionen ... Da machen wir wahr, was wir immer betont haben: Wir lassen in der Stunde der Gefahr das eigene Vaterland nicht im Stich."

(Herbert Michaelis / Ernst Schraepler [Hrsg.], Ursachen und Folgen. Vom deutschen Zusammenbruch 1918 und 1945 bis zur staatlichen Neuordnung Deutschlands in der Gegenwart, 3 Bde., Berlin 1959, Bd. 2, S. 300 f.)

5. Wie begründet der Redner der SPD die Haltung seiner Partei?
6. Stelle die Handlungen der Regierenden im Hochsommer 1914 dar, die zum Kriegsausbruch führten. Von welchen Überzeugungen und Absichten ließen sie sich dabei leiten?
7. Erörtere die Frage der Kriegsschuld. Unterscheide zwischen Anlaß und tieferen Ursachen des Krieges.
8. Untersuche den Zusammenhang zwischen politischen und militärischen Überlegungen und Entscheidungen im Sommer 1914.

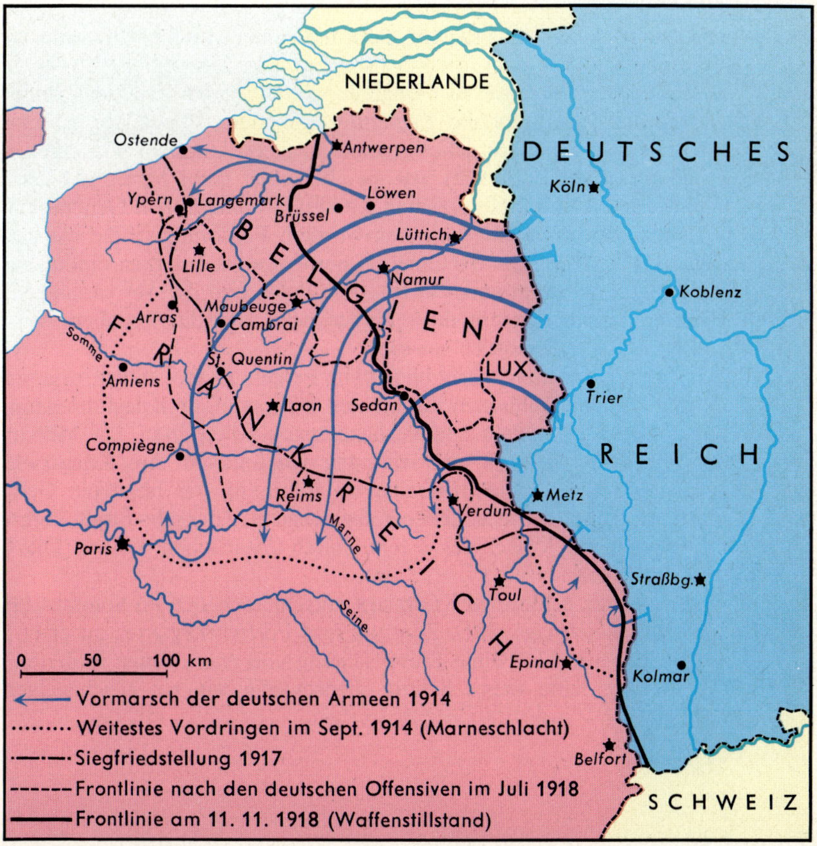

Die Westfront 1914/18

und Franzosen an der Somme. Unter größtem Einsatz von Menschen und Material gelang in vier Monaten der Gewinn von 12 Kilometer Gelände in 40 Kilometer Breite! Dabei wurden über eine Million Soldaten getötet. Die deutsche Artillerie verschoß die dreifache Menge der bei Kriegsbeginn vorhandenen Munition.

Der Seekrieg

Im Sommer 1916 stellte der Kaiser Hindenburg und Ludendorff, die populären „Helden von Tannenberg", an die Spitze der Obersten Heeresleitung. Aber auch sie konnten keine günstige Kriegsentscheidung erzwingen.
Die deutsche Schlachtflotte konnte die englische *Blockade,* die seit Kriegsbeginn Deutschland von nahezu allen überseeischen Zufuhren abschnitt, nicht durchbrechen. Nach einer Seeschlacht 1916 vor dem Skagerrak, die trotz deutscher Erfolge das Stärkeverhältnis nicht zugunsten der Deutschen verschob, wurde die Flotte nicht mehr eingesetzt.
Die Hoffnung der Heeresleitung stützte sich auf die neuentwickelte Unterseebootwaffe. Da die Zahl der einsatzfähigen Boote zu gering war, konnten sie aber keine kriegsentscheidende Störung der Versorgung Englands bewirken. Doch brachte die Torpedierung neutraler Schiffe, darunter auch Passagierdampfer, Spannungen zu den USA. Der U-Boot-Krieg wurde deshalb vorübergehend eingeschränkt: Neutrale Schiffe wurden nur versenkt, wenn Prisenkommandos der U-Boote Kriegsmaterial an Bord fanden.
Im Winter 1916/17 hofften Marine- und Heeresleitung, den Krieg durch den Einsatz zahlreicher neugebauter U-Boote doch noch gewinnen zu können, wenn der U-Boot-Krieg „uneingeschränkt" geführt werde, also jedes Handelsschiff im Seegebiet um England warnungslos versenkt werde. Der Reichskanzler zögerte, da er den Kriegseintritt der USA voraussah. Schließlich stimmte er zu, nachdem die Marineführung erklärt hatte, die U-Boote könnten jede Landung amerikanischer Truppen in Frankreich verhindern. Wieder fügte sich die deutsche politische Führung den militärischen Forderungen, die sich als falsch erwiesen.

Friedensfühler und Kriegsziele

Die deutsche Regierung sah ein, daß ein Sieg der Mittelmächte kaum mehr zu erwarten war. Folgerichtig unterbreitete die Reichsregierung im Dezember 1916 den Gegnern ein Friedensangebot: Deutschland sei zu Verhandlungen bereit, der Krieg solle ohne Sieg oder Niederlage enden. Doch vermied die Regierung, genauere Vorschläge zu unterbreiten. Einerseits fürchtete sie, daß jedes dabei gezeigte Entgegenkommen von den Gegnern als Schwäche ausgelegt würde; anderseits war sie aber auch nicht bereit, auf gewisse Forderungen zu verzichten, die von einflußreichen Kreisen, vor allem dem Generalstab, den Rechtsparteien und der Schwerindustrie, erhoben wurden, Forderungen, die die deutsche Machtstellung sichern sollten: den Erwerb französischer Erzgebiete, starken Einfluß auf Belgien, die Angliederung eines Grenzstreifens in Russisch-Polen und die Abtrennung Kurlands von Rußland. Hätte die Reichsregierung diese Forderungen öffentlich erhoben, so wären Verhandlungen von vornherein unmöglich gewesen.
Der deutsche Friedensschritt blieb ohne Folgen. Er traf zeitlich zusammen mit einer Aufforderung des amerikanischen Präsidenten Wilson an die Kriegführenden, ihre Friedensbedingungen bekanntzugeben und Verhandlungen zu eröffnen. Die Mittelmächte stimmten nur den Verhandlungen zu; die Alliierten verkündeten ihre Kriegsziele: Wiederherstellung Belgiens, Serbiens und Montenegros, Räumung der besetzten Gebiete und Wiedergutmachung aller dort entstandenen Kriegsschäden, Rückgabe Elsaß- Lothringens, Selbstbestimmungsrecht der Völker des österreichisch-ungarischen Staates. Die Gegensätze schienen unüberbrückbar.
Angesichts der schlechten Kriegslage entschlossen sich im Sommer 1917 die *„Mehrheitsparteien"* des Reichstags, SPD, Zentrum und Fortschrittspartei, zu einer Erklärung, in der sie einen Friedensschluß ohne Entschädigung und Annexionen forderten. Unmittelbare politische Folgen hatte dieser Schritt ebensowenig wie ein gleichzeitiger Friedensaufruf des Papstes.

▷ 164

„Tanks" unterstützen einen englischen Infanterie-Angriff

Ein Teilnehmer an der Sitzung des deutschen Kronrats vom 9. 1. 1917 notierte sich die Ausführungen des für die U-Boot-Waffe zuständigen Admirals über die Einführung des uneingeschränkten U-Boot-Krieges:

„England werde in höchstens sechs Monaten am Boden liegen, noch ehe ein Amerikaner das Festland betreten habe; ... Bethmann endlich legte in sichtlicher innerer Erregung nochmals die Gründe dar, die ihn bisher zum ablehnenden Votum gegen den U-Boot-Krieg über die Grenzen des Kreuzer-Krieges hinaus bestimmt hätten, namentlich die Besorgnis vor dem alsbaldigen Übertritt Amerikas in die Reihen unserer Feinde mit allen daraus folgenden Konsequenzen, schloß aber damit, daß er angesichts der neuerdings veränderten Stellung der OHL und der kategorischen Erklärungen des Admirals über den Erfolg der Maßregel seinen Widerspruch fallen lassen wolle. Der Kaiser ... erklärte dann zusammenfassend, daß somit der unbeschränkte U-Boot-Krieg beschlossen sei. Es werde Sache der Diplomatie sein, Amerika und die übrigen Neutralen über die Notwendigkeit der Maßregel aufzuklären!"

(Herbert Michaelis / Ernst Schraepler [Hrsg.], a. a. O., Bd. 1, S. 148 f.)

9. Inwiefern ist diese Quelle eine charakteristische Aussage über die deutsche politische und militärische Führung?

10. Vergleiche die politischen Wirkungen des deutschen Schlachtflottenbaus vor dem Krieg mit der Bedeutung der Flotte im Krieg.

11. Weise anhand des Seekriegs und der Materialschlachten nach, daß wirtschaftliche, technische und wissenschaftliche Faktoren im modernen Krieg zu kriegsentscheidender Bedeutung wurden.

12. Warum gewann der U-Boot-Krieg für Deutsche und Alliierte in mehrfacher Hinsicht eine kriegsentscheidende Bedeutung?

13. Vergleiche Kriegsziele beider Seiten, Inhalt der Friedenssondierungen und militärische Lage miteinander und bilde dir ein Urteil.

Frauen in der Rüstungsindustrie. Sie arbeiten an einer 150 t-Ziehpresse einer Munitionsfabrik.

14. Vergleiche die Bedeutung der Frauenarbeit im Krieg mit der politischen Stellung der Frau (Wahlrecht).

15. Beurteile die Form dieses modernen Krieges anhand der Begriffe „Materialschlacht", „Abnutzungsschlacht" und „ausbluten".

Die Wende 1917

Im Frühjahr 1917 brachten zwei Ereignisse eine weltpolitische Wende: Die USA griffen in den Weltkrieg ein, in Rußland brach eine Revolution aus, die mit dem Sieg des Bolschewismus endete (s. S. 2 ff.).

6. 4. 1917 Der Kriegseintritt der USA am 6. 4. 1917 war die unmittelbare Folge des deutschen uneingeschränkten U-Boot-Kriegs. Wirtschaftlich und politisch hatten sich die neutralen USA der Entente angenähert. Die USA waren schon längst die wichtigsten Waffen- und Rohstofflieferanten der Alliierten, die zur Bezahlung große Anleihen in den USA aufnahmen. Dadurch entstand ein finanzielles Interesse der USA am Sieg der Entente, das mit der Sympathie der Mehrheit des Volkes für die westeuropäischen Demokratien übereinstimmte. Nach dem Sturz des russischen Zaren 1917 erklärte der amerikanische Präsident Wilson den ganzen Krieg zum „Kreuzzug für die Demokratie" gegen die autoritären Mittelmächte.

Nach Jahren ergebnislosen Kämpfens griff eine Kriegsmüdigkeit in den Völkern um sich. In Deutschland streikten die Munitionsarbeiter, in Frankreich meuterten Teile der Armee. Der Kriegseintritt der USA stärkte Engländer und Franzosen, zunächst psychologisch, bald auch materiell. Deutschland hatte die industrielle und militärische Stärke des neuen Gegners unterschätzt. Trotz bedeutender Anfangserfolge blieb die U-Boot-Waffe wirkungslos. Im Herbst 1918 standen fast 2 Millionen Amerikaner in Frankreich.

In Rußland löste die Erbitterung über die Not des Krieges und die Mißwirtschaft im Februar 1917 eine Revolution (s. Seite 6) aus, in der zunächst eine Regierung aus Liberalen und gemäßigten Sozialisten entstand. Diese „Provisorische Regierung" setzte aber den Krieg fort. Deshalb wollten die deutsche Regierung und Heeresleitung durch das Einschleusen radikaler Politiker die Anti-Kriegsbewegung stützen. Im April 1917 ließ die Reichsregierung eine Gruppe radikaler russischer Emigranten nach Rußland einreisen, unter ihnen den Führer der bolschewistischen Partei, Lenin. In der *„Oktoberrevolution"* (nach westeuropäischem Kalender am 6./7. 11.) errangen die Bolschewisten die Macht (s. Seite 6) und boten sofort Friedensverhandlungen an. Am 15. Dezember begann der Waffenstillstand.

In den Friedensverhandlungen zu Brest-Litowsk forderten die Mittelmächte die Abtretung Finnlands, des Baltikums, Polens, die Anerkennung der Selbständigkeit der Ukraine, die sich inzwischen von Rußland gelöst hatte, und einen Handelsvertrag, der die russische Wirtschaft dem deutschen Einfluß ausliefern sollte. Als die Russen nicht gleich nachgaben, begannen deutsche Truppen erneut mit dem Vormarsch. Diesem Druck beugte sich Lenin, um die
3. 3. 1918 bolschewistische Herrschaft zu sichern. Am 3. 3. 1918 wurde der Friedensvertrag von Brest-Litowsk unterzeichnet. Zwar wurden dadurch deutsche Kräfte für den Westen frei, aber die Kontrolle der besetzten Gebiete band immer noch eine Million Soldaten.

Auswirkungen des Krieges auf die Heimat

Wie ihre Gegner glaubten auch die Deutschen, einen gerechten Verteidigungskrieg zu führen. Begeisterung erfüllte viele. Gegensätze zwischen den Parteien in den kriegführenden Ländern wurden zurückgestellt: In Deutschland stimmte auch die SPD den Kriegskrediten zu, in Frankreich wurde die Regierung um zwei Sozialisten erweitert, in England wurde ein Kabinett aus Mitgliedern aller Parteien gebildet. Selbst in Rußland und Österreich drängte der Kriegsausbruch die inneren Spannungen zunächst zurück.

Die Kriegsbegeisterung schwand, als sich das wahre Gesicht des Krieges zeigte. Die Auswirkungen des Krieges trafen die Zivilbevölkerung hart, besonders in Deutschland, wo die Blockade die Menschen aushungerte. Lebensmittel wurden rationiert. Die *Rationierung* führte sofort zur Bildung eines *Schwarzen Marktes.* Für ärmere Menschen aber war dieser Markt wegen seiner hohen Preise verschlossen. Hinzu kam die Geldentwertung. Die vielen Soldaten – in Deutschland 12 Millionen – fehlten als Arbeitskräfte in Landwirtschaft und Rüstungsindustrie. Kriegsgefangene und Frauen traten an ihre Stelle. Angesichts des Leidens, das Menschen aller Klassen traf, war das preußische Dreiklassenwahlrecht (vgl. S. 90) besonders deutlich im Widerspruch zur Wirklichkeit, bis es endlich im Oktober 1918 beseitigt wurde.

 ▷ 166

Aufruf der Deutschen Vaterlandspartei.
Sie wurde 1917 gegründet, um gegen die Friedensresolution des Reichstages vom 19. Juli zu protestieren.

Männer und Frauen Münchens!

Es besteht Gefahr, daß dieser uns aufgedrungene Krieg mit einem Frieden endigt, der unser Volk aufs schwerste schädigt. Alle Opfer wären dann für nichts gebracht, alle Siege vergebens gewesen.

Das darf nicht geschehen

Um dies zu verhindern, ist der große Volksbund,

die deutsche Vaterlandspartei

ins Leben getreten.

Die Vaterlandspartei will keine Wiederholung von Friedensangeboten. Diese werden nur als Schwäche ausgelegt. So verlängern sie den Krieg, statt ihn zu beenden.

Der ganze Verlauf des Weltkrieges rechtfertigt den Glauben an einen baldigen endgültigen Sieg Deutschlands.

Deshalb will die Vaterlandspartei keinen Verzichtfrieden, bei dem alles so bleibt, wie es vor dem Kriege war, denn unter solchen Bedingungen könnte sich Deutschland nie wieder von seinen Wunden erholen. Wir wären ärmer an Gütern im Werte von hunderten von Milliarden und ärmer um hunderttausende der Besten unseres Volkes. Die Verelendung weitester Volkskreise wäre die Folge.

Die Vaterlandspartei erstrebt einen Frieden, der den uns zugefügten Schaden soweit als möglich wieder gutmacht, einen Frieden, der durch sichere Grenzen die Freiheit unserer Arbeit und das Gedeihen Deutschlands verbürgt. Nur ein kraftvoller, auf unseren Waffenerfolgen ruhender Friede vermag dies.

Die Vaterlandspartei ist ein Volksbund,

der Angehörige aller Parteien vereint. Keines ihrer Mitglieder braucht seiner Partei untreu zu werden. In Fragen der inneren Politik ist jedem vollste Freiheit belassen.

Wer mit uns ein baldiges Kriegsende und einen guten dauernden Frieden will, der trete unserem Bunde bei.

Ortsgruppe München
der deutschen Vaterlandspartei

16. Welche Interessen vertrat die Vaterlandspartei dem Plakat zufolge?

Reichskanzler Bethmann Hollweg sagte im Oktober 1916 vor Abgeordneten des Reichstags:

„Seit Anfang des Krieges sind wir dem Fehler nicht entgangen, die Kraft unserer Feinde zu unterschätzen. Wir haben diesen Fehler aus der Friedenszeit übernommen. Bei der staunenswerten Entwicklung unseres Volkes in den letzten 20 Jahren erlagen weite Schichten der Versuchung, unsere gewiß gewaltigen Kräfte im Verhältnis zu den Kräften der übrigen Welt zu überschätzen."

(Friedrich Thimme [Hrsg.], Theobald von Bethmann Hollweg, Kriegsreden, Stuttgart 1919)

17. Vergleiche die Aussage des Reichskanzlers mit dem Aufruf der Volkspartei.

Am 2. April 1917 begründete Präsident Wilson den Kriegseintritt der USA in einer Rede vor dem Kongreß unter anderem so:

„Wir werden für Dinge kämpfen, die immer unseren Herzen am nächsten gelegen haben, für Demokratie, für das Recht derer, die einer Obrigkeit untertan sind, eine Stimme in ihrer eigenen Regierung zu haben, für die Rechte und Freiheiten der kleinen Nationen, für eine allgemeine Herrschaft des Rechts durch einen solchen Bund freier Völker, der allen Nationen Frieden und Sicherheit bringt und schließlich die Welt selbst befreit."

(Johannes Hohlfeld [Hrsg.], Dokumente der Deutschen Politik und Geschichte von 1848 bis zur Gegenwart, 6 Bde., Berlin o. J., Bd. 2, S. 345)

18. Versuche aus dieser Aussage Wilsons eine eindeutige Definition des Begriffes vom Selbstbestimmungsrecht zu gewinnen.

19. Mit welcher Begründung kann man das Jahr 1917 als einen weit über den Rahmen des Ersten Weltkriegs hinausgehenden Wendepunkt bezeichnen?

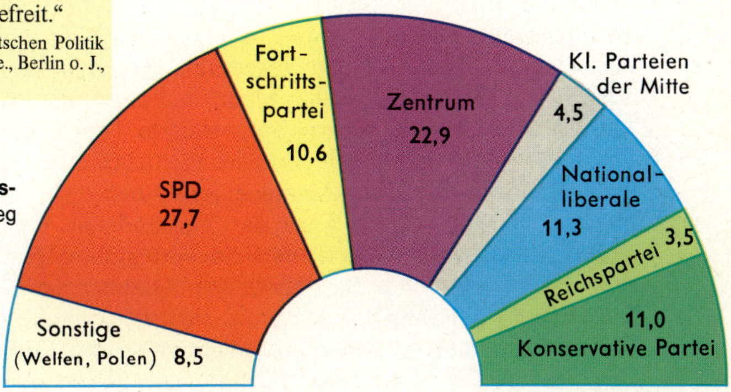

Verteilung der Sitze im Deutschen Reichstag nach der Wahl von 1912. Im Krieg fanden keine Neuwahlen statt.

20. Auf wieviel Prozent der Abgeordneten konnten sich die Mehrheitsparteien stützen?

Noch während des Krieges erhielten in England die Frauen das Wahlrecht.
Unter dem Druck der Blockade mußte sich die deutsche Regierung zu stärkeren Eingriffen in das Wirtschaftsleben entschließen. Nach Plänen des Generaldirektors der AEG, Walter Rathenau, wurden zahlreiche Ämter eingerichtet, die Rohstoffe, Arbeitskräfte und Lebensmittel zu verteilen hatten. In England wuchs allein das Munitionsministerium auf 65 000 Mitarbeiter an. In allen kriegführenden Staaten waren Schritte unvermeidlich, die von der freien Wirtschaft hin zur staatlich gelenkten Wirtschaft tendierten.
Schwierig war die Kriegsfinanzierung. Deutschland und Frankreich nahmen immer neue Anleihen auf *(Kriegsanleihen),* Deutschland im Innern, Frankreich in den USA. Auch England nahm Geld in USA auf, finanzierte den Krieg aber auch über Steuererhöhungen. Die Kriegsfinanzierung führte zwangsläufig zur Geldentwertung. Nur der spätere Sieger konnte hoffen, mit Hilfe einer Kriegsbeute der *Inflation* (Geldentwertung) zu entkommen.
Die Ernährungslage in Deutschland wurde katastrophal. Die Blockade schnitt alle Einfuhren ab (vor dem Krieg wurden 20% der Lebensmittel eingeführt), durch den Mangel an Arbeitskräften und Dünger sank die zur Verfügung stehende Menge der wichtigsten Nahrungsmittel wie Kartoffeln, Getreide, Schweinefleisch um die Hälfte. Hunderttausende starben, geschwächt durch die Hungersnot, an Epidemien.
Seit 1916 nahm die Kriegsmüdigkeit unter der Bevölkerung der kriegführenden Staaten rasch zu. In Deutschland, Österreich-Ungarn und Frankreich brachen Streiks aus. Die stärkste deutsche Partei, die SPD, spaltete sich an der Frage der Kriegskredite. Im April 1917 gründete der linke Flügel die „Unabhängige Sozialdemokratische Partei Deutschlands“ (USPD), die den sofortigen Friedensschluß und eine politische Umwälzung in Deutschland anstrebte. Da die deutsche Regierung gemäß der Verfassung von 1871 nicht vom Vertrauen des Parlamentes abhängig war, blieb die Friedensresolution der Mehrheitsparteien von 1917 (vgl. S. 162) ohne Folgen. Die Regierung, die Exekutive, war überall auch in den parlamentarischen Demokratien England und Frankreich, durch den Krieg sehr gestärkt worden. Die Zusammenarbeit der großen Parteien hatte zur Folge, daß es keine parlamentarische Opposition gab; die Erfordernisse der Organisation des Krieges gaben der Regierung bisher nicht gekannte Sondervollmachten. Hinzu kam das Gewicht der militärischen Führung. In Deutschland war seit 1916 die Oberste Heeresleitung die maßgebende Instanz, der gegenüber die zivile Regierung völlig untergeordnet blieb. In Frankreich und England hatte die zivile Regierung weitgehende Vollmachten erhalten, so daß hier die zivile Gewalt der militärischen übergeordnet blieb.
Die Auswirkungen des Krieges auf die inneren Verhältnisse der kriegführenden Staaten führten nirgends zu einer so nachhaltigen Änderung der ganzen Gesellschaft wie in Rußland (vgl. Band 4).

Der Zusammenbruch der Mittelmächte

Die deutsche Heeresleitung versuchte im Frühjahr 1918 unter Aufbietung aller Kräfte im Westen die Front der Alliierten zu durchstoßen, bevor die Zuführung amerikanischer Truppen sich voll auswirken konnte. Aber den schlecht ausgerüsteten, mangelhaft verpflegten deutschen Soldaten standen ausgeruhte Truppen gegenüber. Ungehindert konnten die Amerikaner monatlich 250 000 Mann in Frankreich an Land setzen. Infolge der alliierten Materialüberlegenheit beherrschten alliierte Flieger den Luftraum über der Front. Den Panzerverbänden hatten die Deutschen nichts entgegenzusetzen. Am 8. August brachen englische Tanks bei einem Massenangriff durch.
Noch schlechter war die Lage der Verbündeten. Österreich-Ungarn, dessen Völker die Selbständigkeit verlangten, richtete ein Verhandlungsgesuch an die Alliierten; Bulgarien und die Türkei legten Ende September bzw. Oktober die Waffen nieder und gaben damit die Südostflanke der Mittelmächte preis. Jetzt forderte die Heeresleitung sofortige Waffenstillstandsverhandlungen. Deren Grundlage sollte das Friedensprogramm des amerikanischen Präsidenten Wilson sein, das er im Januar 1918 in 14 Punkten zusammengefaßt hatte. Es

 ▷ 168

Kriegsrationen wichtiger Lebensmittel im Deutschen Reich (Friedensverbrauch = 100) pro Kopf:

	Juli 1916 bis Juni 1917	Juni 1917 bis Juni 1918
Fleisch	31	20
Fisch	51	–
Butter	22	21
Reis	4	–
Hülsenfrüchte	14	1
Kartoffeln	71	94
Mehl	53	47

Ungefähre wöchentliche Verbrauchsmengen seit 1916 pro Kopf:

Kartoffeln	3,5 kg
Mehl (z. T. als Brot)	160–220 g
Fleisch	100–250 g
Fett	60–75 g
Zucker	200 g
Marmelade, Kunsthonig	270 g
Fisch	120 g
Milch	0,7 l
Ei (falls vorhanden)	1

Brot und Kartoffeln als Grundnahrungsmittel wurden häufig durch Steckrüben ersetzt.

(Gerd Hardach, Der Erste Weltkrieg 1914–1918 [Geschichte der Weltwirtschaft im 20. Jahrhundert, Bd. 2]. München 1973, S. 129 f.)

21. Versuche mit einer Tagesration nach diesen Angaben satt zu werden.

Im Protokoll der Sitzung des Kronrats vom 14. August 1918 heißt es:

„Der Reichskanzler ausführt die innere Lage. Stimmung kriegsmüde – Ernährung unzureichend, noch schlimmer Bekleidungsmangel. Wahlrechtsreform ... Der Staatssekretär (Außenminister) äußert sich über die äußere Lage. Die Siegeszuversicht des Feindes und sein Kriegswille seien zur Zeit gehobener denn je ... der Hauptpunkt aber sei die ursprüngliche und stets zunehmende Überzeugung, daß die Alliierten mit ihren vergleichsweise unerschöpflichen Reserven an Menschen, Rohstoffen und Fabrikaten allein mit der Zeit die verbündeten Zentralmächte zerschmettern müßten. Nach Ansicht unserer Feinde arbeitet die Zeit für sie ... Verbündete: Österreich erklärt, ... daß es am Ende seiner Kräfte angelangt sei ... Der Chef des Generalstabes des Feldheeres hat die kriegerische Situation dahin definiert, daß wir den Kriegswillen unserer Feinde durch kriegerische Handlungen nicht mehr zu brechen hoffen dürfen."

(Johannes Hohlfeld [Hrsg.], a. a. O., Bd. 2, S. 376 ff.)

22. Schildere die Lage des Reiches, wie sie sich auf Grund dieser Quelle im August 1918 darstellt.

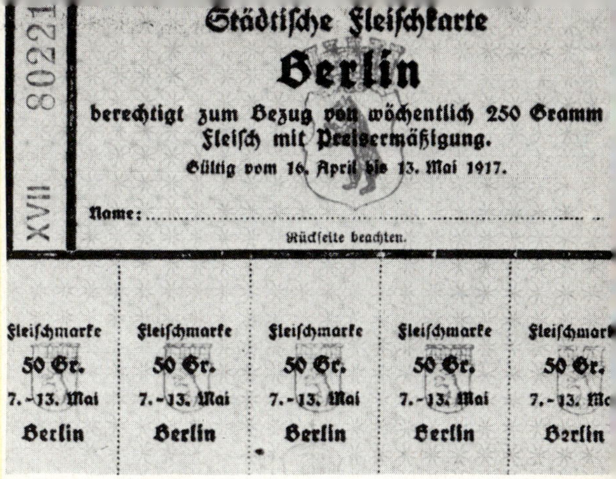

Lebensmittelkarte

23. Wiege 250 g Wurst oder Fleisch ab und versuche, dich damit in einer Woche zu begnügen.

Am 3. 10. 1918 telegrafierte Hindenburg an den Reichskanzler:

„Die oberste Heeresleitung bleibt auf ihrer am ... 29. September ... gestellten Forderung der sofortigen Herausgabe des Friedensangebotes an unsere Feinde bestehen ... Noch steht das deutsche Heer festgefügt und wehrt siegreich alle Angriffe ab. Die Lage verschärft sich aber täglich und kann die Oberste Heeresleitung zu schwerwiegenden Entschlüssen zwingen. Unter diesen Umständen ist es geboten, den Kampf abzubrechen, um dem deutschen Volke und seinen Verbündeten nutzlose Opfer zu ersparen. Jeder versäumte Tag kostet Tausenden von tapferen Soldaten das Leben."

(Herbert Michaelis / Ernst Schraepler [Hrsg.], a. a. O., Bd. 2, S. 331)

24. Nach dem Krieg entstand Streit über das Waffenstillstandsangebot der Regierung. Wer trägt dieser Quelle zufolge die Hauptverantwortung für das Angebot?

25. Schildere die Ursachen der Verlagerung des Gewichts zwischen Exekutive und Legislative in den kriegführenden Staaten und beurteile diese Entwicklung.

Aus dem Gesetz zur Abänderung der Reichsverfassung vom 28. 10. 1918:

„Im Artikel 15 werden folgende Absätze hinzugefügt: Der Reichskanzler bedarf zu seiner Amtsführung das Vertrauen des Reichstags ... Der Reichskanzler und seine Stellvertreter sind für ihre Amtsführung dem Bundesrat und dem Reichstag verantwortlich."

(Johannes Hohlfeld [Hrsg.], a. a. O., Bd. 2, S. 385)

enthielt die wichtigsten Kriegsziele der Alliierten, unter Betonung des Selbstbestimmungsrechts der Völker, entwickelte aber auch Vorschläge für eine gerechte und stabile Friedensordnung (Abschaffung der Geheimdiplomatie, Freiheit der Meere und des Wirtschaftslebens, Abrüstung, Völkerbund). Um den Eindruck des völligen Zusammenbruchs zu vermeiden, zögerte die Reichsregierung. Am 3. Oktober ernannte der Kaiser Prinz Max von Baden zum Reichskanzler. Dieser nahm in seine Regierung Mitglieder der Mehrheitsparteien auf. Die neue Regierung konnte sich auf die Parteien der Friedensresolution von 1917 (Mehrheitsparteien) im Reichstag stützen. Sie gab am 4. Oktober dem Drängen der Heeresleitung nach und richtete ein Waffenstillstandsgesuch an Präsident Wilson. Als Vorbedingung verlangte Wilson die Räumung der besetzten Gebiete, die Einstellung des U-Boot-Krieges und die Einführung einer demokratischen Verfassung in Deutschland. Nach Annahme dieser Bedingungen waren die Alliierten am 5. November zu Waffenstillstandsverhandlungen bereit. Am 28. Oktober war Deutschland durch Verfassungsänderung eine parlamentarische Demokratie geworden, am 9. November ging der Kaiser in die Niederlande ins *Exil.* In allen deutschen Ländern dankten die Fürsten ab, nachdem in mehreren Städten Aufstände ausgebrochen waren.

Der Aufstand hatte begonnen, als Matrosen sich weigerten, ihre Schiffe zum Auslaufen klarzumachen. Arbeiter verbündeten sich mit ihnen und traten in Streik. Auf mehreren Schiffen wurde die rote Flagge gehißt. Der unter bolschewistischem Einfluß stehende Spartakusbund, aus der USPD hervorgegangen, rief zum Generalstreik auf und erstrebte den revolutionären Umsturz nach russischem Vorbild (vgl. Band 4). Um der Proklamation der
9. 11. 1918 *Räterepublik* durch den Spartakisten Karl Liebknecht zuvorzukommen, rief am 9. 11. 1918 in Berlin der Mehrheitssozialist Philipp Scheidemann die Republik aus.

Die Heeresleitung hatte die Reform der Verfassung gefordert und zugleich die Verantwortung für die Waffenstillstandsverhandlungen der neuen, dem Parlament verantwortlichen Regierung zugeschoben. Die harten Bedingungen, die der französische Marschall Foch vorlegte, ließen die deutschen Politiker zögern. Aber Hindenburg ließ keinen Zweifel, daß die militärische Lage den Waffenstillstand zwingend erfordere. Er wurde am 11. 11. 1918 in Compiègne bei Paris unterzeichnet. Die Bedingungen machten eine Wiederaufnahme des Kampfes auf deutscher Seite unmöglich: Die englische Blockade blieb bestehen, der Friedensvertrag von Brest-Litowsk wurde aufgehoben.

Der bis dahin blutigste und verheerendste Krieg der Geschichte war beendet. 23 Millionen Soldaten der Mittelmächte hatten gegen 42 Millionen der Alliierten gekämpft. Verzweiflung und Haß erfüllten die Menschen. Mehr als 10 Millionen Tote hatte der Krieg verschlungen; dreimal so hoch war die Zahl der Verwundeten. Schwer war auch die Zivilbevölkerung getroffen worden, besonders in Deutschland durch die Hungerblockade und in Nordostfrankreich durch die Verwüstungen des Stellungskrieges. Die Kriegskosten hatten den Wohlstand vieler Völker vernichtet.

Soldatenfriedhof in Nordfrankreich

26. Beurteile Inhalt und Zeitpunkt der Verfassungsänderung in Deutschland vom 28. 10. 1918 (s. S. 167).

27. Inwiefern weisen die 14 Punkte Wilsons auf eine neue Entwicklung in der internationalen Politik hin? Vergleiche mit der gegenwärtigen Situation.

28. Welche Rolle spielten militärische und politische Führung in Deutschland bei Vorbereitung und Abschluß des Waffenstillstands?

Zum Wiederholen und Nachschlagen

Die Ermordung des Thronfolgers Franz Ferdinand durch einen Serben veranlaßte Österreich-Ungarn zu einem scharfen Ultimatum an Serbien. Obwohl Serbien auf fast alle Forderungen einging, erklärte Österreich-Ungarn ihm den Krieg. Rußland wollte seinen Verbündeten nicht im Stich lassen und machte mobil. Vermittlungsversuche scheiterten. Der deutsche Generalstab hielt einen Erfolg im Zweifrontenkrieg nur dann für möglich, wenn den Russen keine Zeit zur Kriegsvorbereitung gelassen würde. Deshalb erklärte das Reich Rußland und Frankreich den Krieg. Als die deutschen Truppen, dem Schlieffenplan entsprechend, ins neutrale Belgien einmarschierten, nahm England dies zum Anlaß, Deutschland den Krieg zu erklären.

Der deutsche Angriff im Westen blieb trotz großer Anfangserfolge stecken. Es begann ein Stellungskrieg mit blutigen Materialschlachten. Die in Ostpreußen eingedrungenen russischen Armeen wurden geschlagen. Die englische Blockade traf besonders die Zivilbevölkerung, deren Arbeitskraft angesichts des riesigen Waffen- und Munitionsbedarfs unentbehrlich war. Seit 1916 standen Hindenburg und Ludendorff an der Spitze der Obersten Heeresleitung. Sie gewannen starken politischen Einfluß auf die Zivilregierung. In allen kriegführenden Staaten wuchs die Macht der Exekutive, nicht zuletzt durch die kriegsnotwendige zentrale Wirtschaftsplanung.

Friedensfühler scheiterten an der Unvereinbarkeit der Kriegsziele. Mit dem Kriegseintritt der USA und der Revolution in Rußland begann 1917 eine neue Epoche der Weltgeschichte. Da die russische liberal-sozialistische Regierung nach der „Februarrevolution" den Krieg fortsetzte, ermöglichten die Deutschen Lenin die Rückkehr nach Rußland. Ihm und seinen bolschewistischen Anhängern gelang es, in der „Oktoberrevolution" die Macht zu ergreifen. Deutschland zwang die Bolschewisten zum Frieden von Brest-Litowsk. Rußland mußte auf seine westlichen Gebiete verzichten. Der uneingeschränkte U-Boot-Krieg führte zur Kriegserklärung der USA, die schon vorher die Alliierten wirtschaftlich unterstützt hatten. Dieser Schritt entschied den 1. Weltkrieg. In Deutschland verschärfte sich die politische Lage. Forderungen nach demokratischen Reformen wurden nicht erfüllt.

Die Überlegenheit der Alliierten wurde immer größer. Als die Niederlage sich deutlich abzeichnete, veranlaßte die deutsche Heeresleitung ein Waffenstillstandsangebot und die Umwandlung des Reiches in eine parlamentarische Monarchie. Am 11. November wurde der Waffenstillstand auf der Grundlage der 14-Punkte-Erklärung des amerikanischen Präsidenten Wilson abgeschlossen. Deutschland mußte harte Bedingungen annehmen.

1914	28. 6.	Der österreichische Thronfolger Franz Ferdinand wird in Sarajewo von einem serbischen Nationalisten ermordet
	28. 7.	Österreich erklärt Serbien den Krieg
	1. 8.	Deutschland erklärt Rußland den Krieg
	3. 8.	Deutschland erklärt Frankreich den Krieg und marschiert in Belgien ein
	4. 8.	England erklärt Deutschland den Krieg
1917	März	Revolution in Rußland, Sturz des Zaren
	6. 4.	Die USA erklären Deutschland den Krieg
	Nov.	Bolschewistische Revolution in Rußland
1918	Sep.–Okt.	Bulgarien, die Türkei und Österreich-Ungarn scheiden aus dem Kriege aus; deutsches Ersuchen um Waffenstillstandsverhandlungen
	9. 11.	Revolution in Deutschland; Abdankung des Kaisers, Ausrufung der Republik
	11. 11.	Waffenstillstand

Begriffe: Alliierte, Blockade, Exil, Inflation, Kriegsanleihen, Kriegsschuldfrage, Materialschlachten, Mehrheitsparteien, Mittelmächte, Mobilmachung, Oktoberrevolution, Propaganda, Räterepublik, Rationierung, Schlieffenplan, Schwarzer Markt, Stellungskrieg, Ultimatum, Zweifrontenkrieg

Friedensverträge

Die 14 Punkte Wilsons

Im Januar 1918 hatte der amerikanische Präsident Wilson in 14 Punkten sein Friedensprogramm bekanntgegeben. Es enthielt einerseits die wichtigsten Kriegsziele der Alliierten, unter Betonung des *Selbstbestimmungsrechtes* der Völker, andererseits entwickelte es auch Vorschläge für eine gerechte und stabile Friedensordnung. So forderte Wilson Abschaffung der *Geheimdiplomatie,* Freiheit der Meere, Abrüstung und einen *Völkerbund.* Die deutsche Regierung hatte sich bei ihrer Bitte um Waffenstillstand ausdrücklich auf diese 14 Punkte bezogen; das deutsche Volk, durch die militärische Niederlage aus seinen Träumen und Hoffnungen aufgeschreckt, erwartete einen Friedensschluß auf dieser Grundlage – doch schon die Waffenstillstandsverhandlungen hatten weitergehende Absichten der Sieger aufgedeckt.

Die Friedenskonferenz und die Ziele der „Großen Drei"

1919 Am 18. Januar, dem „Reichsgründungstag", begannen 1919 die Friedensverhandlungen in Paris; am 28. Juni wurde im Spiegelsaal des Schlosses von Versailles der Friedensvertrag unterzeichnet. „Die Stunde der ernsten Abrechnung ist gekommen", rief der französische Ministerpräsident der deutschen Delegation entgegen. 27 Staaten waren in Paris vertreten; ihre Staatsmänner sollten nicht nur die Friedensbedingungen für die besiegten Mittelmächte festlegen, sondern auch die schwierigen Grenzfragen regeln, die durch den Zusammenbruch Rußlands, Österreich-Ungarns und der Türkei entstanden waren. Mehr und mehr blieben die entscheidenden Verhandlungen den „Großen Drei" vorbehalten, dem Franzosen Clemenceau, dem englischen Premierminister Lloyd George und dem Amerikaner Wilson.

Zwischen den drei Männern entstanden um einzelne Vertragsbedingungen heftige Auseinandersetzungen, zu verschieden waren häufig ihre Ziele: Frankreich hatte große Blutopfer gebracht und gewaltige Zerstörungen erlitten. Das französische Volk forderte Vergeltung, vor allem aber Sicherheit vor zukünftigen Angriffen. So enthielt der *Versailler Vertrag* viele politische, wirtschaftliche und militärische Bestimmungen, die dazu dienen sollten, den Wiederaufstieg des an Bevölkerungszahl stark überlegenen Nachbarn, mit dessen Angriffslust oder Rachbegierde man fest rechnete, zu verhindern, zumindest zu verzögern.
Englands Wünsche waren leichter durchzusetzen: Deutschland mußte auf seine Schlachtflotte und auf die Kolonien verzichten. An einer zu großen Schwächung der Mitte Europas war Großbritannien nicht interessiert: Es widersprach einerseits der Tradition englischer Politik, wenn Frankreich übermächtig den Kontinent beherrschen würde, andererseits fürchteten die Briten eine Ausbreitung des Bolschewismus nach Mitteleuropa. Das wichtigste Ziel für Wilson war die Gründung des Völkerbundes, von dem er sich versprach, daß er zukünftige Kriege verhindern könne. Dafür nahm er es hin, daß seine 14 Punkte ausgehöhlt wurden und der Vertrag sogar das Selbstbestimmungsrecht der Völker zuungunsten der Besiegten einschränkte.

Der Versailler Vertrag: Gebietsabtretungen

Deutschland verlor Grenzgebiete mit 70 000 km² Fläche und 6½ Millionen Einwohnern: Elsaß-Lothringen wurde an Frankreich zurückgegeben, den größten Teil der Provinzen Posen und Westpreußen erhielt der neugebildete polnische Staat. Damit trennte ein *Polnischer Korridor* Ostpreußen vom Reich. Danzig wurde „Freie Stadt". Das Memelgebiet wurde später Litauen übergeben. In anderen Grenzzonen fanden Volksabstimmungen statt. Dabei kam es zu Gebietsteilungen mit Polen in Oberschlesien und mit Dänemark in Schleswig. Das südliche Ostpreußen blieb bei Deutschland, Eupen-Malmedy kam zu Belgien.

Das Recht einer Volksabstimmung blieb den im Grenzraum der neuen Tschechoslowakei wohnenden *Sudetendeutschen* versagt, und der Bevölkerung des deutsch-österreichischen Reststaates wurde der von ihr geforderte *Anschluß* an das Reich verwehrt. Deutschland verlor alle Kolonien.

Artikel 231 des Versailler Vertrages begründet die Forderungen der Sieger auf Wiedergutmachung aller Kriegsschäden und Verluste durch das Deutsche Reich mit folgenden Worten:

„Die verbündeten und assoziierten Regierungen erklären, und Deutschland erkennt an, daß Deutschland und seine Verbündeten als Urheber für alle Verluste und alle Schäden verantwortlich sind, welche die verbündeten und assoziierten Regierungen und ihre Staatsangehörigen infolge des Krieges, der ihnen durch den Angriff Deutschlands und seiner Verbündeten aufgezwungen wurde, erlitten haben."

(Der Vertrag von Versailles. Leipzig, 1921, S. 72)

1. Berichten Sie über den Stand der Forschung zur Kriegsschuldfrage 1914 (s. Band 3).
2. Warum wurden höhere Kriegsentschädigungen gefordert als in früheren Jahrhunderten?
3. Inwiefern enthält der Begriff „Selbstbestimmung" außen- und innenpolitische Gesichtspunkte?
4. Anfangstag und Ort der Friedensverhandlungen waren bewußt gewählt. Von wem? Aus welchem Grund? Welche Haltung zeigt sich darin?
5. Welchem Zweck dienten Besatzungsgebiet und entmilitarisierte Zone?
6. Was wissen Sie über die Geschichte Elsaß-Lothringens und über seine Bewohner?
7. Was konnte in den Überlegungen der Siegermächte gegen den „Anschluß" Österreichs sprechen?

Die Gebiete links des Rheins sollten bis zu 15 Jahren von den Siegermächten besetzt bleiben. Eine Zone von 50 km Breite östlich des Rheins mußte *entmilitarisiert* werden. Das Saargebiet mit seinen Kohlengruben wurde als Entschädigung für die Ausbeutung und Zerstörung französischer Gruben dem französischen Wirtschaftsgebiet eingegliedert. Politisch wurde es dem Völkerbund unterstellt; nach 15 Jahren sollte seine Bevölkerung in einer Abstimmung über eine Rückkehr zum Reich entscheiden.

Rüstungsbeschränkungen

Die Wilsonsche Forderung nach allgemeiner *Abrüstung* war zunächst von den Besiegten zu erfüllen. Dem stimmten damals auch viele Deutsche zu, weil der Vertragstext ausdrücklich verhieß, daß damit eine „allgemeine Rüstungsbeschränkung aller Nationen" eingeleitet werden sollte. Schwer erträglich wurde die deutsche Abrüstung erst, als sich im Laufe der Jahre herausstellte, daß die übrigen Länder in weit geringerem Maße ihre Rüstungen begrenzten. Allerdings hat auch Deutschland die ihm auferlegten Bedingungen nicht restlos erfüllt.

Alle schweren Waffen, Flugzeuge, Panzer und U-Boote waren dem Reich verboten; die Marine war auf wenige Schiffseinheiten von begrenzter Tonnage beschränkt. Das Heer durfte nicht mehr als 100 000 langfristig dienende Berufssoldaten umfassen. Die Wehrpflicht wurde abgeschafft. Diese Entscheidung hatte schwerwiegende Folgen: Die *Reichswehr* konnte sich als Berufsheer abkapseln und zum „Staat im Staate" entwickeln. Sie blieb nach dem Willen ihrer Offiziere, die aus der kaiserlichen Armee übernommen wurden, „unpolitisch"; das Wort bedeutete nicht nur „überparteilich", sondern es wies hin auf eine fehlende innere Bindung an den republikanischen Staat und die ihn tragenden politischen und sozialen Kräfte. Diese Einstellung wurde noch dadurch verstärkt, daß Offiziere und Soldaten kein Wahlrecht hatten. Die Reichswehr wurde aber auch zu einer hochtrainierten Elitetruppe und gab damit einen hervorragenden Kern für jede dereinst geplante Heeresvergrößerung ab.

Reparationen

Die Gesamtsumme der *Reparationen* (Wiedergutmachungsleistungen) sollte erst später festgesetzt werden. Zwar erkannten die Siegermächte an, daß Deutschland nicht imstande sei, ihre gesamten Kriegskosten aufzubringen, doch sollte der deutschen Volkswirtschaft auf Jahrzehnte ein höchstmögliches Maß an finanzieller Belastung auferlegt werden, um zumindest die – im weitesten Sinne aufgefaßten – Verluste der gegnerischen Zivilbevölkerung wiedergutzumachen. Zunächst waren erhebliche Sachlieferungen zu leisten.
Daß besiegte Völker Kriegsentschädigungen zu zahlen hatten, war allgemein üblich. Nicht gegen die Zahlungen an sich erhob sich ein Sturm der Entrüstung in Deutschland, sondern gegen ihre Verknüpfung mit der These, daß die Mittelmächte den Krieg durch ihren Angriff verschuldet hätten und somit moralisch schuldig seien.

Kritik am Versailler Vertrag

Schon während der Verhandlungen wuchsen die Stimmen der Kritik auf alliierter Seite, vor allem bei den Amerikanern. Manche Berater erkannten, daß das Vertragswerk, statt eine Friedensordnung von Dauer zu schaffen, eher die Spannungen zwischen den Staaten vertiefte. Als die Bedingungen veröffentlicht wurden, empörte sich das ganze deutsche Volk; man bezeichnete den Frieden als *Diktat*.
Die Reichsregierung wies darauf hin, daß die Härte der Vertragsbestimmungen nicht im Einklang stand mit Wilsons 14 Punkten und daß die deutsche Delegation in Versailles ihre Gegenäußerungen nur schriftlich hatte vortragen dürfen und diese dazu nur sehr geringen Erfolg hatten. Diese Kritik war verständlich und weitgehend auch berechtigt: Die Friedensbedingungen belasteten die Zukunft des Deutschen Reiches schwer.
Doch man übersah, daß Deutschland selbst mit dem harten Frieden, den es Rußland 1918 in Brest-Litowsk aufgezwungen hatte, ein verhängnisvolles Vorbild gegeben hatte; man bedachte nicht, daß es Frankreich nicht gelungen war, das Reich in Einzelstaaten aufzulösen. Clemenceau hatte sein Ziel, die Einheit Deutschland zu zerstören, nicht erreichen können. Auch übersahen viele auf deutscher Seite, daß das Vertragswerk Ansätze zu einer künftigen Milderung der Bestimmungen bot – wie sie tatsächlich auch bald erfolgte. Das verlangte freilich Geduld und die Bereitschaft, beim ehemaligen Gegner um Vertrauen zu werben. Beides lehnten die nationalistischen Kreise in Deutschland scharf ab. Für sie war Versailles ein „Schmachfrieden", der nicht durch die Mittel internationaler Verständigung, sondern durch einen neuen Krieg eines Tages ausgetilgt werden sollte. Sie übersahen, daß derartige Parolen das Mißtrauen der Siegermächte wachhielten und damit die *Revision* (Abänderung) des Vertrages erschwerten.

Die Schütterzone

Die Friedensbedingungen, die Deutschlands Verbündeten auferlegt wurden, waren von ähnlicher Härte wie der Versailler Vertrag. Die Verträge wurden ebenfalls in Vororten von Paris unterzeichnet, so daß man zusammenfassend von den Pariser *Vorortverträgen* spricht.

Die Aufteilung **Österreich-Ungarns** nach dem Ersten Weltkrieg

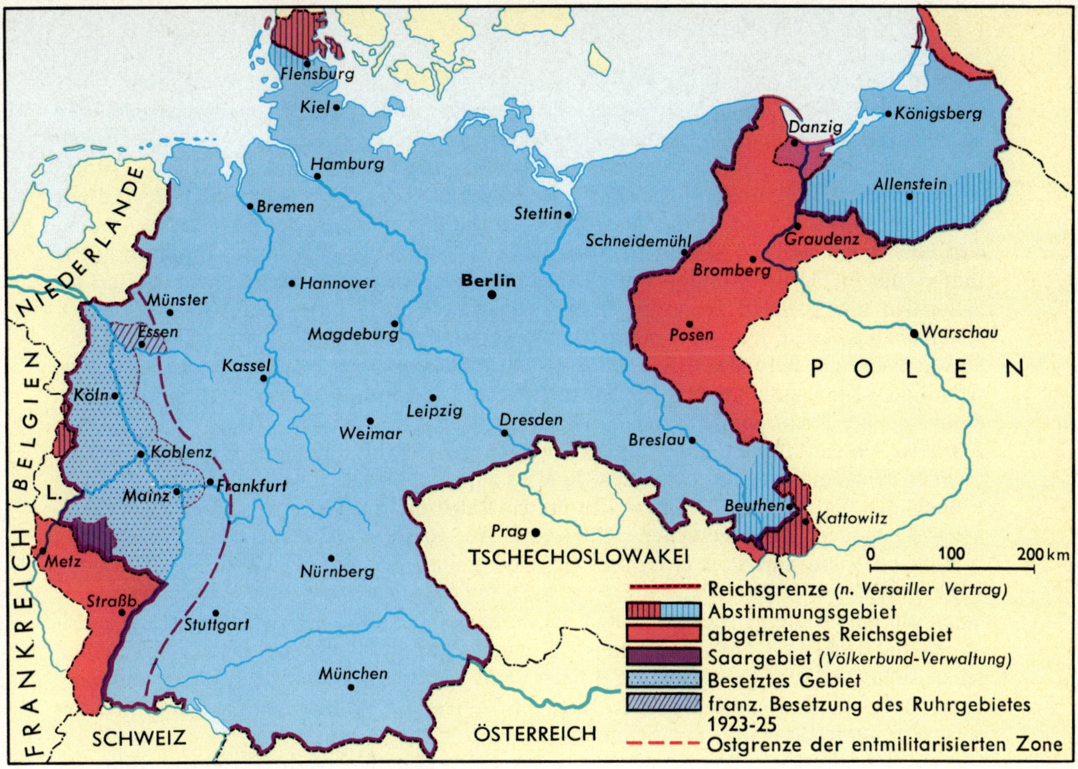

Das Deutsche Reich nach dem Ersten Weltkrieg

8. Vergleiche das Reichsgebiet von 1920 mit dem Gebiet der Bundesrepublik Deutschland. Beachte dabei auch: Im Reich lebten 1925 63,2 Millionen Menschen, das heutige Bundesgebiet hatte damals 39 Millionen Einwohner. Wieviel hat es heute? Überlege Auswirkungen der Veränderung.

9. Unterscheide zwischen Vertrag und Diktat.

10. Warum wollte Frankreich die Aufteilung Deutschlands? Aus welchen Gründen waren Großbritannien und die USA dagegen?

11. Vergleiche den Versailler Vertrag mit der Friedensregelung von 1871.

12. Um welche ehemalige deutsche Kolonie gibt es heute noch politische Spannungen?

13. Liste die Probleme auf, mit denen fast alle Staaten der Schütterzone von vornherein belastet waren.

14. Vergleiche die Bezeichnungen „Schütterzone" und „Sicherheitsgürtel".

15. Zähle die Staaten auf, die auf ehemals russischem bzw. österreichisch-ungarischem Gebiet entstanden sind, und die Staaten, die durch Teile dieser Gebiete vergrößert wurden.

Die Mehrzahl der Gebiete, auf die Rußland im Frieden von Brest-Litowsk hatte verzichten müssen, blieb ihm auch 1919 vorenthalten: Finnland, das Baltikum und Russisch-Polen. Außerdem annektierten die Rumänen Bessarabien. Rußland war auf die Grenzen des 18. Jahrhunderts zurückgeworfen. Die dadurch entstandene Randzone im Westen Rußlands wurde erweitert durch die Aufteilung des Vielvölkerstaates Österreich-Ungarn. Grundlage der Neuordnung der staatlichen Verhältnisse sollte das *Selbstbestimmungsrecht* der Völker sein. Es erwies sich jedoch als unmöglich, dieses Prinzip gerecht anzuwenden, da die Völker nicht eindeutig voneinander abgegrenzt lebten und ihre Wohngebiete sich vielfach überschnitten. Jede Grenzziehung mußte *nationale Minderheiten* den neugebildeten oder vergrößerten Staaten einverleiben.

Die nationalistische Haltung der Völker dieses Raumes wurde aufgestachelt, teils wegen ihrer Unzufriedenheit mit der Grenzziehung, teils wegen des Strebens, die eigene Herrschaft gegen die Minderheitsgruppen zu behaupten. Die wirtschaftlichen und sozialen Verhältnisse trugen zur Unruhe bei. Überall überwog die Landbevölkerung, dabei stand eine kleine Gruppe einflußreicher Großgrundbesitzer der Masse verarmter oder besitzloser, kaum des Lesens und Schreibens kundiger Bauern gegenüber. Ein bürgerlicher Mittelstand fehlte fast durchweg, ebenso ein politisch bewußtes Proletariat. Zum Ausbau einer leistungsfähigen Industrie kam es nur in Finnland und in der Tschechoslowakei. In den andern Staaten führten die nationalen und sozialen Spannungen dazu, daß der Versuch, demokratische Regierungssysteme aufzubauen, nur teilweise und zeitweilig gelang.
So war statt eines befriedeten Raumes eine neue *Schütterzone* entstanden: Verhältnisse, wie sie vor dem Krieg auf dem Balkan bestanden, fanden sich nun im gesamten osteuropäischen Raum. Bei der Neuordnung hatten die Allierten zwei Ziele verfolgt:

- Frankreich fand in den neuen Staaten Verbündete, die mit ihm daran interessiert waren, einen Wiederaufstieg des Deutschen Reiches zur Großmacht zu verhindern; dazu gehörte auch, daß der „Anschluß“ Österreichs an das Reich nicht zugelassen wurde.
- Zwischen den Industriestaaten Mittel- und Westeuropas und dem bolschewistischen Rußland sollte ein *Sicherheitsgürtel* ein Übergreifen des Bolschewismus nach Westen hemmen.

Polen war der größte der neuen Staaten. Es setzte sich aus ehemals russischem, österreichischem und deutschem Gebiet zusammen. Seine Neugründung tilgte das Unrecht der „Polnischen Teilungen“ aus. Deutsche und Russen, seine bisherigen Beherrscher, waren nun seine Grenznachbarn. Die neue Grenzziehung, die keineswegs überall den Volkstumsgrenzen entsprach, vergrößerte die alten Spannungen.
Die Tschechoslowakei war ein typischer *Nationalitätenstaat:* Neben den Tschechen, die etwa die Hälfte der Bevölkerung ausmachten, lebten in dem Land rund 3 Millionen Deutsche. 2 Millionen Slowaken, dazu noch Ungarn und Ukrainer. Die westliche Staatshälfte war wirtschaftlich recht gut entwickelt, der soziale Abstand zu den östlichen Teilen des weitgestreckten Landes war erheblich. Der Staat litt unter der Gegnerschaft seiner deutschen und ungarischen Einwohner, die gegen ihren Willen unter seine Herrschaft geraten waren, sowie unter dem sozialen Gefälle zwischen Tschechen und Slowaken.
Auch Jugoslawien war ein Nationalitätenstaat. Mit seiner Gründung verwirklichten die Serben ihren alten Traum von einem großserbischen Reich. Außer ihnen lebten Kroaten, Slowenen, Ungarn und Deutsche in dem Land. Scharf waren auch die religiösen Gegensätze zwischen katholischen Kroaten und griechisch-orthodoxen Serben. Diese beiden Völker haben sogar verschiedene Schriften.

Der Völkerbund

Die Vorschläge Wilsons, die *Geheimdiplomatie* abzuschaffen und einen Völkerbund zu gründen, entsprachen der Sehnsucht der Menschen, blutige Auseinandersetzungen zwischen den Völkern in Zukunft zu verhindern. Der Friede sollte nicht mehr, wie bisher, durch ein stets gefährdetes „Gleichgewicht der Kräfte“ bewahrt werden, sondern jeder Angreifer sollte wissen, daß er auf die geschlossene Abwehr aller anderen, nicht nur der angegriffenen Staaten stoßen würde. Die Folge sollte sein, daß Staaten bei Streitfällen nicht mehr zu den Waffen greifen würden. Statt dessen sollten sie ihre Forderungen und Beschwerden offen vor dem Völkerbund oder dem Internationalen Schiedgerichtshof in Den Haag ausbreiten. Doch fehlten dem Völkerbund die Machtmittel, Großmächte an Angriffshandlungen oder anderen Methoden der Beherrschung fremder Völker zu hindern.
Gründungsmitglieder des Völkerbundes waren die Siegerstaaten – außer den USA –, zu ihnen trat eine Reihe neutraler Länder. Deutschland und seine Verbündeten sowie die Sowjetunion waren zunächst von der Mitgliedschaft ausgeschlossen. (Zum Völkerbund siehe auch Band 4.)

16. Welche Befürchtung und Hoffnung sind in dieser Karikatur ausgedrückt?
17. Welches Problem ist in den Begriffen Schütterzone und Sicherheitsgürtel als Bezeichnung für die ostmitteleuropäischen Staaten verborgen?
18. Welche Schwierigkeiten entstanden durch die Gründung von Nationalitätenstaaten, wenn gleichzeitig das Selbstbestimmungsrecht der Völker betont wurde?

Der amerikanische Staatssekretär des Auswärtigen notierte am 8. 5. 1919 über den Versailler Vertrag:

„Der Eindruck, den er macht, ist enttäuschend, erweckt Bedauern und Niedergeschlagenheit. Die Friedensbedingungen erscheinen unsagbar hart und demütigend, während viele von ihnen mir unerfüllbar scheinen ...
Dieser Krieg wurde von den Vereinigten Staaten geführt, um für immer Zustände zu vernichten, die ihn hervorbrachten. Diese Zustände sind nicht zerstört worden. Andere Zustände, andere Bedingungen haben sie verdrängt, die nicht minder als jene den Haß, die Eifersucht, den Argwohn wecken ... Die Sieger in diesem Kriege gedenken ihren vereinten Willen den Besiegten aufzuzwingen und alle Interessen ihren eigenen unterzuordnen."

(Robert Lansing, Die Versailler Friedensverhandlungen. Berlin 1921, S. 205 f.)

„Die Welt brennt – Es wird weiter beraten" (Karikatur im „Simplizissimus", 18. 8. 1920)

19. Warum fiel der Vertrag trotz der Kritik führender Staatsmänner auch der Alliierten so hart aus?
20. Erläutere, welche „Zustände" der amerikanische Außenminister meint.

Zum Wiederholen und Nachschlagen

Die Entscheidungen auf der Friedenskonferenz lagen weitgehend bei den „Großen Drei", Clemenceau, Lloyd George und Wilson. Deutschland wurde im Versailler Vertrag zu umfangreichen Gebietsabtretungen gezwungen, die nur z. T. auf der Grundlage von Volksabstimmungen erfolgten. Es durfte nur ein Berufsheer von 100 000 Mann halten. Mit der Begründung, es sei der Urheber aller Schäden, wurden ihm schwere Reparationen auferlegt. Erbittert wies das deutsche Volk den „Kriegsschuldartikel" zurück. Schon frühzeitig wurde die Unerfüllbarkeit mancher Vertragsbedingungen erkannt.
In Osteuropa entstand durch Gebietsabtrennungen von Rußland und Deutschland und durch die Aufteilung Österreich-Ungarns eine Reihe neuer Mittel- und Kleinstaaten, die einen „Sicherheitsgürtel" gegen Sowjetrußland bilden sollten. Diese Staaten litten unter starken sozialen Spannungen; zudem wurde bei der Grenzziehung das Selbstbestimmungsrecht der Völker nicht überall berücksichtigt. So entstand eine Schütterzone, die zahlreiche Konfliktmöglichkeiten in sich barg. Vor allem in Polen, der Tschechoslowakei und in Jugoslawien gab es starke Minderheiten, die mit ihrer Lage unzufrieden waren. Österreich wurde der Anschluß an Deutschland verwehrt.
Auf Wilson ging die Gründung des Völkerbundes zurück, der in Zukunft Kriege verhindern sollte. Seine Wirksamkeit blieb begrenzt, da ihm die Machtmittel fehlten, Großmächte zu einer friedlichen Politik zu zwingen. Die Besiegten und Sowjetrußland durften zunächst nicht Mitglied werden. Die USA traten dem Völkerbund nicht bei.

1919, 28. 6.	Unterzeichnung des Friedensvertrags von Versailles
1919–1920	Unterzeichnung der Friedensverträge mit Deutschlands Verbündeten
1919/20	Völkerbund

Begriffe: Abrüstung, Anschluß, Diktat, Entmilitarisierte Zone, Geheimdiplomatie, nationale Minderheiten, Nationalitätenstaat, Polnischer Korridor, Reichswehr, Reparationen, Revision, Schütterzone, Selbstbestimmungsrecht, Sicherheitsgürtel, Sudetendeutsche, Versailler Vertrag, Völkerbund, Vorortverträge

Begriffe zum Nachschlagen

Die Zahlen hinter den alphabetisch geordneten Begriffen geben die Seiten an, auf denen die Begriffe im Zusammenhang mit einem geschichtlichen Ereignis oder im Zuge der geschichtlichen Entwicklung genannt oder erläutert werden.

Abrüstung 171.
Anknüpfend an Gedanken der Aufklärung nahmen Vorstellungen über Begrenzung und Verminderung der Rüstung gegen Ende des 19. Jahrhunderts konkrete Gestalt an, vor allem im Sozialismus und Pazifismus; die Haager Friedenskonferenzen von 1899 und 1907 schlugen aber fehl. Nach den beiden Weltkriegen führten Bemühungen der Politiker ebenfalls nicht zu weitreichenden Ergebnissen. Die moderne Kriegstechnik und vor allem die atomare Bewaffung machen die Abrüstungsfrage zu einer sehr dringenden, aber auch – z. B. durch die Schwierigkeit einer wirksamen Kontrolle – schwer zu lösenden Aufgabe der internationalen Beziehungen.

Absatzgebiet 62. Mit der steigenden Industrieproduktion seit der → Industriellen Revolution wurde die Suche nach erweiterten oder neuen Absatzgebieten für die Industrie der Industriestaaten wichtig (s. a. → Imperialismus).

Agrikulturchemie 58 ist die von Justus von Liebig um 1840 begründete Wissenschaft, die zur Kenntnis des Verbrauchs bestimmter im Boden liegender Nährstoffe durch die Pflanzen führte und so die chemische Düngung ermöglichte.

Akkumulation des Kapitals 76 → Marxismus

Aktiengesellschaft 56. Diese Unternehmensform (→ Kapitalgesellschaft) ist seit dem 19. Jahrhundert die vorherrschende Form des Großbetriebs. Der Aktionär ist durch die Aktie Mitbesitzer des Unternehmens, dessen Wirtschaftspolitik durch Vorstand und Aufsichtsrat bestimmt und durch die Versammlung der Aktionäre kontrolliert wird. Praktisch haben nur die Stimmen der Inhaber größerer Aktienpakete Gewicht. Ein Teil des Gewinnes wird als Dividende an die Aktionäre ausgeschüttet. Die Aktie (Anteilschein) wird zum Tageskurs an der Börse gehandelt.

Aktivbürger 8 sind nach der französischen Verfassung von 1791 die viereinhalb Millionen Wahlberechtigte, d. h. die durch diese → Verfassung zur politischen Mitbestimmung berechtigten Bürger (s. a. → Passivbürger, → Zensuswahlrecht).

Allgemeiner Deutscher Arbeiterverein 72. So hieß die 1863 von Ferdinand Lassalle gegründete erste politische Arbeiterpartei in Deutschland, die später in der → marxistischen Arbeiterbewegung (→ Sozialdemokratie) aufging.

Alliierte 160 (allié. frz. = Verbündeter). Sammelbezeichnung für die 1914 gegen die → Mittelmächte verbündeten Staaten Großbritannien, Frankreich, Rußland. Später hinzugekommene Verbündete wurden Assoziierte genannt (z. B. USA seit 1917).
Im Zweiten Weltkrieg Bezeichnung für alle gegen das Deutsche Reich verbündeten Staaten.

Anarchisten 134 (Anarchie, gr. = ohne Herrschaft) sind – vor allem im 19. Jahrhundert – Anhänger der Überzeugung, daß alle staatliche Ordnung und Herrschaft verschwinden müsse, da sie die Freiheit der Gesellschaft und die Entfaltung der Persönlichkeit des einzelnen unerträglich einenge (s. a. → Nihilisten).

Ancien Régime 4 (frz. = alte Regierungsform) wird heute die bis zur → Französischen Revolution geltende feudale Gesellschaftsstruktur und Herrschaftsordnung genannt, die unter den → absolutistischen Fürsten bestand.

Annexion 152 (annexus, lat. = Verbindung). Seit etwa hundert Jahren üblicher Begriff für die meist gewaltsame, widerrechtliche oder nur formalrechtliche Eingliederung fremden Gebietes in einen Staat.

Anschluß 170. Die Bestrebungen zur staatlichen Vereinigung Österreichs mit dem Deutschen Reich (seit 1918). Der Anschluß wurde von den Siegermächten des Ersten Weltkrieges zunächst verhindert, 1938 jedoch geduldet, als ihn Hitler durch eine militärische Aktion unter Zustimmung großer Teile der österreichischen Bevölkerung erzwang.

Antisemitismus 144. Die Semiten sind eine Sprachfamilie, zu der u. a. Araber und Juden gehören. Am Ende des 19. Jahrhunderts wurde das Wort Antisemitismus erfunden; es bedeutet Judenfeindschaft. – Im späten Altertum und im Mittelalter sind Juden häufig aus religiösen Gründen verfolgt worden, weil Juden am Kreuzestod Christi schuldig waren. Als bei steigendem Geldbedarf der Wirtschaft Juden reich wurden, weil ihnen als Nichtchristen das Zinsnehmen gestattet war, traf sie oft der wirtschaftliche Neid der Christen. Gegen Ende des 19. Jahrhunderts, nachdem den Juden entsprechend den Gedanken der → Aufklärung und des → Liberalismus die bürgerliche Gleichstellung gewährt worden war, entstand bei einem Teil des → nationalistisch gesonnenen Bürgertums neben der wirtschaftlichen eine politische Judenfeindschaft. Hinzu kam der biologische Antisemitismus, dem zufolge die Juden als minderwertige Rasse angesehen wurden. Die Antisemiten behaupteten, die Juden seien entwurzelt, antinational, voller menschlich negativer Eigenschaften und schuld an allen Fehlentwicklungen der moder-

nen Zivilisation. Der Antisemitismus war weit verbreitet. In Deutschland gipfelte er im Dritten Reich in dem ungeheuerlichen Versuch, alle Juden systematisch zu vernichten.

Arbeiterpartei 72. Seit der zweiten Hälfte des 19. Jahrhunderts entstanden auch → Parteien, deren erstes Ziel die politische Vertretung der Interessen der Arbeiter war (z. B. → Allgemeiner Deutscher Arbeiterverein, → Labour Party), nachdem Arbeiter und → Gewerkschaften vorher vor allem ihre wirtschaftlichen Interessen verfolgt hatten.

Arbeitskraft als Ware 76. Nach Karl Marx muß der besitzlose Arbeiter in der kapitalistischen Wirtschaft seine Arbeitskraft als Ware verkaufen, da er sonst nichts hat. Der Preis wird von Angebot und Nachfrage bestimmt, soweit nicht die Besitzer der → Produktionsmittel den Preis für die Arbeitskraft (Lohn) auch unabhängig vom Angebot diktieren können, da der Arbeiter zur Annahme jeder Arbeit gezwungen ist, wenn er seinen Lebensunterhalt nicht anders verdienen kann (→ Marxismus).

Assignaten 8. Anleihescheine, die während der → Französischen Revolution gedruckt wurden und vom Staat aus dem Verkauf der säkularisierten Kirchengüter (→ Säkularisation) gedeckt werden sollten. Dieses Papiergeld erwies sich bald als weitgehend wertlos, da mehr davon ausgegeben worden war, als der Verkauf des Kirchenbesitzes einbrachte.

Aussperrung 70. Befristete Unterbrechung des Arbeitsverhältnisses durch den Arbeitgeber. Mit diesem Druckmittel können Unternehmer versuchen, sich den Forderungen der Arbeiter zu widersetzen (→ Streik).

Autokratie 124, (gr. = Selbstherrschaft) wird die Herrschaftsform genannt, bei der der Herrscher die unumschränkte Gewalt ausübt. Diese Herrschaftform entstand zuerst in den altorientalischen Staaten. Die Zaren waren z. B. bis ins 19. Jahrhundert Autokraten. In anderen Staatsformen ist die Regierung mehr oder minder von anderen Instanzen abhängig (s. z. B. → Stände, → Parlament).

Ballungszentren 66 nennt man die großen wirtschaftlich bedingten städtischen Gebilde, die seit der → Industriellen Revolution entstanden.

Bauernbefreiung 30. Im 18. Jahrhundert erfolgte in Europa (zuletzt 1861 in Rußland) die Befreiung der Bauern aus der → Leibeigenschaft und → Erbuntertänigkeit. Es war ein Erfolg der → Aufklärung und des → Liberalismus. (→ Emanzipation)

Biedermeier 50 nennt man die Form des bürgerlichen Lebens in der ersten Hälfte des 19. Jahrhunderts, die sich besonders in Deutschland ausbildete. Von der Politik enttäuscht, zog sich der Bürger in sein Privatleben zurück. Ausschließlich dort suchte er die Erfüllung seines Lebens.

Binnenmarkt 62 heißt der Markt innerhalb eines geschlossenen Zollgebietes (→ Zollverein).

Binnenzoll 64 heißt der Zoll, der innerhalb eines Staatsgebietes von kleineren politischen Gebilden erhoben wird. Er behindert den Handelsverkehr. Deshalb forderte z. B. 1819 Friedrich List, der → Bundestag solle alle Binnenzölle im Deutschen Bund aufheben.

Blockade 162 (bloquer, frz. = einschließen, blockieren) bedeutet eigentlich die Absperrung eines Küstenabschnitts durch gegnerische Seestreitkräfte. Im weiteren Sinn wird als Blockade jede militärische Absperrung eines Gebietes bezeichnet, die zum Ziel hat, die Zufuhren zu diesem Gebiet zu unterbinden.

Bourgeoisie 74 (bourgeois, frz. = Bürger einer Stadt) wurde im 19. Jahrhundert – mit verächtlicher Bedeutung – das Besitzbürgertum genannt. Nach Karl Marx hat es sich im 17. und 18. Jahrhundert im Kampf gegen die Feudalherren durchgesetzt und beutete im 19. Jahrhundert – zur wichtigsten Gesellschaftsklasse geworden – die → Proletarier aus. Daraus entstand der → Klassenkampf zwischen Bourgeoisie und Proletariern (s. a. → Bürger, → Kleinbürger, → Mittelstand, → Marxismus).

Budgetrecht 110, 126 (budget, engl. = Geldbehälter des Schatzkanzlers) heißt seit dem 19. Jahrhundert das wichtige Recht eines → Parlamentes, den → Staatshaushalt zu bestimmen.

Bundesrat 110. Die wichtigsten Institutionen mit diesem Namen waren bzw. sind: 1. Im Bundesrat des → Norddeutschen Bundes (1867–1871) und des Deutschen Reiches (1871–1918) saßen die von den Länderregierungen ernannten Vertreter der gleichberechtigten Mitgliederstaaten. Er gab zusammen mit dem → Reichstag die Gesetze. – 2. In der Bundesrepublik Deutschland ist der Bundesrat die Vertretung der Länderregierungen, durch die „die Länder bei der Gesetzgebung und Verwaltung des Bundes“ mitbeteiligt sind.

Bundestag 40, 110. Organ des → Deutschen Bundes (1815–1866). Versammlung der Gesandten der deutschen Fürsten unter dem Vorsitz Österreichs in Frankfurt am Main. Für manche Beschlüsse (Verfassungsänderungen) war Einstimmigkeit nötig, für alle übrigen Zweidrittelmehrheit. Der Bundestag war ein Instrument der → Restauration. – 2. → Parlament in der Bundesrepublik Deutschland. → Verfassung.

Bürgerkönig 48 wurde Herzog Louis Philippe von Orléans genant, nachdem ihn 1830 das liberale Großbürgertum auf den französischen Thron gehoben hatte. Er nannte sich König der Franzosen.

Burschenschaft 44 gründeten Professoren und Studenten der Universität Jena die „Deutsche Burschenschaft“ (1818 „Allgemeine Deutsche Burschenschaft"). Unter dem Wahlspruch „Ehre, Freiheit, Vaterland" strebten die Burschenschaftler einen nationalen Einheitsstaat an und standen daher in scharfem Gegensatz zur → Restauration. Nach 1848 wandelte sich die Burschenschaft zu einer mehr → konservativen Vereinigung. Die Burschenschaft kann als erster Ansatz einer radikalen politischen → Partei in Deutschland verstanden werden.

Cäsaropapismus 130 (papa lat. = Vater). Der Herrscher ist zugleich weltliches und geistliches Oberhaupt, Caesar und papa, wie es z. B. der byzantinische Kaiser und der Zar in Rußland waren.

Chartismus 66 nannte sich die erste englische Arbeiterbewegung, die seit 1838 das allgemeine, gleiche und geheime Wahlrecht forderte und die Verbriefung dieses Rechtes in einer vom König gegebenen → Verfassung, charte, verlangte.

Code Civil 22 (frz. = bürgerliches Gesetzbuch) heißt das Gesetzbuch, mit dem Napoleon – daher auch Code Napoléon genannt – Frankreich ein einheitliches bürgerliches Recht gab, das die Errungenschaften der Revolution festhielt. Nach seinem Vorbild wurden persönliche Freiheit und Gleichheit vor dem Gesetz in vielen europäischen Staaten gesichert.

Cortes 46. (span. = Gerichtshof). Versammlung der → Stände in Spanien und Portugal seit dem Mittelalter. Zu Beginn des 19. Jahrhunderts wurde Cortes zur Bezeichnung der Volksvertretung.

Commonwealth 122 (engl. = Gemeinwohl). 1. Bezeichnung der englischen Republik von 1649 bis 1660 (Oliver Cromwell). – 2. 1926 entstand aus dem Zusammenschluß der selbständigen Mitgliedstaaten (→ Dominion) der lose Bund des „British Commonwealth of Nations".

Demagogenverfolgung 50 (gr. = Volksführer). Schon in der Antike wurde das Wort Demagoge in der Bedeutung „Volksverführer" benutzt. – Aufgrund der Karlsbader Beschlüsse verfolgten die restaurativen deutschen Regierungen (→ Restauration) seit 1819 nationale und → liberale Männer als „Demagogen".

Deutscher Bund 40 ff. Auf dem Wiener Kongreß entstand der Deutsche Bund (1815–66), ein lose gefügter Staatenbund, dem neben vier Reichsstädten 35 souveräne Fürsten angehörten. Die Gesandten der Fürsten trafen sich zu ständigen Beratungen im → Bundestag unter dem Vorsitz Österreichs in Frankfurt am Mai.

Deutscher Dualismus 40, 127 f. (dual, lat. = Zweiheit) heißt der Gegensatz der beiden deutschen Großmächte Preußen und Österreich, der im 18. und 19. Jahrhundert die deutsche Geschichte stark beeinflußte.

Dialektik 74 (gr. = Kunst des Gesprächs). Durch Georg Friedrich Hegel und Karl Marx wurde der Begriff für das Denken des 19. und 20. Jahrhunderts von großer Bedeutung. Er bedeutet: die Gedankenbewegung vom Satz (These) zum Gegensatz (Antithese), aus deren Widerspruch das Neue (Synthese) entsteht, das These und Antithese in einem dreifachen Sinn aufhebt: bewahrt, überwindet und auf eine höhere Stufe hebt. Jede Synthese ist wieder neue These für den weiteren Prozeß. Die Wirklichkeit wird als Ganzes gesehen und hat eine antagonistische (gegensätzliche) Struktur. Marx sah in der Dialektik das Gesetz der Geschichte! (→ Marxismus)

Diktat 172.
(dictare, lat. = wiederholt sagen, diktieren) heißt in der Politik der unabweisliche Befehl eines Partners, durch den einem anderen bestimmte Handlungen aufgezwungen werden.
Nach 1919 bezeichneten in Deutschland viele Gegner des → Versailler Vertrags diesen als Diktat, da er nicht das Ergebnis von mündlichen Verhandlungen zwischen Siegern und Besiegten gewesen sei.

Diktatur des Proletariats 76 → s. Marxismus

Dollarimperialismus 138 (→ Imperialismus) wird die von den USA ausgehende wirtschaftliche Durchdringung und Beherrschung oder auch nur Unterstützung anderer Staaten genannt. Dabei geraten sowohl Wirtschaft wie Politik dieser Staaten in Abhängigkeit vom Kapitalgeber (→ Kapital).

Dominion 123 (dominium, lat. = Herrschaft). Viele englische Kolonien, zuerst alle weißen Siedlerkolonien, wurden dominions (z. B. Kanada 1867): Sie erhielten eigene → Parlamente und Regierungen. Das einigende Band der politisch selbständigen Staaten blieb die englische Krone. → Commonwealth.

Doppelmonarchie 108. 1867 wurde das Habsburgerreich umgestaltet. Ungarn einerseits und die übrigen Reichsteile andererseits wurden zwei selbständige Staaten mit eigener Regierung und Verwaltung; Außenpolitik, Heer und Finanzverwaltung waren beiden gemeinsam. Der Kaiser von Österreich war auch König von Ungarn. Diese Doppelmonarchie bestand bis 1918.

Dreiklassenwahlrecht 90, 166. Nach diesem Wahlrecht wurde in Preußen das Abgeordnetenhaus von 1849–1918 gewählt: Die Bevölkerung war in drei Klassen eingeteilt, von denen jede ein Drittel der Steuern aufbrachte und ein Drittel der Abgeordneten wählte. Zur ersten Klasse zählten 1893 4%, zur zweiten 14%, zur dritten 82% der Wähler. Die Wahl war also sehr ungleich.

Dritter Stand 4. Er bildete zur Zeit des → Absolutismus die Mehrzahl der Bevölkerung: Bauern, → Kleinbürger, Großbürger. Vor allem die Bauern litten unter großen Lasten: Verbrauchssteuern, Kirchenzehnt, hohe Abgaben an den Grundherrn und den Staat.

Einflußzonen 136 nennt man die Gebiete, in denen einzelne Mächte ihren eigenen Einfluß festigen und andere Staaten von der Einflußnahme ausschließen wollen. Dabei handelt es sich zumeist um politischen und wirtschaftlichen Einfluß. In den Einflußzonen können formal selbständige Staaten liegen (Satellitenstaaten z. B.). → Interessensphäre.

Einkreisungspolitik 150. Um 1906/07 kam dieser Ausdruck in Deutschland auf, um die durch die russisch-englisch-französische Verständigung geschaffene politische Lage zu kennzeichnen (s. a. → Entente cordiale).

Emanzipation 144 (emancipere, lat. = den Sohn für selbständig erklären). Seit der → Aufklärung und der → Französischen Revolution ergriff eine breite Emanzipationsbewegung die Gesellschaft: Seit dem 18. Jahrhundert wurden überkommene Bindungen und rechtliche Abhängigkeiten für viele Personengruppen aufgehoben. Wichtige Teile dieser Bewegung waren die → Bauernbefreiung, die → Judenemanzipation, die Frauenemanzipation, die Emanzipation der → Proletarier, die Emanzipation der Negersklaven (→ Sezessionskrieg). Die allmähliche Ausdehnung des → Wahlrechts auf diese Personenkreise ist ein Zeichen der durch die Emanzipation bewirkten rechtlichen und politischen Gleichstellung der Emanzipierten mit den vorher bevorrechtigten Gruppen der Bevölkerung.

Entente cordiale 150 (frz. = herzliches Einvernehmen). Wegen der Spannungen zum Deutschen Reich verständigte sich Großbritannien 1904 mit Frankreich über die Abgrenzung ihrer → Interessensphären in Nordafrika. Die beiden Staaten schlossen zwar kein formelles Bündnis, aber ihre „Entente cordiale" wurde die Grundlage eines dauerhaften politischen Zusammengehens.

Entfremdung 76. So bezeichnet Karl Marx folgenden Sachverhalt: Da der besitzlose Arbeiter seine Arbeitskraft als Ware gegen Lohn dem Unternehmer verkauft, muß ihm das Produkt dieser Arbeit „fremd" erscheinen. Denn da es dem Arbeiter nicht gehört, kann er sich in diesem Produkt nicht selbst verwirklichen. Die Entfremdung des Arbeiters vom Produkt seiner Arbeit und – da die Arbeit wesentlich zum Menschen gehört – von sich selbst ist eingetreten. Für Marx ist sie ausschließlich an die kapitalistische Wirtschaftsform gebunden, denn wenn die → Produktionsmittel in der Hand des Arbeiters seien, verfüge er über sein Arbeitsprodukt, und damit sei die Entfremdung aufgehoben. → Marxismus.

Entmilitarisierte Zone 171 heißt ein Gebiet, in dem die → Entmilitarisierung durchgeführt wurde. Durch den → Versailler Vertrag wurde 1919 ein 50 km breiter Streifen östlich des Rheins entmilitarisiert.

Entmilitarisierung 171 heißt die Entwaffnung eines Staates, Volkes oder Gebietes.

Erbuntertänigkeit 30. Hauptsächlich in Ostdeutschland waren viele Bauern nach dem 30jährigen Krieg in völlige Abhängigkeit vom Grundherrn geraten; sie waren an die Scholle gebunden, rechtlos und fast zur Ware geworden, die durch Erben den Besitzer wechseln kann. In Preußen wurde die Erbuntertänigkeit 1807, in Österreich erst 1848 beseitigt.

Erfahrungswissenschaften 67 sind die von der Erfahrung ausgehenden Wissenschaften. Im Gegensatz zu dem Bemühen, Wissen nur durch Denken zu erlangen, bedienen sich die Erfahrungswissenschaften der → empirischen Methode.

Exil 168 (exilium, lat. = Verbannung). Anknüpfend an frühere Strafformen war in der römischen Kaiserzeit die Verbannung eine häufige Strafart. Später wird als Exil das erzwungene oder freiwillige Verlassen des Heimatlandes bezeichnet (Emigration).
Eine Exilregierung ist im Ausland tätig, da sie an der Ausübung ihrer Amtsgeschäfte im eigenen Land durch eine fremde Macht oder ein Terror-Regime gehindert wird.

Fabrikant 70. Besitzer eines großen Betriebes mit maschineller Fabrikation, einer Fabrik.

Französische Revolution 2 ff. Ursachen: Die Gedanken der Aufklärung über → Freiheit und Gleichheit fanden immer mehr Anhänger, aber der → Dritte Stand, die Masse der Franzosen, war politisch einflußlos. Damit war vor allem die durch den Merkantilismus reich gewordene Bürgerschicht nicht zufrieden. Die Staatsfinanzen waren seit Ludwig XIV. (gest. 1715) zerrüttet.
Verlauf: König Ludwig XVI. berief zum erstenmal seit 1614 die französischen Generalstände 1789 ein. Die Vertreter des Dritten Standes erklärten sich zur → Nationalversammlung, Vertreter der ersten beiden Stände schlossen sich an. Die Nationalversammlung vertrat nicht mehr die Stände, sondern das ganze französische Volk. Am 14. 7. 1789 stürmte eine Volksmenge die Bastille in Paris, ein Sinnbild der absolutistischen Herrschaft. Das Land war im Aufruhr. Adel und Klerus verzichteten auf ihre Privilegien (4./5. 8. 1789). Am 26. 8. folgte nach amerikanischem Vorbild die „Erklärung der Menschen- und Bürgerrechte" (→ Menschenrechte). 1791 hatte die Nationalversammlung eine → Verfassung ausgearbeitet, die im 19. Jahrhundert zum Vorbild bürgerlich-liberaler Verfassungen wurde. In dieser → konstitutionellen Monarchie war das besitzende Bürgertum zum Träger des Staates geworden. In der gesetzgebenden Nationalversammlung, die im Herbst 1791 zusammentrat, waren die Republikaner stärker als die Anhänger der Monarchie (→ Jakobiner, → Girondisten). Nach dem Ausbruch der Revolutionskriege 1792 sympathisierte der König mit den Gegnern. Am

13 z U Z + M B 3 NS (34209)

21. 1. 1793 wurde er hingerichtet. Die Jakobiner, die sich auf die Kleinbürger stützten, organisierten den Widerstand gegen die äußeren und inneren Feinde der Revolution. 1793/94 herrschten die Jakobiner; mit Hilfe des → „Wohlfahrtsausschusses" regierte Robespierre diktatorisch. Während dieser „Schreckensherrschaft" wurden viele, auch Anhänger der Revolution, hingerichtet (→ Guillotine). Der „terreur" endete mit der Hinrichtung Robespierres (9. Thermidor = 27. 7. 1794). Nach einer Übergangszeit von fünf Jahren (Herrschaft des Direktoriums) ergriff Napoleon 1799 die Macht.
Bedeutung: Die Französische Revolution brachte den Durchbruch neuer Ideen, die Staat und Gesellschaft grundlegend unformten. Es waren → liberale und demokratische Gedanken, die das 19. Jahrhundert prägten und die durch die → Restauration nach 1815 nur verzögert werden konnten. Beseitigung überkommener Standesprivilegien, der moderne Verfassungsstaat, → Bauernbefreiung, allgemeine Wehrpflicht sind einige der wichtigsten praktischen Ergebnisse, die die Forderung nach „Freiheit, Gleichheit, Brüderlichkeit" gebracht hat (→ Freiheit und Gleichheit).

Freihandel 64. Nach Adam Smith (1723–90) ist das freie Spiel der Kräfte das Grundgesetz der Wirtschaft. Wenn der Staat den Freihandel nicht behindere, werde sich das Wohl aller von selbst einstellen („laissez faire, laissez aller; le monde va de lui même" = laßt es machen, laßt es gehen; die Welt läuft von allein).

Freiheit und Gleichheit 2 ff. sind zwei zentrale Begriffe der → Aufklärung und der → Französischen Revolution. Montesquieu (1689 bis 1755) sah in der Freiheit des Bürgers das höchste Ziel, das der Staat zu verwirklichen habe. Dazu diene die → Gewaltenteilung. Diese hielt Rousseau (1712 bis 1778) nicht für erforderlich. Da für ihn alle Menschen ursprünglich gleich gut waren, sei es nur eine Frage der Erziehung, ob und wann sie es – zurückgekehrt zur Natur – wieder würden. Deshalb brauche eine Regierung, die dann aufgrund der freien Entscheidung aller gebildet werde, keiner Aufsicht unterworfen zu werden, weil sie das allgemeine Beste, nämlich Freiheit und Gleichheit aller, bezwecke (s. a. → volonté générale).
Freiheit und Gleichheit stehen in einem wechselseitigen Spannungsverhältnis zueinander und begrenzen sich gegenseitig.

Friedens-Nobelpreis 154. Der Erfinder des Dynamits, der Schwede Alfred Nobel (1833–96) hinterließ sein Vermögen der Nobelstiftung, die jährlich fünf Preise für große Leistungen in Physik, Chemie, Medizin, Literatur und für den Weltfrieden verleiht. Der Friedens-Nobelpreis ist Ausdruck der seit der Jahrhundertwende allmählich sich ausbreitenden Einsicht, daß die modernen technischen Kriegsmittel die Existenz der Menschheit bedrohen und daß deshalb eine Weltfriedensordnung erreicht weren muß (Preisträger z. B.: Bertha von Suttner 1905, Aristide Briand und Gustav Stresemann 1926; nach 1945 z. B.: Albert Schweitzer, Martin Luther King, Willy Brandt, Andrej Sacharow; s. a. → Pazifismus).

Geheimdiplomatie 170, 174 wird in der 14-Punkte-Erklärung (1918) des amerikanische Präsidenten Wilson die bis dahin gebräuchliche Form internationaler Politik genannt. An Stelle geheimer Gespräche und Abmachungen der Politiker forderte Wilson deren Öffentlichkeit, ohne die Geheimdiplomatie aber völlig beseitigen zu können. Doch hat die zunehmende Anteilnahme der Weltöffentlichkeit an der Politik die Möglichkeit der Geheimdiplomatie eingeengt.

Gemischte Betriebe 66. Im Anfang des 19. Jahrhunderts wurden oft Kohlengruben, Eisenhütten und Walzwerke zu „gemischten Betrieben" zusammengelegt, in denen alle für die Stahlerzeugung von der Gewinnung der Rohstoffe bis zum Fertigprodukt notwendigen Produktionszweige zusammengefaßt waren.

Generalgouvernement 48. Verwaltungseinheit, die aus mehreren Provinzen besteht. Das Gebiet ist von einem anderen Staat völlig abhängig (1830 wurde z. B. → „Kongreßpolen" zu einem russischen Generalgouvernement herabgedrückt; 1939–44 war z. B. der von Deutschland besetzte Teil Polens deutsches Generalgouvernement).

Generalstände 4. Versammlung der Vertreter der drei Stände von ganz Frankreich seit dem Ausgang des Mittelalters (1302/03). Sie wurden in der Zeit des → Absolutismus nicht einberufen (1614 bis 1789). Die Generalstände hatten vor allem das Recht der Steuerbewilligung.

Generalstreik 70. Der Generalstreik ist die schärfste Form des → Streiks. Durch Arbeitsniederlegung aller oder doch der meisten Arbeitnehmer wird das wirtschaftliche Leben eines Landes lahmgelegt. Dadurch kann der Generalstreik zu einem wirkungsvollen politischen Druckmittel werden.

Genfer Konvention 108 → Rotes Kreuz.

Geschworenengericht 8. Das Schwurgericht behandelt schwere Verbrechen. Die Rechtsfindung erfolgt durch Laienrichter (Geschworene) gemeinsam mit ausgebildeten Juristen.

Gewerbefreiheit 30. Dem Beispiel der → Französischen Revolution folgend, wurde im 19. Jahrhundert überall in Europa der Zunftzwang aufgehoben und die Gewerbefreiheit eingeführt. Im Zuge der Reformen in Preußen beseitigte Staatskanzler Hardenberg die Zünfte. Von da an war es jedem rechtlich möglich, ein Geschäft zu eröffnen. Er mußte nur einen Gewerbeschein erwerben.

Gewerkschaft 68. Am Ende des 18. Jahrhunderts schlossen sich zuerst in England Arbeiter zu Organisationen zusammen (Trade Unions), die bessere Arbeitsbedingungen und Löhne anstreben (→ Koalitionsrecht, → Streik). Manche Gewerkschaften des 20. Jahrhunderts sind in den westlichen Industriestaaten parteipolitisch neutral.

Girondisten 10. Politische Gruppe während der → Französischen Revolution, die sich von den → Jakobinern abspaltete. Ihre Wortführer stammten aus dem Departement (Verwaltungsbezirk) Gironde. Sie waren zur Zusammenarbeit mit dem König bereit und vertraten vorwiegend das Großbürgertum.

Gottesgnadentum 88. Dem mittelalterlichen Herrschertitel wurde meist die Formel „von Gottes Gnaden" (dei gratia) beigefügt. Ursprünglich drückte sie die Abhängigkeit des Fürsten von Gott aus, wurde dann aber zum Zeichen des absoluten Herrschaftsanspruchs des Herrschers, der sich keiner irdischen Gewalt unterstellte (s. a. → Absolutismus).

Großdeutsch 86 → Kleindeutsch.

Großfamilie 142 nennt man die Familie, in der nicht nur Eltern und Kinder (Kleinfamilie), sondern Großeltern und andere Verwandte zusammenleben. In Europa hatten bis ins 19. Jahrhundert die meisten Menschen in Großfamilien gelebt. Mit dem Wachsen der Städte verbreitete sich die Kleinfamilie.

Großkampfschiffe 151 wurden seit dem Anfang des 20. Jahrhunderts bis zum Zweiten Weltkrieg als wichtigster Bestandteil einer Kriegsflotte angesehen. Die schwer gepanzerten und bestückten Schiffe waren bis über vierzigtausend BRT groß. Das → Prestige, das mit dem Besitz der Großkampfschiffe für einen Staat verbunden war, entsprach nach dem Einsatz der Unterseebootswaffe und der Flugzeugträger im Zweiten Weltkrieg nicht ihrem militärischen Wert (→ Two-Power-Standard).

Grundrechte 86. Durch sie soll das Recht des einzelnen und sein Schutz vor Übergriffen des Staates gewährleistet werden. Wichtige Grundrechte in der → Verfassung der Paulskirche von 1848/49 waren: Gleichheit vor dem Gesetz; Freiheit der Berufswahl; Religions- und Gewissensfreiheit; Pressefreiheit; Unverletzlichkeit des Eigentums; Briefgeheimnis; Versammlungsfreiheit; Sicherheit vor willkürlicher Verhaftung. – Die Grundrechte sind Grundlage jedes demokratischen → Rechtsstaates. → Menschenrechte.

Guerilla 28 (span. = Kleinkrieg) heißt seit der Zeit Napoleons der Kampf mehr oder minder organisierter Gruppen im Untergrund gegen die von Fremden ausgeübte Macht.

Guillotine 12. Hinrichtungsmaschine (Fallbeil), die der Arzt Guillotin während der → Französischen Revolution konstruierte.

Haager Landkriegsordnung 154. 1899 und 1907 wurde auf Friedenskonferenzen in Den Haag eine Landkriegsordnung ausgearbeitet, die die meisten Staaten anerkannten. In ihr wurde der Versuch unternommen, gewisse Rechtsnormen auch für den Krieg zu setzen und Zivilbevölkerung, privates Eigentum, bedeutende Kunstwerke, wissenschaftliche Einrichtungen und wohltätige Institutionen vor kriegerischer Willkür und Vernichtung zu bewahren (s. a. → Internationaler Schiedsgerichtshof).

Heilige Allianz 60. 1815 schlossen die Monarchen Rußlands, Österreichs und Preußens auf Anregung des Zaren die „Heilige Allianz". Dieses Bündnis diente der gemeinsamen Unterdrükkung → liberaler und → nationaler Bestrebungen in Europa. Die „Heilige Allianz" war kennzeichnend für den Geist der → Reaktion und → Restauration, der nach 1815 in Europa herrschte.

Heimarbeiter 70. Seit dem 18. Jahrhundert arbeiteten Menschen zu Hause für Unternehmer, die ihnen die Ware zu meist festen, niedrigen Preisen regelmäßig abnahmen (Verlagssystem). (s. a. → Fabrikant; → Manufaktur)

Herrenhaus 90. Eine der Kammern (die andere war das Abgeordnetenhaus) nach der → oktroyierten Verfassung in Preußen von 1850. Ihre meist adligen Mitglieder wurden vom König berufen. (→ Zweikammersystem)

Historischer Materialismus 74 (→ Materialismus). Als historischer Materialismus wird die Philosophie von Karl Marx (→ Marxismus) bezeichnet: Die materiellen Lebensverhältnisse allein bestimmen die Geschichte der Menschen; das „Bewußtsein" der Menschen wird von ihrem „gesellschaftlichen Sein" geprägt.

Ideologie 74, 136 (gr. = Ideenlehre). Im weiteren Sinn wird oft jedes Gedankengebäude als Ideologie bezeichnet.
Im engeren Sinn wird der Begriff von der Soziologie (Wissenschaft von der Gesellschaft) gebraucht: In einer Ideologie sind Denken und Wertvorstellungen einer bestimmten gesellschaftlichen Gruppe mit dem Anspruch auf allgemeine Gültigkeit zusammengefaßt, um mit ihrer Hilfe die Interessen dieser Gruppe zu rechtfertigen oder auch zu bemänteln und ihre Durchsetzung zu ermöglichen. Dieser Ideologiebegriff geht auf Karl Marx (1818–83) zurück, der den Inhalt einer Ideologie jeweils von den Interessen der sozialen → Klasse bestimmt sah, die sich ihrer zuerst bediente.

Imperialismus 156 (imperium, lat. = oberste Befehlsgewalt). Streben nach weltweiter politischer und wirtschaftlicher Macht oder wenigstens Geltung. Als Mittel dienen Eroberung, Annexion und wirtschaftliche Durchdringung fremder Gebiete (→ Interessensphäre). Im engeren Sinn werden als Zeit des Imperialismus die Jahre von etwa 1890 bis 1914 angesehen, für die die Verbindung von Politik, wirtschaftlicher Expansion und → Nationalismus charakteristisch ist: expansive Politik im Dienste expansiver nationaler

Wirtschaft (s. a. → Sendungsbewußtsein, → Dollarimperialismus).

Industrielle Revolution 56. Umwälzung der Arbeitswelt und der Gesellschaft durch verbreitete Anwendung von Maschinen, die menschliche und tierische Kräfte in großem Ausmaß ersetzen (z. B. Dampfmaschine, später Verbrennungs- und Elektromotor). Die industrielle Revolution begann im 18. Jahrhundert in England und breitete sich im 19. Jahrhundert auf dem Kontinent und in den USA aus. Sie änderte die Gesellschaftsstruktur tiefgreifend (s. a. → Vierter Stand, → Mittelstand, → Sozialismus, → Proletarier).

Industrierevier 56. Industrielles Ballungsgebiet meist in verkehrsgünstiger Lage, oft in der Nähe von Rohstoffvorkommen.

Industriestaat 64 wird ein Staat genannt, dessen Wirtschaft im Gegensatz zum Agrarstaat im wesentlichen von der Industrie bestimmt wird.

Inflation 8, 166. (inflatus, lat. = aufgeblasen, übertrieben). Eine Inflation ist eine Geldentwertung großen Ausmaßes. Sie entsteht, wenn die umlaufende Geldmenge in einem Währungsgebiet ohne entsprechende Vergrößerung der Warenproduktion steigt, so daß die Kaufkraft der Währungseinheit immer kleiner wird (z. B. sank im November 1923 die Kaufkraft der Mark auf ein Billionstel ihres ursprünglichen Wertes). Die Ursache einer Inflation liegt meist in Ausgaben des Staates, die nicht durch entsprechende Einnahmen gedeckt sind, sondern durch Neudruck von Banknoten ermöglicht werden, die keinen Gegenwert in Sachwerten haben (große Inflationen waren: 1719/20 in Frankreich, bedingt durch die hohen Kriegs- und Luxusaufwendungen Ludwigs XIV. (1643–1715); nach 1790 in Frankreich infolge überhöhter Ausgabe von → Assignaten; 1918–1923 in Deutschland als Folge der Kriegsausgaben (→ Kriegsanleihe) sowie der hohen Zahlungsverpflichtungen des Reiches nach dem Krieg.
Durch eine Inflation werden Besitzer von Sparguthaben besonders geschädigt, während Besitzer von Sachwerten sie meist gut überstehen.

Infrastruktur 58 (lat. = Untergliederung, -bau) wird die Gesamtheit der öffentlich vorhandenen Einrichtungen genannt, die Wirtschaft und Menschen in einem Staat nutzen, z. B. Verkehrswege, Versorgungseinrichtungen.

Innere Mission 72. 1848 von dem Protestanten Johann Hinrich Wichern gegründete Organisation, die Armen und Kranken aus dem Geist christlicher Nächstenliebe hilft.

Intellektuelle 124 (intellectus, lat. = Verstand) sind Menschen, die sich mehr vom Verstand als vom Gefühl leiten lassen und sich um Ausbildung ihres Geistes bemühen. Sie geraten deshalb immer wieder in Gegensatz zu festgefahrenen Gewohnheiten.

Interessensphäre 136. Großmächte strebten fast immer über ihre unmittelbaren → Einflußzonen hinaus weitere Gebiete als Teil ihrer Interessensphäre vor der Einwirkung rivalisierender Großmächte abzuschirmen. Der Wille der Staaten, die in einer Interessensphäre liegen, bleibt dabei weithin unbeachtet. Zur Zeit des → Imperialismus war nahezu die ganze Erde in solche Interessensphären der Großmächte aufgeteilt.

Interessenverbände 144. Im Unterschied zu politischen → Parteien sind Interessenverbände Zusammenschlüsse von Personengruppen mit gleicher Interessenlage. Der Zusammenschluß soll das Durchsetzen dieser Interessen (oft wirtschaftlicher Art) erleichtern. Über Parteien, Abgeordnete und Regierungsstellen (Ministerien) streben die Interessenverbände unmittelbaren politischen Einfluß an. Sie stellen im 20. Jahrhundert eine starke politische Größe dar. Interessenverbände sind z. B. Unternehmerverbände und Gewerkschaften.

Internationale 72.

1. Sammelbezeichnung für mehrere internationale Zusammenschlüsse marxistischer Arbeiterparteien:
I. Internationale 1864–72; II. Internationale 1889. Sie zerbrach im Ersten Weltkrieg, da die Mehrzahl der Arbeiterparteien in den kriegführenden Staaten der jeweiligen nationalen Politik zustimmte; III. Internationale 1919–43 unter sowjetischer Führung.
Seit 1953 besteht eine lockere Verbindung westlicher, nichtkommunistischer sozialistischer Parteien in der „Internationalen sozialistischen Konferenz". (→ Marxismus, → Kommunismus, → Sozialismus).
2. Lied der internationalen sozialistischen Arbeiterbewegung (seit 1871).

Internationaler Schiedsgerichtshof 154. Auf der Friedenskonferenz in Den Haag von 1899 wurde der Internationale Schiedsgerichtshof gegründet. Er soll Streitfälle zwischen Staaten auf friedliche Weise schlichten. Er erlangte kaum praktische Bedeutung, da er nur zusammentreten kann, wenn sich die streitenden Parteien über seine Anrufung geeinigt haben (s. a. → Haager Landkriegsordnung, → Pazifismus). Er besteht heute im Rahmen der Vereinten Nationen.

Jakobiner 10. Der Jakobinerklub war ein politischer Klub während der → Französischen Revolution, dessen Mitglieder sich zuerst in dem ehemaligen Pariser Kloster St. Jakob trafen. Nach Abspaltung der → Girondisten wurde der Name nur noch für radikale Republikaner verwandt.

Judenemanzipation 30 (emancipare, lat. = den Sohn für selbständig erklären). Die → Französische Revolution begann damit, die jahrhundertelange rechtliche Sonderstellung und Benachteiligung der jüdischen Bevölkerung zu beenden. 1812 wurden die Juden in Preußen wirtschaftlich und gesellschaftlich gleichberechtigt. (→ Emanzipation)

Judikative → Jurisdiktion

Jugendbewegung 148. Aus Überdruß an der Zivilisation entstand um die Wende des 19. zum 20. Jahrhundert die Jugendbewegung. Sie knüpfte an Vorstellungen der → Romantik an und versuchte romantisches Freundschaftsgefühl, romantische Wanderlust und alten Volksbrauch wieder zu erwecken, obwohl das mit der Lebensform der großstädtischen Industriegesellschaft unvereinbar war. Verkrampfung war die Folge.

Junges Deutschland 50 wurde eine Reihe deutscher Schriftsteller genannt (u. a. Heinrich Heine), die sich zwischen 1830 und 1848 stark auf die Tagespolitik bezogen. Der → Bundestag ging 1835 gegen sie vor. Heine erklärte die → Emanzipation als „die große Aufgabe der Zeit".

Jungtürken 152 heißen die Anhänger der am Ende des 19. Jahrhunderts entstandenen türkischen Bewegung, die aus der Türkei einen modernen Verfassungsstaat machen wollte. Durch Kemal Atatürk (1881–1938) hatten die Jungtürken nach 1918 großen Anteil an der Neugestaltung des türkischen Staates.

Kapital 76 → Kapitalismus.

Kapitalgesellschaft 56. In manchen Produktionszweigen erforderte die industrielle Produktion schon seit dem Ende des 18. Jahrhunderts Geldmittel, die die Finanzkraft einzelner weit überstiegen. Daher entstanden finanzstarke Unternehmen, indem viele Kapitalbesitzer ihr Geld zusammenlegten. Die häufigste Form der Kapitalgesellschaft ist die → Aktiengesellschaft.

Kapitalismus 76 (capitalis, lat. = hauptsächlich) heißt die Wirtschaftsweise, für die die Verwendung von Kapital charakteristisch ist. Kapital ist ein Vermögen, das derjenige, der das Kapial besitzt oder über es verfügt (wie z. B. ein Manager), so im Wirtschaftsprozeß einsetzt, daß es sich möglichst schnell und möglichst stark vermehrt (→ Akkumulation des Kapitals). Es gibt Geldkapital und – wichtiger – Produktivkapital (Produktionsmittel, z. B. Maschinen, Produktionsstätten). Kapital entsteht aus Arbeit: Es ist der Ertrag der Arbeit, der nicht zum Leben verbraucht wird.

Der Kapitalismus als herrschende Wirtschaftsweise begann im 12. Jahrhundert in den oberitalienischen und flandrischen Städten. Der Frühkapitalismus hatte Höhepunkte seiner Entfaltung im 16. Jahrhundert (Medici, Fugger) und im Merkantilismus. Seit der → industriellen Revolution spricht man von Hochkapitalismus. Er brachte im 19. Jahrhundert die große Entfaltung von Wissenschaft, Technik und Industrie, aber auch Elend und Ausbeutung für die → Proletarier, die ohne Kapitalbesitz ihre → Arbeitskraft als Ware verkaufen mußten und dem → Profitstreben der → Kapitalisten ausgeliefert waren. Hier setzte die Kritik von Karl Marx (1818–83) am Kapitalismus an (→ Marxismus, → Kommunismus, → Sozialismus).

In der gegenwärtigen Form des Kapitalismus – von manchen als Spätkapitalismus bezeichnet – ist die für den frühen Kapitalismus wesentliche Wettbewerbsfreiheit durch Großbetriebe eingeschränkt und stark gefährdet (→ Konzern, → Trust, → Kartell). Es besteht die Tendenz zur Bildung von → Monopolen (Monopolkapitalismus).

Eine andere Wirtschaftsweise als die des Kapitalismus strebt der → Sozialismus an: nicht das Erwerbsstreben des einzelnen, sondern die Befriedigung der Bedürfnisse aller (unter Ausschaltung privater Kapitalbesitzer) soll Motiv des Wirtschaftens werden.

Kapitalist 76. Eigner von → Kapital. (→ Kapitalismus).

Kartell 56. Seit dem Ende des 19. Jahrhunderts sprachen sich immer wieder einzelne Firmen gleicher Produktionsstufe ab, um Preise, Produktionshöhe oder Verkaufsbezirke untereinander zu regeln. Diese Kartelle zielten auf Beherrschung des Marktes, Ausschaltung der Konkurrenz und Preisdiktat. In vielen Staaten gibt es Antikartellgesetze (→ Monopol) zur Erhaltung einer freien Marktwirtschaft.

Klasse 52, 74. Nimmt in einer Gesellschaft eine Menschengruppe die gleiche soziale Stellung ein – etwa durch Vermögen oder Beruf bedingt –, so wird sie in der → Soziologie als Schicht oder auch als Klasse bezeichnet. Im engeren Sinn wird die Zugehörigkeit zu einer Klasse durch das Verhältnis zu den → Produktionsmitteln oder durch den Anteil an der Herrschaft bestimmt. Der Begriff trat im 19. Jahrhundert an die Stelle des vorher auch in diesem Sinn verwendeten Begriffs → Stand (z. B. → Vierter Stand). → Klassenkampf, → Marxismus.

Klassenkampf 74. Nach Karl Marx ist alle Geschichte die Geschichte von Kämpfen zwischen gesellschaftlichen → Klassen. Es herrschte jeweils die Klasse, die die → Produktionsmittel besaß und daher die wirtschaftlich von ihnen abhängige Klasse ausbeutete. Daraus resultierte der Klassenkampf. Erst mit dem Sieg des → Proletariats ende die „Ausbeutung des Menschen durch den Menschen" und damit der Klassenkampf (→ Kommunismus).

Kleinbürger 10. Als Kleinbürger bezeichnete man ursprünglich die bürgerliche Schicht der selbständigen Kleinproduzenten, später die Gruppe des Bürgertums, die aus Angestellten, unteren Beamten, Handwerkern und kleinen Händlern besteht. Zusammen mit den Angehörigen der freien Berufe, der höheren Beamten und Angestellten bilden die Kleinbürger den → Mittelstand (s. a. → Klasse).

Kleindeutsch 86. Im Bemühen um die Bildung eines einheitlichen deutschen Staates im 19. Jahrhundert ging es immer wieder um die Frage, ob Österreich Teil dieses Staates werden sollte (großdeutsche Lösung) oder nicht (kleindeutsche Lösung).

Kleinfamilie 142 → Großfamilie.

Koalitionsrecht 68. Den Arbeitern wurde im 19. Jahrhundert von den Regierungen zögernd das Recht zugestanden, sich in → Gewerkschaften zusammenzuschließen (z. B. 1824 in England, 1869 im Norddeutschen Bund).

Kolonialmacht 134 ff. heißt ein Staat, der Kolonien besitzt.

Kommune 6, 114 (communis, lat. = gemeinsam). Bezeichnung für eine selbständige Gemeindeverwaltung. Mit engerer Bedeutung wird der Begriff für zwei Gemeindevertretungen gebraucht: 1. die Kommune von Paris: der Pariser Revolutionsausschuß von 1789–94; 2. die → sozialistische Gemeindevertretung von Paris, die nach dem Aufstand der Arbeiter und → Kleinbürger im Frühjahr 1871 gewählt wurde.

Kommunismus 74 ff. (communis, lat. = gemeinsam). Der Begriff kam um 1840 auf und wurde durch Karl Marx' Schrift „Das kommunistische Manifest“ 1848 bekannt. Er ist in seinem Inhalt nicht fest umrissen. Er bezeichnet: 1. jede Art von gesellschaftlicher Gütergemeinschaft (im weitesten Sinn: Aufhebung des Privateigentums überhaupt; im engeren Sinn: kein Privateigentum an → Produktionsmitteln); 2. die politisch revolutionäre Richtung des → Sozialismus (kommunistische Parteien, im Gegensatz dazu Revisionismus = friedliche Veränderung); 3. nach Marx das Endziel der Geschichte, einen Zustand ohne Staat, ohne → Klassen, jeder arbeitet nach seinen Fähigkeiten und wird entsprechend seinen Bedürfnissen versorgt (→ Marxismus).

Kongreßpolen 38 nannte man nach 1815 das polnische Königreich, das auf dem Wiener Kongreß aus Teilen der in der 2. und 3. polnischen Teilung an Preußen und Österreich gefallenen polnischen Gebiete gebildet wurde. Es war in Personalunion mit Rußland verbunden.

Konservativ 42 (conservare, lat. = bewahren) ist eine Auffassung, die sich für die Erhaltung des Bestehenden und gegen Neuerungen ausspricht. Der Begriff entstand als Bezeichnung der Kräfte, die entgegen den Auffassungen der → Französischen Revolution den Wert des historisch Gewachsenen betonten. Das Bestehende ist nach konservativer Vorstellung weder zufällig geworden noch nur rational gemacht worden; deshalb dürfe es auch nicht beliebig geändert werden.
Im 19. Jahrhundert war der Konservativismus gesellschaftlich-politisch weitgehend durch die wirtschaftlichen Interessen des Großgrundbesitzes bestimmt.

Konstitutionelle Monarchie 8, 40. In einer konstitutionellen Monarchie ist der König – anders als im → Absolutismus – an eine → Verfassung gebunden (z. B. französische Verfassung von 1791; Bismarckreich): Der König ist Staatsoberhaupt, aber je nach Verfassung mehr oder minder stark auf die Mitwirkung des → Parlaments bei der Gesetzgebung, der Aufstellung des Staatshaushalts und der Kontrolle der Regierungen angewiesen. Die Gerichte sind unabhängig. Die Regierung hängt – anders als in der → parlamentarischen Monarchie – vom Vertrauen des Königs ab.

Konsumgenossenschaft 70 (consumere, lat. = verbrauchen). In England gab es seit 1828 – auf dem Kontinent erst nach der Jahrhundertmitte – Organisationen, durch die Arbeiter sich Erleichterungen verschafften. Unter ihnen waren Konsumgenossenschaften. Sie schalteten den Zwischenhandel aus und konnten daher an ihre Mitglieder lebensnotwendige Waren verbilligt verkaufen.

Kontinentalsperre 24. 1806 befahl Napoleon, den europäischen Kontinent gegen den englischen Handel abzusperren. Da das den wirtschaftlichen Interessen der meisten Staaten nicht entsprach, annektierte Frankreich fast alle mitteleuropäischen Küstengebiete, um den Schmuggel zu unterbinden. Manchen Wirtschaftszweigen verhalf die Abschnürung der englischen Konkurrenz zum Aufschwung, z. B. der Tuchindustrie und der Eisenverarbeitung im Ruhrgebiet; viele aber litten unter Rohstoffmangel.

Konvent 12 (conventus lat. = Zusammenkunft). Der Konvent (convention, frz.) ist von 1792–95 die französische → Nationalversammlung, die eine demokratisch-republikanische Verfassung ausarbeiten sollte (→ Wohlfahrtsausschuß).

Konzern 66. Ein Konzern ist der Zusammenschluß mehrerer selbständiger Wirtschaftsunternehmen, oft unter einer gemeinsamen Leitung. Das → Kapital der einzelnen Betriebe des Konzerns ist miteinander verflochten. Es gibt horizontale Konzerne (Unternehmen gleicher Produktionsstufe) und vertikale Konzerne (Betriebe verschiedener Produktionsstufe von der Rohstoffgewinnung bis zum Fertigprodukt). Der Zweck des Zusammenschlusses sind höhere Rentabilität und verbesserte Konkurrenzlage. Konzerne können zu → Monopolstellungen kommen (vgl. → Trust, → Kartell).

Kriegsanleihe 168. Durch eine Kriegsanleihe leiht ein Staat sich bei seinen Bürgern Geld, um Kriegskosten zu decken. Auf diese Weise können Steuererhöhungen zumindest vorerst vermieden werden. Die hohen Zinsen, die das Deutsche Reich nach dem Ersten Weltkrieg für die etwa 100 Milliarden Mark Kriegsanleihen zu zahlen hatte, trugen unter anderem zur → Inflation (Geldentwertung) bei.

Kriegsschuldfrage 160. Die Kriegsschuldfrage ist die Frage nach den Ursachen des Ersten Weltkriegs. Sie wurde politisch bedeutend, nachdem 1919 im Versailler Vertrag in Artikel 231 dem Deutschen Reich und seinen Verbündeten die Alleinschuld gegeben wurde; damit wurden die geforderten

Reparationen begründet. Als Beweis dienten u. a. die deutschen Kriegserklärungen 1914, der Einmarsch in das neutrale Belgien (→ Schlieffenplan) und die maßlosen Forderungen nach Eroberungen, die von manchen deutschen Organisationen (z. B. dem „Alldeutschen Verband") schon vor 1914 erhoben worden waren. Spätere Aktenpublikationen legten die von der Mehrzahl der Historiker vertretene Annahme nahe, die europäischen Großmächte trügen durch ihre imperialistische Politik (→ Imperialismus) gemeinsam die Schuld am Ersten Weltkrieg, ohne ihn jedoch bewußt gewollt zu haben.
In jüngster Zeit ergaben neue wissenschaftliche Untersuchungen Hinweise auf einen größeren deutschen Schuldanteil, als bisher angenommen wurde. Die Kriegsschuldfrage ist in der historischen Wissenschaft noch kontrovers (strittig).

Krisenzyklus 76. Nach Karl Marx führen billige Arbeitskräfte, Mechanisierung und Konkurrenzkampf zur Überproduktion, d. h. das Angebot übersteigt die Nachfrage. Neue Absatzmärkte können die Krise vorübergehend überwinden. Die Krisen wiederholen sich aber notwendig und stürzen die → kapitalistische Wirtschaft in ein Chaos, wenn die Ausweitung der Märkte nicht mehr möglich ist.

Ku-Klux-Klan 102. Dieser Geheimbund verbreitete sich seit 1864 in den Südstaaten der USA, um durch Terror die gesellschaftliche Gleichstellung und Eingliederung der Neger nach dem → Sezessionskrieg zu vereiteln.

Kulturkampf 126 wurde die Auseinandersetzung genannt, die Bismarck als Reichskanzler und preußischer Ministerpräsident nach 1871 mit dem politischen Katholizismus (→ Zentrumspartei) führte (→ Zivilehe).

Labour Party 122 (engl. = Arbeiterpartei). 1900 gegründete politische Arbeiterpartei Englands. Der → Marxismus spielt in ihr eine untergeordnete Rolle.

Laisser-faire 86 „Laisser faire, laisser aller" frz. = machen lassen, gewähren lassen, so umschrieb man im 19. Jahrhundert das freie Spiel der Kräfte, wie es der Wirtschaftsliberalismus forderte. → Manchesterschule, → Liberalismus, → Freihandel.

Landsturm 30 hieß die Bürgerwehr, die in Preußen 1813 zur engeren Landesverteidigung gebildet wurde.

Landwehr 28. Durch die preußische Heeresreform nach 1807 wurden Truppenteile aus älteren Wehrfähigen gebildet.

Legitimität 38 (legitimus, lat. = gesetzmäßig). Nach diesem Grundsatz ging der Wiener Kongreß an die Neuordnung Europas. Als legitim galt dabei nicht nur das historische Recht der bestehenden Herrscherhäuser, sondern auch ihr Anspruch, die durch die napoleonischen Kriege und Gebietsaufteilungen gewonnenen Landstücke zu behalten.

Leibeigene 124. Menschen, meist Bauern, in persönlicher Abhängigkeit von ihrem Herrn, oft nahezu Sklaven. Die Leibeigenschaft hielt sich in Europa – vielfach angegriffen – bis in die Zeit der → Aufklärung und darüber hinaus (in Preußen bis 1810, in Rußland bis 1861; dort waren 1836 nahezu 90% der Bevölkerung Leibeigene).

Liberalismus 44 liberal, lat. = freiheitlich). Liberale wurden seit dem spanischen Aufstand gegen Napoleon 1806 diejenigen genannt, die durch eine → Verfassung die Freiheit sichern wollten. Sie forderten Beseitigung der Adelsprivilegien und Einziehung der Kirchengüter. Liberalismus heißt die Auffassung von Staat, Gesellschaft und Wirtschaft, in deren Mittelpunkt die ungehinderte Entfaltung des einzelnen und einzelner Gruppen steht. Entstanden aus den Gedanken der → Aufklärung, fand er im 19. Jahrhundert viele Anhänger im Bürgertum, dessen politische und wirtschaftliche Interessen die Beseitigung der staatlichen Bevormundung verlangten.

Linientruppen 28 (linea, lat. = Richtlinie) hießen bis ins 19. Jahrhundert die regulären Truppen, die Aktiven im Gegensatz etwa zur → Landwehr und Reserve.

Linke 84. In den Parlamenten des 19. Jahrhunderts (z. B. im Pauluskirchenparlament) saßen politisch Gleichgesinnte zusammen. Die Sitzordnung, vom Präsidenten aus gesehen, wurde zum äußeren Kennzeichen politischer Haltungen: die Linken waren die Republikaner, die Liberalen saßen in der → Mitte, → Rechte wurden die Konservativen genannt.

Manchestertum 70 nannte man die Haltung einer wirtschaftsliberalen Gruppe von Unternehmern (seit etwa 1830), von denen viele aus Manchester stammten. Die Anhänger des Manchestertums forderten die völlige Ungebundenheit des Unternehmers ohne Rücksicht auf soziale Verpflichtungen (→ Freihandel; freier Wettbewerb; Abschaffung der Getreidezölle bei Importen; Ablehnung sozialer Schutzmaßnahmen des Staates für Industriearbeiter). → laisser faire, → Liberalismus.

Marxismus ausführliche Erläuterung S. 74 ff. Die Lehre von Karl Marx (1818 bis 83). Sie entstand teilweise in Zusammenarbeit mit seinem Freund Friedrich Engels (1820 bis 1895). Der Marxismus ist die Grundlage des „wissenschaftlichen Sozialismus".
Der Marxismus wurde von Lenin (1870–1924) und – in sehr viel geringerem Maße – von Stalin (1879–1953) ausgebaut.

Märzminister 84. Im März 1848 wichen die Monarchen in Deutschland vor der Revolution zurück und ernannten → liberale Minister, die „Märzminister".

Materialist 74. Der Materialist glaubt, daß es außer stofflichen Dingen in dieser Welt, der Materie (lat. = Stoff), nichts weiter gibt. In der Philosophie des Materialismus werden alle Erscheinungen der Natur und des Geistes auf materielle Vorgänge zurückgeführt. Der Materialismus verneint deshalb die Existenz Gottes (→ Atheismus). Die Philosophie von Karl Marx ist der Historische Materialismus (→ Marxismus).

Materialschlacht 158 nennt man die großen Schlachten des Ersten Weltkriegs, in denen die Entscheidung durch Masseneinsatz von technischem Kriegsgerät erzwungen werden sollte. In den Materialschlachten, die den → Stellungskrieg überwinden sollten, fielen Soldaten in bis dahin unvorstellbarer Zahl.

Mediatisierung 22 (medius, lat. = mittleres). 1806 Beseitigung der kleinen Reichsstände (freie Reichsstädte, Reichsritter) zugunsten der Mittelstaaten. Statt des Kaisers war jetzt der Landesfürst ihr Herr (→ Reichsdeputationshauptschluß 1803).

Mehrheitsparteien 162 werden in einer parlamentarischen Demokratie die → Parteien genannt, die zusammen über die Mehrheit im → Parlament verfügen und daher meist die Regierung bilden.

Mehrwert 76. Nach Marx zahlt der kapitalistische Unternehmer dem Arbeiter nur so viel Lohn, wie zur Erhaltung der Arbeitskraft nötig ist. Da die vom Arbeiter hergestellten Produkte aber mehr wert sind, verfügt der Kapitalist über diesen Mehrwert (→ „Profit“, → Marxismus).

Menschenrechte 8 heißen seit der → Aufklärung die unlösbar zum Menschen gehörenden Rechte (→ Grundrechte), wie sie z. B. in der amerikanischen Erklärung der Menschenrechte 1776 ausgesprochen und in vielen → Verfassungen seit dem 19. Jahrhundert enthalten sind (z. B. Grundgesetz für die Bundesrepublik Deutschland Art. 1–19).

Minderheiten 172.
In → Nationalitätenstaaten, z. T. aber auch in Nationalstaaten gibt es häufig kleinere Gruppen, die in Sprache, Religion, Kultur eine mehr oder minder ausgeprägte nationale Eigenständigkeit besitzen. Rechte und Schutz dieser Minderheiten wurden nach 1919 in den neu entstandenen Staaten Osteuropas als Prinzip anerkannt, jedoch nicht immer beachtet.

Mir 124 (russ. = Welt, Gemeinde) ist der gemeinsame Landsitz der Bevölkerung eines russischen Dorfes, wie er 1861 nach Aufhebung der → Leibeigenschaft gesetzlich vorgeschrieben war. Rechte und Pflichten (Steuern), die mit dem Landbesitz verbunden waren, trug die Dorfgemeinschaft. Die Wirtschaftsweise des Mir war unrentabel, da das Land jährlich entsprechend der Zahl männlicher Familienmitglieder neu verteilt wurde.

Mitte 84. Bezeichnung für die in der Mitte des → Parlaments sitzenden Abgeordneten (→ Linke, → Rechte). Was jeweils als mittlere politische Richtung gilt, hängt von den im Parlament vertretenen linken und rechten Abgeordnetengruppen ab.

Mittelmächte 160 wurden im Ersten Weltkrieg das Deutsche Reich und Österreich-Ungarn (geographische Mittellage in Europa) mit ihren Verbündeten Bulgarien und Türkei genannt (s. a. → Alliierte).

Mittelstand 142. In den bürgerlichen Gesellschaften des 19. und 20. Jahrhunderts ist der Mittelstand die nicht genau abzugrenzende breite Schicht der Bevölkerung, die bei durchschnittlicher Besitz- und Einkommensgröße meist mit Staat und Gesellschaft in ihrer bestehenden Form weitgehend zufrieden ist, sich vom Staat geschützt fühlt und ihn deshalb – oft ohne wirklich politisches Engagement – trägt. Aufgrund dieser Voraussetzungen ist der Mittelstand eine Kraft, die soziale Veränderungen scheut, politischen Veränderungen gegenüber aber weitgehend gleichgültig bleibt, wenn davon seine wirtschaftlichen Interessen unberührt bleiben. (s. a. → Kleinbürger)

Mobilität 142 (mobilitas, lat. = Beweglichkeit) heißt die leichte Beweglichkeit ohne feste Verwurzelung in einer heimatlichen Umwelt, die für den Großstädter des 20. Jahrhunderts als Folge der technisch-industriellen Entwicklung notwendig und selbstverständlich geworden ist.

Mobilmachung (Mobilisierung) 158 (mobilis, lat. = beweglich) ist die – im Frieden vorbereitete – Überführung der Truppen eines Staates in unmittelbare Kriegsbereitschaft (Einberufung von Reservisten, Sicherung der Versorgung der Bevölkerung usw.). Auch wirtschaftliche Maßnahmen werden vom Staat bei einer Mobilmachung ergriffen.

Monokultur 100. Erfolgt in einem Gebiet überwiegend der Anbau einer Frucht, so spricht man von Monokultur (z. B. Baumwolle und Tabak in den Südstaaten der USA im 19. Jahrhundert).

Monopol 56 (monopolium, lat. aus gr. = Alleinhandel) heißt die wirtschaftliche Machtstellung, die entsteht, wenn ein Anbieter den größten Teil eines Marktzweiges beherrscht. Er schaltet damit den Wettbewerb aus und kann die Preise diktieren (→ Kapitalismus, → Kartell).

Monroe-Doktrin 46. 1823 erklärte der amerikanische Präsident Monroe, die USA würden sich jedem Übergriff europäischer Staaten auf den amerikanischen Kontinent widersetzen. In Verbindung mit England wurde dadurch der Erfolg der südamerikanischen Unabhängigkeitskämpfe entgegen den Wünschen der → Heiligen Allianz ermöglicht.

Narodniki 124 (russ. = Volkstümliche). Eine Gruppe revolutionärer, russischer, nicht-marxistischer → Sozialisten im 19. Jahrhundert, die von der Lebenskraft des russischen Bauern die Umgestaltung Rußlands erhofften.

Nation 6, 12 (nasci, lat. = geboren werden). Der Begriff ist schillernd und hat im Sprachgebrauch keinen klar umgrenzten Inhalt. Im Mittelalter schlossen sich Studenten an einer Universität zu „Nationen" zusammen, damit der einzelne in der fremden Stadt einen gewissen Rückhalt fand. Diese Nationen entsprachen aber nicht der später üblichen Gleichsetzung von → Volk und → Staat als einer politischen Gesinnungsgemeinschaft. Diesen Inhalt bekam der Begriff „Nation" erst in der → Französischen Revolution. Seitdem wird Nation oft als Synonym für Staat gebraucht (vgl. z. B. „Vereinte Nationen").

Nationale Minderheiten 172 → Minderheiten.

Nationalgarde 6 hieß die 1789 von Revolutionären in Paris aufgestellte Bürgerwehr.

Nationalismus 44, 140. Übersteigerte Hochschätzung des eigenen Volkes, oft unter Geringschätzung und Mißachtung anderer Völker. Im 19. Jahrhundert war der Nationalismus neben dem → Liberalismus, dem demokratischen Gedanken und später dem → Sozialismus eine der stärksten geistigen Kräfte. → Nation, → Sendungsbewußtsein, → Imperialismus.

Nationalitätenstaat 174. In einem Nationalitätenstaat sind – im Gegensatz zum „Nationalstaat" – mehrere Volksgruppen verschiedener Nationalität vereinigt. Dabei wird oft den einzelnen Volksgruppen innere Selbstverwaltung zugestanden. Mindestens Außenpolitik und Armee, meist auch die Finanzen werden einheitlich geleitet. In der Gegenwart sind z. B. die UdSSR, die ČSSR und Jugoslawien Nationalitätenstaaten (→ Minderheiten).

Nationalversammlung 6 heißt eine verfassunggebende Abgeordnetenversammlung, die die ganze Nation repräsentiert, bzw. diesen Anspruch stellt. So erklärten sich 1789 in Frankreich die Vertreter des → Dritten Standes zur Nationalversammlung.

Nationalwerkstätten 80 wurden 1848 in Frankreich eingerichtet. In ihnen beschäftigte der Staat Arbeitslose mit Notstandsarbeiten. Als das Bürgertum über die → Sozialisten wieder die Oberhand gewonnen hatte, wurden die Nationalwerkstätten als unproduktiv geschlossen.

Nibelungentreue 152. Dieses Schlagwort entstand 1908. Es bezeichnet die unbedingte Bündnistreue des Deutschen Reiches zu Österreich-Ungarn und verdeckt den politischen Sachverhalt der interessenwidrigen Abhängigkeit vom schwächeren Bündnispartner, die die Folge der politischen Vereinsamung des Reiches war (s. a. → Einkreisungspolitik).

Nihilisten 124 (nihil, lat. = nichts). Anhänger des Nihilismus, der im 19. Jahrhundert vor allem in Rußland verbreitet war. Sie verneinten alles, was offiziell als wertvoll angesehen wurde, weil sie darin eine Behinderung des einzelnen sahen. → Anarchisten.

Norddeutscher Bund 110. 1866–67 gründeten Preußen und alle nördlich des Mains gelegenen deutschen Staaten den Norddeutschen Bund. Die von Bismarck geprägte → Verfassung war föderalistisch, sicherte aber die Hegemonie Preußens. Die Wahlen zum Reichstag waren allgemein, gleich, geheim und direkt; das → Parlament hatte aber keinen Einfluß auf die Berufung der Regierung des Bundes. Diese Verfassung wurde 1871 wenig verändert die des Deutschen Reiches. – Der preußische Ministerpräsident v. Bismarck bekleidete in dem neuen Staat alle entscheidenden Ämter, vor allem das des Bundeskanzlers, bzw. seit 1871 das des Reichskanzlers.

Oktoberrevolution 164. Im März 1917 (im Februar des alten russischen Kalenders) brach in Rußland eine Revolution aus, deren Ursachen in der Kriegsmüdigkeit der Bevölkerung und der Mißwirtschaft des zaristischen Regimes lagen.
Da die provisorische Regierung aus Liberalen und gemäßigten Sozialisten entgegen dem Wunsch der Mehrheit des Volkes den Krieg fortsetzte und den Bauern kein Land zuteilte, gewannen radikale Sozialisten, die Bolschewisten, an Einfluß, wobei Lenin (1870–1924) eine besonders wichtige Rolle spielte. Die Mehrzahl der Soldaten in Petersburg folgte den Bolschewisten, als diese am 6. und 7. November 1917 (am 24./25. Oktober des alten Kalenders), befahlen, die wichtigsten Gebäude der Stadt zu besetzen und den Regierungssitz zu stürmen. Der „Rat der Volkskommissare" unter Lenins Leitung übernahm die Regierung. In den nächsten Tagen wurde die Beendigung des Krieges, die Enteignung der Großgrundbesitzer beschlossen und den einzelnen Völkerschaften Rußlands das Selbstbestimmungsrecht versprochen.
Die Oktoberrevolution ist als erste sozialistische Revolution von ähnlich weitreichender Bedeutung wie die bürgerliche → Französische Revolution von 1789.

Oktroyierte Verfassung 90 (frz. = verleihen; aufdrängen). Die Anhänger der Revolution von 1848 nannten die preußische → Verfassung von 1848 und die österreichische von 1849 oktroyiert, da an ihrem Zustandekommen keine Volksvertretung beteiligt war.

Orientfrage 116 hieß im 19. Jahrhundert das Problem des Nahen Ostens, das durch die Schwäche der Türkei und die Stellung der europäischen Mächte zu diesem Staat entstand.

Orthodoxe Kirche 124 (orthodoxie, gr. = rechte Lehre) heißt die Ostkirche im Unterschied zur römisch-katholischen Kirche (gr. lat. = allgemein). Die heutige Unterscheidung besteht seit dem 11. Jahrhundert. In Rußland war der Zar Oberhaupt der orthodoxen Kirche. → Cäsaropapismus.

Panslawismus 108 (pan. gr. = alles). Im Anfang des 19. Jahrhunderts begannen Angehörige der verschiedenen slawischen Sprachen sich als eine gemeinsame Gruppe zu empfinden. Seit dem 1. Panslawischen Kongreß in Prag 1848 wurde der Panslawismus zu einer politischen Bewegung, die die Einigung aller Slawen anstrebte. Es entstanden starke Spannungen zu Österreich-Ungarn, aber auch zwischen den verschiedenen slawischen Gruppen und Rußland, dessen Vormachtanspruch nicht alle Slawen (z. B. die Polen) anerkannten.

Partei 72 (pars. lat. = Teil). In der Politik bedeutet Partei den Zusammenschluß von Menschen, die die gleichen politischen Ziele haben. Als organisierte Verbände entstanden Parteien erst im 19. Jahrhundert überall. Vorläufer waren die Whigs und die Tories in England seit dem Ende des 17. Jahrhunderts und die → Girondisten und → Jakobiner während der → Französischen Revolution.
Im 19. Jahrhundert gewannen die Parteien durch Teilnahme an den Wahlen allmählich Einfluß auf die Politik. In Deutschland erhielten sie erst durch die → Verfassung von 1919 staatstragende Bedeutung. Nach dem Grundgesetz für die Bundesrepublik Deutschland wirken die Parteien „bei der politischen Willensbildung des Volkes mit" (Artikel 21). Man unterscheidet einige Parteiformen nach ihrer inneren Gliederung: Eine Honoratiorenpartei ist der Zusammenschluß weniger angesehener Leute zu einer politischen Gruppe (z. B. → konservative und → liberale Parteien im 19. Jahrhundert); eine Massenpartei hat eine sehr große Zahl von Mitgliedern (z. B. SPD, → Zentrum vor 1914); eine Kaderpartei wird von einer Parteizentrale straff gelenkt und hat ein festes Gefüge ausführender Funktionäre (z. B. die von Lenin angestrebte Elitepartei). (s. a. → Rechte, → Linke, → Mitte, → Arbeiterpartei).

Partikularismus 22 (pars. lat. = Teil). Wenn die Sonderinteressen der einzelnen Mitglieder eines Bundes die Gemeinsamkeit überwuchern, spricht man von Partikularismus.

Passivbürger 8 sind nach der französischen → Verfassung von 1791 die drei Millionen nicht wahlberechtigten Bürger, deren Steueraufkommen nicht hoch genug war (→ Zensuswahlrecht, → Aktivbürger).

Pazifismus 154 (pacificus, lat. = Frieden stiftend). Seit dem Anfang des 19. Jahrhunderts gibt es eine immer stärker werdende Bewegung, die den Krieg als Mittel der Politik ausschalten will. Ursprünglich waren ethische und religiöse Gründe Grundlage des Pazifismus, später flossen naturrechtliche (→ Naturrecht) und sozialistische (→ Sozialismus) Gedanken mit ein. Um 1900 erlangte der Pazifismus stärkeren Einfluß auf die Politik (→ Haager Landkriegsordnung, → Internationaler Gerichtshof, → Friedens-Nobelpreis). Die Vernichtungsgewalt der Atomwaffen, bakterieller und chemischer Kampfmittel führte nach dem Zweiten Weltkrieg zu einer weiten Ausbreitung pazifistischer Gedanken. Vielen scheint die Zukunft der Menschheit nur gesichert, wenn die Menschen auf jede militärische Gewaltanwendung verzichten.

Personalunion 38 wird die Vereinigung mehrerer selbständiger Staaten unter einem gemeinsamen Herrscher genannt (z. B. Polen und Sachsen 1697–1733; Großbritannien und Hannover 1714 bis 1837).

Plebiszit 20, 81 (lat. = Volksentscheid). Im Unterschied zur Wahl von Volksvertretern, die für eine befristete Zeit Entscheidungen entsprechend ihrer Einsicht zu fällen haben, stimmt bei einem Plebiszit das ganze Volk über Einzelfragen ab. Das Ergebnis ist häufig durch die Art der Fragestellung lenkbar; deshalb griffen Diktatoren oft zum Plebiszit (z. B. Napoleon I., Napoleon III., Hitler).

Plebiszitäre Diktatur 81 heißt eine Diktatur, wenn sich der Diktator immer wieder seine Macht durch → Plebiszite bestätigen läßt.

Pogrom 124 (russ. = Hetze). Ausschreitungen und willkürliche Verfolgung von Menschen, die einer bestimmten Gruppe, meist einer Minderheit, in einem Staat angehören. Der Ausdruck wurde zuerst für die antijüdischen Verfolgungen in Rußland am Ende des 19. Jahrhunderts gebraucht (→ Antisemitismus).

Polnischer Korridor 170. Nachdem 1919 durch den → Versailler Vertrag die Provinzen Posen und Westpreußen vom Deutschen Reich an Polen abgetreten wurden, lag zwischen Ostpreußen und dem übrigen Teil des Reiches polnisches Gebiet. Dieses wurde wegen seiner schmalen Gestalt und dem Zugang, den es zur Ostsee bildete, polnischer Korridor genannt.

Positivismus 64 (positus, lat. = das Dastehende). Philosophische Richtung im 19. Jahrhundert – von Auguste Comte (1798–1857) ausgehend –, in der alles verworfen wird, was über das Gegenständliche der Welt hinausgeht. Die Wissenschaften sollten lediglich das greifbar Gegebene möglichst genau erfassen.

Pressefreiheit 82 ist eine Hauptforderung des → Liberalismus im 19. Jahrhundert (zuerst in der Erklärung der → Menschenrechte 1789 in Frankreich) und Bestandteil aller → liberalen Verfassungen. Auch die deutsche → Verfassung von 1848 verankerte die Pressefreiheit. Jede Form der Zensur beseitigt die Pressefreiheit.

Prestige 140 (praestigiae, lat. = Vorspiegelung). In der Politik werden häufig Entscheidungen getroffen, die das Ansehen des Handelnden heben oder das des Gegenspielers schmälern sollen. Solche Prestigepolitik ist häufig nicht mit den Sachinteressen des handelnden Staates oder der Gesellschaft vereinbar (z. B. viele Einzelzüge der

Politik zur Zeit des → Imperialismus; s. a. → Großkampfschiffe).

Privilegierte Stände 8 Sonderrechte (Privilegien) ermöglichten z. Z. des Absolutismus den ersten beiden → Ständen – hoher Klerus und Adel – ein üppiges Dasein. Sie waren Grundbesitzer, von Steuern befreit und besaßen eigene Gerichte.

Produktionsmittel 68 sind die Güter, mit deren Hilfe produziert werden kann (z. B. Maschinen). Während im → Kapitalismus der private Besitz an Produktionsmitteln vorherrscht, schränkt der → Sozialismus den privaten Besitz an Produktionsmitteln ein oder schließt ihn aus (s. a. → Kommunismus, → Marxismus).

Profit 76 (frz. = Nutzen, Gewinn). Gewinn des → kapitalistischen Unternehmers, den er aus dem → Mehrwert zieht. Ihm werden die für Neuinvestitionen von → Produktionsmitteln notwendigen Beträge (meist der weitaus größte Teil des Mehrwerts) entnommen. → Marxismus.

Proletarier 68 (proles, lat. = die Nachkommen) war ursprünglich die Bezeichnung der Bevölkerungsgruppe, die nichts als ihre Nachkommen besitzt.
1. In Rom die → Klasse der Bürger, die keine Steuern zahlen konnten.
2. Im 19. Jahrhundert wurden als Proletarier jene Arbeiter bezeichnet, die nichts besaßen als ihre Arbeitskraft und deshalb ausgebeutet werden konnten. Sie bildeten die unterste Schicht der Gesellschaft und standen im Gegensatz zur → Bourgeoisie. Die Begriffe wurden hauptsächlich durch die Schriften von Karl Marx (→ Marxismus) üblich. Im Gegensatz zu den innerhalb der Arbeitsgesellschaft tätigen Proletariern wurden andere Arme oft als Lumpenproletariat (so Marx) bezeichnet (Pauperismus, pauper, lat. = arm).

Propaganda 160 (propagare, lat. = ausdehnen, fortpflanzen). Seit dem 19. Jahrhundert bezeichnet das Wort die planmäßige politische Werbung. Die modernen Massenkommunikationsmittel Presse, Funk, Fernsehen haben die Möglichkeit der Propaganda zur Beeinflussung der Menschen stark gesteigert. Dadurch konnte die Propaganda zu einem gefährlichen Mittel der Politik werden.

Protektorat 154 (protegere, lat. = schützen). Im → Imperialismus wurden mehrfach „Schutzherrschaften" (Protektorate) über koloniale Gebiete als „Schutzgebiete" errichtet, die dadurch in völlige Abhängigkeit von der „Schutzmacht" gerieten, ohne jedoch als Kolonien zu gelten (z. B. wurde Marokko 1911 französisches Protektorat).

Räterepublik 168 wird die Staatsform genannt, in der die → legislative und → exekutive Gewalt in der Hand gewählter, jederzeit abberufbarer Vertreter der Arbeiter, Soldaten und Bauern in Fabriken, Büros, Militäreinheiten, Dörfern usw. liegt. Das Rätesystem war – nach einem Vorspiel in der Revolution 1905 – in der Anfangszeit der russischen → Oktoberrevolution und kurzfristig 1918 in Ansätzen in Deutschland verwirklicht. Im Gegensatz zur parlamentarischen Form der Demokratie, in der gewählte Vertreter das Volk repräsentieren, ist das Rätesystem eine direkte Form der Demokratie; doch werden durch die Räte nicht alle Schichten des Volkes repräsentiert.

Rationierung 166 (ratio, lat. = Berechnung, Maß, planmäßiges Vorgehen) heißt die Bewirtschaftung, d. h. planmäßige Erfassung und Verteilung von Waren oder Rohstoffen, die aus irgendeinem Grund knapp sind, deren Preis aber niedrig bleiben soll und die gleichmäßig an den von der Planstelle vorgesehenen Personenkreis, bzw. an dafür vorgesehene Industriebetriebe gelangen sollen (z. B. die Lebensmittelrationierung in Deutschland in beiden Weltkriegen; s. a. → Schwarzer Markt).

Reaktion 40 (engl., frz. = Entgegenwirkung). Im 19. Jahrhundert Sammelbezeichnung für alle Kräfte, die sich einer fortschrittlichen Entwicklung, die die Gedanken der → Französischen Revolution weiterführen wollte, prinzipiell entgegenstemmten. Seitdem heißt jede rückwärts gewandte, reform- und neuerungsfeindliche Haltung reaktionär (s. a. → Restauration).

Realpolitik 92 nannte man seit der Mitte des 19. Jahrhunderts eine Politik, die nicht der Kraft der Ideen vertraute, sondern vorwiegend mit den handfesten Machtmitteln des Staates und den Gegebenheiten der Wirklichkeit rechnete.

Rechte 84. Bezeichnung für die rechts vom Präsidenten sitzenden Abgeordneten in einem Parlament. Ihre politische Einstellung reicht von → konservativer oder → restaurativer bis zu → reaktionärer Haltung (s. a. → Linke, → Mitte).

Rechtsstaat 86. Ein Staat, der die Rechte des Staatsbürgers gesetzlich gesichert hat; seit dem 19. Jahrhundert ist die Garantie der → Grundrechte und der → Gewaltenteilung damit verbunden.

Reform 4, 28 (reformatio, lat. = Erneuerung). Im Gegensatz zur → Revolution wird durch eine Reform die gewaltlose Änderung bestehender Verhältnisse in Staat und Gesellschaft vorgenommen. Dabei bedeutet die Reform häufig auch einen tiefen Einschnitt in der Geschichte eines Staates und einer Gesellschaft (etwa die preußische Reform 1806/07). Im Gegensatz zur Revolution ist eine Reform mit dem Gedanken der Evolution (Veränderungen entstehen durch allmähliche Entwicklung) zu vereinbaren.

Reichsdeputationshauptschluß 22 ist der Beschluß eines Reichstagsausschusses von 1803, durch den fast alle geistlichen Gebiete im Reich → säkularisiert, fast alle Reichsstädte und die meisten Reichsfürsten → mediatisiert wurden. Mit diesen Ländereien wurden die weltlichen →

Reichsstände entschädigt, die Gebiete auf dem linken Rheinufer an Frankreich verloren hatten.

Reichstag 110 ist eine Bezeichnung für die Vertretung der → Stände oder des Volkes eines Staates (s. a. → Seym).

1. Im Mittelalter versammelte der deutsche König die Reichsstände an besonderen Hoftagen um sich. Diese in unregelmäßigen Abständen vom König, später auch auf Verlangen der Fürsten einberufene Versammlung der Kurfürsten, Fürsten und Vertreter der Städte wurde seit dem Ende des Mittelalters Reichstag genannt. Die drei Reichsstände berieten zu dieser Zeit bereits getrennt (Kurfürstenkollegium, Reichsfürstenrat, Städtekollegium). Durch Gewohnheitsrecht wurde die Zustimmung des Reichstags zu Kriegen, Verträgen und wichtigen Gesetzen erforderlich (seit 1648 gesetzlich festgelegt). Von 1663 bis zur Auflösung des Reiches 1806 tagte der Reichstag – jetzt als Kongreß von Gesandten der drei Reichsstände – ständig in Regensburg („Ewiger Reichstag").

2. Im Norddeutschen Bund (1867–71) und im Deutschen Reich (1871–1918) war der Reichstag das in allgemeinen, gleichen und geheimen Wahlen gewählte → Parlament. Der Reichstag hatte das → Budgetrecht, bestimmte aber nicht die Regierung. Erst Ende 1918 wurde der Kanzler vom Vertrauen des Reichstags abhängig.

Reichswehr 171 hießen die Streitkräfte, die der – Versailler Vertrag dem Deutschen Reich zubilligte. Sie bestand aus freiwilligen Berufssoldaten (100 000 Mann Armee, 15 000 Mann Marine).

Rentabilität 56 (rentabilis, lat. = ertragreich). Wenn bei einem wirtschaftlichen Unternehmen die eingesetzten Mittel kleiner sind als der erzielte Erlös beim Verkauf des hergestellten Produkts, so arbeitet der Betrieb rentabel.

Reparationen 171. (reparare, lat. = ausbessern, wiederherstellen) Wiedergutmachung von Kriegsschäden, die der Sieger erlitten hat, durch den Unterlegenen durch Zahlungen und Sachleistungen.

Im → Versailler Vertrag wurden in Artikel 231 Deutschland und seine Verbündeten als Urheber des Krieges bezeichnet und ihnen deshalb Reparationen auferlegt. Zunächst wurden sie in einer Höhe von 226 Milliarden Goldmark gefordert, später wurde die Summe ermäßigt und im Zusammenhang mit der Weltwirtschaftskrise wurden 1931 die Leistungen eingestellt. Auch nach dem Zweiten Weltkrieg wurden von den Siegermächten Reparationsleistungen festgesetzt, z. T. in Form von Demontagen.

Restauration 38 (restaurare, lat. = wiederherrichten) heißt das Bemühen, alte Zustände wiederherzustellen, weil man sie für rechtmäßig oder besser hält. Der Begriff wird vor allem auf die europäische Geschichte von 1815–1848 angewandt.

Revision (revidere, lat. = erneut betrachten) 171. Die Revision, Änderung des → Versailler Vertrages wurde nach 1919 von fast allen politischen Kräften in Deutschland gefordert.

Revolution 4 (lat. = Umwälzung) ist der gewaltsame Umsturz einer bestehenden politischen und gesellschaftlichen Ordnung. Diese wird durch eine neue ersetzt, die von bisher benachteiligten Schichten bestimmt wird. Die revolutionäre Bewegung wird oft von großen Teilen der Bevölkerung getragen. Eine wichtige Ursache für jede Revolution ist das Auseinanderfallen von politischer Machtverteilung und gesellschaftlicher Struktur in einem Staat. Vor 1789 z. B. entsprach in Frankreich die politische Ohnmacht der Bürger nicht ihrer wirtschaftlichen Bedeutung und ihrem gesellschaftlichen Gewicht.

Der Begriff „Revolution" muß abgegrenzt werden gegen Revolte, Aufstand, → Staatsstreich. Durch Revolte oder Aufstand soll eine bestehende Unterdrückung oder auch nur eine Regierung grundlegend geändert werden.

Der Versuch, eine gelungene Revolution zu beseitigen, um die alte Ordnung wiederherzustellen, heißt Gegenrevolution (Konterrevolution).

Wichtige Revolutionen der Neuzeit sind die → Französische Revolution von 1789, die Revolution von 1848 und die russische Revolution von 1917 (→ Oktoberrevolution; s. a. → Industrielle Revolution, → Reform).

Rheinbund 24. 1806 traten sechzehn deutsche Reichsstände aus dem Reich aus und gründeten den Rheinbund, dessen Protektor Napoleon war. Daraufhin legte der Kaiser die Krone des Heiligen Römischen Reiches deutscher Nation nieder.

Risorgimento 96 (ital. = Erneuerung). Ursprünglich Titel einer Zeitschrift (Mitherausgeber war Cavour), der dann auf die italienische Einigungsbewegung des 19. Jahrhunderts übertragen wurde.

Romantik 42 f. Europäische Geistesbewegung am Ende des 18. Jahrhunderts und zu Beginn des 19. Jahrhunderts. Die romantischen Künstler ließen sich von einer starken Kraft des Gefühls tragen. In Natur und Kunst fanden sie Schätze, die sich dem erschlossen, der sich ihnen in der rechten Haltung näherte. Man fühlte sich in der Natur geborgen und doch zugleich geheimnisvoll-fremd umwoben. Der romantische Mensch wollte teilhaben am Ganzen und die engen Grenzen von Zeit und Umwelt, in denen er stand, sprengen.

Die romantische Geistesbewegung hat zahlreiche Gefühlskräfte geweckt und den Blick auf Eigenart, Lebensform und Geschichte der einzelnen Völker gelenkt. Sie weckte den Sinn für das gesellschaftlich und politisch ganz anders geartete Mittelalter. Damit war leicht die Ablehnung der Demokratie und die Hinwendung zu geheimnisvollen Urgründen des Lebens verbunden, zu denen nur das Gefühl den Weg weisen sollte. In Deutschland wirkte die Romantik lange nach und schuf eine Geisteshaltung, die sich von der mehr durch die rationale → Aufklärung bestimmten Weltsicht der westeuropäischen Völker unterschied.

Rotes Kreuz 98. Unter diesem Zeichen erfolgte 1864 eine Übereinkunft, der zunächst 16 Länder angehörten (Genfer Konvention), durch die Krankenhäuser, Lazarette, Ärzte, Sanitäter und Verwundete vor Kriegshandlungen geschützt werden sollten. Das Rote Kreuz ist das Werk des Schweizer Kaufmanns Henri Dunant, der als Reisender 1859 das Elend des Krieges in der Schlacht von Solferino miterlebt hatte.

Rückversicherungsvertrag 119. Dieser 1887 abgeschlossene geheime Vertrag zwischen dem Deutschen Reich und Rußland enthielt ein Neutralitätsabkommen für den Fall eines österreichisch-ungarischen Angriffs auf Rußland oder eines französischen Angriffs auf Deutschland. Er war der Abschluß des europäischen Bündnissystems, das Bismarck entworfen hatte, um Frankreich zu isolieren und einen → Zweifrontenkrieg für Deutschland auszuschließen. Da der Rückversicherungsvertrag von Bismarcks Nachfolger 1890 nicht erneuert wurde, näherten sich Rußland und Frankreich einander an.

Säkularisation 8, 22 (saecularis, lat. = weltlich). Überführung von Kirchengut in weltlichen Besitz, so z. B. bei Bildung der evangelischen Landeskirchen nach der Reformation, vor allem aber während der → Französischen Revolution, in Deutschland durch den → Reichsdeputationshauptschluß 1803.

Schlachtflotte 151 wurde am Anfang des 20. Jahrhunderts die Kriegsflotte eines Landes genannt soweit sie aus gepanzerten → Großkampfschiffen bestand.

Schlieffenplan 156. Der preußische Generalstabschef von Schlieffen (1833–1913) hatte für den Fall eines → Zweifrontenkrieges einen Operationsplan für das deutsche Heer entwickelt, der 1914 bei Kriegsausbruch die Entscheidungsfreiheit der Politiker stark einengte und die deutsche Politik in das Schlepptau militärisch-strategischer Überlegungen brachte. Grundgedanke des Planes war ein Angriff mit starken Kräften auf dem nördlichen Flügel der Westfront unter Verletzung der belgischen Neutralität, um eine Entscheidung gegen Frankreich zu erzwingen, ehe die langsame russische → Mobilmachung zu einem vollen Einsatz der russsischen Armee im Osten führen konnte.

Schreckensherrschaft (la terreur) 14. Während der → Französischen Revolution herrschte Robespierre 1793/4 diktatorisch. Der von den → Jakobinern gelenkte → Wohlfahrtsausschuß organisierte den Terror gegen vermeintliche Gegner der → Revolution, zu denen auch viele Anhänger der Revolution gezählt wurden (→ Guillotine).

Schütterzone 172. Nach dem Ersten Weltkrieg entstand in Osteuropa ein Gürtel von Staaten, die in sich wenig gefestigt waren. Da nicht allen Völkern in Osteuropa von den Siegermächten die Gründung eines eigenen Staates gestattet worden war, waren Nationalismus und → Minderheiten in diesen Staaten ein Problem. Auch die wirtschaftlichen und sozialen Verhältnisse trugen zur Unruhe bei. So war dieses Gebiet Europas politisch und sozial ungefestigt: eine Schütterzone. Nach dem Zweiten Weltkrieg ist sie fast ganz in den Besitz oder unter den Einfluß der Sowjetunion gekommen. → Sicherheitsgürtel.

Schutzzoll 80. Dieser Zoll soll die einheimische Wirtschaft vor auswärtiger Konkurrenz schützen. Zur Zeit des Absolutismus wollte der Staat durch Schutzzölle wirtschaftlich autark werden.

Schwarzer Markt 166. Steigt in einem Wirtschaftsgebiet die umlaufende Geldmenge schneller als die Konsumwarenproduktion, so steigen die Preise. Werden diese durch Preisstopp künstlich niedrig gehalten, so bildet sich ein schwarzer, illegaler Markt, auf dem die Waren entsprechend ihrem Tauschwert bezahlt werden, der erheblich über dem offiziell festgesetzten Preis liegt.

Selbstbestimmungsrecht 170, 172. Es sollte nach den Vorstellungen des US-Präsidenten Wilson die Grundlage für die Neuordnung Europas nach 1918 bilden. In den Friedensverträgen (→ Versailler Vertrag) nur teilweise berücksichtigt. 1941 als Forderung in die Atlantikcharta aufgenommen, 1945 in der Charta der UN als menschliches Grundrecht anerkannt.

Sendungsbewußtsein 140. Als Teil des → Nationalismus bildet sich vor allem in der zweiten Hälfte des 19. Jahrhunderts in den Großmächten ein starkes Sendungsbewußtsein heraus: Man stellte die Ausbreitung der eigenen Macht als segensreich für die Menschheit dar. Unduldsam von der Richtigkeit des eigenen Denkens überzeugt, versuchte man, anderen Völkern die eigene Lebensform aufzudrängen. → Imperialismus.

Sezessionskrieg 102 (secessio, lat. = Abwanderung). Der Austritt mehrerer Südstaaten aus den USA – veranlaßt durch die Wahl des Republikaners Abraham Lincoln und die Sklavenfrage – löste den Sezessionskrieg zwischen Nord- und Südstaaten aus (1861–65). Durch den Sieg des Nordens wurde die Einheit der USA gewahrt.

Sicherheitsgürtel 174. Der französische Ausdruck cordon sanitaire (= Sicherheitsgürtel) bezeichnet in der Medizin eine Schutzmaßnahme gegen das Vordringen einer Seuche. Er wurde nach dem Ersten Weltkrieg auf die neu entstandenen Staaten Osteuropas angewandt: sie sollten das Vordringen des Bolschewismus nach Westen verhindern (→ Schütterzone).

Slawophile 124 (gr. = Freunde der Slawen) nannte man die Gruppe der russischen Intelligenz des 19. Jahrhunderts, die im Gegensatz zu den →

Westlern eine Erneuerung Rußlands aus der Kraft des russischen Volkes erhoffte (s. a. → Panslawismus).

Solidarität 70 (solidare, lat. = verdichten, festmachen) heißt die Verbundenheit, die zwischen Menschen besteht, die sich zu einer Gruppe gehörig fühlen.

Souveränität 6, 88. Wer die höchste Herrschaftsgewalt eines Staates besitzt (z. B. der König in der Monarchie, das Volk in der Demokratie), ist Träger der Souveränität. Er erkennt also niemand über sich an. Außenpolitisch ist ein Staat souverän, wenn er seine Angelegenheiten selbst entscheidet.

Sozialdarwinismus 146. Der englische Biologe Charles Darwin (1809–82) lehrte, daß die natürliche Auslese im „Kampf ums Dasein" Entstehung und Entwicklung der Arten verursache. Die Übertragung dieser Evolutionstheorie auf die menschliche Gesellschaft heißt Sozialdarwinismus. Im Sozialdarwinismus wird Humanität gering, das „Recht des Stärkeren" hoch geschätzt; die Gewalt wird verherrlicht.

Sozialdemokratische Partei 128 nennt man seit dem 19. Jahrhundert eine sozialistische Partei, die – anders als die → Kommunisten – ihre Forderungen innerhalb einer parlamentarischen Demokratie durchsetzen will.
Die Sozialdemokratische Partei Deutschlands ging aus dem 1863 von Ferdinand Lassalle gegründeten → „Allgemeinen Deutschen Arbeiterverein" hervor, der sich 1875 mit der 1869 gegründeten → sozialistischen Arbeiterpartei (→ marxistisch) vereinigte. 1917 spaltete sich der linke Flügel der Partei ab (USPD; KPD).

Sozialismus 80 (socius, lat. = Bundesgenosse; gemeinsam, verbunden). Im Zusammenhang mit der Industrialisierung entstand in der ersten Hälfte des 19. Jahrhunderts der Sozialismus. Die Sozialisten strebten eine gerechte Verteilung des materiellen Besitzes an. Durch Beseitigung des Privateigentums an den → Produktionsmitteln sollte der krasse Gegensatz zwischen reich und arm verschwinden und eine Gesellschaftsordnung erreicht werden, die nicht vom Profitstreben einzelner, sondern vom Wohl des Ganzen geprägt ist. In der Lehre von Karl Marx trat zum Bemühen um Änderung des Bestehenden der Gedanke des → Klassenkampfes hinzu, der notwendig zur Weltrevolution führen werde (→ Marxismus). Seit der Wende zum 20. Jahrhundert bildeten sich zwei sozialistische Richtungen: die radikale, → kommunistische, und die gemäßigte, revisionistische. Letztere will schrittweise Reformen, Eingliederung der Arbeiter in die bestehende Gesellschaftsordnung und Teilhabe an der Staatsgewalt im Rahmen der → parlamentarischen Demokratie. → Kommunismus, → Sozialdemokratische Partei.

Soziologie 64 heißt seit Auguste Comte (1833) (→ Positivismus) die Wissenschaft von der Gesellschaft, die durch Beobachtung des menschlichen Zusammenlebens dessen Gesetze zu erkennen trachtet. Die Soziologie überschneidet sich vielfach mit anderen Wissenschaften vom Menschen, etwa der Geschichte und Psychologie. Häufig sind die Grenzen zur Sozialphilosophie fließend. In der Gegenwart gibt es verschiedene Richtungen der Soziologie z. B. eine mehr politisch und eine mehr geisteswissenschaftlich, eine mehr philosophisch und eine mehr erfahrungswissenschaftlich ausgerichtete (→ Erfahrungswissenschaft).

Sozialreform 72. Sammelbegriff für alle Bemühungen, die sozialen Verhältnisse durch Reformen zu bessern (z. B. im 19. Jahrhundert die Versuche Robert Owens).

Sozialversicherung 130 (socius, lat. = Bundesgenosse; gemeinsam, verbunden). Seit etwa hundert Jahren ist es ein Hauptziel der Sozialpolitik von Regierung oder Opposition in den Industriestaaten, die Arbeitnehmer durch den Ausbau der Sozialversicherung wirtschaftlich sicherer zu stellen. Dabei ist die Sozialversicherung (Kranken-, Unfall-, Invaliditäts-, Alters- und Arbeitslosenversicherung) in den einzelnen Staaten sehr verschieden ausgebaut worden. Abgesehen von freiwilligen Maßnahmen einzelner Unternehmer, begann in Deutschland die staatliche Sozialversicherung zwischen 1881 und 1888 durch entsprechende Gesetze Bismarcks (ohne Arbeitslosenversicherung).

Splendid Isolation 150 (engl. = glänzende Abkapselung) heißt der Grundsatz, nach dem vor allem bis um die Wende zum 20. Jahrhundert die englische Außenpolitik betrieben wurde. Man fühlte sich als Großmacht stark genug, um bündnisfrei zu bleiben und so außerhalb des Interessenkonfliktes anderer Staaten zu stehen. Mit zunehmender Verflechtung der internationalen Beziehungen wurde eine isolationistische Politik unmöglich.

Staatsstreich 20, 81, nennt man die gewaltsame Übernahme der Staatsgewalt durch eine kleine Gruppe, ohne daß damit eine → Revolution der Gesellschaft verbunden ist.

Stände 4 f. Als Stände bezeichnet man seit dem ausgehenden Mittelalter die Gruppen einer Gesellschaft, die sich selbst als Einheit verstehen, von anderen sozialen Schichten abheben und ihr eigenes Recht haben, Herkunft, Beruf und Bildungsgrad waren dabei maßgebend. Im Mittelalter gab es ursprünglich drei Stände: Adel, Geistlichkeit und Bauern. Seit dem Aufblühen der Städte bildeten vor allem die Bürger den → Dritten Stand. Durch → Privilegien waren die ersten beiden Stände dem Dritten Stand gegenüber bevorzugt. Die Französische Revolution führte 1789 zum Sieg des Dritten Standes, der dann im 19. Jahrhundert seine Vorrechte vor dem neuen → Vierten Stand, den Arbeitern, zu verteidigen suchte. – Wo die Stände bzw. ihre

Vertreter an der Herrschaftsordnung maßgeblich beteiligt waren (13.–18. Jahrhundert), spricht man von Ständestaaten.

Stellungskrieg 160. Im Gegensatz zu früheren Kriegen, in denen die Heere durch Marschieren in strategisch günstige Positionen für eine Schlacht gebracht wurden, kam es seit dem Krimkrieg (1854–56) immer häufiger zu Stellungskriegen, vor allem im Ersten Weltkrieg in Frankreich. Die Armeen gruben sich in ihren Stellungen ein und kämpften mit großem Materialaufwand um meist geringfügige Geländevorteile. Ein Stellungskrieg bedeutet Verhärtung der Front, ohne daß die Möglichkeit einer größeren militärischen Entscheidung besteht. → Materialschlacht.

Streik 70. Zeitweise Niederlegung der Arbeit, um höhere Löhne oder günstigere Arbeitsbedingungen vom Unternehmer zu erzwingen (s. a. → Aussperrung). Die Mitglieder der Gewerkschaften erhalten von diesen einen Teil des Lohnausfalls ersetzt. Das Streikrecht ist ein Grundbestandteil eines freiheitlichen → Rechtsstaates (s. a. → Generalstreik).

Sudetendeutsche 170. Deutsche → Minderheit in der Tschechoslowakei nach 1919, z. T. im Sudetengebiet wohnend (s. a. → Nationalitätenstaat).

Suspensives Vetorecht 78 (veto, lat. = ich verbiete). Wer das Vetorecht besitzt, kann damit Beschlüsse anderer Gremien zu Fall bringen. Das Vetorecht kann absolut sein (wie es z. B. jede der fünf Großmächte im Sicherheitsrat der UN hat) oder nur suspensiv (lat.), d. h. von zeitlich befristeter aufschiebender Wirkung (wie es z. B. der Kaiser nach der Paulskirchenverfassung 1849 haben sollte).

Tirailleurtaktik 12 (frz. = Schütze). Die Heere der → Französischen Revolution kämpften nicht mehr in geschlossener Formation, sondern in aufgelöster Schützenlinie. Dabei hatte jeder Soldat einen Teil eigener Verantwortung.

Trikolore 6. Seit 1789 französische Fahne. Sie entstand aus den Farben Blau-Rot von Paris und dem Weiß der Königsfamilie der Bourbonen.

Trust 56 (engl. Kurzform von trust company = Treuhandgesellschaft). Ein Trust ist der Zusammenschluß mehrerer großer Betriebe eines Zweiges der Wirtschaft, um den Markt zu beherrschen. Auch wenn die einzelnen Unternehmen selbständig bleiben, sind sie unter einer Dachgesellschaft (Holdinggesellschaft) zusammengefaßt, die den Trust lenkt. Da Trusts → Monopole anstreben, werden sie durch die Wirtschaftsgesetzgebung vieler Staaten mit unterschiedlichem Erfolg bekämpft (s. a. → Konzern, → Kartell).

Two-Power-Standard 151 (engl. = Zwei-Mächte-Standard). Vor dem Ersten Weltkrieg war es ein Ziel der englischen Rüstungspolitik, die englische Kriegsflotte so stark zu halten, daß sie den beiden nächstgroßen Kriegsflotten der Erde zusammen jeweils gleichwertig blieb. Nachdem 1898 der deutsche Flottenbau in großem Umfang begann – vornehmlich aus Gründen des → Prestiges –, wurde deshalb ein deutsch-englisches Wettrüsten ausgelöst, das die Beziehung zwischen beiden Staaten sehr belastete und England zur Überprüfung seiner Politik der → Splendid isolation veranlaßte (s. a. → Entente cordiale).

Überbau 74 nennt Karl Marx die Lebensregeln und Wertvorstellungen (Sitte, Rechtsvorstellungen, Religion, Staatsformen, Kultur überhaupt usw.), die eine Gesellschaft aufgrund ihres materiellen → Unterbaus entwickele, auf dem sie lebt. Die jeweils herrschende → Klasse habe einen Überbau errichtet, der für sie nutzbringend ist (z. B. werde das feudalistische Herr-Knecht-Verhältnis in die Religion einer feudalen Gesellschaft übertragen). → Marxismus.

Ultimatum 107, 158 (ultimus, lat. = der letzte). Ultimatum wird eine diplomatische Note genannt, die vom Absender als letztes, befristetes Verhandlungsangebot oder als letzte Forderung bezeichnet wird. Geht der angesprochene Staat auf die gestellten Bedingungen innerhalb der gesetzten Frist nicht ein, so beginnen die im Ultimatum angedrohten Zwangsmaßnahmen, äußerstenfalls ein Krieg.

Unterbau 74 nennt Karl Marx die materiellen Verhältnisse (Wirtschaftsstruktur; Eigentum an den → Produktionsmitteln usw.), in denen eine Gesellschaft lebt; von der Art dieses Unterbaus hänge der Inhalt des → Überbaus ab. → Marxismus.

Unternehmer 70 → Kapitalist

Unterschicht 142. Im 19. Jahrhundert wurden die Arbeiter (→ Proletarier) häufig als Unterschicht der Gesellschaft bezeichnet und damit von → Mittelstand und Oberschicht abgehoben.

Verelendungstheorie 76 → Marxismus.

Verfassung 8, 14, 89 f., 111, 168 (Konstitution) heißt das Gesetz, das die politische Grundordnung eines Staates und die Herrschaftsstruktur in ihm festlegt (Grundgesetz). Umfang und Grenzen der Staatsgewalt sind durch die Verfassung bestimmt. Außer von geschriebenen Verfassungen spricht man von einer ungeschriebenen Verfassung, wenn diese Festlegung in mehreren Einzelgrundsätzen oder durch Gewohnheit geschehen ist (z. B. in Großbritannien). Geschriebene Verfassungen oder ihnen gleichwertige rechtsverbindliche Normen (wie etwa in Großbritannien) sind seit der Verfassung der Vereinigten Staaten von Amerika von 1787 und seit der → Französischen Revolution in nahezu allen Staaten üblich geworden. In den Staaten mit Verfassung bestehen also unverbrüchliche Rechtsgrundsätze, wobei allerdings genau zwi-

schen dem Verfassungsrecht und der Verfassungswirklichkeit zu unterscheiden ist, da sich beide häufig nicht decken.
In einer Demokratie wird die Verfassung im allgemeinen durch eine verfassunggebende Versammlung (→ Nationalversammlung) entworfen und dann dem → Parlament oder dem Volk direkt (→ Plebiszit) zur Abstimmung vorgelegt. Änderungen der Verfassung können nur auf die Weise erfolgen, die in der Verfassung dafür vorgesehen ist. Durch → Staatsstreich oder → Revolution wird eine Verfassung gewaltsam geändert oder aufgehoben.
Bei der Betrachtung eines Staates und seiner Verfassung muß man zwischen Verfassungsnorm und Verfassungswirklichkeit unterscheiden. Die Verfassungsnorm wird von den in der Verfassungsurkunde festgelegten Grundsätzen bestimmt. Die politische Wirklichkeit in einem Staat entspricht diesen Verfassungsnormen nicht immer. So können z. B. einzelne Artikel einer Verfassung nicht verwirklicht worden sein, es kann sich ein Brauch eingespielt haben in Fragen, die in der Verfassung nicht berührt oder nicht geklärt sind, und es kann schließlich auch die Verfassungswirklichkeit auf die Verfassungsnorm im Ganzen keine Rücksicht mehr nehmen, so daß die Verfassung nur noch formal besteht.
Bei Unklarheiten über die Auslegung eines verschieden interpretierten Artikels einer Verfassung hat im allgemeinen ein oberstes Gericht zu entscheiden (in der Bundesrepublik Deutschland das Bundesverfassungsgericht, Grundgesetz Art. 93).

Verlagssystem 71. In den Anfängen der industriellen Entwicklung gaben → Unternehmer (Verleger) Rohstoffe an Heimarbeiter zur Bearbeitung. Der Arbeiter wurde dabei allmählich vom selbständigen Handwerker zum unselbständigen Lohnarbeiter (s. a. → Manufaktur).

Versailler Vertrag 170 ff. Am 28. 6. 1919 wurde in Versailles der Vertrag zwischen den alliierten (und assoziierten) Mächten und dem Deutschen Reich zur Beendigung des Ersten Weltkrieges geschlossen. Im einzelnen wurde u. a. festgelegt: Gebietsabtretungen ohne Abstimmung (z. B. Elsaß-Lothringen); Volksabstimmungen über den Verbleib bei Deutschland in einigen anderen Gebieten; Abtretung der Kolonien; Berufsheer von 100 000 Mann; alliierte Besetzung des Rheinlands; Zahlung von → Reparationen; Feststellung der deutschen Kriegsschuld. Die Artikel 1–26 des Versailler Vertrags enthalten die Satzung des → Völkerbunds.

Vielvölkerstaat 40. Während die Bürger eines Staates meist ihrer Sprache und ihrem Herkommen nach zu einem Volk gehören, leben in einem Vielvölkerstaat mehrere verschiedene Völker, die ihre Eigenart betonen. Der charakteristischste Vielvölkerstaat der Vergangenheit war die Habsburgermonarchie. (→ Nationalitätenstaat).

Vierter Stand 68. So nannte man die durch die Industrialisierung entstandene Schicht der → Proletarier, die in der Gesellschaft des 19. Jahrhunderts ebensowenig galt wie der → Dritte Stand im 18. Jahrhundert.

Volk 42. Ein Volk ist eine Gruppe von Menschen, die meist eine gemeinsame Sprache sprechen und eine sich über Generationen erstreckende gemeinsame kulturelle und geschichtliche Vergangenheit haben (s. a. → Nation).
In der deutschen → Romantik wurde Volk als natürliche Einheit von Menschen angesehen, deren unbewußte Eigenart das Schöpferische sei, das Kultur und Geschichte präge. Diese Auffassung wirkte in veränderter Form bis ins 20. Jahrhundert.

Völkerbund 170, 174. Den Anstoß zur Gründung des Völkerbundes, der 1920 nach entsprechenden Vereinbarungen im → Versailler Vertrag entstand, hatte der amerikanische Präsident Woodrow Wilson (1856–1924) gegeben. In ihm waren zunächst nur die Siegerstaaten des Ersten Weltkriegs (ohne USA, da der Senat den Vertrag nicht ratifizierte) vertreten (Deutschland von 1926–33). Die wichtigsten Aufgaben des Völkerbundes waren die Sicherung des Friedens und allgemeine → Abrüstung. Die Mitgliedstaaten verpflichteten sich, Streitfragen durch den Internationalen Gerichtshof oder durch Organe des Völkerbundes schlichten zu lassen. Ein Angreifer sollte durch Sanktionen der Mitgliedstaaten zur Änderung seiner Politik veranlaßt werden. Da dem Völkerbund Machtmittel fehlten, erreichte er wenig: die Mitglieder stellten nationalstaatliche Gesichtspunkte meist über die des Bundes.

Volkssouveränität 6, 88. Das Volk besitzt die → Souveränität, wenn von ihm die Staatsgewalt ausgeht. → Souveränität

Vorortverträge 172. Sammelbezeichnung für die in Pariser Vororten abgeschlossenen Friedensverträge am Ende des Ersten Weltkriegs zwischen den → Alliierten (und Assoziierten) und den → Mittelmächten und ihren Verbündeten (Deutsches Reich, Österreich, Ungarn, Bulgarien, Türkei) (→ Versailler Vertrag).

Vorparlament 84. Ende März 1848 traten über 500 Männer der revolutionären Bewegung aus allen Teilen Deutschlands in Frankfurt/M zusammen. Dieses Vorparlament beschloß, daß das deutsche Volk in allgemeinen und gleichen Wahlen eine verfassunggebende → Nationalversammlung wählen sollte (s. a. → Verfassung).

Wahlkaisertum 88. In den Debatten, die der → Verfassung der Paulskirche von 1849 vorausgingen, war der Gedanke aufgetaucht, einen Kaiser als Staatsoberhaupt zu wählen und bei dessen Tode den Nachfolger jedesmal neu zu wählen.

Im Mittelalter bestand ursprünglich eine germanische Wahlmonarchie, die aber durch Geblütsrecht eingeschränkt war. In England und Frankreich war daraus schon früh eine Erbmonarchie geworden. Im Deutschen Reich wurde das Wahlrecht auf wenige Fürsten eingeschränkt (Kurfürsten).

Wahlrecht 8 heißen das Recht zu wählen (aktives Wahlrecht) oder gewählt zu werden (passives Wahlrecht) und die Vorschriften, die den Wahlvorgang im einzelnen festlegen. Die wichtigsten von ihnen sind:

Allgemeines Wahlrecht: Jeder Staatsbürger von einer bestimmten Altersgrenze an ist wahlberechtigt. Häufige Wahlrechtsbeschränkungen waren bis etwa zum Ende des 19. Jahrhunderts das → Zensuswahlrecht und der Ausschluß der Frauen von der Wahl (s. → Emanzipation).

Gleiches Wahlrecht: Alle Stimmen haben das gleiche Gewicht. Im Gegensatz dazu stand etwa das preußische → Dreiklassenwahlrecht bis 1918.

Direktes Wahlrecht: Der Abgeordnete wird unmittelbar von den Wählern gewählt. Das Wahlrecht ist indirekt, wenn erst Wahlmänner gewählt werden, die dann ihrerseits die entscheidende Wahl treffen (so z. B. die Wahl des amerikanischen Präsidenten).

Geheime Wahl: Der Wähler gibt seine Stimme mit Hilfe eines Wahlzettels und einer Wahlurne so ab, daß seine Wahlentscheidung für jeden anderen geheim bleibt.

Mehrheitswahlrecht (auch Persönlichkeitswahlrecht): Gewählt ist, wer in einem Wahlkreis die meisten Stimmen erhält. Häufig sieht das Mehrheitswahlrecht vor, daß in einem ersten oder auch zweiten Wahlgang die absolute Mehrheit der abgegebenen Stimmen (oder der Stimmberechtigten) erforderlich ist, während bei einem weiteren Wahlgang die einfache Mehrheit ausreicht. Von einer Stichwahl spricht man, wenn die beiden Kandidaten, die im ersten Wahlgang die meisten Stimmen erhalten haben, in einem zweiten Wahlgang erneut, aber ohne ihre übrigen Konkurrenten zur Wahl stehen und also einer von ihnen dann die absolute Mehrheit erhalten muß.

Verhältniswahlrecht: Hier werden die Abgeordnetensitze entsprechend der auf die einzelnen Parteien oder Wählergruppen entfallene Stimmenzahl prozentual verteilt. Die Kandidaten werden vorher von den Parteien in einer Liste aufgestellt (Listenwahl). Im Gegensatz zur Mehrheitswahl gewährleistet die Verhältniswahl, daß auch Minderheiten im Parlament vertreten sein können. Um eine Zersplitterung des Parlaments in viele kleine Gruppen zu verhindern, muß z. B. in der Bundesrepublik Deutschland eine Partei, sofern nicht einer ihrer Kandidaten durch die Mehrheitswahl direkt gewählt wird, wenigstens 5% der abgegebenen Stimmen erhalten, um Abgeordnete in den → Bundestag schicken zu können. In der Bundesrepublik besteht ein gemischtes Wahlsystem: ein Teil der Abgeordneten wird nach dem Mehrheitswahlrecht, ein Teil nach dem Verhältniswahlrecht gewählt; in den USA und in England wird nach dem Mehrheitswahlrecht gewählt.

Wehrpflicht 12. Seit der → Französischen Revolutionen aufgekommene Verpflichtung jedes Bürgers, Wehrdienst zu leisten.

Weltmacht 140. Zur Zeit des → Imperialismus verstanden sich jene Großmächte als Weltmächte, deren Kolonialbesitz und → Interessensphären große Teile der Welt umspannten. Dementsprechend werden auch Großstaaten früherer Zeiten mit großer Machtausdehnung als Weltmächte bezeichnet (z. B. der Staat der Habsburger unter Kaiser Karl V. 1519–56). Wirtschaftlich und militärisch haben heute nur die USA und die Sowjetunion den Rang von Weltmächten.

Westler 124 nannte man den Teil der russischen Intelligenz des 19. Jahrhunderts, der die Verhältnisse in Rußland durch Anlehnung an westeuropäische Vorbilder bessern wollte (s. a. → Slawophile).

Wettrüsten 154. Mehrfach treiben sich in neuester Zeit Staaten, die sich als mögliche Gegner betrachten, in einen Rüstungswettlauf, der die politische, wirtschaftliche und soziale Entwicklung in diesen Staaten verhängnisvoll beeinflussen kann (z. B. das deutsch-englische Wettrüsten vor 1914 [Großkampfschiffe], das atomare Wettrüsten der USA und der UdSSR nach 1945).

Wirtschaftsliberalismus 70 heißt die Übertragung der Grundsätze des → Liberalismus auf die Wirtschaft. Er geht zurück auf die Überlegungen von Adam Smith (1723–90). Smith war überzeugt, daß sich das gemeinsame Wohl aller am ehesten einstelle, wenn der einzelne vom Staat ungehindert seinen wirtschaftlichen Interessen nachgehen könne (s. a. → Freihandel, → Manchestertum).

Wohlfahrtsausschuß 14 hieß der Ausschuß des Nationalkonvents (→ Konvent) in Frankreich, der von 1793–95 den Staat diktatorisch beherrschte. Sein wichtigstes Mitglied war Robespierre.

Zensuswahlrecht 8, 48 (census, lat. = Einschätzung) nennt man ein → Wahlrecht, das die Ausübung der Wahl an eine bestimme Höhe des Besitzes (bzw. der Steuern) bindet.

Zentrumspartei 126 eigentlich die Partei, deren Abgeordnete in der Mitte (Zentrum) des → Parlaments sitzen. Seit 1859 nannte sich in Preußen die Partei des politischen Katholizismus Zentrumspartei. Sie blieb von 1871 bis 1933 eine wichtige Partei im Deutschen Reichstag.

Zivilehe 126 (civilis, lat. = bürgerlich). Im → Kulturkampf wurde 1875 im Deutschen Reich die vor dem staatlichen Standesbeamten geschlossene Ehe zur gesetzlich allein gültigen Form der Eheschließung.

Zollverein 66. 1834 wurde unter Führung Preußens der Deutsche Zollverein gegründet, dem nach und nach die meisten deutschen Staaten beitraten (Hamburg und Bremen erst 1888). Der so entstandene einheitliche deutsche Wirtschaftsraum ohne Österreich wies der 1871 vollzogenen politischen Einigung unter preußischer Führung den Weg (s. a. → Binnenmarkt).

Zweifrontenkrieg 156. Mit diesem Begriff wird vor allem die strategische Situation bezeichnet, die dem Deutschen Reich infolge seiner strategischen Mittellage leicht drohte: der gleichzeitige Krieg gegen zwei Gegner an verschiedenen Fronten und die damit verbundene Zersplitterung der Streitkräfte (s. a. → Schlieffenplan).

Personenverzeichnis

1564 1642
POSTE ITALIANE L.30
REPUBLIQUE FRANÇAISE
DISCOURS SUR LA MÉTHODE 1637
S 1.50
PRINZ EUGEN VON SAVOYEN
Republik Österreich
Winterhilfswerk 12 +6
Deutsches Reich
TRICENTENAIRE DE L'ACADÉMIE FRANÇAISE FONDÉE PAR RICHELIEU
1 D.M.
WÜRTTEMBERG
KAISERLICHE KÖNIGLICHE ÖSTERREICHISCHE POST
2 KRONEN 2
20 Schloss 1703
DEUTSCHE
BUNDESPOST BERLIN
1¢ U.S. POSTAGE
CONSTITUTION SESQUICENTENNIAL
1787 1937
3¢ UNITED STATES POSTAGE 3¢
POSTES
RF 20c
1836 ROUGET DE LISLE 1936
RHEINLAND-PFALZ
REPUBLIQUE FRANÇAISE
POSTES 18F
FRANKLIN
1706 1790
5c U.S. POSTAGE
150e ANNIVERSAIRE DE
LA REVOLUTION FRANÇAISE
1789 1939 90
12 PF.
F. VON SCHILLER
WÜRTTEMBERG
U.S. POSTAGE
GEDÄCHTNISFEIER 1952
CARL SCHURZ
20 20
DEUTSCHE BUNDESPOST
FIRST STEAMSHIP TO CROSS THE ATLANTIC
3¢ 1819 1944
UNITED STATES POSTAGE
CINQUANTENARIO GARIBALDINO
1882 1932
CENT. 50
POSTE ITALIANE
CENTENARIO DELL'UNIONE ALL'ITALIA
PADOVA
1866 1966
VENEZIA
MANTOVA
POSTE ITALIANE L.40
3 cents
"THAT GOVERNMENT OF THE PEOPLE, BY THE PEOPLE, FOR THE PEOPLE, SHALL NOT PERISH FROM THE EARTH."
ABRAHAM LINCOLN
U.S. POSTAGE
U.S. POSTAGE
5¢
1853 CENTENNIAL OF OPENING OF JAPAN 1953